AMRA

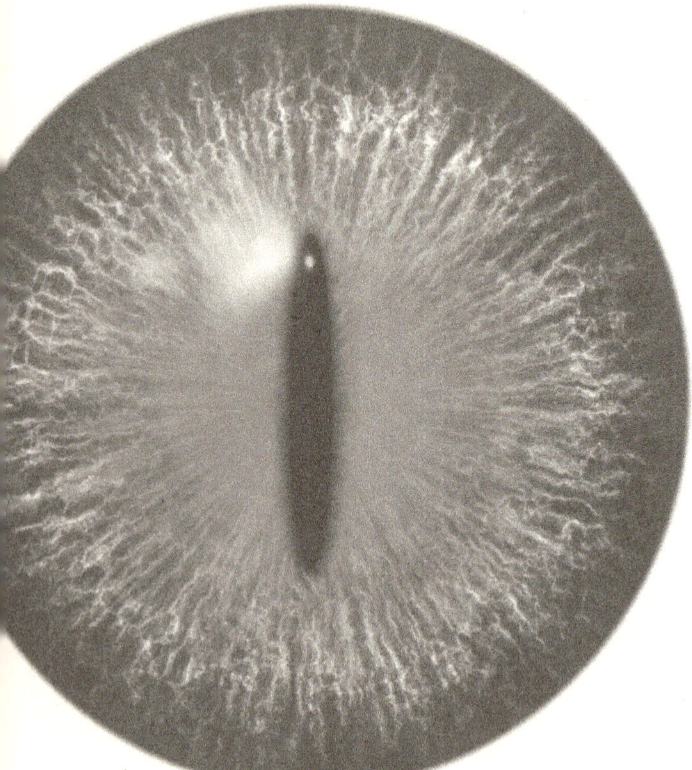

LEN KASTEN

# DIE GEHEIME WELTHERRSCHAFT DER REPTILOIDEN

## Ihr Ursprung, ihr Sternenreich und ihr Wirken auf unserer Erde

Aus dem Amerikanischen von
Dr. Baal Müller

AMRA

**Besuchen Sie unseren Shop:**
**www.AmraVerlag.de**

*Ihre 80-Minuten-Gratis-CD erwartet Sie.*
*Unser Geschenk an Sie … einfach anfordern!*

Amerikanische Originalausgabe:
*Alien World Order. The Reptilian Plan*
*To Divide and Conquer the Human Race*

Deutscher Erstdruck im AMRA Verlag
Auf der Reitbahn 8, D-63452 Hanau
Telefon: + 49 (0) 61 81 – 18 93 92
Kontakt: Info@AmraVerlag.de

| | |
|---|---|
| Herausgeber & Lektor | Michael Nagula |
| Einbandgestaltung | Guter Punkt |
| Layout & Satz | Birgit Letsch |
| Druck | CPI books GmbH |

ISBN Printausgabe 978-3-95447-319-9
ISBN eBook 978-3-95447-320-5



Bucheinband und Innenteil verwenden Motive von Thinkstock:
© tranac/Reptilienauge, Logray-2008/Erde, kittimages/Krokodilhaut.
Das kreuzförmige Zeichen dient der Transformation negativer Energie.

# INHALT

## Teil III
## Die Weltkriege und ihre Hintergründe

# Einleitung

## Von der Prophezeiung zur Realität

Der Science-fiction-Klassiker *Die Zeitmaschine* von H. G. Wells ist als Roman erstmals im Jahre 1895 veröffentlicht worden. Er beruht auf der Kurzgeschichte »The Chronic Argonauts« (»Die Zeit-Argonauten«), die Wells bereits 1888 als Student verfasst und in einer Universitätszeitschrift publiziert hatte. Da die Geschichte vor den großen wissenschaftlichen und technologischen Umbrüchen des frühen zwanzigsten Jahrhunderts geschrieben wurde, könnte man annehmen, dass es ihr noch an prophetischer Kraft mangele – aber sie enthielt bemerkenswerterweise eine vollständige Beschreibung des Konzepts der Raumzeit und bezeichnete – zwanzig Jahre, bevor Albert Einstein seine Spezielle Relativitätstheorie vorlegte – die Zeit bereits als vierte Dimension des Raumes!

Außerdem offenbarte sie einige sehr interessante gesellschaftliche Erkenntnisse. Der Erfinder und Zeitreisende in *Die Zeitmaschine* findet bei seinem Ausflug in die ferne Zukunft eine Zivilisation von einfältigen, lediglich nach Vergnügungen strebenden jungen Menschen vor, die Eloi, die in einem irdischen Paradies der Schönheit und des Müßiggangs leben. Unter der Erde jedoch verbirgt sich eine andere Gesellschaft. Dort lebt eine Rasse affenartiger Kreaturen, die Morlocks. Sie bedienen eine umfassende Maschinerie, welche die Freuden auf der oberirdischen Welt überhaupt erst ermöglicht. Zunächst glaubt der Zeitreisende, dass diese Rasse unterirdischer Arbeiter von den Eloi versklavt und dazu gezwungen wurde, all jene harten Arbeiten zu verrichten, die nötig sind, um deren Paradies in Gang zu halten. Dann aber bemerkt er, dass die Morlocks von Zeit zu Zeit die Eloi in einen Trancezustand versetzen – anschließend werden junge Menschen gruppenweise in die Unterwelt entführt, um den kannibalischen Morlocks als Speise zu dienen. Die Morlocks erlauben den Eloi, ihre Spielwiese an der Oberfläche zu genießen, aber sie werden, wie Vieh auf der Weide, als Nahrungslieferanten gehalten.

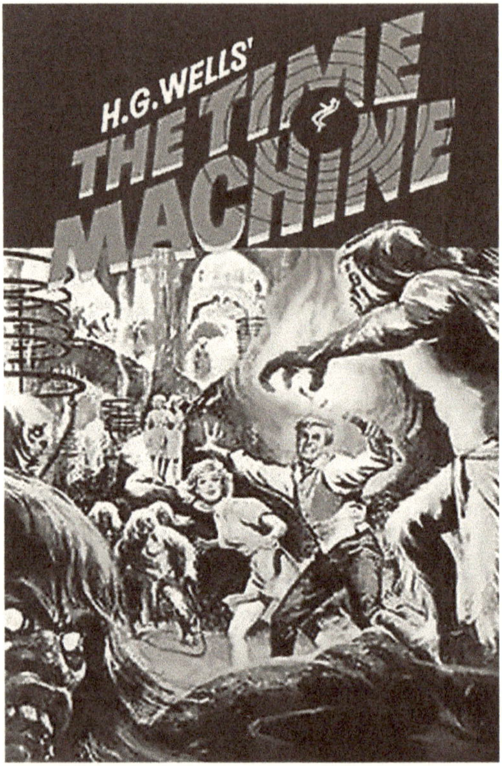


*Abb. E.1. Kinoplakat für Die Zeitmaschine (1960)*

Obwohl der Roman scheinbar reine Sciencefiction darstellte, hatte er offenbar in Wells' pessimistischer Sicht der menschlichen Zukunft seinen Ursprung. Einige Interpreten meinen, dass er eine sozialistische Haltung widerspiegle, da seine düstere Zukunftsperspektive wie eine Anklage von Industrialisierung und Kapitalismus erscheine. In der Tat war Wells ein Sozialist, der später der Fabian-Gesellschaft beitrat, einer britischen Organisation, die den Sozialismus als Antwort auf die ökonomischen Krisen der damaligen Zeit propagierte. Zeitweise strebte er sogar an, der Präsident dieser Gesellschaft zu werden. Bei einer Reise nach Russland im Jahr 1920 begegnete er Wladimir I. Lenin und Leo Trotzki, den Vätern der Russischen Revolution, und ein Jahrzehnt später traf er auch Joseph Stalin. Angesichts seiner kommunistischen Neigungen liegt der oberflächliche Schluss nahe, dass sein mehrfach verfilmter Roman *Die Zeitmaschine* eine Vision der mutmaßlichen letzten Tage des Kapitalismus wäre. Und Wells scheint dem nachdrücklich zuzustimmen, wenn er auf der letzten Seite schreibt:

»Ich weiß – da wir diese Frage schon lange vor der Erschaffung der Zeitmaschine diskutiert hatten –, dass er sehr sorgenvoll über den Fortschritt der Menschheit dachte und in der anwachsenden Zivilisation nur die Auftürmung eines unsinnigen Haufens sah, der zuletzt unweigerlich über seinen Schöpfern zusammenstürzen und sie verschütten werde.«

Ein derart elendes letztes Kapitel der Geschichte der Menschheit auf diesem Planeten erscheint jedoch, als irgendwie annehmbare Vorhersage der fernen Zukunft, wenig sinnvoll. Es ist schwer einzusehen, wie jemand mit Wells' Intellekt glauben könnte, dass wir einem solchen Ende entgegengingen. Hätte er die Erfindung der Atombombe noch erlebt, wäre vielleicht verständlich, dass er geglaubt habe, wir würden die Zivi-

*Abb. E.2. Herbert George Wells (Foto von George Charles Beresford, 1903)*

lisation in einem letzten katastrophalen Krieg zerstören. Aber die Idee einer Rückentwicklung der Menschheit zu Höhlenbewohnern und unverständigen, primitiven Wichten ist absurd. Als menschliche Art haben wir insgesamt bereits eine fortgeschrittene Spiritualität und wissenschaftliche Bildung erreicht. Wir können ganz gewiss nicht in achthunderttausend Jahren zu Affenmenschen und Idioten degenerieren! Eher werden wir uns zu gottähnlichen Wesen entwickeln, die andere Planeten oder gar weit entfernte Sterne besiedeln. Wenn dieser Roman als Prophezeiung also sinnlos ist, wie kann er trotzdem seit mehr als einem Jahrhundert als Klassiker gelten, zwei Hollywood-Filme angeregt und zahllose Fortsetzungen und Weiterführungen inspiriert haben? Wie wir noch sehen werden, haben wir Wells prophetische Kräfte womöglich unterschätzt, und diese Geschichte mag weitaus mehr Sinn enthalten, als auf den ersten Blick erkennbar ist.

## *Der Luftkrieg*

Als Prophet war Wells zu seiner Zeit tatsächlich konkurrenzlos. Viele Beschreibungen in seinen Werken waren bemerkenswert genaue Vorhersagen von Ereignissen und Situationen, die erst viele Jahre später eintraten. Am erstaunlichsten war vielleicht sein 1907 verfasster Roman *Der Luftkrieg*, der 1908 als Serie in einer britischen Zeitschrift veröffentlicht wurde. Bis zum Jahr 1907 hatten die Gebrüder Wright lediglich kurze motorisierte Flüge verwirklicht, die erwähnenswert waren. Mit *The Flyer III* hatten sie allerdings gleich sechs Flüge zwischen siebzehn und achtundzwanzig Minuten Dauer absolviert, und die größte Flugdistanz betrug vierundzwanzig Meilen.

Außerhalb der Heimat der Brüder in Ohio waren diese Nachrichten mit Unglauben und Skepsis aufgenommen worden. Eine wichtige englischsprachige Zeitung in Paris stellte 1906 in einer Überschrift bezüglich dieser Flüge sogar die Frage: »Flieger oder Lügner?«[1]

---

1 So [»Flyers or Liars?«] lautete 1906 eine Überschrift der Pariser Ausgabe des *Herald Tribune* in Bezug auf die ersten motorisierten Flüge in den Jahren 1904 und 1905. Die Pariser Ausgabe des *New York Herald* schrieb am 10. Februar 1906:

In Wells' Roman allerdings führt eine mächtige Armada riesiger deutscher Flugmaschinen einen überraschenden Angriff auf New York durch, der ziemlich deutlich auf den japanischen Überfall auf Pearl Harbor voraus weist. Wells schreibt:

»Zu jener Zeit war Deutschland die bei Weitem leistungsstärkste Macht in der Welt, besser organisiert, um blitzschnelle, geheime Aktionen durchzuführen, besser mit den Mitteln der modernen Wissenschaft ausgestattet und mit einem höheren Ausbildungs- und Schulungsniveau des Beamten- und Verwaltungsapparates … Wieder einmal in der Geschichte des menschlichen Fortschritts scheint Deutschland die entscheidende Waffe zu besitzen [eine seltsame Bemerkung vor dem Ersten Weltkrieg]. Nun kann es zuschlagen und erobern, bevor andere über irgendwelche Erfahrungen im Luftraum verfügen. Insbesondere muss es Amerika schleunigst schlagen, denn dort, wenn überhaupt irgendwo, liegt die Chance auf eine Rivalität in der Luftfahrt. Es war bekannt, dass Amerika eine Flugmaschine von beachtlichem Wert besaß, die anhand des Wright-Modells entwickelt worden war, aber man vermutete nicht, dass das Kriegsministerium in Washington größere Anstrengungen unternahm, um eine Luftwaffe zu schaffen.«

Doch der Angriff auf die Vereinigten Staaten war erst der Anfang. Wells führt weiter aus, dass …

»dieser Überfall auf Amerika den ersten Schritt in jenem schrecklichen Spiel darstellte. Er wurde freilich nicht eher als in dem Augenblick begonnen, als die Luftfahrt-Anlagen bereit waren, nun auch die zweite Flotte aufzubauen und gewaltig aufzurüsten, um Europa zu beherrschen und über London, Paris, Rom, St. Petersburg, oder wo auch immer ihre einschüchternde Wirkung erfordert wurde, eingesetzt zu werden. Eine Überraschung für die Welt sollte es werden – nichts Geringeres als eine Welt-Eroberung.«

---

»Die Wrights sind geflogen oder sie sind nicht geflogen. Sie haben eine Flugmaschine oder sie haben keine. Sie sind tatsächlich entweder Flieger oder Lügner. Es ist schwierig zu fliegen. Aber es ist einfach zu sagen: ›Wir sind geflogen.‹«

Unglaublicherweise war dies genau die deutsche Geisteshaltung zweiunddreißig Jahre später im Jahr 1939, als die deutsche Luftwaffe gleichermaßen der Schlüssel zum Blitzkrieg wie auch zum Sieg in Europa werden sollte. Und das deutsche Militär wusste in Wells' Geschichte nicht nur, dass Amerika ein »schlafender Riese« war, es wusste außerdem, dass es auf einen Angriff aus der Luft völlig unvorbereitet war. Dabei hatte in Wahrheit der Amerika-Bomber, als Deutschland den Vereinigten Staaten 1941 den Krieg erklärte, schon seit drei Jahren auf dem Reißbrett gestanden.

In einer Rede am 8. Juli 1938 sagte der Oberbefehlshaber der Luftwaffe Hermann Göring vor deutschen Flugzeugherstellern:

> »Mir mangelt es leider völlig an Bombern, die geeignet wären, mit einer Bombenlast von 4,5 Tonnen Rundflüge nach London und wieder zurück zu machen. Ich wäre außerordentlich froh, wenn ich einen solchen Bomber besäße, der der Arroganz jenseits des Meeres endlich das Maul stopfen könnte.«

Dieser Plan, mehr als drei Jahre vor Pearl Harbor die Stadt New York zu bombardieren, lässt keinen Zweifel an den frühen deutschen Kriegszielen mehr offen.

Aber noch prophetischer als all seine Szenarien des Zweiten Weltkriegs war Wells' Beschreibung des neuen deutschen Führers, ein perfektes Porträt Adolf Hitlers. Er schreibt:

> »Fürst Karl Albert war in der Tat die zentrale Gestalt des Weltdramas. Er war der Liebling des imperialistischen Geistes in Deutschland und das Ideal eines neuen aristokratischen Gefühls – der neuen Ritterlichkeit, wie man es nannte –, das auf den Sturz des Sozialismus infolge dessen innerer Spaltungen und Disziplinlosigkeit sowie auf die Konzentration des Reichtums in den Händen weniger großer Familien gefolgt war [Krupp, IG Farben, Thyssen!]. Von unterwürfigen Schmeichlern wurde er mit dem Schwarzen Prinzen, Alkibiades und dem jungen Caesar verglichen. Vielen erschien er als Enthüllung von Nietzsches Übermenschen [ein populärer Vergleich mit Hitler]. Er war … auf eine strahlende Weise amoralisch.«

Aber Fürst Karl hatte auch etwas von Göring an sich:

> »Der Kaiser ... übergab ihm die Führung des neuen Luftfahrt-Zweiges der deutschen Streitkräfte. Er entwickelte ihn mit wunderbarer Energie und Fähigkeit und war entschlossen, wie er sagte, Land, See und Himmel Deutschland zu schenken [Lebensraum!]. Die leidenschaftliche Aggressivität der Nation fand in ihm ihren höchsten Repräsentanten und erreichte durch ihn ihre Verwirklichung in diesem erstaunlichen Krieg. Aber die Bewunderung für ihn ging weit über die Nation hinaus; auf der ganzen Welt beherrschte seine gnadenlose Härte die Geister, so wie der Mythos Napoleons sie einst in seinen Bann geschlagen hat [Hitler wurde häufig mit Napoleon verglichen] ... Er war es, der den Krieg führte.«

Was jedoch vielleicht am meisten an diesem Roman erstaunt, ist die Tatsache, dass Wells, während er womöglich in einigen Details falsch lag, die Protagonisten richtig identifizierte und das gesamte Panorama des Zweiten Weltkriegs erfasste. Dieser war tatsächlich ein »Luftkrieg«, bei dem die Deutschen London mit Bomben und Raketen beinahe verheerten und die Alliierten den Sieg schließlich durch die völlige Zerstörung der deutschen Großstädte durch Rund-um-die-Uhr-Einsätze ihrer Boeing B-17-Bomber errangen.

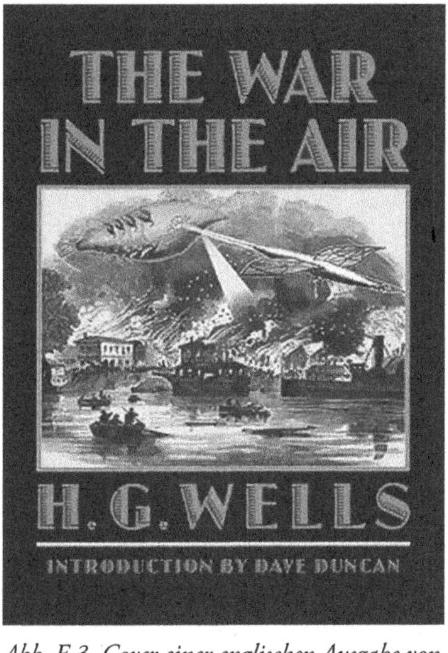

*Abb. E.3. Cover einer englischen Ausgabe von H. G. Wells' Buch Der Luftkrieg*

Wells schrieb dieses Buch zu einer Zeit, als die Gebrüder Wright noch ganz am Anfang der Entwicklung des Flugzeugs standen. Das Niveau seiner exakten Vorhersagen, dreißig Jahre bevor die Ereignisse eintraten, setzt voraus, dass Wells eine Art Kristallkugel besessen hat. Ihm einfach hellseherische Fähigkeiten zuzusprechen, reicht jedoch nicht aus, denn Hellseher sind selten derart genau. Er erscheint wirklich als ein Nostradamus der Neuzeit.

## Krieg der Sterne

Es ist mittlerweile weit verbreitetes Wissen, dass Außerirdische, einschließlich der als »Reptilien« oder »Reptiloiden« bezeichneten, Jahrtausende lang hier auf der Erde gelebt haben und die Erde als Heimat ihrer Vorfahren ansehen, zumal sie glauben, dass sie in vorgeschichtlichen Zeiten die ursprünglichen Bewohner waren. Sie existierten gleichzeitig mit den Dinosauriern, die ebenfalls reptilienartige Kreaturen gewesen sind; das heißt, dass sie vermutlich zwischen der Zeit vor zweihundert Millionen und vor fünfundsechzig Millionen Jahren, als die Dinosaurier ausstarben, auf der Erdoberfläche lebten. Die Zuschreibung zu diesem Zeitalter, das man die Jurazeit nennt, beruht auf der Radiokarbon-Datierung, die allerdings notorisch unzuverlässig ist.

Im Gegensatz dazu gibt es Belege dafür, dass das Alter der Dinosaurier nicht höher als eine Million Jahre sein kann. Wir wissen, dass Reptilien vor dem Erscheinen der menschlichen Rasse auf diesem Planeten lebten. Man nimmt an, dass sie von Planeten im Sternbild des Drachen hierher kamen. Der Dachen ist rund dreihundert Lichtjahre von unserem Sonnensystem entfernt. Die Menschen dieser Galaxis waren vor allem im Sternbild der Lyra beheimatet. Die Drachen-Reptilien und ihre Verbündeten im Orion und auf dem Rigel attackierten und versklavten die Bewohner von Planeten in einundzwanzig Sonnensystemen in diesem Bereich der Milchstraße, während die Menschen der Lyra friedliche und blühende, auf Ackerbau beruhende Kulturen auf verschiedenen Planeten entwickelten. Dann aber fiel der Drache, nachdem er furchtbare Waffen entwickelt hatte, in das Sternbild der Lyra ein.

Die ihrem Wesen nach friedliebenden Lyra-Menschen waren auf eine derart gewaltsame Invasion nicht vorbereitet. Die Drachen-Wesen zerstörten daher drei Lyra-Planeten völlig: Bila, Teka und Merok. Fünfzig Millionen wurden hingeschlachtet. Die Überlebenden flohen von der Lyra in andere Sternsysteme, vor allem zum Arcturus, zu Antares, den Plejaden, dem Schwan, zu Alpha Centauri, zur Kassiopeia und dem Andromedanebel, wo sie eine menschliche Diaspora, ähnlich wie in unserer Milchstraße, schufen.

Alex Collier glaubt, seit er vierzehn ist, mit Menschen des Sternsystems Zenetae in der Andromedagalaxis in telepathischem Kontakt zu stehen. Die Menschen in Zenetae könnten ursprünglich Flüchtlinge von der Lyra gewesen sein. In seinem Buch *Defending Sacred Ground* (»Heiligen Boden verteidigen«) schreibt er:

> »Als die Menschheit zerfiel, bewegten sich die Rassen auseinander, reisten fort und besiedelten, seitdem Weltraumreisen möglich waren, viele verschiedene Planeten in zahlreichen Sternsystemen. Die Menschen wurden mit Zivilisationen auf anderen Planeten dieser Systeme bekannt. Verschiedene Kulturen begegneten und entwickelten sich. Glaubenssysteme stießen zusammen oder breiteten sich aus. Neue philosophische Gedanken und Technologien kamen auf. Die Menschheit entwickelte sich. Zwischen all diesen Zivilisationen bildete sich eine besonders starke Gemeinschaft aus, die ursprünglich von der Lyra stammte.«

In 110 verschiedenen Sternsystemen entstanden menschliche Kolonien, von denen die meisten über Raumfahrt-Technologien verfügten. Sie vereinigten sich, um die Galaktische Föderation des Lichts zu gründen, und lernten gemeinsam, Invasionen der Reptiloiden abzuwehren. In unserem Sonnensystem besiedelten sie den Mars und einen großen Planeten zwischen Mars und Jupiter, der Maldek genannt wurde. Die Reptiloiden fielen jedoch ein und zerstörten Maldek, wie sie es auch mit den Planeten der Lyra getan hatten. Er zerbarst in zahllose Teile, die heute den Asteroidengürtel bilden. Als ihr planetengroßer Todesstern am Mars vorüber flog, entblößte er diesen von seiner Atmosphäre und zwang die Menschen auf ihm, in seinem Inneren Schutz zu suchen.

## Die Menschen schlagen zurück

Auf der Erde kolonisierten die Reptiloiden den Kontinent Lemurien, auch Lemuria genannt, der damals den größten Teil des Pazifiks einnahm und von tropischer Natur war.

Die Föderation schlug zurück. Sie schickte eine wilde menschliche Rasse von Flüchtlingen der Lyra, die nach deren Zerstörung einen Planeten der Plejaden bewohnt hatte, auf die Erde. Sie wurden später als Atlanter bekannt. Die Atlanter schufen eine hochentwickelte Zivilisation mit Raumfahrt-Technologie und ausgeklügelter Waffentechnik auf dem Kontinent Atlantis im mittleren Atlantik. Sie bombardierten Lemurien mit Waffen, die elektromagnetische Impulse verschickten, und der Kontinent versank größtenteils im Pazifik.

Die Reptiloiden zogen sich unter die Erde zurück. Sie nahmen ein unterirdisches, in viele Ebenen gegliedertes Höhlen- und Tunnelsystem unter dem indischen Subkontinent ein, das sich von Zentraltibet in der Nähe des Manasarovar-Sees bis nach Nordost-Indien erstreckte, nahe der Stadt, die am Ufer des Ganges später zu Benares und schließlich zu Varanasi wurde. Dort gründeten sie sodann ihre unterirdische Hauptstadt Bhogovita. Diese Zivilisation wurde von den Eingeborenen auf der Erdoberfläche als »Patala« oder »Schlangenwelt« bezeichnet. Sie wurde als Heimstatt der Nagas oder des Schlangenvolkes bekannt. Eine andere Gruppe von Reptiloiden überdauerte unterhalb der Antarktis, wo damals ein gemäßigtes Klima herrschte.

Die Reptiloiden lernten, ihre Gestalt zu verwandeln, um menschlich zu erscheinen, und unterwanderten so die atlantische Zivilisation der vorgeschichtlichen Menschen, die blond und blauäugig waren. Sie entführten Menschen und zeugten mit ihnen reptiloide Mischwesen (siehe Tafel 1 in der Bildergalerie). Diese Technik des Einsickerns und der Vermischung mit anderen Zivilisationen, bevor sie einen totalen Angriff starten, ist das Kennzeichen der Eroberung durch Reptiloiden bis zum heutigen Tag.

Die Unterwanderer übernehmen allmählich die Kontrolle über die Schalthebel der Macht bei den Bevölkerungen, die sie im Visier haben, und ihr Feind wird von innen zersetzt. Sehr effektiv wurde diese Methode von ihren Schützlingen, den Nazis, vor dem Zweiten

Weltkrieg eingesetzt, als man ihre Anwender, genannt die »Fünfte Kolonne«, in den dreißiger Jahren nach Europa und Amerika entsandte. Dieser Begriff – die »Fünfte Kolonne« – war 1936, während des Spanischen Bürgerkriegs, von dem nationalistischen General Emilio Mola kreiert worden, der einem Reporter erzählte, dass er vier Kolonnen von Truppen habe, die Madrid angreifen werden, und eine fünfte von Unterstützern innerhalb der Stadt. Die Fünfte Kolonne hatte bereits die feindlichen Reihen unterwandert. Wie wir in Kapitel 20 noch sehen werden, wurde dieselbe bewährte reptiloide Taktik auch im heutigen Amerika angewendet.

Die Atlanter deckten den Trug auf und begannen, ihre Waffen in das Erdinnere zu richten. Dies führte schließlich dazu, dass Atlantis zu einem großen Teil im Atlantik versank. Danach entfesselten die Reptiloiden eine experimentelle »Superwaffe«, die eine Verschiebung der Pole bewirkte. Eine Reptiloidenfrau namens Lacerta sagt in einem Interview-Video, das man online auf YouTube finden kann, dass es sich dabei um eine Art »Wasserstoffbombe« gehandelt habe. Innerhalb einer einzigen Nacht versank der letzte Teil von Atlantis im Meer. Die Antarktis verwandelte sich in eine gefrorene Einöde, und Gobi wurde zu der uns heute bekannten Wüste. Möglicherweise war dies das Ereignis, das die Dinosaurier vernichtete.

Die Atlanter hatten von ihren Propheten zutreffende Weissagungen erhalten und waren daher nach Ägypten, in den Mittelmeerraum sowie nach Mittel- und Südamerika ausgewandert. Das Medium Edgar Cayce nannte dies die Flucht der »Kinder des Gesetzes des Einen«.

## Die Genesis

Unser Sonnensystem wurde kein weiteres Mal von den Drachen-Orion-Bewohnern heimgesucht, da wir mittlerweile machvolle menschliche Verbündete und Unterstützer in vielen anderen Sonnensystemen gewonnen hatten, die über das Schicksal der Menschen auf der Erde besorgt waren – die Galaktische Föderation des Lichts. Zweifellos hat das die Reptiloiden von weiteren Angriffen abgehalten.

Um Frieden auf unserem Planeten zu schaffen, wurde auf dem Planeten Hatona in der Andromedagalaxis ein Rat abgehalten, der das Problem lösen sollte. Die Versammlung beschloss, mit genetischen Mitteln eine neue Rasse zu erschaffen, um diesen Planeten zu besiedeln. Er sollte für immer der Planet werden, den sie bewohnt. Die DNS von zwölf menschlichen Rassen und den Reptiloiden wurde vor vierzigtausend Jahren gespendet, um eine neue Menschenart hervorzubringen. Die Reptiloiden lebten auf diesem Planeten weiterhin unterirdisch. Da sie sich nicht so schnell wie die Menschen fortpflanzen, blieb ihre Zahl klein, während wir zu einer großen Population von mehr als sieben Milliarden heranwuchsen.

*Abb. E.4. Insignien der Galaktischen Föderation des Lichts*

Alex Collier hat geschätzt, dass die Anzahl von Reptiloiden, die derzeit in tiefen unterirdischen Behausungen lebt, nur rund 1.800 beträgt. Seine Berechnung ist allerdings nicht mehr aktuell, weshalb die Zahl heute wahrscheinlich deutlich größer ist. Weiterhin ist bekannt, dass sich die Reptiloiden-DNS niemals verändert. Sie ist immer noch dieselbe wie in der Jurazeit, während die menschliche DNS »optimiert« und entsprechend den zweiundzwanzig Modifikationen unserer Freunde im Weltraum weiterentwickelt wurde.

Wir Menschen auf der Erde, der *Homo sapiens sapiens*, sind ein großes Experiment. Wir wurden von fortgeschrittenen Sternenwesen entwickelt und behütet, die solange warten, bis wir unser Bewusstsein und unsere Technologie soweit ausgebildet haben, dass wir unseren Platz in der menschlich-galaktischen Gemeinschaft einnehmen können. Die Reptiloiden widersetzen sich dieser Entwicklung natürlich, da sie (zu Recht) fürchten, dass wir womöglich dazu beitragen werden, sie auf den von ihnen eroberten Planeten zu besiegen und ihre menschlichen Sklaven zu befreien.

## Die Vampire vom Drachen

Die gesamte Literatur über Reptiloide stimmt völlig darin überein, dass diese menschliches Blut trinken und Menschenfleisch verspeisen. Der überaus produktive Schriftsteller und Buchautor Andrew Hennessy stellt in seinem Aufsatz »The Reptilian Blood Legacy« (»Das Blut-Erbe der Reptiloiden«) fest, dass …

> »die Reptiloiden und ihre Kreuzungen Blut trinken, um die Lebenskraft einer Person aufzunehmen, weil sie diese benötigen, um in dieser Dimension zu existieren. Sie werden sich, wenn sie menschliches Blut und Fleisch zu sich nehmen, oft in Reptilien verwandeln, wurde mir von Augenzeugen mitgeteilt, die dies beobachtet hatten. Das Bluttrinken liegt in ihren Genen, und eine in der Hierarchie sehr weit oben stehende Hohepriesterin oder ›Muttergöttin‹, die auf der höchsten Ebene Rituale für die Bruderschaft durchführt, versicherte mir, dass Reptiloide ohne menschliches Blut in dieser Dimension nicht überleben können.«

Sie sind dafür bekannt, dass sie menschliche Kinder in ihre unterirdischen Reiche entführen, bei okkulten Zeremonien opfern und anschließend ihr Blut trinken und ihre Leichen fressen. Hennessy schreibt im selben Essay:

»Phil Schneider, ein Erbauer unterirdischer US-Basen, teilte dem Schriftsteller und Forscher Alex Christopher mit, dass die Kinder, wenn sie einen Punkt erreichten, an dem sie unter den Bedingungen ihres unterirdischen Sklavendaseins nicht mehr arbeiten konnten, von den Reptiloiden verspeist wurden.«

Collier sagt:

»Aus zwei Gründen bevorzugen sie menschliche Kinder. Der erste ist, dass deren Körper nicht in dem Maße wie die von Erwachsenen mit Schadstoffen belastet sind; und zweitens explodieren ihr Energiefeld und ihr Adrenalinspiegel geradezu, wenn sie in Angst versetzt werden. Die Reptiloiden werden von diesem Stoff ›berauscht‹.«

Der Autor David Paulides dokumentiert in seinem Buch *Missing 411 – North America and Beyond: Stories of People Who Have Disappeared in Remote Locations of North America and Five Other Countries* (»Vermisst 411 – Nordamerika und anderswo: Geschichten von Menschen, die in entlegenen Gebieten Nordamerikas und fünf anderer Länder verschwunden sind«) Tausende Fälle, in denen Menschen verschwunden sind, meistens in Nationalparks und an abgelegenen Orten. Es waren meist junge Menschen, und sie wurden, trotz intensiver Suche, niemals wieder gefunden. Paulides hat einige geographische »Häufungen« ausgemacht, an denen es mehrfach zu solchem Verschwinden kam. Einige davon sind Lewiston (Idaho), Evergreen (Colorado), Schroon Lake (New York), der Sequoia-Nationalpark (Kalifornien) und Wasilla (Alaska). Seltsamerweise haben die Förster in den Nationalparks gewöhnlich nicht kooperativ daran mitgewirkt, Paulides mit Informationen über diese Fälle zu versorgen, von denen die meisten eine merkwürdige Ähnlichkeit zeigten. Paulides musste oft auf Berichte des Nationalpark-Service zurückgreifen, auf die er durch den *Freedom of Information Act* (FOIA – Gesetz über Informationsfreiheit) einen Anspruch hatte, um an Fakten zu diesen Fällen zu gelangen.

In einem typischen Fall verschwand ein einsamer Camper, der sechsunddreißigjährige Kevin O'Keefe, von seinem Zeltplatz im Clacier Bay Nationalpark in Alaska im Oktober 1985. Die Parkwächter fanden seinen Schlafsack und andere persönliche Gegenstände außerhalb seines Zeltes. Nach einem zweistündigen ergebnislosen Flug über das Gebiet kehrten die Ranger zum Campingplatz zurück und entdeckten seine Stiefel sowie einen Hut in etwa einer halben Meile Entfernung. Paulides schreibt dazu:

»Es scheint, dass alles, was Kevin zum Überleben brauchte, in seinem Lager war. Er hatte Überlebenshandbücher und Überlebensbroschüren, Zeltplane, Proviant, eine Zahnbürste, Seife, Zigaretten, Vitamin C, einen Kompass, eine Taschenlampe und andere gut sortierte Dinge, die man auf einem Campingplatz erwarten würde, wenn jemand dort mehr als einen Monat zubringt.«

Die Waldaufseher fanden keinerlei Hinweise auf den Angriff eines Tieres, und es war auch kein Blut auf dem Zeltplatz zu finden. Paulides bemerkt hierzu:

»Alaska ist eine Gegend, die einem nichts verzeiht; du musst Schuhe haben, wenn du überleben willst. … Warum sollte Kevin seine Stie-

*Abb. E.5. Werbeplakat für eine Veranstaltung mit David Paulides, dem Autor von Missing 411 – North America and Beyond*

fel ausgezogen haben? Zog er seine Stiefel freiwillig aus? ... Die Ranger haben niemals die naheliegende Frage beantwortet, warum Kevins Schlafsack und andere Dinge außerhalb seines Zeltes lagen. Das ist nicht erklärlich.«

Paulides' Buch ist eine Fundgrube für Informationen über ein Phänomen, dem wenig nationale Aufmerksamkeit gewidmet wird. Die meisten Menschen haben keinerlei Wissen über diese immer wieder ähnlich gelagerten schaurigen Fälle. Gibt es eine unheimliche Macht, die die Veröffentlichung von Informationen darüber unterdrückt? Dienten diese Menschen den unterirdischen Reptiloiden als Nahrung, Reptiloiden, die über genug politischen Einfluss in der oberirdischen Welt verfügen, um die Gerüchte von verschollenen Menschen verstummen zu lassen?

Collier behauptet in seinem Rundschreiben »Letters from Andromeda«[2] (»Briefe aus Andromeda«), dass die Andromedaner ihm durch Channeling mitgeteilt haben, mehr als dreizehntausend Kinder seien in den letzten fünfundzwanzig Jahren von den Reptiloiden entführt worden.

Es scheint also, dass auch *Die Zeitmaschine*, genau wie *Der Luftkrieg*, von fundamental prophetischer Natur war. Gewiss haben die bestienartigen, fleischfressenden Morlocks eine signifikante Ähnlichkeit mit den schuppenhäutigen, krokodilartigen Reptiloiden, und die unschuldigen jungen Menschen der Eloi entsprechen den jugendlichen Campern und Forschern in den Nationalparks. Wenn es den Reptiloiden gelänge, die Herrschaft über die menschliche Bevölkerung auf der Erde zu erringen und die meisten von uns zu schlachten, dann könnten sie sehr wohl genau jene Art von Gesellschaft errichten, wie sie in dem Roman *Die Zeitmaschine* beschrieben wird.

Es wird von ihnen gesagt, dass sie hypnotische Gewalt über Menschen besitzen, was sich bei den meisten Entführungen deutlich genug zeigt. Und wir wissen, dass sie außerordentlich geduldig sind. Vielleicht sind sie absolut bereit, achthunderttausend Jahre zu warten, bis diejeni-

---

2 Siehe http://www.bibliotecapleyades.net/andromeda/lfa/lfa.html (abgerufen am 20. September 2017).

*Abb. E.6. Frühes Filmplakat für Star Wars, das heutige Episode IV: Eine neue Hoffnung*

gen Umstände auf der Erde herrschen, die sie für ihre Entwicklung benötigen. Es ist wirklich eine trübselige Aussicht, dass eine kleine Zahl von Reptiloiden letztlich den Ruhm der menschlichen Zivilisation vernichten und den gesamten Planeten zu einem einzigen großen Futterplatz herabwürdigen könnte! Womöglich könnten sie auch die Dinosaurier zurückholen. Schon jetzt wurden prähistorische Geschöpfe wie die Mammute neu geschaffen, indem man sich lebensfähiger DNS bediente, die in ihren Überbleibseln gefunden wurde.

EIch habe in diesem Buch versucht, die ganze Geschichte vom Anbeginn dieser Schlacht zu erzählen, die für das Sonnensystem, in dem wir uns nun im 21. Jahrhundert befinden, ein Kampf auf Leben und Tod ist. Ich habe den Widerstreit von seinen ersten Tagen bis in unsere Gegenwart verfolgt. Dieser Krieg gegen die Reptiloiden ist ein beispielhafter Kampf, der die Aufmerksamkeit von Sternenbesuchern von weit außerhalb unserer Galaxis erregt hat, da die menschliche Art, die aus zweiundzwanzig menschlichen Rassen geschaffen und gezüchtet wurde, jetzt zum ersten Mal gewagt hat, das uralte und allmächtige Reich der Reptiloiden herauszufordern.

Wir befinden uns gegenwärtig in einer Pattsituation, da die menschliche Rasse in wachsendem Maße ihr Bewusstsein erweitert und allmählich begreift, wie sie hypnotisiert, getäuscht und versklavt wurde, und ihre höheren spirituellen Kräfte zu nutzen beginnt, um einen Feind zu bezwingen, der nicht in der Lage ist, höhere Dimensionen zur Unterstützung zu gewinnen, wie wir es vermögen.

Wir müssen schließlich den Rat von Yoda und Obi-Wan Kenobi an Luke Skywalker beherzigen: »Gebrauche die Macht, Luke, gebrauche die Macht!« Wir gebrauchen nun die Macht, und der letzte Sieg mag schon in Sicht sein. Wir werden den Mars zurückerobern, wie es unsere atlantischen Vorfahren getan haben, und dann anfangen, die Galaxis mit den gewaltigen Raumschiffen zu durchkreuzen, die wir – größer als die *Enterprise* – bereits besitzen! Wir werden die Aufgabe übernehmen, unsere galaktischen Freunde dabei zu unterstützen, die Sklaven zu befreien, so wie Abraham Lincoln es sich gewünscht hätte.

Es könnte das erste Mal sein, dass H. G. Wells sich geirrt hat.

# Teil I

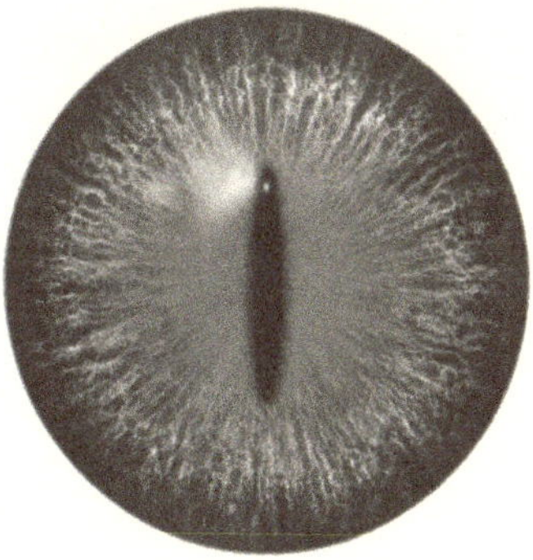

# *Die Zeit der ersten Sternenkriege*

# 1 Die Grüne Erde und über sie hinaus

*Wir sind nicht allein.*
*Die Astronomen täuschen sich. Die Wissenschaftler täuschen sich.*
*Sie sind hier, aber wir können sie nicht sehen,*
*da sie sich vor uns verbergen.*
*Sie verbergen sich … vor unseren Augen.*
*Wir sind ihre Diener, wir sind ihre Sklaven,*
*wir sind ihr Eigentum … wir gehören ihnen.*

– Robert Morning Sky –

Robert Morning Sky ist ein sehr ungewöhnlicher Historiker. Als halber Apache und halber Hopi-Indianer bereichert er die Erforschung der Vorgeschichte nicht nur um die Sichtweise eines Ureinwohners, er hat auch einen großen Teil seines Wissens aus einer einzigartigen Quelle bezogen. Er erhielt esoterische Informationen, die von seinem Großvater äußerst sorgsam überliefert wurden.

Alles begann einige Zeit vor dem Roswell-Zwischenfall[3] mit dem außerirdischen Überlebenden eines UFO-Unfalls in New Mexico. Sechs junge Apachen fanden einen verletzten Außerirdischen in dem Wrack. Sie brachten ihn zu einem Wüstenlager in ihrem Reservat und pflegten ihn mehrere Monate lang, bis er wieder gesund war. Wir müssen annehmen, dass dieser Überlebende menschenähnlich war und dass seine Retter in der Lage waren, mit ihm in einer Sprache zu kommunizieren, die beide Seiten verstanden. Dieses Zusam-

3 *Anmerkung des Verlags:* Seit 1980 wird der angebliche Absturz eines außerirdischen unbekannten Flugobjekts in der Nähe der Kleinstadt Roswell im US-Bundesstaat New Mexico im Jahre 1947 als »Roswell-Zwischenfall«, »Roswell-Ereignis« oder – skeptisch – als »Roswell-Legende« bezeichnet.

mentreffen erinnert an die ähnliche Begegnung von George Adamski mit Orthon von der Venus in der kalifornischen Wüste 1954 (siehe dazu mein Buch *The Secret History of Extraterrestrials*, Kapitel 1). Auch in diesem Fall war es ihnen möglich, sich auf telepathische Weise erfolgreich zu verständigen. Mittlerweile ist allgemein bekannt, dass viele außerirdische Flugobjekte in abgelegenen Gegenden in den Indianer-Reservaten der USA landen und dass ihre Insassen mit den Einwohnern kommunizieren, die keinerlei Interesse daran haben, regierungsamtliche Behörden gleich welcher Art von diesen Begegnungen in Kenntnis zu setzen.

Einer der sechs Retter teilte Morning Skys Großvater genaue Informationen über die Vorgeschichte der Erde mit, wie sie ihm von dem Außerirdischen enthüllt wurde. Es ist eine erstaunliche Geschichte, die offenbar viele Schlussfolgerungen Erich von Dänikens in seinem Buch *Erinnerungen an die Zukunft* (1968) erhärtet, aber noch weit über dessen Spekulationen hinausgeht. Möglicherweise verließ der Außerirdische das Lager in der Wüste schließlich und war dann imstande, wie ein Mensch zu leben, was viele außerirdische Humanoide regelmäßig tun. Wie dem auch sei, er blieb mit seinen sechs Freunden in Verbindung und offenbarte ihnen nach und nach die gesamte menschliche Urgeschichte auf diesem Planeten. Sie nannten ihn den »Ältesten von den Sternen«. Später erfuhren sie seinen richtigen Namen – Bek'Ti.

*Abb. 1.1. Robert Morning Sky*

## Die Kheb

Bek'Ti sprach von der Evolution des Lebens, die sich über Millionen von Jahren auf einem Planeten vollzog, den er als die Grüne Erde bezeichnete – irgendwo in dieser Galaxis, die er Eridanus nannte. Er sagte, dass sich eine Rasse reptilienartiger Humanoider – die von ihm sogenannten Kheb – während Millionen von Jahren auf der Grünen Welt aus Libellen entwickelt habe und die dominante Spezies geworden sei. Morning Sky ist kein Anthropologe oder Paläontologe; seine Annahme, dass die reptiloiden Kheb auf der Grünen Erde von Libellen abstammen, ist also eine Vermutung aufgrund dessen, was ihm erzählt wurde.

Eine solche Art von Entwicklung erscheint, zumindest auf den ersten Blick, äußerst unwahrscheinlich, da sie die darwinistische Evolutionslehre, die allerdings selbst hochgradig spekulativ ist, bis zum Äußersten strapaziert. Da andere Belege für das Auftreten der reptiloiden Rasse, insbesondere die von Stewart Swerlow, auf den ich mich in den folgenden Kapiteln beziehe, den Annahmen von Morning Sky widersprechen, neige ich bislang dazu, diesen Aspekt seiner Erzählung zu bezweifeln. Swerdlow behauptet, dass die Reptiloiden vollständig entwickelt im Sternbild des Drachen auftraten. Er vermutet, dass sie aus einem anderen Universum, einer anderen Dimension oder einem anderen Zeitalter stammen könnten, aber er ist felsenfest davon überzeugt, dass es keinerlei Zeugnisse einer Entwicklung aus einfacheren Arten in dieser Galaxis gibt. Davon abgesehen, erscheint Morning Skys Bericht vom Zeitpunkt einer vollständig entwickelten reptiloiden Spezies an zutreffend, wenn man bedenkt, was wir derzeit darüber wissen, und es lohnt sich definitiv, seine Erzählung hier darzustellen. Sie wirft ein deutliches Licht auf die Natur der Reptiloiden und entfaltet völlig klar ihren Charakter.

Die Geschichte von Morning Sky liest sich teilweise wie ein Märchen, und manche Leser mögen durch diesen Eindruck verleitet sein, sie zurückzuweisen. Da sie allerdings mit den Mitteilungen anderer Forscher wie Alex Collier und Wes Penre übereinstimmt, füllt sie viele Wissenslücken über die Vorgeschichte auf diesem Planeten mit Daten, die anderswo nicht erhältlich sind. Während verschiedene andere Autoren, die sich mit diesen Dingen befassen, wie insbesondere David Icke, nur über die Reptiloiden sprechen, ist diese Erzählung die einzige Informationsquelle über ihre Geschichte und verdient daher eingehende Betrachtung.

In seinem Buch *Eden, Atlantis and the Ufo Myth* (»Eden, Atlantis und der UFO-Mythos«) unterweist Morning Sky als weiser Lehrer Per seinen Schüler Matu, ähnlich wie Sokrates zu Platon spricht, und berichtet Folgendes:

»Die frühen ›Kheb‹-Humanoiden waren groß und ziemlich feingliedrig, aber ihre schlanke Gestalt war auf trügerische Weise kraftvoll. Sie waren sehr schnell und geschmeidig, konnten auf schmalen Pfaden schnell rennen und enge Durchgänge passieren. Und sie waren fähig zu fliegen – auf- und abwärts, von einer Seite zur anderen – und dies so schnell, dass sie zu einem konturlosen Fleck verschwammen. … Außerdem besaßen sie lange scharfe Klauen an den Händen, die sie ausgebildet hatten. Sie konnten mit blitzartiger Wildheit schneiden und reißen und hatten große eckige Kiefer mit scharfkantigen Zähnen, mit denen sie die Gliedmaßen eines Körpers mit einem zuschnappenden Biss abtrennen konnten. Dank ihrer kräftigen Beine konnten sie schnell rennen und mit außerordentlicher Geschwindigkeit und Beweglichkeit durch die Luft springen. Ihre gefühllosen schwarzen Augen vermochten den tapfersten feindlichen Krieger einzuschüchtern … und vergiss nicht, Matu … sie konnten fliegen. Zu den bösartigsten Kreaturen der Grünen Erde gehörte die Drohne ›Kheb‹. … Sie waren tüchtige, tödliche Jäger … und sie waren kaltblütige Mörder. Unter allen Arten, die auf der Grünen Erde entstanden, waren es die reptilienartigen Bienen-Humanoiden, die ›Kheb‹, die zur vorherrschenden Lebensform jener Welt aufsteigen sollten.

Nachdem Millionen Jahre ihrer Evolution vorübergegangen waren, hatten die ›Kheb‹-Wesen die meisten eindeutig reptilien- und insektenartigen Merkmale ihrer Vorfahren verloren. Aber nicht alle ihre physischen Merkmale verschwanden völlig. Obwohl ihre Größe leicht zu variieren begann, blieben die ›Kheb‹ insgesamt groß und ziemlich schlank. Und, wie es bei allen Wesen mit Reptilienahnen der Fall ist, besaßen sie nur wenige oder gar keine Haare am Körper und kaum welche auf den Köpfen. Ihre Körper behielten die stundenglasartige Form ihrer Libellen- und Bienenvorfahren längst vergangener Zeiten. Männliche Individuen waren breitbrüstig und hatten schmale Taillen sowie große, kraftvolle Gesäßbacken, starke Schenkel und schmal auslaufende Waden. Weibliche Reptiloide waren von derselben Gestalt, jedoch feingliedriger und hatten weibliche Formen. Ihre Gesichter waren noch immer dreieckig und verjüngten sich zu einem ausgeprägten, aber doch weichen Punkt hin. Sie hatten große dunkle Augen – größere als die meisten Humanoiden –, aber von einer fast hypnotischen Schönheit. Auch ihre Münder waren größer als bei den meisten humanoiden Wesen, jedoch mit schmaleren Lippen. Wenn der Mund der Reptiloiden geschlossen war, schien er beinahe zu verschwinden. Und obwohl sie die extrem langen Reißzähne ihrer Vorfahren verloren hatten, waren ihre Eckzähne noch immer lang und scharf … und äußerst wirkungsvoll. Auch den langen Rüssel, der dazu diente, das Blut ihrer Opfer aufzusaugen, hatten sie eingebüßt; er war einer eckigen, scharf geschnittenen, schmalen Nase gewichen, und auch diese wirkte sehr sonderbar.

Es mag dich überraschen, Matu … aber die Reptilienvölker waren äußerlich schöne Wesen. Ihre Glieder waren grazil und ihre Körper reizvoll und wohlgeformt. Und mit ihren großen dunklen Augen und dem fließenden Gang zählten die weiblichen Reptiloiden zu den schönsten Frauen der Galaxis. Die Reptiloiden waren ansehnlich und schrecklich, schön und tödlich … und sie konnten fliegen. Wenn sie bei Feierlichkeiten ihre fließenden Roben trugen und in der größten Pracht erschienen, die ihre Welt zu bieten hatte, vermochten die männlichen wie die weiblichen Reptiloiden gleichermaßen wie auf Engelsschwingen zu schweben … aber sie waren die Hand des Todes selbst, gehüllt in glänzende Seide.«

Es gab viele Kriege zwischen den verschiedenen kriegerischen Reptilienarten auf der Grünen Erde, aber die Kheb gelangten schließlich zur Herrschaft. Die Fähigkeit zu fliegen war der größte Vorteil, der ihnen zu ihren Siegen verhalf. Morning Sky sagt:

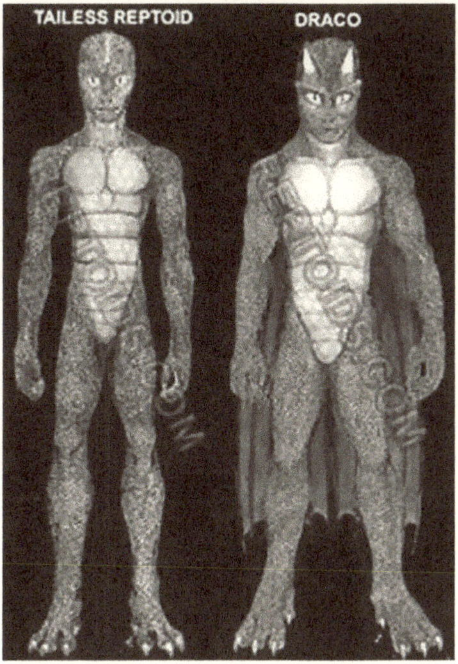


*Abb. 1.2. Arten von Reptiloiden (mit freundlicher Genehmigung von John Rhodes, www.reptoids.com)*

»Ohne Zweifel hingen Erfolg oder Misserfolg der reptiloiden Armeen stets von der außerordentlichen Fähigkeit der Drohnenkrieger ab, im Fluge zu manövrieren. Männliche und ebenso auch weibliche Reptiloiden konnten mithilfe von Flügeln fliegen, die bei Weitem zu zart erschienen, um ihre langen Körper zu tragen. Sie waren schon auf dem Boden ausgesprochen flink, aber in der Luft hatten die Reptiloiden keinen, der ihnen gleichkam …

Aus der Ferne sahen die sich nähernden Heerscharen der fliegenden Krieger aus wie eine große schwarze Wolke von gigantischen Libellen; ein feines grollendes Brummen verriet die Bedrohung. Doch auch wenn der Feind sie schon aus einiger Entfernung zu erkennen vermochte, dauerte es nur einen Augenblick, bis die geflügelten Reptilienkrieger den Boden bedeckten, der sie von ihren Feinden trennte. Weniger als einen Herzschlag später fuhr die ganze Bosheit des reptiloiden Kriegers auf seinen Feind nieder wie der Zorn eines grausamen und blutrünstigen Gottes.«

## Der Aufstieg der Nekh

Eine bestimmte Gruppe der Kheb, genannt die NEKH, war am mächtigsten. Möglicherweise sind sie an die Spitze all ihrer Artgenossen aufgestiegen. Morning Sky zufolge …

> »bewegte sich das Machtgefüge zwischen vielen aufstrebenden Reichen hin und her. Reiche und Königtümer stiegen auf und gingen zugrunde. Doch mit der Zeit trat eine Rasse der Reptiloiden als das vorherrschende Volk auf dem Planeten hervor. Sie waren als die NEKH oder die furchtbaren ›Schwarzen‹ bekannt. Aufgrund der Siege der Schwarzen Krieger und die politischen Machenschaften der Schwarzen Könige wurde die Welt der Reptiloiden wahrscheinlich unter einem König in einem Königreich vereint.«

Als die Eroberungen der NEKH immer weiter zunahmen, wurde die Notwendigkeit einer effektiven Verwaltung und Kontrolle des Reiches zu einer vorrangigen Aufgabe. Das war schon immer ein dornenreicher Weg für erobernde Armeen gewesen; auch die römischen und britischen Kolonialherren wussten ein Lied davon zu singen. Meistens stellt sich dabei heraus, dass Sklaverei keine dauerhafte Lösung ist. Am besten ist es, die eroberten Zivilisationen sich selbst regieren und an ihre fremden Herren Tribute zahlen zu lassen. Das Tauschmittel beziehungsweise das jeweilige »Geld« wird zum Werkzeug der totalen Kontrolle. Morning Sky teilt uns mit:

> »Das Leben entfaltete sich zügig unter der Herrschaft der reptiloiden NEKH-Könige. … Wissenschaft und Technik, die zunächst entwickelt wurden, um den Eroberungskriegen der Könige zu dienen, machten sprunghafte, stürmische Fortschritte. Während die Waffentechnik und die Kunst der Kriegsführung weiterhin die höchste Priorität in Forschung und Entwicklung innehatten, wurden die Erfindungen und neuen Instrumente, die aus dem technologischen Fortschritt folgten, von den gewöhnlichen ›Kheb‹-Menschen oft für den alltäglichen Gebrauch adaptiert. … Mit der Zeit gaben die ›Kheb‹-Könige ihre zerstörerischen Eroberungskriege auf und wandten sich vornehmlich neuen Machtkriegen zu. Diese Kriege

wurden nicht auf dem Schlachtfeld, sondern auf den Märkten der Grünen Erde ausgefochten. Die ›Kheb‹-Monarchen begannen zusammenzuarbeiten, um ihre Gewinninteressen auf dem gesamten Planeten zu bündeln – nicht um Frieden zu erreichen, sondern um Reichtümer zu erlangen. Zerstörerische Kriege sollten in den führenden Königreichen der Neuen Welt nicht länger geduldet werden; Ordnung und Frieden sollten herrschen, Glück und Wohlstand sollten daraus für jeden folgen. Die Wirtschaft wurde das neue Schlachtfeld. Die Kriege der Neuen Welt – allgemein bekannt als die NEKH-Weltkriege – wurden in den Business-Metropolen der Grünen Erde geführt. Noch immer kam es zu Attentaten und Meuchelmord, aber sie waren nicht mehr die Folge hitziger Leidenschaft und schieren Hasses. … ›Sie waren nicht mehr persönlich motiviert … sie waren Geschäft.‹«

In der Neuen Welt gelang es einer Kheb-Familie, sich die Kontrolle über die Reichtümer und Grundlagen der Macht auf dem ganzen Planeten anzueignen; sie waren die ersten Nachfahren der frühen NEKH-Könige und als NEKH-KHEB bekannt. Unter ihrer Herrschaft wurde Frieden erreicht, und ein neues Zeitalter zog herauf. Alle Königreiche der Grünen Erde wurden unter der Fahne der vereinigten Kheb-Staaten beziehungsweise des Bundes der Reptiloiden-Staaten zusammengefasst. Die Macht der Neuen Welt lässt sich in einer simplen Formel ausdrücken: »Der Profit soll sie führen.« Dieses Konzept einer Herrschaft aufgrund des Geldes ist für alle von reptiloiden Oberherren regierten Planeten charakteristisch – und es gilt insbesondere, wie wir noch sehen werden, für ihren Einfluss auf der Erde, wo sie sich ihrer Marionetten, der Illuminaten-Banker, bedienen.

## Die Könige des Himmels

Nachdem sie nun alle Staaten der Grünen Erde ihrem Bündnis eingegliedert und damit förmlich der Kontrolle durch die NEKH unterworfen hatten, suchten die Könige nach neuen Welten, um sie zu erobern. Sie waren niemals mit Frieden und Ruhe zufrieden; stets lag es in ihrer

Natur, zu kämpfen und zu herrschen. Niemals konnten sie sich mit einer stabilen, auf Landwirtschaft beruhenden Gesellschaft begnügen.

Robert Morning Sky sagt:

> »Als die Institutionen des Zeitalters der Neuen Welt eingerichtet waren, begannen sich die Blicke der NEKH-Reiche auf den Himmel über ihnen zu richten. Sie fingen an, wie die Menschen auf der Erde, ihre Monde zu erforschen. Sorgsam entwickelten sie neue Technologien, landeten auf den Oberflächen ihrer Monde und richteten dort allmählich Stationen ein. Einige Generationen später waren die Monde besiedelt und wurden ausgebeutet; man baute dort Rohstoffe ab, und die Monde wurden bald zu perfekt ausgestatteten Sprungbrettern zu den nächsten Planeten und Welten. Die reptiloiden NEKH-Astronauten erreichten die Welten ihres eigenen Sonnensystems, eroberten sie, gründeten dort neue Stützpunkte und weitere Kolonien und beuteten schließlich auch die zahlreichen neuen Trabanten ihrer Nachbarn aus. Die NEKH errichteten eine Gemeinschaft der Reptiloiden-Wesen in ihrem ganzen Sonnensystem, die erste Vereinigung reptiloider Welten.«

Um es noch einmal zu betonen: Die NEKH-Könige begnügten sich niemals mit Frieden – rastlos sahen sie in den Kosmos jenseits ihres eigenen Sonnensystems. Bald erlaubte ihnen ihre Raumfahrt-Technik, die Lichtgeschwindigkeit zu überschreiten, indem sie durch Wurmlöcher reisten, und sofort begannen sie, Eroberungsfeldzüge in andere Sternsysteme zu unternehmen.

> »Die NEKH-Könige griffen immer weiter über die Grenzen ihres Reiches in ihrem Sonnensystem hinaus nach anderen Sonnensystemen und deren Planeten. Im Besitz außerordentlicher Technologie und Bewaffnung, ausgestattet mit reichen Ressourcen und gestützt auf eiskalt berechnende Sternenkrieger, fingen die NEKH-Könige an, andere Welten zu erforschen und sich nutzbar zu machen. So wie sie es bereits auf der Grünen Erde und in ihrem Sonnensystem getan haben, starteten sie nun eine weitere Serie von Eroberungskriegen. Und bei diesen räuberischen Kriegen geschah es, dass das Reptiloidenvolk den anderen Humanoiden in der Galaxis von ERIDANUS begegnete. …

Als die NEKH-Raumschiffe den ersten Kontakt mit Wesen der Anderen Welten aufnahmen, waren sie natürlich, wie man sich denken kann, ganz auf der Hut … aber zur Überraschung der reptiloiden Sternenkrieger wurden sie von den Wesen der Anderen Welt mit offenen Armen empfangen. Da die Andersweltler noch keine eigene Raumfahrt-Technologie entwickelt hatten, betrachteten sie die Schiffe der NEKH mit Ehrfurcht und beinahe mit Ehrerbietung. Die Eroberung ihres Planeten war einfach. … Als die Anderen Welten von den Sternenkriegern der NEKH unterworfen wurden, setzten deren Könige schnell ihre Marionettenregierungen mit eigenen NEKH-Verwaltern in die Machtpositionen ein. Alle Anderen Welten sollten nach demselben System funktionieren, das im gesamten Reich der NEKH eingeführt worden war. Alle neu unterworfenen Völker hatten sich den Institutionen der NEKH zu fügen und gemäß deren Anweisungen zu leben, und alle mussten dem Sternenkönig der NEKH huldigen, der auf dem Thron des NEKH-Imperiums saß. … Alles Heil dem König der NEKH! Alles Heil dem König des Himmels!«

## Das Ende eines Zeitalters

Als die NEKH andere entfernte Sternsysteme angriffen, waren sie überrascht, auf hartnäckigen Widerstand zu stoßen, den sie bislang nicht gewohnt waren. Morning Sky berichtet:

»Als die reptiloiden Sternenkrieger fortfuhren, sich auf unbekannte Welten zu begeben, trafen sie dort bald auf andere Arten von Kriegern, die sich nicht so einfach besiegen ließen. Einige Sternenrassen wurden von Kriegern mit außerordentlichen physischen Kräften und Fähigkeiten, die die Reptiloidenkrieger noch nie zuvor kennengelernt hatten, verteidigt. Manche Eroberungsfeldzüge gingen sogar, zum Entsetzen der NEKH-Könige, verloren.«

Da sie nun so energischen Widerstand erfuhren, fanden sich die Sternenkrieger an einem Scheideweg wieder. Dieser Moment markierte einen Wendepunkt in der Geschichte der Reptiloiden. Er wurde als das Ende der ersten Sternenkriege bezeichnet. Zu jenem Zeitpunkt hätten sie eine Reform vornehmen und sich nur noch auf die inneren Schwierigkeiten ihres sich erweiternden Reiches konzentrieren können. Allerdings lag dies nicht in ihren Genen. Diese Verminderung der Geschwindigkeit ihrer Eroberungsfeldzüge veranlasste die NEKH-Könige, ihre militärischen Systeme und Rüstungen zu überprüfen. Dabei bemerkten sie, dass sie eine in den Schlachten sehr effektive Waffe übersehen hatten – weibliche Krieger.

Morning Sky fährt fort:

»Trotz all ihrer hochentwickelten Technologien und der angeborenen Bösartigkeit und Kaltblütigkeit ihrer Reptiloidenkrieger sahen sich die NEKH-Könige nun mit einer höheren Intensität des Krieges und größerer Todesgefahr konfrontiert. Taktik und Bewaffnung mussten überdacht werden … wie die Aufstellung der Krieger auf dem Schlachtfeld. In der Konsequenz der Anforderungen dieser ›Sternenkriege‹ auf höchstem Niveau konnte kein reptiloider Krieger mehr pauschal zurückgewiesen oder ignoriert werden … unabhängig von seinem Geschlecht. Während man die Geschichte der siegreichen Kriege des Imperiums neu betrachtete, rief man sich bald in Erinnerung, dass weibliche Reptiloiden einst Seite an Seite mit den Drohnenkriegern in den Kriegen auf der Grünen Erde gekämpft hatten. Ihre Teilnahme spielte keine geringe Rolle bei den Siegen in den Kriegen der alten Zeit. Es gab keinen Grund zu der Annahme, dass sie bei den neuen Kriegen keinen Beitrag zum Erfolg leisten könnten. Und wie es vor vielen, vielen Jahren auch schon der Fall war, wurden weibliche Reptiloiden nun wieder eingezogen und auf dem Schlachtfeld neben ihren männlichen Mitkämpfern eingesetzt.«

## Die Kriegerinnen

Verschiedene Faktoren haben dazu beigetragen, dass die weiblichen Reptiloiden gut vorbereitet auf dem Schlachtfeld eingesetzt werden konnten – und dort zu todbringenden Kriegerinnen wurden. Von großer Bedeutung war der Wegfall des Menstruationszyklus. Auf ihren heimischen Welten war der weibliche Zyklus aufgrund der Strahlung der Sonne regelmäßig und vorhersehbar. Demgegenüber fehlte diese Regelmäßigkeit in den weit entfernten Sonnensystemen der eroberten Planeten. Morning Sky sagt dazu:

> »Auf der Welt ihrer Heimat waren die weiblichen Reptiloiden stets im grellen Licht mehrerer Sonnen gebadet. Pulsierende solare Strömungen führten zu einem rhythmischen Wechsel in ihrem Fortpflanzungszyklus und bewirkten in ihren Körpern die Produktion chemischer Substanzen, die zur Regulierung des Empfängnis- und Gebärprozesses beitrugen. In den gewaltigen Räumen jedoch – weit entfernt von ihren heimischen Sonnen und den Kräften, die die inneren Kreisläufe des Körpers hervorbrachten – endete dieser weibliche Wechsel … und zwar gänzlich! Die Menstruationszyklen der weiblichen Reptiloiden hörten insgesamt auf! Die Reptiloidenfrauen konnten zwar im Weltraum noch immer Kinder empfangen und gebären, aber nur durch die unmittelbare, willentliche Stimulation der Empfängnishormone. Dies bedeutet, dass die Reptiloidenfrauen keinen Menstruationszyklus mehr hatten. Sie konnten völlig frei entscheiden, ob und wann sie schwanger werden wollten.«

Frei von den Fesseln des Menstruationszyklus konnten die weiblichen Reptiloiden sich an militärischen Operationen beteiligen. Aber zur großen Überraschung der NEKH-Könige waren die Kriegerinnen, aufgrund der Umwandlung des im weiblichen Hormonsystem natürlicherweise produzierten Giftes, sogar noch todbringender als die männlichen Krieger. Da es nicht mehr zur Fortpflanzung benötigt wurde,[4] war das Gift nun wieder als Vertei-

---

4 Neue Forschungen von Biologen haben gezeigt, dass das Gift-Genom uralt ist und der Evolution von Reptilien um 100 Millionen Jahre voranging. Man weiß mittlerweile, dass Gift viele physiologische Funktionen hat, und zahlreiche Drogen wurden mithilfe von Gift hergestellt. Es ist sicherlich nicht an den Haaren herbeigezogen, dass Gift-Eiweiße bei manchen Lebewesen während der Geburt bedeutende Wirkungen hatten – und wohl noch immer haben.

digungsmittel verfügbar, wozu es ursprünglich auch gedient hatte. Morning Sky berichtet darüber:

> »Aber … zur allgemeinen Überraschung wurde das tödliche Gift der weiblichen Reptiloiden tödlicher als jemals zuvor! … Unter den Bedingungen des Schlachtfeldes verstärkte der Adrenalinrausch, der durch die Adern der Frauen schoss, die Stärke des Giftes. Zur freudigen Überraschung der Könige und zum Unglück ihrer Feinde ließ das im Körper produzierte Gift die Reptiloidenfrauen, aufgrund der natürlichen Transformation des Giftes und der ergänzenden Wirkung des Adrenalins, weit gefährlicher … und weitaus todbringender werden als jeden der männlichen Reptiloidenkrieger. Noch immer waren sie fähig, ihren Feinden ein scharfes, tödliches Gift in die Augen zu speien; ja, das neue Gift brachte nahezu jedem Soldaten den Tod, der den Reptiloidenfrauen auf dem Schlachtfeld begegnete.«

## Ohne Gefühl

In seinem Text setzte Morning Sky den Dialog zwischen Per und seinem Schüler Matu wie folgt fort:

> »Auf jeden Fall also, Matu … waren die Frauen von Natur aus bösartiger. Wenn sie erst einmal zum Kampf aufgestachelt waren, erlaubten sie weder Gedanken noch Gefühlen, ihre Ziele zu durchkreuzen … der vollständige, endgültige Sieg war dann alles, was sie wollten. Die Reptiloidenfrauen kämpften weder um Ruhm noch für Eroberungen; sie kämpften für ihre Welt und um ihr Leben. Niemand konnte todbringender sein als die weiblichen Reptiloiden, wenn ihr Zorn entflammt war. Diese Faktoren wendeten den Verlauf mancher Schlachten zwischen den verschiedenen Rassen von Sternenwesen in unserer Milchstraße.«

Das Auftreten weiblicher Krieger zog viele unbeabsichtigte Folgen und Vorteile nach sich. Seitdem ausschließlich weibliche Reptiloiden in der

Verwaltung der eroberten Gebiete und Planeten eingesetzt wurden, wurde diese Aufgabe weitaus effektiver ausgeführt. Morning Sky erläutert dies folgendermaßen:

»Und so duldeten die Völker der Anderen Welt die Anwesenheit weiblicher Wächter, die dazu eingesetzt waren, die neuen Regierungen zu kontrollieren. Feindliche Massen wurden leicht von Reptiloidenfrauen in Schach gehalten, die mit wenig mehr als mit Speeren und Messern mit langen Klingen bewaffnet waren. Wenn erst Marionettenregierungen eingesetzt waren, wagte es kein Diplomat mehr, die Autorität der Reptiloidinnen in Frage zu stellen, die Ämter in den neu gegründeten Behörden innehatten. Überall waren die Legenden von der tödlichen Gewalt des Giftes der reptiloiden Frauen weit verbreitet. Nur wenige Einwohner der Anderen Welten hatten keinen Freund oder Verwandten durch das Gift einer Reptiloidenfrau verloren.«

Für die Könige hatte es weitere ernste und nicht beabsichtigte Konsequenzen, weiblichen Einfluss in den Hallen der königlichen Macht zuzulassen. Die Königinnen, die all jene Kolonien und eroberten Territorien verwaltet hatten, waren aus eigener Kraft mächtig geworden und insgeheim nicht damit glücklich, von Männern beherrscht zu werden, obwohl sie tatsächlich diejenigen waren, die das Reich führten. Sie begannen, die Männer als Aushängeschilder zu betrachten, während sie, die Frauen, in Wahrheit die Zügel der Macht in den Händen hielten. Es war daher nicht überraschend, dass sie sich miteinander verschworen, um die Führung zu übernehmen und die Männer zu unterjochen. Morning Sky führt aus:

»Zur Zeit der Ausdehnung der Herrschaft in den Anderen Welten stellten die Königinnen und die ihnen ergebenen weiblichen Verwaltungsbeamten das eigentliche Machtzentrum des Reiches dar. In jedem Reich, das von einer ›geheimen Macht‹ im Hintergrund gelenkt wird, sind deren Marionetten stets am lautesten und am besten sichtbar. Das ganze Land wird in den Glauben versetzt, dass es allein die Marionetten wären, von denen die Befehle ausgingen. Tatsächlich glauben diese Marionetten sogar selbst manchmal, dass sie die königlichen Befehle erteilten. In Wahrheit hält aber die Person, die sich wirklich um die Ausführung dieser Befehle kümmert, das Szepter in der Hand. Und in jedem Fall war es ein weiblicher Bevollmächtigter, der für die Durchsetzung der königlichen Befehle verantwortlich gewesen ist.«

Die Königinnen begannen, für eine stärkere unmittelbare Kontrolle der Politik sowie für ihre größere Sichtbarkeit beim Volk zu kämpfen.

Wir erfahren von Morning Sky:

»Aufgrund des neuen Status des Reiches als eines Machtzentrums in den Sternen fingen die Reptiloiden-Königinnen an, den Thron zu drängen, ihre herrschaftliche Stellung im Reich sichtbarer hervortreten zu lassen. Um Schwierigkeiten zu Hause zu vermeiden und um die Königinnen sowie die Reptiloiden-Statthalterinnen zu besänftigen, bewilligten die Könige der Reptiloiden den Königinnen neue Verantwortlichkeiten. Die Königinnen wurden öffentlich sichtbarer und nahmen größeren Raum bei den staatlichen Zeremonien ein, die die Leute stets genossen. Einige geringere Aufgaben wurden der Königin und ihren untergebenen weiblichen Truppen überantwortet … aber bei der Herrschaft über das Reich würden die Könige niemals freiwillig auf ihre Oberhoheit verzichten. … Sie müsste ihnen schon gewaltsam entrissen werden. …

In den Augen des Königs saß die Königin des Reiches als oberste Frau auf dem Thron. Ihre Pflichten waren ziemlich einfach: Ihre Aufgabe bestand darin, den anderen Welten des reptiloiden Königreiches und denen des Neunten Sektors den klaren und bildhaften Eindruck zu vermitteln, dass alle Frauen des Reptiloidenreiches fest und voller Überzeugung hinter ihrem König stünden. Sogar das Oberste Gericht der Königin war angewiesen, vor den Welten des Neunten Sektors dasselbe Bild zu repräsentieren. Und da alle Frauen, einschließlich die Königin, unmittelbar höheren männlichen Beamten des Königs verantwortlich waren, war der König davon überzeugt, dass die Rolle der Königin in einer großen Illusion bestünde und wenig Einfluss besäße. Für den König war die Königin ein Schmuck des Gerichtshofes und eine Dekoration, um dem König zu schmeicheln … Ihre Anwesenheit bestand nur der Form halber.«

# Krokodilstränen

Morning Sky setzt seine Ausführungen mit weiteren Details fort:

»Aus der Legende von der ›Nacht der Tränen‹ erfahren wir das Folgende, Matu ... Der persönliche Stab des Königs wurde wie jeden Tag zur morgendlichen Versammlung befohlen. Stets galt den Angelegenheiten des Reiches die Hauptaufmerksamkeit am Morgen. Zur Überraschung der Mitglieder des Königlichen Stabes aber betrat nun die Königin anstelle des Königs das Gemach. Dicht hinter ihr folgten Soldatinnen ihrer Königlichen Elitegarde. Als diese sich an den Wänden des Königsgemaches aufstellten, setzte sich die Königin aber nicht auf *ihren* Stuhl, sondern auf den des *Königs!*

Einige Männer aus dem Königlichen Stab sprangen auf und protestierten lautstark gegen diese unfassbare Tat. Als die Elitegarde der Königin aber einen Schritt vorwärts machte, setzten sich die Männer wieder und blieben ruhig. Es folgte eine Mitteilung, kurz und bündig: Der König war in der Nacht ermordet worden. Die Königin konnte gerade noch den Meuchelmördern entkommen. Ohne ihre treu ergebene Elitegarde hätte sie die Nacht nicht überlebt. Obwohl die männlichen Mörder unverzüglich getötet wurden, konnten sie weder identifiziert werden, noch hatte sich der Ursprung der Verschwörung feststellen lassen. Um die Ordnung aufrecht zu erhalten und um Chaos und Aufstand zu verhindern, hatte die Königin daher unverzüglich die Regierungsgewalt übernommen. Da ein Staatsstreich der unbekannten skrupellosen männlichen Macht, die anscheinend hinter dem Meuchelmord steckte, vereitelt werden musste, hatte die Königin allen weiblichen Reptiloiden-Kommandeuren und Verwaltungsbeamten befohlen, die Kontrolle in ihren jeweils verfügbaren Bereichen zu übernehmen. Und um eine Machtübernahme dieser gewissenlosen, unbekannten männlichen Bande zu verhindern, sollten auch alle männlichen Machthaber von ihren Positionen entfernt werden ... um des Reiches willen! Bis die Königin einigermaßen in der Lage sei, die Sicherheit des Reiches und seines Volks zu garantieren, seien deshalb alle Territorien der Reptiloiden von den weiblichen Statthalterinnen zu verwalten, die ohnehin schon ihre Ämter innehätten. Wenn die

Königin überzeugt sei, dass Frieden und Sicherheit gewährleistet werden könnten, werde sie die Herrschaftsgewalt dem offenkundigen Erben des Königs überlassen.«

So wurde der königliche Staatsstreich also vollendet. In die Annalen der überlieferten Geschichte der Reptiloiden ging er als »die Nacht der Tränen« ein. Der kluge Matu bezeichnete diese freilich als »Krokodilstränen«, als er die Geschichte von Per vernahm.

# 2 Das Reich des Todes

## Das Reich der Königin

Die Königin handelte schnell, um ihre Macht über das Reptiloiden-Imperium zu festigen. Morning Sky erzählt uns:

> »In der allernächsten Zeit starben viele der hochrangigsten männlichen Befehlshaber und Statthalter unter den merkwürdigsten Umständen. … Abkömmlinge und Erben des Reptiloiden-Königs wurden desgleichen auf äußerst mysteriöse Weise gemeuchelt. Hochgestellte Repräsentanten des Königs in Schlüsselpositionen anderer Welten des Reiches starben ebenfalls. Die Verschwörung war gründlich und gnadenlos.
>
> Die Königin versicherte allen Völkern im gesamten Imperium, dass sie die vollständige Herrschaft innehabe und dass es keinen Grund zur Sorge gäbe. Einige der ermordeten männlichen Verwaltungsbeamten und Mitglieder der königlichen Familie wurden untersucht, und in ihren Körpern fand man Spuren weiblichen Giftes. Die Königin erklärte dies mit der Behauptung, dass männliche Verschwörer nun versuchen würden, sie zu stürzen. Sie verkündete dem Volk, dass ›dieser hinterhältige Versuch, männliche Reptiloiden gegen weibliche aufzuhetzen, nicht gelingen werde, da sie dies verhindere.‹ Die Königin versprach, ihr Volk durch diese Zeit der Krise zu führen. Die ›Nacht der Tränen‹ werde das Reich nicht niederwerfen, schwor die Königin ihrem Volk! ›Eure Königin wird euch nicht im Stich lassen‹, versprach sie ihren Untertanen!«

In der Zwischenzeit fuhr sie fort, »ihr Haus zu reinigen«. Alle Männer, die auch nur entfernt mit dem König blutsverwandt waren, und alle männlichen Thronaspiranten wurden entweder ermordet ..........

aufgefunden oder verschwanden auf unerklärliche Weise. Die Königin verschärfte die Sicherheitsvorkehrungen in allen militärischen und administrativen Bereichen und unterwarf diese einer strikten weiblichen Herrschaft. Unter ihrer Regierung wurde das Reich auf effiziente, straffe Weise verwaltet. Nachdem alle inneren Bedrohungen beseitigt waren, stand der gesamte Exekutivapparat nun unter rein weiblicher Kontrolle.

Bald fühlten sich äußere Feinde des Reiches, die eine schwache Führung vermuteten, ermutigt, die Situation auszunutzen und die Vorposten des Imperiums anzugreifen – allerdings war dies stets ein großer Fehler! Die Armeen der Königin schlugen mit frisch erneuerter Tapferkeit zurück, drängten die Invasoren hinaus und eroberten dabei neues Land, wohin auch immer sie zogen. Die männlichen Krieger, die die Siege der Frauen beobachteten, begannen, die Führungskraft der Königin zu bewundern und an ihren Feldzügen mit leidenschaftlicher Energie teilzunehmen – »um den Ruhm des Reiches zu mehren«. Morning Sky sagt:

> »Das Imperium der Reptiloiden wurde zu einem Reich unter vollständiger weiblicher Herrschaft und Kontrolle. Nachdem einst die Reptiloiden in der Ära der reptiloiden Kriegerkönige lebten und gediehen, expandierte das Imperium nun unter den Dynastien der Reptiloiden-Königinnen wie nie zuvor und drängte als das machtvollste aller Sternenreiche im Neunten Bezirk des ERIDANUS an die vorderste Front. Das wilde Reich der reptiloiden NEKH-Könige hatte sich während der Dynastie der NEKH-T-Königinnen in einen beinahe unbezwingbaren Staat verwandelt.«

## Gedankenkontrolle

Das Aufkommen der Dynastie der Königin brachte eine größere Abhängigkeit von Drogen mit sich, um die militärische Leistungsfähigkeit zu steigern. Die Königin beauftragte ihre biologischen Forscher, eine Droge zu entwickeln, die ihre königlichen Garden noch wilder, grausamer und gefährlicher machen sollte, so dass sie niemals fürchten müsste, verletzt oder ermordet zu werden. Stets war sie von den tüchtigsten Kriegerinnen umgeben. Die Elitegarde wurde »Assassim« genannt, wovon sich das Wort *assassin* [Mörder, Todesschütze] ableitet. Unter dem Einfluss einer *hashashim* genannten Droge waren sie auf der Hut und beobachteten mit größter Wachsamkeit jede Bewegung in der Umgebung ihrer Königin.

Es ist erstaunlich, wie diese Praktiken der Reptiloiden von ihren NS-Schützlingen sehr viel später im Zweiten Weltkrieg aufgegriffen wurden. So hat man deutschen Soldaten eine Droge namens Pervitin verabreicht, um ihre Aufmerksamkeit und Wachsamkeit zu erhalten. Es wird geschätzt, dass den Wehrmachtsoldaten während des gesamten Krieges mehr als zweihundert Millionen Tabletten gegeben wurden. Pervitin war ein früher Markenname für das, was heute Crystal Meth genannt wird, eine Variante der Substanz Methamphetamin. Hitler selbst hat diese Droge reichlich konsumiert.

Drogen wurden zu einem wichtigen Herrschaftsinstrument der Reptiloiden-Königinnen. Die Elitekrieger, die die Königin beschützten, waren als die MAKH bekannt. Ursprünglich waren sie alle männlich, aber nach der Nacht der Tränen wurden sie durch wilde Kriegerinnen ersetzt. (Auch Hitler war von einer sehr ähnlichen Leibgarde von speziell ausgebildeten Elitesoldaten, der Waffen-SS, umgeben, einer Einheit, die im Verlaufe des Krieges vergrößert wurde.) Die Königinnen merkten, dass es bessere Methoden gebe, eroberte Zivilisationen zu kontrollieren als die Doktrin »Friss, Vogel, oder stirb«. Zu viele Gefangene wählten letztere Möglichkeit, und dementsprechend gingen zu viele wohlgeratene Individuen zugrunde, die ansonsten zur Arbeit für das Imperium hätten herangezogen werden können.

Morning Sky berichtet:

»Zur Zeit der Königinnen gab es eine frühe Stammmutter, die verstand, dass die Auslöschung der unterworfenen Völker die Zerstörung potenziell produktiver Arbeitskraft bedeutet. Sie wandte sich an die Forscher unter ihren Elitetruppen, den MAKH-Einheiten, und unterwies sie, die Wissenschaft von der Manipulation des Geistes zu erforschen und zu entwickeln. Diese frühe Königin hatte gehofft, dass – statt die Unbot-

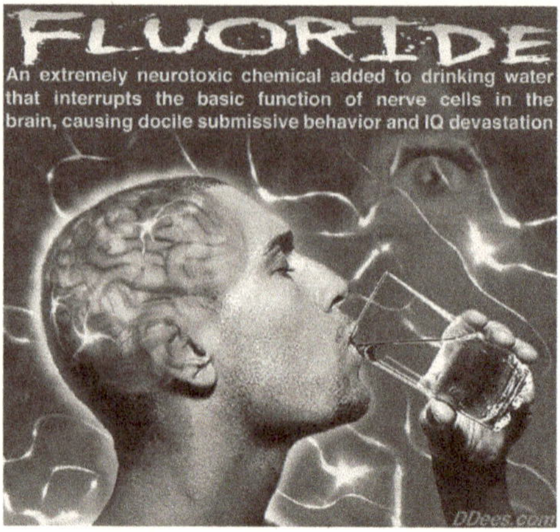


*Abb. 2.1. Bewusstseins-kontrolle durch Fluoride*

mäßigen zu vernichten – ihre MAKH-Wissenschaftler einen Weg fänden, den Geist der unterjochten Völker ›umzuprogrammieren‹.«

Die frühen Mütter initiierten die Forschung und Entwicklung, und irgendwann wurden diese Praktiken genauestens ausgefeilt und standardisiert. Morning Sky teilt uns mit, dass …

»die MAKH, zunächst durch einfache elektromagnetische Stimulation des Gehirns, in der Lage waren, ein System der ›Belohnung und Bestrafung‹ zu schaffen, das geeignet war, die widerstrebenden Massen zu beherrschen. Aber im Laufe von Jahrmillionen der Forschung und Entwicklung wurde die Manipulation des Gehirns durch eine Vielzahl verschiedener Techniken vollendet. Von der langfristigen Beeinflussung und Kontrolle bis hin zur unmittelbaren Programmierung des Gehirns im Labor wurden die geistesverändernden Techniken der MAKH zur Grundlage der Verwaltungsprogramme, die in den neu eroberten Welten angewandt wurden.«

## Das Reich der Sklaverei und des Todes

Morning Sky fährt fort:

> »Die Streitkräfte der eroberten Welten waren stets die ersten, die sich einer Reprogrammierung ihres Geistes unterziehen mussten. Nachdem ihr Bewusstsein umgewandelt war, unterwarfen sich die überwundenen Armeen in völliger Loyalität und Hingabe der Königin. Einmal geprüft und für gut befunden, wurden alle Krieger und Heerscharen der eroberten Welten den vereinigten Streitkräften des Reptiloidenreiches eingefügt. Als dem Dienst der Königin neu gewidmete Soldaten (TT-TT) wurden sie dazu ausgebildet, die fähigsten und blutrünstigsten Krieger im Neunten Reich zu werden; dafür wurden sie mit einigen der am höchsten entwickelten tödlichen Waffen und todbringenden Technologien ausgerüstet. Infolge dieses Trainings und der verfügbaren Bewaffnung hatten die Heere der Königin als Meister des Todes im Namen ihrer mütterlichen Herrin bald nicht mehr ihresgleichen. Die vereinigten Streitkräfte wurden als ›Tod der Königin‹ bezeichnet, als mächtige und unbesiegbare TT-TTKHAA oder einfacher als die TAKH.«

Dies war die erste Phase in der Entwicklung der reptiloiden Technologie der Gedankenkontrolle, die seitdem in allen ihrer eroberten Territorien angewandt wurde, und es fällt hier sofort auf, dass auch die Eroberungsarmeen der Deutschen und der Japaner versuchten, die Zivilbevölkerung der besetzten Länder mithilfe sehr ausgeklügelter Techniken einer Gehirnwäsche zu unterziehen. Es gibt auch Belege dafür, dass sie dabei massenhaft Drogen einsetzten.

Nach einem Aufsatz von Ian E. Stephen mit dem Titel »Fluoridation: Mind Control for the Masses« (»Fluor-Anreicherung: Geisteskontrolle über die Massen«) im *Nexus Magazine* von 1995 wurde mit Fluor versetztes Wasser erstmals von den Nazis in den Konzentrationslagern verwendet. Der Aufsatz enthält auch den Auszug eines gewissen Harley Rivers Dickenson aus einem Dokument der australischen Regierung, das *The Victorian Hansard of August 12, 1987* (»Viktorianisches Parlamentsprotokoll vom 12. August 1987«) betitelt ist. Es besagt, dass »wiederholte Dosierungen winziger Mengen von Fluor durch die langsame Vergiftung und Betäubung eines bestimmten Gehirnareals mit der Zeit die Kraft eines Individuums reduzieren, sich seiner Beherrschung zu widersetzen, und dieses dadurch dem Willen dessen, der es zu beherrschen wünscht, gefügig machen.« In dem Dokument wird weiterhin ausgeführt, dass »sowohl die Deutschen als auch die Russen dem Trinkwasser von Kriegsgefangenen Natriumfluorid zusetzten, um sie dumm und gehorsam zu machen«. Der Einfluss der Reptiloiden auf diese Diktaturen ist offensichtlich.

Noch viele weitere bewusstseinssteuernde Substanzen sind unserer Nahrung, dem Wasser, der Luft und Medikamenten hinzugefügt worden. Besonders erwähnenswert ist in diesem Zusammenhang der Aluminium-Feinstaub, der auf der ganzen Welt durch Chemtrails in der Atmosphäre versprüht wird. Neueste Laboruntersuchungen der Erdatmosphäre in Phoenix (Arizona) belegten Werte, die sich 6.400 Mal über dem toxischen Level bewegen! Eine hohe Aluminiumkonzentration im Gehirn wird gewöhnlich mit der Alzheimer-Krankheit in Verbindung gebracht.

Doch zurück zur Historie der Reptiloiden vor ihrer Entdeckung unserer Welt. Die Herrschaft über die eroberten Planeten war streng und brutal. Die weiblichen Verwaltungsbeamten gingen gnadenlos nach ihren Regeln vor. Auf Verletzungen dieser Gesetze folgte die Todesstrafe, in vielen Fällen durch sofortige Hinrichtung.

Morning Sky sagt:

> »Es ist wichtig, im Gedächtnis zu behalten, dass die weiblichen Repräsentanten der Reptiloiden-Königin mit eiserner Faust regierten. Niemand auf irgendeiner Anderen Welt konnte irgendetwas ohne ihre Zustimmung tun. Jede vorsätzliche Überschreitung der Regeln wurde mit dem Tod bestraft. …
>
> Als das Reich der Reptiloiden-Königinnen zu einem Imperium anwuchs, das Tausende von Anderen Welten umschloss, wurde es notwendig, die Regierungsinstitutionen so zu rationalisieren, dass größtmögliche Effizienz bei geringstem Einsatz erreicht wird. Um Schwierigkeiten zu vermeiden, wurde deshalb im gesamten Imperium eine einzige Regierungsform eingeführt. Die täglichen Pflichten bei der Leitung der geschäftlichen und militärischen Angelegenheiten der Welten des Reptiloiden-Reiches wurden von den weiblichen Reptiloiden der SSS-T wahrgenommen, die von der Königin ernannt worden waren. Alle weiblichen und männlichen Mitarbeiter der SSS-T

waren zu strikten und strengen Kontrollmaßnahmen angehalten. Kein Detail, wie winzig auch immer, sollte ungeprüft den SSS-T-Bürokratinnen entgehen. Und keiner Regierung war es erlaubt, in irgendeiner Weise von den Institutionen abzuweichen, die im Reich der Reptiloiden eingesetzt wurden.

Alle Beamten, die im Dienste des weiblichen Staatsoberhauptes die Anderen Welten verwalteten, waren als die SSS-T-IM bekannt. Sie hatten die ihnen obliegenden Pflichten vollkommen exakt und ohne jede Abweichung auszuführen. Regelverletzung bedeutete eben tatsächlich den Tod derer, die diese Sünde begangen haben, Matu. Mit der Zeit bezeichnete der Begriff SSS-T-IM nicht nur die in den Verwaltungen arbeitenden Beamten, sondern die Institutionen selbst.

Auf diese Weise, Matu, auf eben diese Weise ... wurde das SSS-T-IM oder das ›System‹ geboren.«

Die eigentliche Bezeichnung, die für Reptiloiden-Krieger im Verwaltungsdienst verwendet wurde, enthielt die Wurzel für »Tod«. Sie wurden als die SAKH bekannt, was wörtlich »Tod durch reptiloide Wesen« bedeutet. Über dieses Thema sagt Morning Sky:

»Im Verlaufe vieler Zeitalter wurde der Begriff SAKH von den Bewohnern der Anderen Welten – wie schon in der Vergangenheit, obwohl der Titel gegenwärtig nur den SSS-Kriegern zugehört – sowohl auf die Krieger der Reptiloiden als auch auf ihr ganzes Volk angewandt. Ebenso nannte man die Sterne und heimischen Welten der Reptiloiden-Wesen die SSAKH-Sterne und SSAKH-Welten.«

Das Wort *SAKH* wurde Bestandteil der Titel von Verwaltungsbeamten der Reptiloiden auf jeder Stufe. Die Königin wurde als »Ihre Majestät, die Königin SAKH-SAKH« bekannt, denn in der Sprache der Reptiloiden bringt die Wiederholung eines Titels höchsten Respekt zum Ausdruck. In ihrer Funktion als Oberbefehlshaberin der Streitkräfte wurde die Königin mit SAKH-SAKH-AN angesprochen. Staatsoberhäupter in anderen Welten waren SAKH-AN, und Minister der Staatsoberhäupter wurden SAKH-I genannt beziehungsweise in ihrer Gesamtheit SAKH-IM, was den Plural bezeichnete.

Die Bedeutungswurzel »Tod durch reptiloide Wesen« wurde also jedem Titel angefügt und erinnerte jedes Individuum an die Konsequenz von Regelverstößen. Augenblickliche Entscheidungen über Leben und Tod wurden von Militärkommandeuren gefällt. Wenn diese Methoden bei einer Bevölkerung angewandt wurden, die bereits durch Gedankenkontrolle gezwungen war, alle Gesetze zu befolgen, war das Ergebnis eine äußerst effiziente und gründliche Form von Sklaverei.

Das soll uns als ein weiterer starker Hinweis darauf dienen, dass diejenigen menschlichen Organisationen, die, wie in Nazi-Deutschland und Japan, ähnliche Taktiken der Beherrschung unterworfener Völker während des Zweiten Weltkriegs verfolgten, im Wesentlichen unter der Kontrolle von Reptiloiden standen.

## Die Königinmutter

Wir fangen an, weitere auf die Reptiloiden zurückgehende menschliche Sitten kennenzulernen, wenn wir mehr über die mütterliche Abstammung der Königin und ihre gesellschaftlichen Konventionen und Traditionen erfahren.

Die Spezies der Reptiloiden vermehrt sich, indem sie Eier legt. Die weiblichen Reptiloiden produzieren Eier, die in einer Art Sack verbleiben, bis sie beschließen, diese – von Männern befruchtet oder unbefruchtet – auszubrüten. Befruchtete Eier werden weibliche, unbefruchtete männliche Individuen. Während vieler Generationen des Matriarchats entwickelten die Königinnen ein Verfahren, das männliche Wesen auszuwählen, dem die Ehre zuteil wird, Vater der königlichen Töchter zu werden. Die frühen Königinnen begannen, schwierige athletische Wettkämpfe ausschließlich für Männer abzuhalten. Der Gewinner sollte zum königlichen Vater werden. Weibliche Reptiloiden konnten den männlichen Samen aufbewahren, bis sie zur Befruchtung bereit waren, und dadurch ihre Töchter zum richtigen Zeitpunkt zur Welt bringen. Die Königin war also in der Lage, den Samen des siegreichen Mannes ihr ganzes Leben lang zu tragen und die Geburt einzuleiten, wann immer sie es wünschte.

*Abb. 2.2. Königin Elisabeth, die britische Königinmutter, wurde 101 Jahre alt.*

Zweifellos gehen die Olympischen Spiele, die anfangs ebenso exklusiv den Männern vorbehaltene Wettkämpfe waren, auf diese athletischen Wettbewerbe der Reptiloiden zurück. »Leider« hatte sich der Sieger bei den Olympiaden allerdings mit einem gewöhnlichen Lorbeerkranz – anstatt mit dem Bett der Königin – zu begnügen.

Nach dem Aufkommen des Matriarchats war es lange Zeit Brauch, das Leben der Königin bis zu dem Zeitpunkt zu beschränken, an dem sie nicht mehr schwanger werden oder herrschen konnte, so dass ihre Pflichten auf eine jüngere und tüchtigere Königin übergingen, die weitere königliche Töchter zu gebären vermochte. Oft bedeutete dies, dass eine Tochter ihre eigene Mutter zu töten hatte. Dieses System wurde von einer erfindungsreichen Königin geändert, die darauf kam, dass ihre Gebärmutter mitsamt Samen der alternden Königinmutter transplantiert werden konnte. Die Königinmutter widmete sich sodann den Aufgaben der Mutterschaft, während sich die junge Königin auf die Verwaltung des großen Sternenreiches konzentrierte.[5]

Daraus folgte die herausragende Rolle der Königinmutter. Über sie berichtet uns Morning Sky:

> »Um irgendwie von ihren Erfahrungen zu profitieren, hat die junge Königin ihre Mutter stets bei allen Zusammenkünften und Gerichten des Reiches zu Rate gezogen; auf diese Weise zehrten die Königin und das Reich vom reichen Schatz ihrer vielen Jahre auf dem Thron. Der Königinmutter wurde rund um die Uhr aufgewartet, ihre Wünsche und ihr Wohlergehen hatten oberste Priorität, und ihr Status war ohne diese Annehmlichkeiten undenkbar.«

---

5 Dieses System wurde eingeführt, um die notwendige Tötung einer alternden Königin zugunsten einer jüngeren und vitaleren zu vermeiden. Angewandt wurde die neue Methode, während sowohl die Königin als auch ihre Mutter relativ vital waren, so dass sie ein langes, produktives Leben führen und eines natürlichen Todes sterben konnte. Aus demselben Grund haben die MAKH-Wissenschaftler später Wege gefunden, das Leben der Königin zu einer erstaunlichen Länge auszudehnen. Der entscheidende Punkt bestand in der Vermeidung »ersetzbarer« Königinnen. Je eher sie dem Volk als »unsterblich« erschien, desto mehr Verehrung und Gehorsam wurde ihr entgegengebracht. Man wollte sie als »göttlich« erscheinen lassen. Mutterschaft stand dieser Wahrnehmung entgegen.

Es ist faszinierend zu sehen, wie der Geist dieser Tradition, wenn nicht sogar ihre tatsächliche Ausübung, auf irgendeine Weise anscheinend auf die britische Königsfamilie übergegangen ist, in der die Königinmutter weiterhin hoch geehrt wird, obwohl sie den mühseligen Gebärpflichten nicht mehr unterliegt.

Wie ist dieser einzigartige, erstaunliche Brauch von den weit entfernten Sternen des Orion auf unsere Erde gelangt? (Siehe Tafel 3.) So unglaublich es scheinen mag: Auch dies spricht wieder für einen Einfluss der Reptiloiden auf das britische Weltreich, der in späteren Kapiteln noch eingehend erläutert wird. Gewiss wurde sonst kein Reich von derart machtvollen Königinnen gelenkt, die bis heute eine bedeutsame Rolle für die Regierung spielen und im ganzen Staat äußerst respektiert, sogar hoch verehrt werden.

## Die Sieben Schwestern

Um die beiden Königinnen zu unterscheiden, nannte man die jeweils auf dem Thron sitzende Königin die Königin AYA, während ihre Mutter Königin BI hieß. Führung und Verwaltung des Imperiums waren äußerst komplex und schwierig. Die Art und Weise, wie die Führer der sieben Provinzen des Reiches ernannt wurden, war sehr sorgsam eingerichtet, um ein Höchstmaß an Macht, Wirksamkeit und Loyalität zu erreichen. In Morning Skys Buch erläutert Per dies seinen jungen Schülern folgendermaßen:

> »Um die Verwaltung des Reiches zu führen, erwählte Königin AYA sieben ihrer Prinzessinnentöchter, die ihr halfen, das Imperium zu regieren. Obwohl zahlreiche Eier ausgebrütet wurden, erlaubte man nur den sieben weiblichen Nachkommen, die außerordentliche Fähigkeiten, herausragende Schönheit, gnadenlose Schläue ... und einen kaltblütigen Willen, die Befehle der Königin auszuführen, zeigten ..., auf den Zentralen Welten zu verbleiben, um der Führung des Reiches zu dienen. Obwohl die Prinzessinnentöchter, die zu den Anderen Welten geschickt wurden, sich

äußerst schwer von ihren Schwestern auf den Zentralen Welten unterschieden ließen, wurden gleichwohl nur sieben ausgewählt, um der Königin des Reiches unmittelbar dienstbar zu sein. … Als weibliche Reptiloiden waren die Sieben SSS-TT. Als Töchter der Königin AYA jedoch waren sie die ›ersten und obersten‹ UR-Frauen des Königlichen Gerichtes, die alle anderen Frauen außer der Königin selbst an Rang übertrafen. Als solche wurde jede Prinzessin als SSS-T-UR-bezeichnet.

›Die Sieben Schwestern!‹ Matu sprang beinahe in die Höhe. ›Meister …?‹, fragte er nun. ›Die Sieben Schwestern … die Sieben Schwestern ist ein Name für die Sterne der Plejaden, Meister, nicht für die Sterne des Orion. Wie kann das sein?‹

›Das ist richtig, Matu.‹ Per nickte mit einem breiten Grinsen. ›Du weißt allerdings nicht, dass der Name Die Sieben Schwestern ursprünglich den Sternen des Orion gegeben wurde. Die beiden Schultersterne,

*Abb. 2.3. Der Tanz der Sieben Schwestern auf dem Gemälde Die Plejaden (Elihu Vedder, 1885)*

die beiden Sterne unten am Kleid und die drei am Gürtel waren eigentlich Symbole der sieben SSS-T-URs. Auf unserer Welt wurde der Name der Sieben Schwestern dann zu einer viel späteren Zeit auf die Sterne der Plejaden übertragen.‹«

Obwohl es einen königlichen Gerichtshof gab, waren die Sieben Schwestern allmächtig und traten als oberster Regierungsrat für das gesamte Reich auf, während sie zudem noch ihre jeweiligen Reiche führten. Morning Sky berichtet:

»Die sieben Prinzessinnen hatten als höchste Repräsentantinnen der Königin die Macht, Todesurteile über jeden zu verhängen, den sie aus welchem Grund auch immer schuldig sprachen. Sie waren in ihren Reichen die obersten Richter. Ebenso hatte die Königinmutter das Recht, jeden hinrichten zu lassen, der ihren täglichen Bedürfnissen nicht diente oder der irgendwie ihre Aufgaben als Königinmutter durchkreuzte. Und natürlich hatte die Königin selbst die Macht, jeden aus jedem Grund und zu jeder Zeit mit dem Tod zu bestrafen. Kurz gesagt, Matu, waren alle weiblichen Mitglieder des Königshauses ermächtigt, Todesurteile zu vollstrecken. Die Völker der Anderen Welten bezeichneten daher das Haus der SSS-B, wie die Reptiloiden-Völker der Heimischen Welten, mit einem anderen Namen … für sie war es das Haus der SSS-B-AN-Richter, das Haus der SS-B-K und das Haus des reptiloiden Todes.«

Das erinnert unweigerlich an die Herzkönigin in *Alice im Wunderland*, die dafür berühmt war, »herunter mit ihren Häuptern« zu befehlen, wenn ihr jemand missfiel. Ein anderes bekanntes Zitat von ihr in dem berühmten Buch lautet: »Ich warne dich, mein Kind … wenn ich meine Geduld verliere, verlierst du deinen Kopf.« Vielleicht sind diese Formulierungen für launenhafte Todesurteile, die von Reptiloiden-Königinnen verhängt wurden, irgendwie in das Bewusstsein des Schriftstellers Lewis Carroll gelangt. Er mag sie in derselben Weise empfangen haben, wie die Idee einer Königinmutter in der königlichen Familie aufkam.

## Die Göttliche Königin

Da die regierende Königin so allmächtig war, erschien sie ihren Untertanen möglicherweise als göttliches Wesen.

Morning Sky berichtet darüber:

»Bereits zur Zeit der Könige war es eine allgemeine Anschauung, dass der gewaltige leere Raum des Universums, das Große KHAA, das alle Dinge aus sich gebiert … seinem Wesen nach weiblich ist. Nur eine weibliche Wesenheit könnte dem Universum Leben schenken. Das Leben des Universums war geboren, als es aus dem Schoß des Raumes hervortrat. Als die Königin aufgrund ihrer großen Macht zum Thron emporwuchs, glaubte man bald, dass die regierende Königin des Reiches, AYA, die jüngste Repräsentantin und Verkörperung des ›Großen Raumes‹ selbst ist:

Sie war die Eine und Einzige Erscheinung der Großen Schöpferin.

Sie war die Höchste Himmlische Mutter.

Sie war Ewig, Sie war Allmächtig, und Sie war Allwissend.

Sie, Königin AYA, war die Verkörperung des kosmischen Raumes.

Sie war die Eine, aus der alles hervorging und zu der alles wieder zurückkehrt.

Die Königin war im Reiche der SSS-Reptiloidenvölker das lebendige KHAA selbst. Sie war, wie der Große Raum, das Leben … und sie war der Tod.

Sie wurde ›Ihre Höchste Majestät, die Göttliche Königin KHAR‹, genannt.«

# 3 Die Königin der Sterne

## Der Jungbrunnen der Königin

Zur Zeit der frühen Dynastien der Reptiloiden-Königinnen, als die Königin noch für die Führung des Reiches und die Geburt des königlichen Nachwuchses verantwortlich war, hatten die SSS-Forscher bei ihrer Arbeit an den MAKH-Entwicklungsprogrammen einen speziellen Nährstoff für die Königin entdeckt, der ihr in mehrfacher Weise zugute kam. Morning Sky erläutert dies folgendermaßen:

»Ausgehend von der wohlbekannten Tatsache, dass bestimmte Proteine im Blut warmblütiger Organismen dazu beitragen, die für Empfängnis und Geburt nötige Substanz zu produzieren,[6] begannen die SSS-Forscher damit, Extrakte auf der Grundlage von Nährstoffen warmblütiger Wesen zu entwickeln. Diese ganz besondere Nahrung wurde als SMA bezeichnet. Die Flüssigkeit wirkte als ›Erweiterer‹ des Stoffwechsels der Königin. Sie steigerte ihr Energielevel, verschaffte ihr eine höhere Ausdauer und verstärkte ihre physische Kraft. … Hierin liegt eine weitere bedeutsame Tatsache, die du kennen musst, Ma-

6 Die Gifte sind Proteine, die bei sehr frühen Generationen der Reptiloiden sowohl der Empfängnis als auch der Geburt dienten. Ich vermute, dass sie wie Hormone wirkten. Da die Eiweiße diese Funktion in weit entfernten Sternsystemen nicht mehr ausübten, verwandelten sie sich beziehungsweise degenerierten sie allmählich zu Giften. Während die S-MA-Flüssigkeit kreiert und weiterentwickelt wurde, wurden einige ihrer weiteren außerordentlichen Eigenschaften entdeckt. Beispielsweise verlängerte der regelmäßige Genuss der S-MA-Flüssigkeit die Lebenserwartung der Königin beträchtlich. Die sorgfältige Bearbeitung verschiedener Varianten von S-MA führte dazu, dass das Leben der Königin durchaus auf Hunderttausende von Jahren ausgedehnt werden konnte. Ebenso zeigte sich, dass S-MA die körperlichen Funktionen der Königin in einem jugendlichen Zustand erhielt. Es war der »Jungbrunnen« der Königin und ihr »Kelch Ewiger Energie«.

tu. In der Sprache der Völker vom Orion war der ›S‹-Laut … als Vorsilbe … ein ›Kausativ‹. Wörtlich heißt dies: ›es bewirkt‹, ›es lässt geschehen‹ oder ›es bewegt‹. Da das ›S‹ in diesem Fall dem Begriff ›MA‹ vorangeht, bedeutet der Titel der Königin als königliche Mutter S-MA ›bewegt die königliche Mutter‹.«

Der Soma-Trank, der in der indo-iranischen Mythologie und Kultur Jahrhunderte lang wegen seiner erregenden, energetisierenden und stärkenden Kräfte verehrt wurde, ist eindeutig mit dieser Droge der Reptiloiden verbunden. Er wird im ältesten Teil der vedischen Schriften, der *Rigveda*, und im *Avesta*, dem heiligen Buch der iranischen Religion des Zoroastrismus, häufig erwähnt. Der Somasaft wurde den Berichten zufolge aus einer unbekannten, mysteriösen Pflanze gewonnen, die man einfach »Somapflanze« genannt hat. Zu den möglichen Kandidaten zählten im Laufe der Jahrhunderte Ephedra, Cannabis sowie die halluzinogen wirkenden Pilze *Amarita muscaria* und *Psilocybe cubensis.* Intensiv behandelt wird das Thema Soma in dem Buch *Speisen der Götter* von Terence McKenna.

Eine Angabe von Morning Sky erscheint mir persönlich hier allerdings fehlerhaft. Ich finde es unglaubwürdig, dass sich das Leben der Königin über »Hunderttausende« von Jahren erstreckt haben soll. Wahrscheinlicher erscheint mir, wenn er »Hunderte, ja sogar Tausende« von Jahren meinte, was schon außerordentlich genug wäre. In jedem Fall war es ein unfassbarer wissenschaftlicher Durchbruch.

Der Erfolg dieses Programms führte die frühen Königinnen zu der Erkenntnis, dass der Schlüssel zur dauerhaften Macht des Matriarchats in der Biowissenschaft liegt und dass den MAKH-Forschern eine entscheidende Bedeutung für die fortwährende Herrschaft der Frauen zukommt. Es ist durchaus möglich, dass die Königin der Königinmutter und den sieben Prinzessinnen den Gebrauch einer wesentlich schwächeren Dosis der S-MA-Droge gestattete. Jedem anderen aber war sie ausdrücklich verboten. Jede andere Person, in deren Besitz man die S-MA-Flüssigkeit fand, wurde unverzüglich hingerichtet!

Dann aber initiierten die SSS-Wissenschaftler eine sogar noch erstaunlichere gentechnische Entwicklung, die sie als Wiederbelebungsprogramm bezeichneten. Dieser Prozess ermöglichte den Forschern, eine tote Person zu reanimieren! Solange der Körper keinen irreparablen Schaden davongetragen hatte, waren sie in der Lage, jemanden ins Leben zurückzuholen. Die Anwendung dieses Programms war natürlich ausdrücklich auf die Königin und ihr göttliches Gefolge beschränkt – und das Leben der Königin wurde dadurch weiter verlängert. Nun erschien sie dem Volk praktisch als unsterblich! Und die Forscher waren damit noch lange nicht am Ende, da jede neue fantastische wissenschaftliche Errungenschaft die früheren Entwicklungsstufen ihrer Forschung und Umsetzung wiederum in den Schatten stellte.

Der nächste Durchbruch bezog sich auf dem Gebiet der Regeneration. Die SSS-Forscher entwickelten ein System sich regenerierender Körperteile, indem sie geschwächten oder abgenutzten Organen zelluläres Material entnahmen und daraus identische, gesunde Versionen herstellten, die sie der Königin transplantieren konnten – ganz ähnlich der heutigen Arbeit an Stammzellen. Möglicherweise erzeugten sie dazu mehrere Versionen des Körpers der Königin, um abgenutzte Teile zu ersetzen. Es waren, ihrem Wesen nach, Klone der Königin, auch wenn sie nicht animiert wurden. Selbstverständlich hatte dieses Programm weniger mit äußeren Gliedmaßen als mit den inneren Organen zu tun, die auf diese Weise entfernt und ersetzt werden konnten.

## Die Genesis-Forscher

Die Krönung aller Errungenschaften der MAKH-Wissenschaftler war die Fähigkeit, tatsächlich sogar das Bewusstsein eines Individuums in einen anderen Körper zu übertragen. Über diese erstaunliche Leistung hat Morning Sky Folgendes zu berichten:

»In einer der letzten Phasen des S-MA-Programms wurde die Elite der MAKH-Forscher, die man jetzt aufgrund ihrer Fähigkeiten, Leben zu erschaffen und zu verändern, die ›Genesis‹-Forscher nannte, angewiesen, das ›Bewusstsein‹ eines Lebewesens nach Möglichkeit zu isolieren und zu erfassen. Man hoffte, dass das ›Bewusstsein‹, wenn es einmal erfasst war, irgendwie in einen anderen Körper übertragen werden könnte.

Bedenke, Matu, dies waren genau die Wissenschaftler, die die Techniken der Bewusstseinsveränderung so erfolgreich zur Kontrolle der Bevölkerung angewandt hatten. Obwohl die Aufgabe enorm schwierig war und wenig Aussicht auf Erfolg versprach, waren die MAKH-Genesis-Forscher im Laufe von Jahrmillionen trotz unzähliger Misserfolge letztlich doch erfolgreich. Durch unermüdliches Streben und reines Genie wurde ein Prozess in Gang gesetzt, der es erlaubte, das Bewusstsein vollständig von einem Körper in einen anderen zu überführen. Eine der Schwierigkeiten, auf die sie stießen, bestand freilich darin, dass das ursprüngliche Bewusstsein des empfangenden Körpers nicht völlig eliminiert werden konnte, ohne dessen Lebensdauer zu beschränken. Daher war sich der neue Körper nach einer ›Bewusstseinsübertragung‹ zweier voneinander getrennter Persönlichkeiten in seinem Geist bewusst.«

Erstaunlicherweise ist das genau die Handlung des Films *Selfless – der Fremde in mir*, der kurz nach der Niederschrift dieser Zeilen in die Kinos kam. Der junge Empfänger des neuen Bewusstseins, gespielt von dem Schauspieler Ryan Reynolds, ist sich in dem Film, nachdem er mit dem Bewusstsein eines älteren, reifen Mannes mit tödlicher Krankheit (Ben Kingsley) animiert wurde, noch immer seines früheren Lebens bewusst und muss sich mit seinen Problemen als junger Mann auseinandersetzen. Letztlich befreit er sich selbst von dem transplantierten Bewusstsein und kehrt zu seinem früheren Leben zurück.

Die Genesis-Wissenschaftler waren jedenfalls imstande, dieses Hindernis zu überwinden. Morning Sky führt dazu aus:

»Um der möglichen Probleme der Vermischung Herr zu werden, waren die Genesis-Forscher genötigt, den Übertragungsprozess durch eine zweite Prozedur zu ergänzen. Aufgrund der Programme zur Bewusstseinskontrolle war es allgemein bekannt, dass Gedanken und Erinnerungen leicht in das Gehirn des Empfängers implantiert werden konnten. Und es war ebenso bekannt, dass einige Erinnerungen im Zielindividuum ausgelöscht werden konnten. Lediglich durch eine Steigerung der Verfahren, durch Intensivierung der Techniken der Gedächtnislöschung und Neuimplementierung konnte der Geist des empfangenden Körpers bei der ›Bewusstseinsübertragung‹ vollständig für das neue Bewusstsein empfänglich gemacht werden. Im Anschluss daran war der Körper mit dem ›Implantat‹ völlig davon überzeugt, dass das neue Bewusstsein immer schon sein eigenes gewesen ist. Was aber geschah mit dem ursprünglichen Bewusstsein? Es wurde in den Bereich des körperlich Unbewussten verwiesen, von wo es zuweilen als äußerst lebhafter Traum oder unaussprechliche Vision auftauchen wird.«

Wenn dem Drehbuchautor von *Selfless* diese uralte Erfolgsstory der Reptiloiden bekannt gewesen wäre, hätte er vielleicht ein völlig anderes Ende seines Drehbuches verfasst. Was die Reptiloiden angeht, war dieses ganze Verfahren natürlich ausschließlich der Königin vorbehalten. Wir erfahren von Morning Sky:

»Aufgrund des Erfolgs des MAKH-Programms zur Bewusstseinsübertragung hatte die Königin der Sterne des Orion die Macht, ihren gesamten Bewusstseinsinhalt in einen der wiedererschaffenen ARRAN-BI-Körper zu übertragen. Sollte im schlimmsten Fall der Körper der Königin auf schwerwiegende Weise verletzt werden, so könnte ihr Bewusstsein vollständig transferiert werden. Verbunden mit den erfolgreichen Regenerations- und Reanimationsprogrammen war die Königin nun in der Lage, ihre Lebensspanne über jeden Zeitraum hinaus, den man sich jemals vorzustellen gewagt hat, auszudehnen.

Wenn ihre Untertanen und die Völker der Anderen Welten von der Königin des Imperiums glaubten, dass sie das ›Ewige Leben‹ besäße … so lagen sie damit potenziell richtig. Durch die Fortschritte der Genesis-Wissenschaften war sie dem Ziel nahegekommen, Unsterblichkeit zu erlangen. Während Generationen ihrer Untertanen lebten und vergingen, überlebte die Königin sie alle. Und durch die Beschränkung der fortgeschrittensten Methoden der lebensverlängernden Wissenschaften auf sich selbst stellte die Königin sicher, dass sie Millionen von Jahren lang leben und das weiseste, intelligenteste und an Erfahrungen reichste Wesen ihres gesamten Reiches bleiben würde.«

## Die KHAR-IM

Befreit von der Last der Mutterschaft und der Regierung ihres Reiches sowie imstande, sich Millionen von Jahre einen jugendlichen, kraftvollen Körper zu bewahren, suchte die Königin nach Abwechslung. Sie verbrachte ihre Tage damit, in das einzutauchen, was sie persönlich als Schönheit und Freude betrachtete, und Wissen zu erwerben.

Morning Sky sagt über sie:

> »Die Königin der Sterne von ARRA-AN hatte die Macht und den Wohlstand Tausender Sterne zwischen ihren Fingerspitzen. Sie konnte alles tun, was sie wollte; sie konnte gehen, wohin sie wollte; und sie konnte alles haben, was sie wollte. Mit derart viel Macht und Reichtum zu ihrer Verfügung machte es sich die Königin zu ihrer Pflicht und Verantwortung, Wissen zu erwerben, Weisheit zu erlangen, die kostbarsten Kunstgegenstände zu sammeln und die Schätze aller Kulturen ihres Herrschaftsbereichs anzuhäufen. Und was das Wichtigste ist, Matu: Sie machte es sich zur Pflicht, dies alles zu genießen … alle Freuden ihres Reiches zu genießen. Ihr Tag war damit angefüllt, die Vergnügungen von Kunst, Musik, Tanz und kulinarischen Leckerbissen auszukosten … Und insbesondere schwelgte sie in den Genüssen der sinnlichen Freuden!«

Da ihr alle Männer des Reiches zur Verfügung standen, wurde die Königin sehr wählerisch bei ihren Liebhabern. Sie schuf sich einen männlichen Harem. Von Morning Sky erfahren wir:

> »Dem Vergnügen der Königin dienten sehr sorgfältig ausgewählte männliche Reptiloiden, die lediglich eine Pflicht zu erfüllen hatten … die Königin auf jede von ihr gewünschte Weise zu befriedigen. Ob es sich um Künstler, Tänzer, Musiker und Experten für die Sinnesfreuden handelte – nur den edelsten Exemplaren der SSS-Männerwelt war es erlaubt, mit der Königin Umgang zu haben. Wenn jemand versagte oder auch nur strauchelte, wurde er unverzüglich entlassen und verstoßen und war gezwungen, auf einer abgelegenen Welt der Unerwünschten sein Dasein zu fristen. Wenn sie

jedoch gehorsame, treu ergebene Diener waren, wenn sie in ihrem Dienst für die Königin besonders hervortraten, dann wurden sie als die ›Obersten Männer‹ des Reiches behandelt. Zu ›Ihrer Majestät, der Göttlichen Königin KHAR‹ aufschauend, wurden die Männer, die stets in ihrer Umgebung waren, als KHAR-IM bekannt, wovon möglicherweise der Ausdruck ›Harem‹ abgeleitet ist.«

## Das Züchtungsprogramm

Über die Herkunft dieser jungen männlichen Reptiloiden berichtet uns Morning Sky Folgendes:

»Die jungen Männer, die im königlichen KHAR-IM dienen sollten, wurden nach ihrer Schönheit und ihrer Fähigkeit, die Königin zu befriedigen, ausgesucht. Irgendwann forderte die Königin ihre MAKH-Forscher auf, ein Züchtungsprogramm zu entwickeln, das sie mit besseren und schöneren KHAR-IM von jeder Generation versorgen sollte. Während das Zuchtprogramm voranschritt, wurden die jungen Männer in der Tat immer ansehnlicher … und sie wurden, was die Trainingsaspekte des Programms betraf, immer bessere Schüler in den Liebeskünsten. Erinnere dich daran, Matu, es waren die erfolgreichsten Männer, die den Samen lieferten, um die Prinzessinnen des Reiches zu gebären. Auch diese Einrichtung diente also dazu, die Reptiloiden-Prinzessinnen zur Welt zu bringen, die die schönsten Frauen des Reiches waren.«

Im Rahmen des KHAR-IM-Programms wurden einige physische Eigenschaften, die der Königin unerwünscht waren, bei den Männern des KHAR-IMs genetisch beseitigt. Da Jugend nach Auffassung der Königin zu den erwünschten Merkmalen gehörte, wurden die KHAR-IM-Männer auf eine kurze Lebensdauer hin gezüchtet. Der Grund war einfach und schlüssig: Die Königin konnte dadurch sicher gehen, nur junge und gesunde Liebhaber um sich zu haben.

Und obwohl Männer mit »großer Ausdauer« bei ihren Liebesdiensten grundsätzlich wünschenswert waren, bestand die Königin darauf, die Männer, die das KHAR-IM-Programm durchliefen, so zu züchten, dass sie nur einen oder zwei »Höhepunkte« erlebten. Die Königin selbst war zu vielen Höhepunkten fähig, aber durch die Beschränkung der Männer auf einen oder zwei wurde sichergestellt, dass sie während jeder Liebesnacht zahlreiche Partner haben würde.

Mit der Zeit verstand die Königin, dass das Züchtungsprogramm eine ideale Einrichtung war, um die weibliche Herrschaft im gesamten Imperium zu befestigen. Die Männer blieben dadurch einer dienenden Stellung verhaftet und hinterfragten die weibliche Autorität auf keiner Ebene. Die männliche Bevölkerung wurde folglich niemals bedrohlich, und es war völlig unmöglich, dass sie jemals einen Staatsstreich oder eine Revolution anzetteln könnten.

Robert Morning Sky teilt uns mit:

»Um die Frauen in ihren Diensten bei Laune zu halten, weitete die Königin ihr KHAR-IM-Programm zur Belohnung für besonders loyale und untergebene weibliche Untertanen aus. Möglichst alle Männer des Reiches wurden dem Zuchtprogramm unterworfen. Aber mit der Zeit starben sämtliche männliche Reptiloiden des Imperiums in einem wesentlich jüngeren Alter als die weiblichen. Weibliche Reptiloiden sollten sich ebenfalls ihrer eigenen jugendlichen Liebhaber erfreuen dürfen, und da alle Männer nur zu einem oder zwei Höhepunkten fähig waren, konnten sie ebenfalls viele Partner genießen, wenn sie dies wünschten. Auch diese Frauen waren nun durch ausschließlich jugendliche Partner sicher, sich nicht mit männlichen Egos befassen zu müssen, die sie mit ausgiebigen Lebenserfahrungen behelligten.

Die Erweiterung des KHAR-IM-Programms auf die übrigen heimischen Welten hatte noch weitere Vorteile. Wenn alle männlichen Reptiloiden jung erhalten werden, hindert sie dies daran, Reife und Weisheit zu erlangen, woraus vielleicht Schwierigkeiten für das Reich erwachsen könnten. Junge, unreife Männer stellen die wesentlichen Prinzipien der Königin und ihres Reiches nicht infrage. Und ein langes Leben war für reptiloide Männer sowieso unnötig … Ihr Lebenssinn bestand insgesamt darin, der Königin zu dienen und ihren loyalen Dienerinnen einige Freuden zu verschaffen … Das KHAR-IM-Programm wurde womöglich zu einem Grundstein bei der Errichtung des SSS-Reiches … Dies sind sicherlich einige Gründe, warum es initiiert wurde.

Jeder Techniker, Forscher und überhaupt jedes Individuum, das mit den Programmen zur Lebensverlängerung zu tun hatte, wurde dem MAKH-Verfahren zur Bewusstseinsveränderung unterzogen. Sämtliche Gedanken, die gefährlich und bedrohlich für die Königin sein könnten, wurden vollständig eliminiert, und völlige geistige Loyalität und Gehorsam wurden herbeigeführt. Aufgrund dieser Vorsichtsmaßnahmen konnte die Königin sicher sein, dass alle Wissenschaftler und sonstige mit den Verfahren und Vorgängen der lebensverlängernden Programme befassten Personen tun würden, was sie wünschte.

Glaube mir, Matu, die Königin sorgte dafür, dass sie auf keiner Ebene betrogen werden könnte … und um dies zu erreichen, machte sie von den MAKH-Programmen vollständig Gebrauch … wann und wo immer eine Kontrolle nötig war. Und du würdest bei einigen Personen überrascht sein, dass sie in das MAKH-Programm einbezogen wurden.«

## Die Sicherheit der Königin

Angesichts all der Kontroll- und Manipulationsmaßnahmen im gesamten Imperium war die Königin also offensichtlich sehr sicherheitsorientiert. Morning Sky erklärt:

»Um das Leben hochqualifizierter Arbeiter und Administratoren zu bewahren, die für die Abläufe innerhalb des Reiches von unschätzbarem Wert sind, befahl die Königin die Anwendung vereinfachter Methoden des Klonens und der Wiederbelebung bei besonders wichtigem Personal. Lebende Kommandeure, Leiter der Verwaltung und andere Bedienstete wurden in diese Klon- und Neubelebungsprogramme einbezogen, und wenn ihr Wissen und ihre Erfahrungen für die Verwaltung des Imperiums wichtig waren, stellten die Systeme zur Bewusstseinsübertragung sicher, dass ihr Bewusstsein dem Reich – und vor allem der Königin – nicht verloren gegen würde.

Damit die SSST-IMs kraftvoll blieben, erhielten verschiedene wichtige Bedienstete des Reiches deutlich schwächere Konzentrationen der S-MA-Flüssigkeiten, während die um einiges stärkeren Dosierungen der königlichen Familie vorbehalten blieben. Aber die stärkste S-MA blieb einzig und allein der Königin zugänglich.

Und schließlich unterwarf die Königin … als endgültige Sicherheitsmaßnahme für sich selbst, Matu … die Königinmutter … und ihre Töchter … dem MAKH-Bewusstseinskontrollprogramm. Nun wusste die Königin, dass niemals jemand, auch nicht in ihrer eigenen Familie, auch nur einen einzigen Gedanken der Rebellion oder des Aufbegehrens gegen ihre Herrschaft zu fassen vermochte.«

# 4 Die Allianz

## Der Altersweg des Neunten Pfades

Das Reich der Reptiloiden beherrschte den Teil der Galaxis, den sie als PESH METEN oder »die Neunte Passage« bezeichneten. Dies war die Hauptroute für den galaktischen Handels- und Besucherverkehr vom äußeren Rand der Galaxis bis zu den zentralen Sternen in der Nähe von Alkyone, der Sonne im Zentrum.

Es ist gleichsam die galaktische Version der antiken Seidenstraße, die ganz Asien von Zentralchina bis nach Europa durchzog. Marco Polo folgte dieser Handelsstraße auf seinen berühmten Reisen. Es war auch der Weg, von dem man glaubte, dass ihn der junge Jesus während seiner Pilgerfahrt nach Indien beschritten hat.

Die Neunte Passage verläuft durch das Herz des Reptiloiden-Reiches. Morning Sky weiß zu berichten:

> »Dieser Neunte Weg umfasste lebenswichtige Verbindungen zwischen den Inneren und den Äußeren Welten. Ständig befanden sich Reisende, ob in geschäftlichen oder politischen Angelegenheiten, auf diesem Weg. Kommerzielle Raumfähren, die kostbares Erz und wertvolle Schätze transportierten, passierten den PESH METEN. Ohne Zweifel war er für die Sicherheit und den Wohlstand des Imperiums der Reptiloiden-Königin von lebenswichtigem Interesse.«

Es war daher verständlich, dass die Königin mit größtem Eifer handelte, wenn irgendein anderes furchterregendes Reich ihre Hegemonie über die Route 95 der Galaxis bedrohte.

## Das Reich der Wolfskönige

Weit entfernt im Sternsystem des Sirius hatte sich, lange nachdem das Reptiloiden-Reich mit seinen Mittelpunkten im Orion und im Drachen zu reifer Herrschaft und maximaler Ausdehnung gelangt war, eine neue Spezies zu einer Vormachtstellung aufgeworfen. Morning Sky nennt sie die Rasse der Wolfskönige. Auf einem Planeten mit drei Sonnen am Himmel – einer davon ist der gewaltige Stern Canis Major, auch »Hundsstern« genannt – erwarb eine Art von wilden, blutrünstigen Wesen mit Löwenmähnen, die von hundeartigen Lebewesen abstammten, große Macht und wurde den Reptiloiden als RRR bekannt. Morning Sky sagt, »ähnlich wie es auf der Welt der reptiloiden SSS-Völker geschah, war die Welt der Drei Sonnen bald von den Wölfen dominiert, und besonders eine Rasse wurde als ›die Goldmähnigen‹ bekannt. Diese Erobererkönige schufen womöglich ein Weltreich mit unzähligen Wesen, die unter das RRR-Banner gezwungen waurden.«

Im Hinblick auf ihre gnadenlose Grausamkeit übertrafen die Wolfskönige die Kriegerkaste der Reptiloiden bei Weitem. In Morning Skys Buch sagt Per zu seinem Schüler:

»Alles drehte sich dort um den Krieg, Matu. Athletische Wettkämpfe endeten grundsätzlich mit dem Tod der Verlierer, während Rechtsstreitigkeiten wegen Vertragsverletzungen an den Gerichtshöfen der Wölfe nur verhandelt wurden, wenn einer der Kläger nicht getötet wurde. Die Polizei erschoss Tempo- und Verkehrssünder an Ort und Stelle, und Insassen von Gefängnissen gab es so gut wie gar nicht. Im Allgemeinen warteten Gefangene bloß auf ihre Hinrichtung. Kurz gesagt, Matu, gehorchte ein Individuum in der Welt der Wolfswesen entweder dem Gesetz … oder es wurde hingerichtet.

Allerdings blieb die Anwendung von Gewalt nicht allein auf die Durchsetzung der Kontrolle über die gesamte Bevölkerung beschränkt. Während Grausamkeit und kaltblütige List mit gesellschaftlichem Aufstieg belohnt wurden, mussten Positionen in den höheren Rängen wegen des plötzlichen und unerwarteten Todes der Inhaber oft ersetzt werden. In anderen Fällen verblieben hochgestellte Personen in ihren Ämtern, weil jeder potenzielle Herausforderer einen unvorhersehbaren Tod erlitt.

Es ist merkwürdig, Matu, dass ausgerechnet diese äußerst gewaltsame Lebensform sicherstellt, dass nur die gerissensten und gefährlichsten Individuen in die höchsten Positionen aufstiegen.«

Jeder Aspekt in der wölfischen Gesellschaft war durch die Vorbereitung auf Kriege geprägt. Per fährt fort, dies Matu zu erläutern:

»Die medizinischen Technologien waren alle zu dem hauptsächlichen Zweck entwickelt, um Wolfskrieger schnell zu heilen und wiederherzustellen; Kommunikationstechnologien waren auf den besonderen Nutzen hin ausgerichtet, die Streitkräfte auf dem Schlachtfeld mit verlässlichen, verschlüsselten Nachrichten zu versorgen; Transportfahrzeuge waren insbesondere dazu da, um schnelle und zuverlässige Bewegungen im Krieg zu ermöglichen; und auch die Zubereitung von Nahrung sowie die Ernährungswissenschaften dienten insgesamt den Bedürfnissen der Krieger im Felde. Akademische und wissenschaftliche Ehrungen erfolgten aufgrund von Verdiensten im Militärwesen und den Kriegskünsten. Die Unterhaltung bezog sich immer auf militärische Themen, wie etwa die Spiele, mit denen man die Wolfskinder beschäftigte. …

Und es sollte dich nicht weiter überraschen, Matu, dass die Forschungen und Entwicklungen aller Wissenschaften und Technologien der Wolfszivilisation auf Eroberung ausgerichtet waren. …

In der Welt der RRR-Wolfsvölker gab es so gut wie keine politische Diskussion. Alles und jeder diente einzig und allein einem Zweck: die militärische Macht des Imperiums und der Wolfskönige zu stärken. Selbst die ersten Schritte in den Weltraum dienten nicht der Forschung, sondern der Ausbeutung. Die frühesten Astronauten, die die heimische Welt der Wolfsvölker verließen, waren noch nicht sicher, ob überhaupt Lebewesen in den anderen Welten ihres Sonnensystems existieren, aber ihre Raumschiffe waren stets zur Selbstverteidigung und Eroberung gebaut.

Die Ausbeutung des Weltraums wurde von den Wolfsvölkern auf ganz unterschiedliche Weise gesehen. Wie ich schon sagte: Wenn sie zu den Sternen aufsahen, träumten sie nicht davon, fremde Welten zu betreten und dort auf seltsame andere Lebewesen zu treffen, sondern sie stellten sich eher vor, wie sie als Könige über neue Länder und Territorien, neue Bevölkerungen und neuartige Formen von Schätzen herrschen. Andere Himmelskörper sollten nicht erreicht, sie sollten in Besitz genommen werden.

Es ist wichtig, sich daran zu erinnern, Matu, dass jeder Aspekt des Lebens in der Wolfswelt, von der täglichen Arbeit zum häuslichen Leben, vom Marktplatz zum gesamten Imperium, vom persönlichen bis hin zum öffentlichen Leben … dass einfach alles auf Eroberung und Expansion sowie auf Unterwerfung unter den Thron ausgerichtet war.«

## Tödliche Asteroiden

Morning Sky fährt fort:

»Viele Zivilisationen von Sternenwesen schufen und entwickelten Raumschiffe; manche davon waren von außerordentlicher Größe und Flugtüchtigkeit. Die meisten Raumschiffe waren gewaltige runde Kugeln, denn diese Form war in den großen offenen Räumen zwischen den Sternen und Planeten am effektivsten. Solche silbrig strahlenden Schiffe, aus besonders leistungsfähigen Metallen konstruiert und hergestellt, waren allgemein die Fortbewegungsmittel, die die meisten Zivilisationen entwickeln sollten, die lernten, zu den Sternen zu reisen.

Aber hier, Matu, siehst du ein weiteres Zeugnis für die brillante Intelligenz und Schlauheit der Wolfswesen. Anders als die meisten Völker im Weltraum, die ihre Raumschiffe aus den Hochleistungsmetallen ihrer Planeten bauten, produzierten die RRR ihre Schiffe auf eine einzigartige Weise. Während sie nach den Sternen strebten, begannen die Wolfswissenschaftler, Methoden zu entwickeln, um die natürlichen Ressourcen der Asteroiden und Meteoriten in ihrem Sonnensystem abzubauen und auszubeuten. Aufgrund der hohen Instabilität des Drei-Sonnen-Systems waren Stücke urzeitlicher Welten ebenso wie jüngst zerstörte Planeten in großer Menge verfügbar. Durch Bohrungen tief in den Kern der Asteroiden – statt dürftiger Versuche, die Oberfläche abzubauen – waren die Wissenschaftler in der Lage, auf eine weitaus produktivere und kostengünstigere Weise wertvolle und kostbare Mineralien zu gewinnen. Was sie jedoch nicht erwartet hatten, war, dass die Aushöhlung eines Asteroiden zu einer Art Schale führte, die man als außerordentlich tödliches Kriegsschiff verwenden konnte.

Es war äußerst einfach und erstaunlich klug: Indem man die übrig bleibende, oft Kilometer dicke Gesteinsschale nahm, sodann geeignete Belüftungs- und Abgasschächte hineinbohrte und schließlich kraftvolle Sternentriebwerke sowie tödliche Waffensysteme installierte, erhielten die Streitkräfte der RRR-Wolfskönige ein Kriegsschiff, dass einfach und günstig zu produzieren war … und … es war gut vor dem Feind verborgen.

Während andere außerirdische Rassen gewaltige Raumschiffe bauten, die sie mit ungeheuren Verteidigungs- und Angriffswaffen beluden, und diese riesigen silbernen Kugeln leicht zu entdecken waren, konnten die ausgehöhlten Asteroiden-Kriegsschiffe der Wolfskrieger unbemerkt in ein fremdes Sonnensystem eindringen. Wenn sie sich inmitten anderer, in ihren Umlaufbahnen kreisender Asteroiden verbargen oder einfach durch die Sternenstraßen brausten, wobei sie die »geeigneten« Gase ausstießen, konnten sich die AR-Schiffe leicht in die als Ziel gewählten Sonnensysteme hineinmanövrieren.

Im richtigen Augenblick begannen dann Tausende von Asteroiden-Kriegsschiffen ihren verheerenden Angriff. Es dürfte nicht überraschend sein, dass die meisten Welten und ihre militärischen Kräfte ganz einfach von den Wolfskriegsschiffen überwältigt wurden. Darin, Matu, zeigte sich die brillante Kriegstechnik der RRR-Krieger. Die Methoden waren einfach, aber wirkungsvoll. List war die größte Taktik der Wolfskrieger. Und das Asteroiden-Kriegsschiff, von den Wolfskönigen »das AR« genannt, wurde zur eigentlichen Macht hinter der Raumflotte des RRR-Reiches.

Die Siege der Wolfskrieger brachten rasche Entscheidungen. Durch die bösartigen und grausamen Taktiken der Soldaten auf dem Schlachtfeld wie auch durch die hinterlistigen Manöver der AR-Kriegsschiffe vollzogen sich die Invasionen der wölfischen Weltraum-

Streitkräfte blitzartig und waren von überwältigender Wirkung. Angesichts dieser Techniken war die Expansion des Wolfsimperiums nur durch die Anzahl der Wolfskommandeure begrenzt, die verfügbar waren, um die Invasionsheere des Reiches zu führen. Anders als die Reptiloiden, die die unterworfenen Völker umprogrammierten, verschlangen die Wölfe jeden Widerstand ganz einfach … und zwar im wahrsten Sinne des Wortes …

Die Eingliederung besiegter Armeen in die Invasionsstreitkräfte des Wolfsreiches war schwierig. Militärische Umstürze wurden oft versucht, aber die meisten von ihnen schlugen fehl. Armeen, die bei den Wolfstruppen verblieben, taten dies meist aus Furcht … aber wenn sie eine Gelegenheit bekamen, verließen sie das Schlachtfeld und eilten, in verzweifelter Hoffnung zu entfliehen, in alle Himmelsrichtungen davon. Aus diesem und anderen Gründen mussten alle Invasionen von wölfischen Oberbefehlshabern geführt werden. An und für sich war dies der einzige Faktor, der eine noch weitere Ausdehnung der RRR-Reiche verhinderte.

## Verletzung des reptiloiden Territoriums

Die Eroberungen der Wolfskönige waren von außerordentlicher Ausdehnung; niemand schien in der Lage zu sein, sie zu stoppen. Ab einem gewissen Punkt aber hatten ihre Eroberungsfeldzüge sie ein wenig zu dicht an die Gebiete des älteren und weitaus mächtigeren Reiches der Reptiloiden-Königinnen geführt.

Zum Unglück der Wolfskönige waren sie bis an die äußeren Ränder der Neunten Passage vorgestoßen. Die Königin war zwar von ihrem Näherrücken nicht gänzlich überrascht, aber sie hatte noch keinerlei Anstalten getroffen, sie zu stoppen … bis jetzt jedenfalls. Als sie sich gefährlich nahe an das Zentrum des Weges heranbewegt hatten, hatte die Königin der Reptiloiden keine andere Wahl mehr.

Wie Morning Sky es beschreibt, sandte sie dem Wolfskönig daraufhin eine Nachricht:

»›Beenden Sie unverzüglich Ihre Kriege und unterlassen Sie jede Bewegung auf dem Neunten Pfad. Fügen Sie sich, oder Sie werden völlig vernichtet!‹ Dies waren die Worte der Königin.

Die Könige hatten selbstverständlich schon vom Reptiloiden-Reich gehört und standen in geringfügigem Kontakt mit ihm, aber sie hatten nicht bedacht, dass ihre kriegerischen Unternehmungen sie in eine Nähe geführt haben, die von den SSS-Königinnen als Bedrohung wahrgenommen werden könnte. Die Königin des SSS-Reiches hatte ebenso bereits Kenntnis von den Wolfskönigen erlangt. Sie hatte deren Eroberungsfeldzüge widerwillig als bewundernswert anerkennen müssen, wenngleich als ziemlich barbarisch. Wenn sie ihr Reich in eine andere Richtung ausgedehnt hätten, dann wäre sie vielleicht nicht mit ihnen zusammengestoßen. Aber das hatten sie nicht. Sie waren in ihr Reich eingetreten … und sie würde keine Störung ihres Reiches dulden.

Außerdem war sie über deren unvorhersehbares und potenziell tödliches Verhalten besorgt. Barbarische Wesen dieser Art besaßen primitive Charakterzüge, die schwerlich in sich stimmig und logisch berechenbar sein können. Ebenso unwahrscheinlich war es, dass diese Wesen klug genug waren, um zu wissen, wann sie ihre Attacken besser einstellten. Während dies bei eigenen Kriegern ein wünschenswertes Merkmal ist, war es bei Feinden nicht gerne gesehen. Und an diesem Punkt, Matu, müssen wir die Weisheit und die außerordentlichen Fähigkeiten der Königin der Reptiloiden anerkennen. In der Nachricht, die sie dem Wolfskönig sandte, stellte die Königin eine gnadenlose Vergeltung in Aussicht, wenn die Grenzen ihres Reiches verletzt würden. Aber in einer unterwarteten Wendung unterbreitete sie auch ein Angebot, das ein potenzieller Feind selten erhält … die Königin schlug eine Allianz zwischen den beiden Reichen vor. Und es war ein Vorschlag, den die Wolfskönige schwerlich zurückweisen konnten.«

Es handelte sich um einen großartigen und wohldurchdachten Schachzug der Reptiloiden-Königin. Da die männliche Reptiloidenbevölkerung durch die Politik der Königin und ihrer Töchter ernstlich geschwächt war, fehlte es mittlerweile an den für die Kriegsführung so wichtigen grimmigen und wilden Charakterzügen, die wesentlich männliche Eigenschaften sind. Obwohl die Kriegerinnen stark waren und wirkungsvoll kämpften, konnten sie doch solche Charaktereigenschaften nicht ausbilden, die hauptsächlich aufgrund hormoneller Unterschiede dem männlichen Geschlecht angeboren sind.

Man bedenke, dass die Königinnen die Lebensspannen aller männlichen Wesen verkürzt hatten, so dass jetzt nur noch junge und unerfahrene Männer das Schlachtfeld betreten konnten. Die Königin erwog deshalb, dass die zucht- und furchtlosen, gewalttätigen männlichen Wolfskrieger die Lücke schließen könnten, die nun in den militärischen Rängen der Reptiloiden klafften, wenn es denn gelänge, sie unter Kontrolle zu bringen.

## Wölfische Wildheit

Die Barbarei und Wildheit der Wolfskrieger war in der ganzen Galaxis berüchtigt. Morning Sky teilt uns mit:

»Seit langer Zeit wird gesagt: Wenn ein wölfisches Wesen etwas tut, dann tut es dies mit einer Wildheit, die in unserer Galaxis ihresgleichen sucht. Im Verlauf ihrer Evolution haben diese Wolfswesen offenbar nichts über Wildheit und Grausamkeit lernen müssen, ganz im Gegenteil; es scheint eher, als würde eine ungeheure Wildheit anstelle des Blutes durch ihre Adern fließen. Es war, als wären sie aus dem Herzen eines bösen urzeitlichen Kriegsgottes geboren worden. Statt von einem Herzschlag, wurden sie von einem Trommelschlag beherrscht ... vom Trommelschlag des Krieges!

Aufgrund dieser angeborenen Fähigkeit, wild und gewalttätig zu sein, erreichten die Wolfswesen in kürzerer Zeit eine Stufe, bis zu der viele Zivilisationen Millionen von Jahren an Entwicklung benötigt hatten. Auf der Welt der Drei Sonnen fiel die Überwältigung natürlicher Feinde und konkurrierender Arten den Wölfischen leicht. Das vielleicht deutlichste Zeugnis ihrer Barbarei erhärtete sich wieder und wieder auf dem Schlachtfeld. Wenn sie mit der Wut von ›Höllenhunden‹ über ihre Opfer herfielen, besiegten sie ihre Feinde nicht; sie zerstörten sie. Wenn die Schlacht zu Ende war und die Wolfskrieger noch auf den blutgetränkten Feldern standen, rissen sie ihren Feinden die Kleider vom Leibe, präsentierten ihr Fleisch dem Himmel … und begannen sodann unverzüglich, sie auf grauenvolle Weise … zu verschlingen! Die Leichen der in der Schlacht gefallenen Soldaten lieferten den hungrigen Wolfskriegern Nahrung und Speise. Kurz gesagt … die Wolfskrieger fraßen ihre Feinde!

Viele fürchterliche Geschichten werden von der Welt der Drei Sonnen erzählt, Matu. Aber in keiner wird ein schrecklicheres Bild gemalt als in jenen, die das Schlachtfeld nach einem Sieg der Wolfskrieger beschreiben. Kannst du dir diesen furchtbaren Anblick vorstellen? Rauch und Nebel mischen sich im Zwielicht und erzeugen eine entsetzliche, surreale Szenerie. Von überall her ertönt ein Grunzen und Knurren; man hört die Geräusche eines Wolfsrudels, das das Fleisch zerreißt und sein Fressen verschlingt. Manchmal ertönen noch die Schreie und das Wehklagen der Opfer zwischen den grunzenden Fresslauten. Im Dämmerlicht kurz vor Einbruch der Dunkelheit beugen sich große Körper, die an haarige Löwen erinnern, vor und nähren sich an den Eingeweiden gefallener Soldaten. Ihre Mähnen und Körper sind mit Blut besudelt; sie zerfetzen das Fleisch mit den Zähnen und erheben immer wieder ihre Häupter, um ihr Siegesgeheul auszustoßen …

Wer den Ansturm der Wolfskrieger gesehen hat, vergisst das Grauen niemals, das er miterleben musste. Es ist eine Sache, zu sehen, wie dein Kamerad neben dir in der Schlacht fällt … aber mitzuerleben, wie er gefressen und in solcher Raserei verschlungen wird … das ist etwas, was dem stärksten und tapfersten Soldaten Albträume verschaffte.«

## Ein Angebot, das sie nicht zurückweisen konnten

Die Königin hatte selbstverständlich all diese Geschichten gehört. Sie begriff, dass ihr Reich mit seiner gesamten Technologie und den Waffen, das wölfische Königreich zu zerstören, unbesiegbar und all- ..........

mächtig würde, wenn es ihr gelänge, sich die männliche Wolfskraft nutzbar zu machen. Sie brauchte die Unbezwingbarkeit auf dem Schlachtfeld, die die Wölfe ihr bieten konnten. Und sie bewunderte die Technik ihrer Asteroiden-Kriegsschiffe, die auf passende Weise ihre Todessternflotte ergänzen könnten.

In ihrem Vorschlag für den Wolfskönig bot die Königin an, die weitergehende Ausdehnung des Wolfsreiches so lange zu erlauben, wie sie vom Reptiloiden-Reich und insbesondere vom PESH METEN Abstand hielten. Sie wollte ihm zu Beginn eine kostbare Gabe in Form einer Ladung kostbarer Erze übersenden, um das Abkommen zu festigen, das äußerst entgegenkommend war.

Nach Morning Sky übermittelte sie ihm diese Botschaft:

»Die Wolfskönige würden ermächtigt werden, bei jeder politischen Verhandlung im Namen der Königin aufzutreten, und wenn es nötig wäre, würden die Streitkräfte der SSS-Königin jede ihrer Bewegungen im Weltraum unterstützen. Alle Feinde der wölfischen RRR-Könige wären auch Feinde der reptiloiden SSS-Königin und ihres Reiches. Und schließlich würde die Königin, sollten die Wolfskönige das Bündnis akzeptieren, deren Kriegerscharen in den offiziellen Status von Verteidigern des Reiches erheben, einen höheren Rang als ihn sämtliche Armeen aller Anderen Welten innehätten und nur von den Elitetruppen der Königin selbst übertroffen. Wolfskommandeure erhielten damit den Befehl über viele militärische Kerntruppen der Armeen der Reptiloidenkönigin und hätten Zugang zu den großen Ressourcen und höchstentwickelten Kriegsschiffen, die von der SSS-Kriegswissenschaft und -technologie hervorgebracht worden waren. Kurz zusammengefasst: Hinter den Wolfskönigen und zu ihrer Verfügung stünde die Macht des Thrones der Reptiloiden-Königin.«

Aber die Königin verlangte dafür große Gegenleistungen, wie Morning Sky uns in seinem Bericht wissen lässt:

»Im Gegenzug zu diesen äußerst bemerkenswerten Zugeständnissen verlangte die SSS-Königin bedingungslose Loyalität und völlige Ergebenheit ihrem Thron gegenüber. Die Wolfskönige müssten jeden ihrer

Befehle ausführen – fraglos, ohne zu zögern und mit aller Kraft und Wildheit, der sie fähig wären. Unverzüglich sollten sie der Königin die Hälfte aller Reichtümer des gesamten Wolfsimperiums übergeben und ihr auch in Zukunft die Hälfte ihrer Einnahmen zukommen lassen. Die Königin würde sofort das Höchste Wesen und die Oberste Gewalt im Wolfsreich werden. Alle offiziellen Zeremonien und königlichen Feierlichkeiten müssten damit beginnen, ihre Macht herauszustellen und ihrem Status als Höchstem Wesen Ehre zu erweisen. Vom Augenblick der Zustimmung zu diesem Bündnis an würde der König auf seine Stellung als bedeutendste Persönlichkeit des Reiches verzichten und als Statthalter der Königin gelten. Nach der Unterzeichnung des Abkommens könnte kein Wolfskönig mehr den Thron ohne eine Prinzessinnentochter der Königin selbst an seiner Seite innehaben … und kein Wolfskönig könnte jemals mehr eine Entscheidung ohne die Zustimmung der neuen Königin treffen: der Prinzessinnentochter selbst. Und schließlich gewährte sie ihnen eine weitere äußerst bedeutsame Wohltat … Sie erlaubte ihnen, am Leben zu bleiben!«

Die Königin gestand ihnen nur eine sehr kurze Frist zu, um ihr Angebot zu überdenken, das nicht verhandelbar war. Sie hatte ihnen einen Vorschlag gemacht, den sie buchstäblich nicht zurückweisen konnten!

Die Wolfskönige drängten sich zusammen, diskutierten und schwankten hin und her, während die Uhr tickte. Sie teilten der Königin mit, dass sie mehr Zeit benötigten, um eine Entscheidung zu fällen. Das war allerdings unglücklich. Als die Zeit ablief, senkten sich die Streitkräfte der Königin über den Hauptquartieren der Wölfe auf dem Sirius nieder und demonstrierten dabei ihre zerstörerische Gewalt. In wenigen Augenblicken vernichteten sie die Armeen der Wölfe und alle ihre Raumschiffe. Alle wurden vollständig ausgelöscht! Und ebenso zerstörten sie sämtliche Asteroiden in der Nähe der reptiloiden Invasionsarmeen, die bereits als Kriegsschiffe vorbereitet waren. Dabei verwendete die Königin die erstaunlich präzise Laserstrahltechnologie, die von ihren MAKH-Wissenschaftlern entwickelt worden war.

Ihre Kommandeure waren in der Lage, Mitglieder des persönlichen Stabes des Königs zu identifizieren, und der Lichtstrahl kam wie aus dem Nichts und verbrannte ihre Gehirne scheinbar von innen heraus! Sodann griff sie auf die altbewährten Erfahrungen ihrer fünften Kolonne zurück, und gut platzierte Spione der Reptiloiden zerstörten Teile des königlichen Kommunikationsnetzwerkes. Es war eine erstaunliche Demonstration unglaublicher Macht. Die Wolfskönige sahen ein, dass sie keine andere Wahl hatten, als den Bund zu schließen, und hofften auf künftige Möglichkeiten, die Verbindung aufzulösen und sich zu befreien.

Aber diese Erwägungen verpufften schnell, als die Königin bei ihrer Zeremonie anlässlich der Feier des neuen Bündnisses die Gelegenheit hatte, die enorme technologische Macht des Reptiloiden-Reiches der Wolfsbevölkerung auf den verschiedenen Planeten ihrer eroberten Sternsysteme zu verdeutlichen. Da sie verstand, wie beeindruckt die Wolfsvölker von dieser Kriegstechnologie waren, nutzte sie den Anlass, um die neuesten und machtvollsten Waffensysteme ihres Arsenals vorzuführen und die Anerkennung der Wolfsvölker zu gewinnen.

Während Kriegsschiffe der Reptiloiden am Himmel flogen und ihre gewaltigen Lichtkanonen auf leere Stahlfahrzeuge abfeuerten, die daraufhin zu metallischen Pfützen zerschmolzen, schossen Krieger am Boden mit Schallgewehren auf Gebäude, um ihre tödliche Schalltechnik zu demonstrieren. Die Bauwerke erzitterten und stürzten in sich zusammen. Es war ein furchterregendes Schauspiel, und diejenigen Wolfsvölker, die die Invasion der Reptiloiden noch nicht bemerkt hatten, waren ihr jetzt ausgesetzt und von der reptiloiden Macht zutiefst beeindruckt. Gewiss wurden die Wolfskrieger dadurch auch empfänglich für die schreckliche militärische Gewalt, die ihnen nun zur Verfügung stehen sollte.

Nachdem die Dokumente des Bundes unterzeichnet worden waren, entsandte die Königin ihre Lieblingstochter als Statthalterin an den königlichen Hof der Wölfe. Es war keine wirkliche Heirat; sie wurde den Wolfsvölkern als Gefährtin des Königs der Könige der Wölfe präsentiert, um dabei zu helfen, das RRR-Reich zu verwalten. Ihre tatsächliche Rolle bestand natürlich darin sicherzustellen, dass die Befehle der Königin ohne Zögern befolgt würden und dass es keine Anzeichen von Verrat gäbe. Zusätzlich versicherte ihre Anwesenheit die Wolfskönige, dass die Königin das Wolfsreich niemals angreifen und dabei ihre bevorzugte Tochter in Gefahr bringen würde. Zweifellos wusste der König, welche Konsequenzen es hätte, wenn ihr ein Haar gekrümmt würde. Und selbstverständlich hatte die Prinzessin ihre eigene Schutzmannschaft mit außerordentlichen militärischen Fähigkeiten bei sich.

So also, teilt uns Morning Sky mit …

> »wurde die Allianz geschlossen. Die Königin sicherte sich die wilden, grausamen Wolfskrieger für ihre Weltraum-Streitkräfte, während die Wolfskönige die Rückendeckung und vollständige Unterstützung der Reptiloiden-Königin und ihres Reiches gewannen. Im Himmel wurde also eine ›Ehe‹ geschlossen.«

Ein Imperium, das die Sternsysteme des Orion, Drachen und Sirius umfasste, war begründet. Der PESH METEN war jetzt unter der Kontrolle der Allianz.

# 5 Das Flaggschiff der Königin

Die Armada der Allianz war furchteinflößend. Durch die Kombination der Asteroidenschiffe der RRR und der riesigen Raumschiffe der SSS-Armada der Königin – manche davon so groß wie Asteroiden – entstand eine Flotte, die wahrhaft unbesiegbar war. Die Schiffe der Königin zeigten eine staunenswerte Technologie. Sie konnten sich überall bewegen, sowohl im physikalischen dreidimensionalen Raum als auch in virtuellen, scheinbar »leeren« Räumen. Letztere sind tatsächlich die Raumzeit oder der ätherische Bereich.

Morning Sky bezeichnet ersteren als »Wirklichen Raum« und letzteren als »Universalen Raum«. Er sagt:

> »Im ›universalen‹ Raum gibt es keine physische Existenz, keine Materie … er ist der ›Atem der Großen Leere‹, der noch unverändert und nicht in die Welt der physikalischen Dinge hinabgestiegen ist.«

Manche sprechen hier auch vom »Hyperraum« oder von der vierten Dimension. Die Raumschiffe nutzten verschiedene Antriebssysteme für die Reise im jeweiligen Medium.

Für Reisen durch den Wirklichen Raum verwendeten sie »Schubdüsen«, ähnlich wie unsere Raketen. Allerdings bedienten sie sich statt fester oder flüssiger Brennstoffe für den Antrieb Licht oder elektrischer Teilchen, wodurch die Raketenkraft exponentiell anstieg. Außerdem machten sie sich Wurmlöcher für Reisen in die Tiefen des Raumes zunutze. Und sie waren obendrein in der Lage, zu den Öffnungen der Wurmlöcher zu fliegen und sodann Millionen von Kilometern augenblicklich im Reich der Zeit zu überwinden.

Für die Reise durch den Universalen Raum entwickelten sie eine elektrische Gravitationskraft, um einen Punkt in weiter Ferne – womöglich über eine Distanz von Billionen Kilometern hinweg – an das Schiff heranzuziehen. Morning Sky erklärt diese Technik sehr anschaulich auf die folgende Weise:

»Ist der Punkt an das Raumschiff herangezogen, wird der elektromagnetische Antrieb abgeschaltet. Wenn Raum und Zeit in ihre ursprüngliche Form zurückspringen, befindet sich der Punkt … mit dem Schiff darin … an seiner ursprünglichen Raumzeitstelle. Während die Besatzung des Schiffes nichts weiter bemerkt, hätte es von außen den Anschein, als flöge der Raum um das Schiff davon. Beobachter aus der Distanz würden eine Art Dehnung des Raumes wahrnehmen, die sich plötzlich in einen verschwommenen Fleck mit dem Raumschiff darin zusammenzieht. Dies ist die ›Zugmethode‹, aber sie ist strikt auf Entfernungen ohne Hindernisse beschränkt.«

Die AR-Piloten in den Asteroiden mussten auf völlig andere Weise von den SSS-Raumfahrern, die die sphärische Energie nutzten, ausgebildet werden. Morning Sky erzählt uns:

»Es ist ein Kompliment für die Fähigkeiten der Piloten der wölfischen AR, dass es zu einigen Verwirrungen zwischen den Besatzungen des AT-EN-Todessterns und denen des wölfischen Todessterns kam. Piloten, die geschult waren, den AR-Todesstern zu lenken, hatten gelernt, dass sich das Asteroiden-Kriegsschiff nicht wie ein fabrikmäßig hergestelltes Raumschiff steuern lässt. Infolgedessen hatten die Wolfspiloten nicht nur neue Techniken der interstellaren Navigation entwickelt, sondern zunehmend auch einen einzigartigen ›inneren Sinn‹ ausgebildet, den die Sternenpiloten der Reptiloiden in ihren glatt konstruierten Industrieschiffen nicht ausprägen und anwenden konnten.

Während reptiloide Raumfahrt-Piloten darauf trainiert waren, sofort auf die Instrumente zu reagieren, die den Raum um sie herum beobachteten, hatten die Wolfspiloten gezwungenermaßen gelernt, ihr Schiff so zu steuern, als wäre es ein Asteroid im Raum; was sie zu Vorhersagen zwang, wohin die interstellaren ›Strömungen‹ sie wohl treiben würden. Dies erforderte eine unverzügliche Wahrnehmung der Physik des Raumes, in dem sie sich befanden, was keine Kleinigkeit im offenen Weltraum war.

Häufig nutzten die Piloten die natürlichen Dynamiken neuer Räume, indem sie auf elektromagnetischen Wellen oder mithilfe von Sonnenwinden surften. Da die AR-Raumfahrer im Allgemeinen mit einem Asteroiden flogen, war die direkteste Route zu einem Ziel oft ein ziemlich großer Umweg, der das AR-Schiff dem interstellaren Strom zwischen den Sternen und Welten folgen ließ.

So zeitraubend diese Art des Fliegens auch gewesen sein mag, hatte sie sich für die Feinde doch als unfassbar tödlich erwiesen. In Sonnensystemen schöpft man selten Verdacht aufgrund eindringender Asteroiden, und selbst wenn man vorsichtig wäre, könnte man nicht jeden Meteorschauer beobachten, der in das System eintritt.

Der Erfolg der wölfischen Kriegsführung beruhte auf dieser einfachen Voraussetzung: Jeder Asteroid war ein potenzielles Kriegsschiff ... ein Kriegsschiff, das niemand erwartet hatte. Die Wolfspiloten waren Meister darin geworden, auf den Wogen des ›himmlischen Wassers‹ zwischen den Sternen und Sonnensystemen zu segeln, und verwendeten dabei den natürlichen Fluss des Raumes, um ihre Feinde anzugreifen.

Reptiloide Piloten waren hingegen Meister der frontalen Attacke und durchbrachen die Verteidigungsfelder und elektromagnetischen Netze mit einer solchen Gewalt, dass sie den direkten Weg zum Feind nehmen konnten. Technologie war die Stärke der Reptiloiden-Piloten, Technik die Stärke der Wolfspiloten ... Wenn diese beiden Pilotentypen in den Armadas der TAKH-Streitkräfte der Königin des Reptiloiden-Reiches vereint waren, dann war kein Sternsystem mehr sicher.«

## Der Todesstern

Die Raumschiffe der Reptiloiden waren große, schimmernde Kugeln, die aus besonderen Metallen gefertigt und vollständig mit tödlichen Waffen ausgerüstet waren. Wie oben schon bemerkt, hatten manche die Größe kleiner Planetoiden. Sie konnten von besonders ausgebildeten Weltraum-Steuermännern durch den tiefen Raum gelenkt werden. Die gewaltigen Dimensionen und runden Formen ermöglichten diesen Kriegsschiffen, hochkomplexe Antriebssysteme, schwere Ausrüstungsgegenstände und zahlreiche Mannschaften aufzunehmen. Bei Weltraumreisen brachte ein schnittiges, flugzeugartiges Design keinen besonderen Vorteil, besonders da diese rundlichen Schiffe mit zahlreichen Aufklärungs- und Kampfflugzeugen bestückt werden konnten, die innerhalb der Atmosphären entfernter Planeten Verwendung fanden. Und was noch wichtiger war: Sie simulierten tatsächlich ganze Dörfer oder sogar Städte, in denen es möglich war, die gesamte Nahrung und Ausrüstung zu produzieren, die eine große Mannschaft benötigte, um Reisen durch die Galaxis zu unternehmen, die Monate oder Jahre, gemäß den Maßstäben ihrer Heimatplaneten, dauern konnten.

Besonders interessant war das Flagschiff der Königin. Es war das größte der kugelförmigen Raumschiffe und hatte die Größe eines kleinen Planeten. Morning Sky bezeichnet es als den Todesstern, ein »gewaltiges Sternenschiff, fähig, auf eine Weise Tod und Verderben zu bringen, die den meisten Bewohnern des Reiches unvorstellbar war.« Er sagt: »Der vollständig künstlich hergestellte Globus war dazu entwickelt, sich vollkommen autark zu versorgen.« Weiterhin beschreibt er ihn folgendermaßen:

> »Im oberen Viertel der gewaltigen Kugel war eine gewaltige dunkle, konkave Einbuchtung, in der sich die riesige Lichtkanone, die Hauptwaffe des AT-EN der Königin, befand. Durch eine Drehung der gigantischen Kanone zum Ziel hin war das AT-EN in der Lage, augenblicklich ganze Städte, Regionen, Raumschiffe, Flugzeuge und sogar kleine Planeten mit ihrem hoch intensiven Strahl zu pulverisieren. Das ›Licht‹ vermochte auch, rasiermesserscharfe, schneidende Strahlen auszusenden, die jedes andere Schiff durchdrangen, und punktgenau einzelne Individuen als Ziel zur Eliminierung anzuvisieren. …
>
> Ebenso fanden sich im Quadranten der ›Lichtkanone‹ die ›Schall-Schneider‹, mit denen man Schallwellen erzeugte, die die molekulare

*Abb. 5.1. Cover der US-Ausgabe eines Star Wars-Buchs über den Todesstern.*

Struktur der meisten physikalischen Objekte auseinanderreißen, Lebewesen betäuben und sogar einen schneidenden und reißenden Strahl hervorbringen konnten. Außerdem ließen sich Schallwellen zu flachen Strahlen konzentrieren, die man verwendete, um außerordentlich schwere Ladungen anzuheben, indem man den Strahl unter den Gegenstand sandte und dann einfach nach oben bewegte.«

Das Ziel des Einsatzes von Schalltechnologie, Antigravitationseigenschaften auf große, extrem schwere Ladungen anzuwenden, wurde bereits angeführt. Es handelt sich um eine durchaus bekannte Theorie darüber, wie die Pyramiden und andere große Monumente in Ägypten erbaut wurden.[7] Diese Geschichte erhält dadurch einen weiteren Aspekt von Authentizität.

## Das »AYE« im Himmel

Das Erscheinen des Todessterns am Himmel eroberter Welten machte auf deren Völker einen furchterregenden Eindruck, und er wurde als das wachsame Auge Gottes angesehen. Morning Sky sagt:

> »Aus der Ferne sah die strahlende Kugel aus wie ein gewaltiger Augapfel mit dunkler Iris und schwarzer Pupille. Drehte sie ihren gewaltigen Körper, um ihr Opfer ins Visier zu nehmen, wirkte das AT-EN wie ein gigantisches Auge, das sich bewegte, um die gewünschte Beute zu fixieren. … Tauchte das AT-EN in der Ferne auf, sahen die Völker der Anderen Welten zum Himmel und wussten, dass sich ein Gesandter der Königin, wenn nicht gar die Königin selbst, anschickte zu erscheinen. Unverzüglich fingen sie an, laut ihren Namen zu rufen … AY! AY! AY! Mit der Zeit verbreitete sich dieser Ruf im gesamten Imperium … AYE! AYE! AYE! … Dies ist eine Geschichte, die jedermann in den Anderen Welten seinen Kindern erzählte. … Für die meisten im Reich … war dieses AYE das Auge der Göttlichen. Irgendwo weit oben am Himmel, zwischen den Sternen oder in den Wolken verborgen, befand sich das ›AYE‹ des Höchsten Wesens, sein Auge, und beobachtete alles immerzu … und wartete, bis es Tod und Zerstörung auf jedes Volk, das sich irgendetwas hatte zuschulden kommen lassen, regnen ließ. Jede böse Tat, jedes Verbrechen wurde mit einem Zorn bestraft, der den ganzen Planeten zerstören könnte! Während die Geschichte ein Kind stark ängstigte, war ihre Bedeutung ziemlich klar … Die Streitmacht der Königin war stets am Himmel und beobachtete immerzu die Aktivitäten der Bevölkerung unten auf dem Planeten. Obwohl man das Schiff nicht immer sehen konnte, war es immer da … irgendwo!«

---

7 Näheres hierzu finden Sie in meinem Buch *Die geheime Reise zum Planet Serpo*, das 2016 im Mosquito Verlag erschien.

Und so wurden die verschiedenen Völker des Reiches durch die reptiloide Mischung von Hochtechnologie und Religion in einem beständigen Zustand von Angst gehalten, der sie unter Kontrolle hielt.

In dem neuen Film *Eye in the Sky* (2015), der auf Philip K. Dicks bereits 1957 in den USA erschienenem Roman *Und die Erde steht still* beruht, spielt die Schauspielerin und Gewinnerin des Academy Award Helen Mirren einen Oberst der britischen Luftwaffe, der Angriffe lenkt, die in einer Höhe von zweiundzwanzigtausend Fuß von Drohnen am Himmel geflogen werden, welche für Menschen vom Erdboden aus natürlich nicht sichtbar sind. Durch die leistungsfähige Teleskoptechnik, mit der die Drohnen versehen sind, können Individuen auf dem Boden, aufgrund der Gesichtserkennungstechnologie in ihren Computern, als Ziele identifiziert werden! Diese oder ein ausgewähltes Gebäude können sodann von der Drohne mit einer Hellfire-Rakete vernichtet werden. Tod und Zerstörung können durch den Oberst also, einfach indem er den Befehl erteilt, mit größter Präzision vom Himmel herabgesandt werden, genauso wie es die Königin des Orion mit ihrem »Aye im Himmel« tat.

Dank der Computertechnologie ist man außerdem in der Lage, die Reichweite von Kollateralschäden im Umkreis des Zieles abzuschätzen. In dem Film zögert der amerikanische Luftwaffenpilot, der die Drohne von einem Stützpunkt in Nevada aus steuert, den Auslöser zu betätigen, weil sich ein kleines Mädchen in der Kollateralschaden-Zone befindet. Der gnadenlose Oberst drängt jedoch zum Angriff, indem er das Schadensumfeld so verändert, dass es so aussieht, als wäre das kleine Mädchen außer Reichweite. Am Ende wird das Kind natürlich getötet. Die gesamte erstaunliche Technologie, die in diesem Film gezeigt wird, existiert bereits.[8]

Die zu den Illuminaten gehörenden Führungskräfte der Filmindustrie verfolgen gewiss finstere Zwecke mit diesem Film, wenn sie

---

8 Nach IMDB, einer Online-Kinodatenbank (www.imdb.com, aufgerufen am 20. September 2016), existiert bereits ein »Reaper«, ein Remotely Piloted Aircraft System (RPAS, ferngesteuertes Luftfahrt-System), das von der Air Force in Waddington (Lincolnshire) aus seit April 2013 gesteuert wird. Die Drohnen werden von aktiven Royal-Air-Force-Offizieren gelenkt, die eine Ausbildung bei der Reaper Formal Training Unit (FTU) in den USA absolviert haben. Die FTU wurde an der Holloman Air Force Base in New Mexico, USA, eingerichtet.

diese unglaubliche Technologie der amerikanischen Öffentlichkeit vorführen. Wir werden gewarnt, dass jeder, auch wenn er gerade eine belebte Straße in Manhattan entlanggeht, allein anhand seines Gesichts identifiziert und heimtückisch mit einem Laserstrahl getötet werden kann, der von einer unsichtbaren Drohne hoch oben in der Atmosphäre aus abgefeuert wird – und der »Tötungsknopf« kann von jemandem gedrückt werden, der eine halbe Welt entfernt ist! Mit anderen Worten, das »Aye im Himmel« der Königinnen des Orion ist im einundzwanzigsten Jahrhundert auf den Planeten Erde herabgekommen! Wir sollten also lieber gute brave Schäfchen sein – sonst passiert etwas!

Dieses Konzept des »Allsehenden Auges« wurde auch in die Symbolik auf der Rückseite der US-Dollarnote eingefügt. Links auf der Rückseite der Banknote ist das Auge in den Deckstein der Großen Pyramide von Gizeh eingeschlossen, obwohl dieser Deckstein vom übrigen Teil der Pyramide getrennt ist. Umgeben ist es von dem lateinischen Ausdruck *annuit coeptis*. William Barton, der das Große Siegel der Vereinigten Staaten 1782 entwarf, sagte, das Auge sei das »Auge der Vorhersehung«, wobei mit »Vorhersehung« eigentlich »Gott« gemeint ist. Nach Charles Thomson, auf den die endgültige Version des Großen Siegels zurückgeht, bedeutet *annuit coeptit*: »Er [Gott] hat Wohlgefallen an unseren Handlungen.« Das ergibt freilich keinen Sinn, da Gott nicht in einer Pyramide eingeschlossen sein kann.

Sollten wir dies stattdessen womöglich so interpretieren, dass uns die Reptiloiden, die die Illuminaten, welche das Geld drucken, beherrschen, mitteilen, dass *sie* das »Auge am Himmel« sind, wie es die Königin des Orion war, und dass sie uns immer beobachten, so wie die Königin über ihr Imperium gewacht hat?

Während wir diese Deutung bevorzugen, haben wir bereits einen Satelliten im Orbit, der tatsächlich sogar Autonummernschilder lesen kann und zuweilen das »Auge am Himmel« genannt wird.

## George Lucas und *Star Wars*

Mittlerweile hat der Leser sicherlich beträchtliche Ähnlichkeiten zwischen dem Buch von Robert Morning Sky und *Krieg der Sterne* festgestellt, dem ursprünglichen Film der Kinoserie *Star Wars*, der von George Lucas konzipiert und geschrieben wurde.

Lucas spricht wie Morning Sky vom »Imperium« und der Allmacht, mit der es eine Revolte aufständischer Truppen niederzuschlagen versucht. Außerdem sind die Gesichter der Sturmtruppler sowie Darth Vaders hinter Masken verborgen, so dass sie durchaus Reptiloide sein könnten. Wir sehen, wie gut ausgebildet und gedrillt sind sie, genau wie von Morning Sky beschrieben, wenngleich wir aus dem Zusammenhang der Saga wissen, dass die Rebellen – und die Imperialen – allesamt Menschen sind.

Am meisten verblüfft jedoch das Konzept des Todessterns. Seine Darstellung in dem Film ist in allen Details *identisch* mit dem in Morning Skys Buch beschriebenen Flaggschiff, das ebenfalls *Death Star* (Todestern) heißt. Es ist sehr unwahrscheinlich, dass dies bloßer Zufall ist, zumal meines Wissens in keinem Science-fiction-Film vor *Star Wars* jemals ein planetengroßes, kugelförmiges Raumschiff vorkam. Und auch der Name »Todesstern« erscheint zu ungewöhnlich, um vom Autor und Regisseur erfunden worden zu sein. Darüber hinaus teilt uns der Text im Abspann mit, dass sich die ganze Geschichte »vor sehr langer Zeit, in einer weit entfernten Galaxis« zugetragen habe. Das ist im Wesentlichen wahr, obwohl die Gegner in dem Buch in derselben Galaxis leben. Ganz gewiss aber ist es schon *lange* her.

Und es gibt sogar noch mehr Ähnlichkeiten: die Prinzessin. Alle Töchter der Reptiloiden-Königin werden in Robert Morning Skys Buch als Prinzessinnen bezeichnet, genau wie eine menschliche Hauptperson in dem Film. Der blaublütige Aspekt ist also im Buch wie im Film enthalten. Das lässt auf eine direkte Einflusslinie zu *Star Wars* schließen, möglicherweise ausgehend von Edgar Rice Burroughs' *Die Prinzessin vom Mars* und seiner gesamten Romanreihe um *John Carter vom Mars*, die Burroughs im frühen zwanzigsten Jahrhundert geschrieben hat.

Tatsächlich gestand Lucas seine Anleihen bei Burroughs in einem Artikel in der *Science Fiction Review* (Ausgabe vom 24. Dezember 1977) freimütig ein. Er schreibt dort:

> »Ursprünglich wollte ich einen Film über *Flash Gordon* drehen, mit allem, was dazugehört, aber ich konnte die Rechte nicht bekommen. Also begann ich nachzuforschen und fand heraus, wo der Schöpfer von *Flash Gordon* Alex Raymond sich hat inspirieren lassen: bei den Werken von [Tarzan-Erfinder] Edgar Rice Burroughs, besonders seiner Buchreihe über *John Carter.*«

Und der Filmemacher Bryan Young schreibt in seinem Artikel »The Cinema Behind Stars: John Carter« auf der *Star-Wars*-Website:

> »Der Stil des episodischen Erzählens von Geschichten in den *John-Carter*-Büchern und dem Film hatte wohl den größten Einfluss auf die *Star-Wars*-Saga. Der Originalroman wurde seit 1912 in Fortsetzungen als eine Reihe von Mars-Chroniken im *The All-Story Pulp Magazine* veröffentlicht und zeigte bereits die ›Cliffhanger-Struktur‹, bei der die Erzählung in einem Moment besonderer Spannung vorläufig abbricht, die so charakteristisch für *Star Wars* ist. Die Bücher zeichneten sich durch eine halsbrecherische Geschwindigkeit aus. Liest man diese Geschichten heute oder sieht man sich den Film an, so erkennt man, dass George Lucas zu recht auf die Inspiration verweist, die er von der *John-Carter*-Reihe erhalten hat.«

Weiterhin steht in dem Artikel, dass Prinzessin Leia eine Neufassung von Dejah Thoris war, der ursprünglichen Prinzessin vom Mars. Ein anderer Internet-Artikel vom 2. März 2014 trägt den Titel »Why John Carter of Mars is the Original *Star Wars* Film« (»Warum John Carter vom Mars der erste *Star Wars*-Film ist«).

Nun ja, er war eben ein Vorbild. Oder? Nun, Burroughs selbst, der Erfinder von John Carter und von Tarzan, war nicht einfach der Schöpfer frei erfundener Geschichten. Ähnlich wie H. G. Wells war er ein Prophet und besaß offenbar eine vergleichbar wirkungsvolle Kristallkugel. Laut der *American National Biography Online* …

»sagte Burroughs die Erfindung von Radar, Echolot, Fernsehen, Fernschreibern, Radiokompass, Autopilot, Zielfluggeräten von Bomben und Torpedos, genetischem Klonen, der Transplantation lebender Organe, Antigravitationsantrieb und vielen anderen Technologien voraus, die zu seiner Zeit völlig phantastisch erschienen.«

Vielleicht wusste Edgar Rice Burroughs ja einfach mehr über die Königin des Orion als sonst irgendjemand?

Vor allem jedoch stellen das gesamte Konzept und das Szenario des Films einen Kampf dar zwischen dem Volk eines Sternsystems, das persönliche Freiheit und menschliche Werte hochhält, und dem eines anderen Systems, das grausam und gnadenlos ist, gleichwohl aber allmächtig in seinem Bereich der Galaxis – dies ist genau der Gegensatz zwischen dem Reptiloiden-Reich und einer hoffnungslos deklassierten menschlichen Zivilisation. In den folgenden Kapiteln wird dies noch ausführlich behandelt.

Leider ist nicht bekannt, wann Morning Skys Buch veröffentlicht wurde. Es ist ein äußerst seltenes Buch und sehr schwer zu bekommen, wenngleich seine Aussagen auf www.RobertMorningSky.com zu finden sind. Im Buch selbst ist kein Publikationsdatum angegeben. Ob es vor der Ausstrahlung von *Star Wars* 1977 erschienen ist, kann daher nicht bestimmt werden. Es scheint jedoch offensichtlich zu sein, dass George Lucas irgendwie von dem alten Reptiloiden-Reich und dem Konflikt zwischen Menschen und Reptiloiden Kenntnis erlangt hat. Es gibt deutliche Ähnlichkeiten zwischen Morning Skys Buch und Lucas' Film, und verschiedene aufmerksame Interpreten und Autoren haben weitere Beispiele an Charakteren und Ereignissen bei *Star Wars* ausgemacht, die wohl nicht nur dem Bereich bloßer Science Fiction entstammen.

David Icke beispielsweise schreibt in seinem Buch *The Children of the Matrix*, als er das »Dritte Auge« behandelt:

»Manchmal wird dieses mittlere Auge als *Dracontia* bezeichnet, und das Stirnauge in den antiken Geschichten über Wesen, die man Zyklopen nannte, könnte auch recht gut dazu passen. Credo Mutwa und zeitgenössische Entführungsopfer berichten, dass die meisten

›königlichen‹ und höhergestellten Reptiloiden, die *Dracos*, Hörner haben. Einige sehen aus wie Darth Maul in dem Film *Star Wars* mit seinen Knoten oder Hörnern am Kopf.

In Hollywood-Filmen wird ziemlich viel Wahrheit als erfunden dargestellt, sowohl von denen, die versuchen, ihre Story darzustellen, als auch und vor allem von jenen, die die Menschheit auf das Erscheinen dieser Wesen in den kommenden Jahren vorbereiten. Meines Erachtens nach gehört George Lucas von *Star Wars* zu letzteren.«

Auch andere haben das über George Lucas gesagt. Die Autorin Angela Pritchard schreibt in ihrem Artikel »The Inter-Dimensional Entities Behind the Dark Agenda that's Taking Over the World« (»Die interdimensionalen Wesenheiten hinter der Dunklen Agenda, welche die Welt übernimmt«), der auf ihrer Website www.belsebuub.com einsehbar ist:

»In *Star Wars* bedienen sich die bösen Sith der dunklen Seite der ›Macht‹ (die ihrem Wesen nach die universale Energie ist), um deren Kraft zu entfalten und Bösartiges zu tun, während die Jedi diese Macht im Einklang mit Liebe und kosmischen Prinzipien nutzbar machen. … Individuen können sowohl ›auf die dunkle Seite wechseln‹, wie es Anakin tat, als auch dies bereuen und wie Darth Vader zum Licht zurückkehren. Dämonen können im astralen Reich als menschlich oder als Mischwesen erscheinen, was ihre scheußliche, bestialische Natur widerspiegelt, zu der sie ihre animalischen Ich-Anteile verhärtet haben.

Aber Dämonen und Schwarzmagier sind keine törichten Monster, sondern Wesen, die im Bösen erwacht sind, und diese Art des Erwachens führt zu einem Wissen von der Dunkelheit, das ihnen eine Intelligenz und Macht über das hinaus verschafft, was irgendeinem Science-fiction-Film zukommt. Wie in diesen Filmen dargestellt, sind solche Wesen Menschen oder waren einmal Humanoide, die ›zur dunklen Seite übergegangen sind‹ und innerhalb einer Hierarchie des Bösen fungieren, um die Gesellschaft zu kontrollieren und zu infiltrieren.«

Umgekehrt wird Lucas unter der Überschrift »The Good – Promotes the Truth« (»Das Gute – begünstigt die Wahrheit«) in dem Online-Artikel »The Good, the Bad and the Ugly in Ufology« (»Das Gute, das Böse und das Hässliche in der Ufologie«) behandelt. Ein Wesen namens Baktar channelte angeblich die Informationen in diesem Artikel.

Baktar sagt über Lucas: »Er hatte – hauptsächlich astrale – außerirdische Kontakte positiver Art, besonders mit der Föderation, die meisten davon im Traum, aber bei einer Gelegenheit auch physisch, und diese inspirierten *Star Wars*. Aus all dem kann geschlossen werden, dass *Star Wars* vielleicht eine moderne Geschichte ist, die aber eine historische Realität verbirgt.

Im nächsten Kapitel wird diese Möglichkeit näher erläutert.

# 6 Krieg der Sterne

Die Geschichte der Reptiloiden auf dem Planeten Erde ist lang, verwickelt und kompliziert. Nur wenige Forscher und Autoren haben dieses abseitige Thema bisher berührt, und ihre Informationen gründen auf einer Reihe obskurer Quellen, viele auch auf paranormalen Untersuchungen. Literarische Recherchen allein können uns diese Informationen nicht liefern. Fügt man jedoch Berichte von Entführten, von Außerirdischen selbst und von Menschen hinzu, die Erfahrungen am eigenen Leib gemacht haben, tritt die wahre Geschichte hervor.

Von allen auf diesem Gebiet bekannten Forschern und Autoren heben sich vier durch ihre gechannelten Botschaften, ihre Kontakte zu Außerirdischen und/oder ihre Gespräche mit Betroffenen, mit Schamanen und den Erben von Stammeswissen, das über unzählige Generationen weitergegeben wurde, besonders hervor. In diese Kategorie gehören David Icke, Alex Collier, Wes Penre und Bruce Alan DeWalton, besser bekannt unter dem Namen »Branton«. Doch nur eine Person kristallisiert sich heraus, deren Wissen nahezu vollständig auf persönlicher Erfahrung beruht.

Stewart Swerdlow hat ein erstaunliches, man könnte sogar sagen, »unwirkliches« Leben geführt, das sich mehr wie die Geschichte eines Science-fiction-Films liest als wie eine Schilderung in einem Buch (siehe Anhang B). Um diese Geschichte zu erzählen, schien es mir die beste Herangehensweise zu sein, mich vorrangig auf Swerdlow zu stützen und zusätzliche oder ergänzende Informationen von den anderen Autoren hinzuzuziehen, um meine Ausführungen abzurunden.

Swerdlows umfassendste, detaillierteste Abhandlung zu diesem Thema ist in seinem 2014 veröffentlichten Buch *True World History: Humanity's Saga* (»Wahre Weltgeschichte: die Saga der Menschheit«) zu finden. Im Vorwort zu seinem vorherigen Buch *Blue Blood, True Blood* (»Blaues Blut, wahres Blut«) stürzt er sich geradewegs in Kontroversen. Er sagt:

> »Was die Geschichte dieses Planeten betrifft, können Sie davon ausgehen, dass alles, was Sie je darüber gelernt haben, komplett erlogen ist. Alle Geschichts- und Lehrbücher wurden umgeschrieben, um sie an die Agenda derjenigen anzupassen, die diesen Planeten kontrollieren. … Meine Informationen stammen aus meinen Schulungen im Rahmen des Montauk-Projekts, aus eigenen Erfahrungen, aus Gesprächen mit Wissenschaftlern, die in Programme der Illuminaten einbezogen waren, der Kommunikation mit außerirdischen und interdimensionalen Wesen, denen ich im Kontext verschiedener Regierungsprojekte begegnet bin und aus der Erkundung meiner eigenen Überseele.«

Swerdlows Geschichte der Erde ist ziemlich phantastisch, und es war vorprogrammiert, dass sie Kontroversen auslöst, zum Beispiel was das Alter der Dinosaurier betrifft. Swerdlow behauptet, dass sie erst vor etwa einer Million Jahren hier aufgetreten sind. Dabei heißt es, die radiometrische Datierung der ältesten Gesteinsformationen mit Dinosaurierfossilien belegt deren Alter von 230 Millionen Jahren, und es wird gemeinhin behauptet, dass die Dinosaurier vor fünfundsechzig Millionen Jahren plötzlich alle ausgestorben sind.

Hierbei steht die Paläontologie gegen die Anthropologie des Montauk-Projekts. Eine Reihe allgemein anerkannter Datierungsmethoden ist nicht unfehlbar und hat schon mehrfach Fehler aufgewiesen. Es erscheint schwer zu glauben, dass diese Geschöpfe lange, bevor es Menschen gab, nämlich 165 Millionen Jahre lang, ungestört auf dem Planeten umherstreifen konnten. Dabei zeigen jüngste Entdeckungen menschliche Fußabdrücke neben Dinosaurierspuren.[9] Außerdem gibt es bis heute nicht den winzigsten Beleg für eine Evolution der Dinosaurier. Es gibt keine bekannten Tiere, die vielleicht die Vorläufer dieser gewaltigen Kreaturen gewesen sein könnten. Doch wenn Swer-

---

9 Dinosaurierspuren neben menschlichen Fußabdrücken wurden zum Beispiel im Dinosaur Valley State Park am Paluxy River nahe Glen Rose, Texas, ausgegraben.

dlow uns erzählt, dass die Reptiloiden ihre eigenen Tiere mit auf diesen Planeten gebracht haben, ergibt das alles plötzlich einen Sinn.

Und wie wir sehen werden, bietet Swerdlow zumindest eine glaubhafte Erklärung für deren jähes Verschwinden, während die Paläontologie keine Antwort darauf hat.

## Die Herrscher der Galaxis?

Gleich zu Beginn verwirft Swerdlow die Erkenntnisse so verehrter und geradezu geheiligter anthropologischer Autoritäten wie Charles Darwin und Alfred Russell Wallace. Für die Evolutionstheorie Darwins gibt es in seiner Geschichte keinen Platz. Die gefeierte Fahrt der H.M.S. *Beagle* kann jetzt einfach als Abenteuerreise eines gelangweilten englischen Intellektuellen betrachtet werden und Darwins vielgerühmte Hypothese als eine in einen theoretischen Rahmen gepresste, tatsächlich aber schlichtweg unbewiesene Spekulation. Bis heute ist sie, auch wenn sie von Wissenschaftlern anerkannt wird, nur eine Theorie geblieben, die nun von den Verfechtern eines Intelligent Design »intelligent« in Frage gestellt wird.

Swerdlows Version der prähistorischen Kosmologie beginnt vor zehn bis zwölf Millionen Jahren Erdzeit. Zu dieser Zeit bevölkern die Reptiloiden das Sternsystem des Drachen, das aus zahlreichen Planeten besteht. Von der Erde aus gesehen schlängeln sich die Sterne im Drachen über den Himmel und beschreiben einen schlangenförmigen Verlauf am nördlichen Himmel, der zwischen dem Großen Wagen und dem Kleinen Wagen endet. Bekanntester Stern in dieser Konstellation ist der helle, blau-weiß leuchtende Stern Alpha Draconis oder Thuban, was »Kopf des Drachen« bedeutet. Thuban war 3.000 Jahre vor unserer Zeitrechnung der nördliche Polarstern, und es wird weithin angenommen, dass er der Heimatstern der Reptiloiden vom Drachen ist, obwohl es noch achtzehn weitere sehr helle Sterne mit Planeten im System des Drachen gibt.

Die Dracos sind mit den Reptiloiden von Orion und Rigel verbündet, mit denen sie das Draco-Orioniter-Imperium bilden, wie auch mit den Königreichen der Wölfe vom Sirius. Sie sind von aggressiver, kriegerischer, tyrannischer Natur und in keiner Weise an einem friedlichen Zusammenleben interessiert, sondern nur an der Beherrschung und Versklavung anderer Zivilisationen.

Von ihren ersten Tagen an verfügten sie über Raumfahrttechnologie und durchstreiften die Galaxis, wobei sie die weniger entwickelten Rassen, die ihnen begegneten, einfach versklavten.

*Abb. 6.1. Das Sternbild des Drachen*

Swerdlow sagt, dass nicht bekannt ist, wie Zivilisationen jemals in diese Galaxis gelangt sind. Er vermutet, dass sie alle aus einem Paralleluniversum oder einer anderen Dimension gekommen sein könnten, aber bekannt ist, dass die Reptiloiden als Erste hier waren. Ihr höheres Alter, so glauben sie, berechtigt sie zu jedem galaktischen Besitz, den sie sich wünschen. Außerdem verändert sich ihre DNS nicht. Sie ist seit ihrem ersten Erscheinen dieselbe geblieben. Dies, so glauben sie, beweist, dass sie bereits vollkommen sind und keiner genetischen Verbesserung mehr bedürfen. Darüber hinaus motiviert dieser Glaube ihre Behauptung, dass sie dazu bestimmt seien, die Galaxis zu regieren. Wenn das noch nicht genügt, können sie auch jederzeit die »Macht geht vor Recht«-Philosophie ins Feld führen, um ihre Eroberungen zu rechtfertigen, da sie ein Geschlecht von mächtigen Kriegern sind.

## Die Diaspora der Lyra-Bewohner

Die Humanoiden in dieser Galaxis konzentrierten sich zu jener Zeit im Sternsystem der Lyra, wo sie auf einigen Planeten friedliche, fortgeschrittene landwirtschaftliche Gemeinschaften gegründet hatten und Handel miteinander trieben. Der Sternenhaufen in der Lyra war der Ausgangspunkt der Menschen in dieser Galaxis.

Swerdlow berichtet, dass die Menschen von der Lyra sieben bis acht Fuß groß und überwiegend blond und blauäugig waren. Als die Draco-Orioniter sich der Lyra-Menschen bewusst wurden, täuschten sie Freundschaft vor, während sie die Reichtümer in deren Reich abschätzten. Dies war der erste Kontakt zwischen Reptiloiden und Menschen in dieser Galaxis.

In seinem Buch *Defending Sacred Ground* (»Heiligen Boden verteidigen«) beschreibt Alex Collier, der Kontakt zu Andromedanern hat, diese erste Begegnung:

»Ich möchte Ihnen von der Lyra erzählen und davon, wie das Menschengeschlecht unsere Galaxis kolonisiert hat. Aufgrund des Alters der Sonnen und Planeten in unserem Sonnensystem wurde beschlossen, dass die menschliche Lebensform im System der Lyra geschaffen werden sollte. Die Menschheit lebte und entwickelte sich dort etwa vierzig Millionen Jahre lang. Die Lebensweise der Menschen in der Lyra beruhte im Wesentlichen auf der Landwirtschaft. Anscheinend waren sie sehr zahlreich und lebten in Überfluss und Frieden. Dann erschien eines Tages ein gewaltiges Raumfahrzeug am Himmel. Aus diesem kam ein großes Raumschiff heraus, das sich dem Planeten Bila näherte und dem Reptiloide vom Alpha Draconis entstiegen. Offenbar fürchteten sich die Alpha-Drakonier und die Lyra-Menschen voreinander.

Ich habe Ihnen bereits erzählt, dass die Alpha-Drakonier wohl das erste Geschlecht in unserer Galaxis war, das interstellar reisen konnte, und dass sie über dieses Wissen seit vier Milliarden Jahren verfügten. Als nun die Drakonier kamen und Bila mit all seinem Überfluss, seinen Nahrungsquellen und seinen natürlichen Ressourcen sahen, wollten sie den Planeten beherrschen. Anscheinend gab es Kommunikationsschwierigkeiten oder Missverständnisse zwischen Drakoniern und Lyra-Menschen. Die Lyra-Bewohner wollten mehr über die Drakonier wissen, bevor sie ihnen ›Unterstützung‹ anboten. Die Drakonier missdeuteten dies als eine Verweigerung und zerstörten daraufhin drei von vierzehn Planeten im System der Lyra.

Die Bewohner der Lyra waren im Grunde wehrlos. Die Planeten Bila, Teka und Merok wurden zerstört. Über fünfzig Millionen Menschen von der Lyra wurden getötet. Seit diesem Zeitpunkt der Geschichte begannen die Drakonier die Menschen als Nahrungsquelle zu betrachten. So alt ist der Streit zwischen den Reptiloiden und dem Menschengeschlecht.«

Wie bereits in der Einleitung erwähnt, flüchteten die Menschen von der Lyra, nachdem die Drakonier drei Planeten zerstört hatten, zu anderen Sternsystemen. Swerdlow berichtet, dass die flüchtenden Lyra-Bewohner 110 Kolonien in anderen Sternsystemen gründeten.

Alex Collier führt in *Defending Sacred Ground* (»Heiligen Boden verteidigen«) aus:

»Als das Menschengeschlecht zerfiel und die Raumfahrt sich entwickelte, wanderten, reisten und siedelten die Rassen auf vielen verschiedenen Planeten in zahlreichen Systemen. In diesen Systemen kamen die Menschen mit anderen planetarischen Zivilisationen in Berührung. Verschiedene Kulturen begegneten einander und wuchsen heran. Glaubenssysteme kollidierten miteinander oder breiteten sich aus.

Ein neues philosophisches oder technologisches Denken entstand. Die Menschheit entwickelte sich. Eine sehr starke soziale Gemeinschaft bildete sich überall in [und aus] dem System der Lyra.«

Aus dieser Gemeinschaft erwuchs schließlich die Galaktische Föderation des Lichts.

Als die Flüchtlinge von der Lyra in unser Sonnensystem kamen, kolonisierten sie zwei Planeten: Mars und Maldek. Nach Swerdlows Kosmologie war die Erde zu dieser Zeit der zweite Planet von der Sonne aus, und Venus existierte noch nicht. Folglich war Mars der dritte in der Reihe, und Maldek der vierte. Maldek war ein sehr großer Planet mit einer sehr lebensfreundlichen Atmosphäre und für menschliche Besiedlung wie geschaffen, genau wie der Mars.

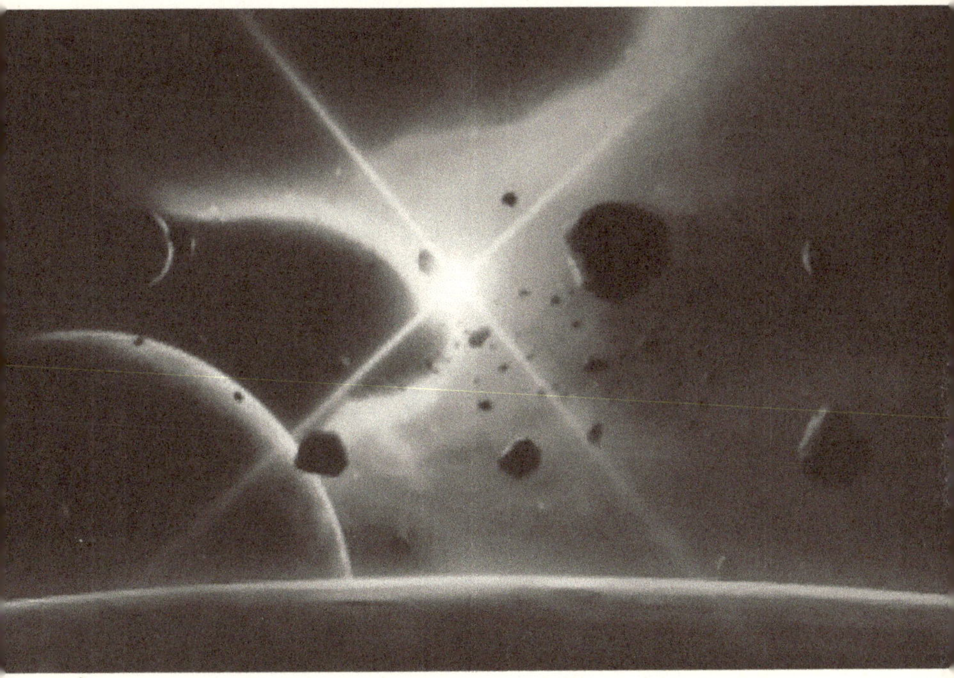

*Abb. 6.2. Die Zerstörung des Planeten Maldek*

Die Atmosphäre auf dem Mars war ebenfalls ideal, und es gab reichlich Meerwasser wie auf der Erde. Swerdlow sagt, dass es damals auch Jahreszeiten auf dem Mars gegeben habe, so dass wir annehmen müssen, dass die Achsenneigung mit der heutigen Neigung der Erdachse vergleichbar gewesen ist.

Die Erde war andererseits damals ein Wasserplanet und von einem einzigen Ozean bedeckt.[10] Selbst die Atmosphäre bestand aus dichtem Wasserdampf; im Vergleich dazu haben wir heute nur rund ein

10 Heute wissen wir, dass es viele Wasserplaneten in der Galaxis gibt. Die Astronomen haben einen solchen Planeten bereits 100-prozentig identifiziert und ihn Gliese 581C genannt.

Prozent davon, es war also nicht möglich zu atmen. Hinzu kommt, dass Uranus zu der Zeit weiter entfernt war als Neptun und dass Pluto noch nicht existierte.

Es wird erzählt, dass die Menschen von der Lyra für »viele Jahrtausende« friedlich auf dem Mars und auf Maldek gelebt und zweifellos auch einander besucht und miteinander Handel getrieben haben, da beide Zivilisationen über Raumfahrttechnologie verfügten.

## Der Eiskomet greift an

Auf ihren Reisen durch die Galaxis – stets auf Ausschau nach neuen Welten, die sie erobern konnten – entdeckten die Drakonier schließlich die Siedlungen der Lyra-Menschen auf dem Mars und dem Maldek. Da sie Menschen noch immer für Feinde hielten, ersannen die Dracos einen Angriffsplan.

Sie hatten eine erstaunliche Technik entwickelt, die sie in ihren Sternenkriegen einsetzten. Sie waren in der Lage, Eiskometen und Meteore auszuhöhlen. Sie bohrten in diese kleine Schwarze Löcher, um die Richtung der Kometen unter Kontrolle zu bringen und sie so als Waffen einsetzen zu können. Sie richteten einen großen Eiskometen auf dieses Sonnensystem. Als er am Uranus vorbeiflog, bewirkte dies, dass der Planet auf die Seite kippte, so dass er fortan mit einer Achsenneigung von 98° horizontal rotierte.[11]

Nach einem Artikel von Andrew Fazekas in der *National Geographic News* vom 11. Oktober 2011 ist »die weithin anerkannte Theorie, wie der Uranus gekippt ist, ein erdgroßer vagabundierender Planet, der vor Milliarden von Jahren in den Eisgiganten eingeschlagen ist. Diese verlorene Welt wurde höchstwahrscheinlich durch den Einschlag zer-

[11] Das bedeutet, dass seine Pole nun parallel zur Ebene des Sonnensystems liegen, während die Pole der Erde und anderer Planeten senkrecht zur Ebene des Sonnensystems ausgerichtet sind. Daher dreht sich der Planet nicht von links nach rechts wie die Erde. Er rotiert vielmehr von oben nach unten. Für zweiundvierzig Jahre liegt der Südpol und für zweiundvierzig Jahre der Nordpol der Sonne direkt gegenüber.

störrt«. Doch die siebenundzwanzig bekannten Monde des Uranus kreisen noch immer um seinen Äquator.

Zecharia Sitchin erklärt es so: »In einfachen Worten gesagt, bedeutet dies aller Wahrscheinlichkeit nach, dass die fraglichen Monde [des Uranus] als Ergebnis der Kollision entstanden sind, die den Uranus auf die Seite gestoßen hat.« In Pressekonferenzen drückten sich NASA-Wissenschaftler noch deutlicher aus: »Eine Kollision mit etwas von der Größe der Erde, das mit einer Geschwindigkeit von 40.000 Meilen pro Stunde unterwegs war, könnte es gewesen sein«, sagten sie.

Laut Dr. Gene Mascoli, nachzulesen auf der Webseite www.ScienceIQ.com, sind die Wissenschaftler sich uneins darüber, warum der Uranus horizontal rotiert. Eine bekannte Theorie besagt, dass er im alten Sonnensystem mit einem großen Himmelskörper kollidiert ist, der ihn in der Tat zur Seite gekippt hat.

Anschließend zog der Komet sehr nahe an Maldek vorbei, wodurch eine gewaltige elektromagnetische Spannung auf dem Planeten erzeugt wurde, die ihn schließlich explodieren ließ. Viele Maldekianer hatten bereits auf dem Mars Zuflucht genommen, als sie den Kometen näherkommen sahen. Doch die meisten Bewohner des Maldek wurden ausgelöscht. Teile des zerstörten Planeten bildeten später den Asteroidengürtel. Einige der Teile gerieten in das starke Magnetfeld der Gasriesen Saturn und Jupiter und wurden zu Monden dieser Planeten.

Als der Komet am Mars vorbeizog, richtete er in dem Magnetfeld des Planeten Chaos an, was dazu führte, dass ein Teil der Atmosphäre aufriss und die Ozeane verdampften.[12] Dadurch wurden viele getötet, und die Überlebenden waren gezwungen, sich mit den umgesiedelten Maldekianern unter die Oberfläche zurückzuziehen. Darüber hinaus verschob sich die Umlaufbahn des Mars weiter von der Sonne weg. So

12 In dem Film *Die totale Erinnerung – Total Recall* (1990) mit Arnold Schwarzenegger in der Hauptrolle, der auf der Kurzgeschichte »Erinnerungen en gros« (1966) von Philip K. Dick beruht, entdecken Rebellen in einer Untergrundkolonie auf dem Mars eine alte Terraforming-Technologie und setzen sie in Gang. Als die Maschine aufdreht, beginnt sie die Atmosphäre des Mars wiederherzustellen und das Atmen zu ermöglichen. – Dies geht Hand in Hand mit Swerdlows Behauptung, dass die Mars-Bewohner gegangen sind, um die Erde zu kolonisieren, und darum die Terraforming-Technologie ungenutzt zurücklassen mussten.

hatte der tödliche Eiskomet seinen schrecklichen Zweck, die menschlichen Zivilisationen sowohl auf dem Maldek als auch auf dem Mars zu vernichten, erfüllt! Es war ein erstaunlicher Angriff, wenn man bedenkt, dass der Komet seine zerstörerische Wirkung auf diese beiden Planeten nur dann vollenden konnte, wenn der Zeitpunkt seines Abschusses perfekt mit den Umlaufbahnen beider Himmelskörper koordiniert war. Dies erforderte ein hochentwickeltes astronomisches Fachwissen. Es scheint, als seien die Reptiloiden in dieser Art galaktischer Kriegsführung sehr erfahren.

Einen solchen Himmelskörper als »Kometen« zu bezeichnen, ist sehr irreführend. Wenngleich er sich bei seinem Eindringen in unser Sonnensystem wie ein Komet verhalten hat, gibt es mittlerweile doch deutliche Beweise dafür, dass er eigentlich ein Planet gewesen ist, von der Größe her vergleichbar mit unserer Erde.

Eigentlich liegt Swerdlow richtig, wenn er sagt, dass es ein Komet war. Doch dann behauptet er, dass dieser Komet schließlich zum Planeten Venus geworden ist – eine Tatsache, die offenbar von der mittelamerikanischen Mythologie und dem berühmten Theoretiker Immanuel Velikovsky, dem Verfasser des Buches *Welten im Zusammenstoß*, erhärtet wird. Das ergibt einen Sinn, denn nur ein Himmelskörper von dieser Größe konnte so heftige Störungen auf so großen Planeten wie Uranus, Mars und, wie wir noch sehen werden, auf der Erde verursachen und einen Planeten von der Größe Maldeks zerstören. Velikovsky vermutet, dass die Venus zu einem Kometen wurde, nachdem sie vom Jupiter abgestoßen worden war. Dies stünde im Widerspruch zu Swerdlow, der annimmt, dass der Eiskomet über die Umlaufbahn des Uranus in unser Sonnensystem eingetreten sei, was darauf hinwiese, dass er wahrscheinlich aus dem Kuipergürtel gekommen sei. Obwohl das wahrscheinlicher ist als die Jupiter-Abstoß-Theorie, wäre es immer noch sehr außergewöhnlich, dass ein Objekt von dieser Größe und makelloser Kugelform im Kuipergürtel oder gar in der Oortschen Wolke anzutreffen ist.

Je mehr man über dieses Phänomen nachdenkt, umso naheliegender erscheint es, dass dieser »Eiskomet« ein echter Planet gewesen ist, der aus seiner Umlaufbahn um einen fernen Stern von den Reptiloiden »gestohlen« und hierher gebracht worden war. Doch

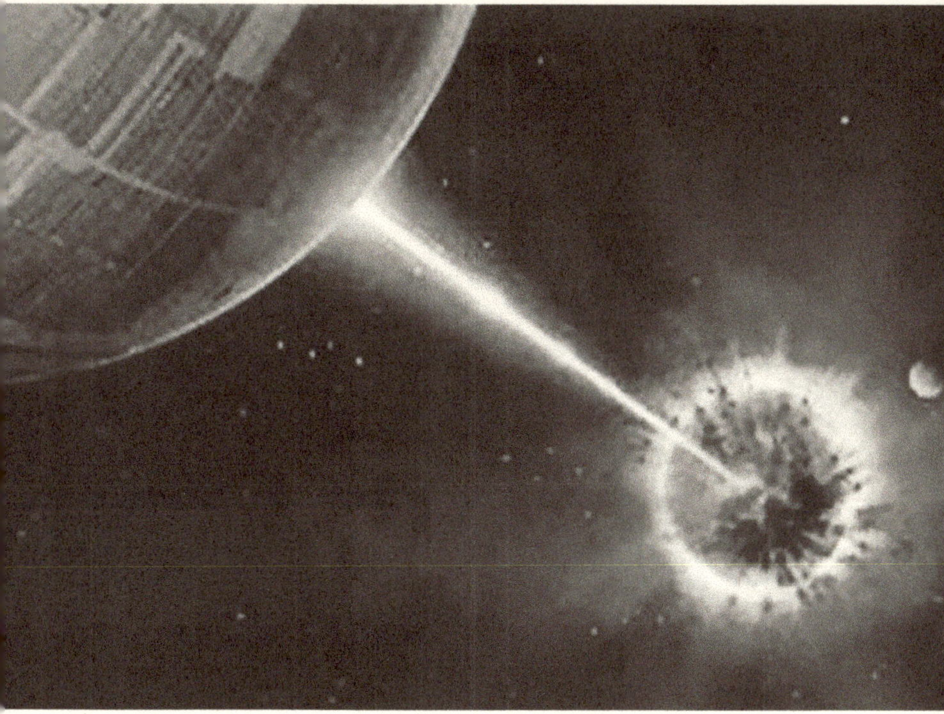

*Abb. 6.3. Der Todesstern zerstört Alderaan, die Heimatwelt von Prinzessin Leia.*

ungeachtet seiner Herkunft gibt es umfangreiche astronomische und mythologische Belege dafür, dass der Planet Venus in der Tat ein Neuling in unserem Sonnensystem und wahrscheinlich Swerdlows Eiskomet gewesen ist.

## Der Eisplanet begegnet der Erde

In Anbetracht des oben Ausgeführten glaube ich, dass wir Swerdlows Eiskometen nun mit Fug und Recht als Eisplaneten bezeichnen können. Als er den Weg auf seiner zerstörerischen Flugbahn fortsetzte, gelangte er als Nächstes in die Nähe der Erde, wo er zu verlangsamen schien und schließlich in die Umlaufbahn der Erde eindrang. Eigentlich entstand eine gemeinsame Umlaufbahn, was wiederum die enorme Größe des Kometen bezeugt.

Die Erde begann schneller zu rotieren, und der Komet entzog ihr einen großen Teil des Wassers, das im Weltraum verdampfte. Um die Erde herum bildete sich eine Atmosphäre, an den Polen entstanden Eiskappen, und Landmassen tauchten auf, als das Wasser verschwand. Schließlich stieß der Eisplanet die Erde weiter fort und bemächtigte sich ihrer Umlaufbahn. Die Erde nahm nun ihre Position als dritter Planet von der Sonne aus ein und setzte ihre schnelle Rotation fort. Die beiden größten Landmassen, die aus den Ozeanen aufstiegen, wurden letztlich zu Lemurien und Atlantis. Durch ihre neue Atmosphäre, ihr relativ gemäßigtes Klima und ihre neu entstandenen Kontinente wurde die Erde gut bewohnbar.

Da die Venus jetzt die Sonne nahe umkreiste, schmolz ihr Eis, und es bildete sich die noch heute sichtbare Wolkendecke. Am Ende erhielten die Reptiloiden durch diese ganze Operation einen herrlichen neuen Planeten, auf dem sie in diesem Sonnensystem leben konnten. So dezimierten sie auf einen Streich ihre alten Feinde von der Lyra auf dem Maldek wie auf dem Mars und schufen sich selbst ein Zuhause im angenehmen, »besseren Wohnbezirk« des Sonnensystems!

Das muss der gewiefteste Trick gewesen sein, den es jemals in der kosmischen Evolution gegeben hat. Doch für die Reptiloiden, diese Weltenmacher und Möchtegern-Herren der Galaxis, war es etwas ganz Gewöhnliches.

## Planeten als Raumschiffe

Bedenkt man dieses ganze Ereignis, ergibt sich eine völlig neue Erklärung. Swerdlow lieferte einen wesentlichen Hinweis, als er sagte, dass die Reptiloiden eine Technologie entwickelt hatten, mit der sie Meteore und Kometen aushöhlen und als Waffen benutzen konnten.

Wir haben bereits gesehen, dass sie die Fähigkeit besaßen, kugelförmige Raumschiffe von der Größe eines Planeten herzustellen, die Todessterne genannt werden. Doch jetzt bemerken wir, dass die Reptiloiden sogar die Technologie besaßen, echte Planeten zu Raumschiffen zu machen, was sie wahrscheinlich von den Wolfsmenschen gelernt hatten!

Offenbar hatten die Reptiloiden irgendwo in der Galaxis, vermutlich im Drachen, einen wahrscheinlich unbewohnten Planeten als erstes Modell dafür gefunden und ausgehöhlt.[13] Dann begaben sie sich in sein Inneres und verwandelten ihn im Wesentlichen in ein Raumschiff unter intelligenter Kontrolle. Er wurde tatsächlich zu einem natürlichen Todesstern, der so ihre bereits bestehende, konstruierte Flotte von Todessternen ergänzte!

Es ist sehr wahrscheinlich, dass sie ein vollständiges Ökosystem mit lebenden Dinosauriern – ihrer Hauptnahrungsquelle – in das Innere des Planeten verpflanzt haben. Dann fuhren sie mit ihm durch den Weltraum zu unserem Sonnensystem. Während ihrer Reise durch die Galaxis bildete sich eine Eisdecke auf dem Planeten. Da sie bequem im Inneren lebte, waren sie den Gefahren der Raumfahrt wie Strahlungen und extremen Temperaturen nicht ausgesetzt. So waren sie in der Lage, den Kometen dahingehend zu steuern, dass er den Maldek zerstörte und den Mars lahmlegte. Es ist sehr gut möglich, dass sie eine Art Superwaffe, vielleicht einen Teilchenstrahl, auf den Maldek abgefeuert haben, als sie ihm näher kamen. Wahrscheinlich war es dieselbe Technik, die sie eingesetzt hatten, um Bila, Teka und Merok im System der Lyra zu zerstören.

Als der Komet sich schließlich der Sonne näherte, verlangsamten sie ihn und lenkten ihn in die Erdumlaufbahn, und irgendwie wurde die Erde dabei weiter in eine neue Umlaufbahn geschoben. Als die Erde schließlich austrocknete, trafen sie Vorbereitungen, um sie zu bewohnen, und reisten vom Eiskometen aus, der heute die Venus ist, hin und her. Da sie im Inneren der Venus lebten, konnten sie der starken Hitze auf der Oberfläche fernbleiben.

Daran können wir sehen, dass George Lucas womöglich die ganze Geschichte kannte und dass *Star Wars* vermutlich deshalb so einen

---

13 Die Astronomen haben in letzter Zeit viele Planeten in der Milchstraße ausgemacht, die sich *nicht* in einem Sonnensystem befinden, das um eine Sonne oder einen Stern herum gruppiert ist. Anscheinend werden diese Planeten von innen erwärmt und bleiben während ihres ziellosen Treibens durch die Galaxis weiterhin lebendig. Man nennt sie auch »vagabundierende Planeten«.

großen Anklang findet. Vielleicht – nur vielleicht – haben die Zuschauer, die 1977 bei der Premiere des ersten Films der Kinoserie *Star Wars*, der heutigen Episode IV mit dem Titel *Eine neue Hoffnung*, in Grauman's Chinese Theater in Hollywood aufstanden und begeistert Beifall klatschten, in einer früheren Inkarnation auf Maldek oder dem Mars gelebt. Vielleicht haben sie sich daran erinnert, wie sie hilflos zum Himmel aufblickten, während der Eisplanet sich bedrohlich und Unheil verheißend näherte. Und vielleicht haben sie deshalb gejubelt, als Luke Skywalker den tödlichen Schuss abfeuerte, der den Todesstern in Stücke sprengte.

# Teil II

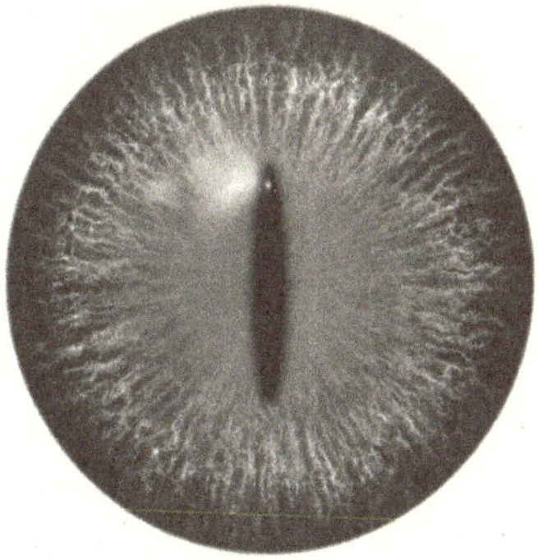

# *Reptiloidenkolonien auf der Erde*

## *Von der Genesis bis zum Römischen Reich*

# 7 Die Genesis

Als die Dracos nun in der Lage waren, die Venus als Operationsbasis in diesem Sonnensystem zu nutzen, waren sie bereit, mit der Kolonisierung der Erde zu beginnen. Allerdings war die Venus für häufige Ausflüge zu weit entfernt. Sie brauchten ein geeigneteres Lager, von dem aus sie die Erde in Bezug auf ihre Flora und Fauna umformen konnten. Daher beschlossen sie, für die Erde einen Mond zu erschaffen. Doch anstatt einen bereits existierenden Himmelskörper – wie die Venus – zu verwenden, konstruierten sie einen künstlichen Planeten. Swerdlow sagt:

> »Der Mond ist ein künstliches Gebilde, und er ist hohl. Sendet man eine akustische Resonanz zur Mondoberfläche, dann klingt es ähnlich wie Glas, wie ein hohler Gegenstand. Es klopft nicht wie bei einem massiven Gegenstand. Der Mond dreht sich nicht und rotiert nicht; er ist ein fixiertes Gebilde, dessen eine Seite immer der Erde zugewandt ist. Die Umlaufbahn des Mondes ist mechanisch fest eingerichtet und bedarf keiner Korrekturen. Aufgrund von Masse und Anziehungskraft verbleibt der Mond stets in derselben Schicht des Raums. Er ist ein Fahrzeug, das wie ein Satellit und ohne magnetisches Feld im Weltraum geparkt ist. Von diesem Fahrzeug aus haben die Dracos die Erde kolonisiert.«

Vermutlich waren die Dracos in der Lage, das ganze Ökosystem, das sie vom Sternbild des Drachen mitbrachten, erst auf den Mond und dann von dort aus nach und nach auch auf die Erde zu übertragen. Die Dinosaurier waren bei diesem Unternehmen besonders wichtig, weil die Reptiloiden sie als Nahrungsquelle benutzten. Sie platzierten den Mond in genau dem Abstand, der ihn, von der Erde aus betrachtet, ebenso groß wie die Sonne erscheinen ließ. Dadurch wurde es ihnen möglich, Sonnen- und Mondfinsternisse wie Instrumente zur Zeitmessung zu verwenden.

Die Dracos begannen vor etwa einer Million Jahren, den riesigen Kontinent Lemurien mitten im Pazifik zu kolonisieren. Als erste Rasse, die die Erde besetzte, betrachteten die Reptiloiden sie als ihren Planeten. Hunderttausende von Jahren lang gab es keine Menschen auf der Erde. Die menschlichen Flüchtlinge von der Lyra, sowohl die Marsianer als auch die Maldekianer, lebten zu dieser Zeit weiterhin unter der Oberfläche des Mars. Die Atmosphäre war dort zu dünn für ein Leben an der Oberfläche. Mittlerweile hatten die 110 Flüchtlingskolonien der Lyra allerdings eine Allianz gebildet, um sich zur Verteidigung gegen die fortwährenden Angriffe der Reptiloiden zusammenzuschließen. Sie bezeichneten sich als die »Galaktische Föderation des Lichts« oder als »das Kollektiv« und blieben am Schicksal der menschlichen Exilanten von der Lyra überall in der Galaxis interessiert und beteiligt.

Den Mitgliedern der Föderation gelang es durch die Kombination ihrer Mittel, Reptiloiden-Angriffe auf ihre als neue Heimat angenommenen Planeten erfolgreich abzuwehren. Nur drei Gruppen ehemaliger Lyra-Bewohner weigerten sich, der Föderation beizutreten. Diese Zivilisationen konnten sich einfach nicht mit ihrem neuen Flüchtlingsstatus abfinden und versuchten, den verlorenen Glanz ihres alten Lyra-Sternbildes wiederherzustellen. Sie galten als Extremisten.

Eine dieser drei Zivilisationen waren die Atlanter, die einen Planeten in den Plejaden bewohnten. Die Plejader betrachteten sie als Störer, da sie keinen Beitrag zur Föderation leisteten. Sie baten die Föderation, diese Gruppe in ein anderes Sternsystem umzusiedeln. Da die Atlanter aber auch als mutig und furchtlos den Reptiloiden gegenüber bekannt waren, beschloss die Föderation, die Atlanter auf die Erde umzusiedeln. Sie argumentierten, dass die Atlanter, wenn sie eine solche unmittelbare Auseinandersetzung mit den Reptiloiden überlebten, auf der Erde Fuß fassen und die erste Angriffslinie gegen die reptiloiden Kolonisten der Erde bilden könnten, die dann später von anderen Streitkräften der Föderation unterstützt würden. Dadurch könnte es möglich werden, die Reptiloiden vollständig aus dem Sonnensystem zu werfen.

Mit anderen Worten: Die Föderation bewegte diese unkooperativen Drückeberger an die Front, um sie im großen Stil in den Kampf gegen die Reptiloiden zu schicken. Das war eine geniale Strategie! Denn so bevölkerten die Atlanter bald den mittelatlantischen Kontinent, der später als Atlantis bekannt wurde.

Zwischenzeitlich war es zu Konflikten zwischen den beiden unterirdischen Zivilisationen auf dem Mars gekommen, und die Marsianer forderten die Föderation auf, die Maldekianer auf einen anderen Planeten zu übersiedeln. Die Föderation sah darin eine weitere günstige Gelegenheit, die Reptiloiden auf der Erde mit hoch motivierten Gegnern einzukreisen. Immerhin hatten die Maldekianer bei der grausamen Zerstörung ihres Heimatplaneten durch die Reptiloiden aufgrund des Verlustes ihrer Vorfahren und Freunde ein entsetzliches Trauma erlitten. Auch wenn diese Katastrophen schon einige Generationen zurück lagen, würden sie zweifellos die Gelegenheit begrüßen, an den Tätern Rache zu nehmen.

Die Föderation entsandte also die Maldekianer, um die Erde zu kolonisieren. Sie eroberten das Gebiet, das heute als Wüste Gobi bekannt ist und damals eine üppig bewachsene, tropische Region war, wie auch Teile Nordindiens und Asiens.

## Die Menschen schlagen zurück

Wie die Föderation erwartet hatte, war der alte Hass geblieben, in der Atlanter-DNS bewahrt und durch Geschichten über die Schändungen in der Lyra, die von Generation zu Generation weitergegeben wurden, wahrscheinlich noch verstärkt.

Die Atlanter verabscheuten die Reptiloiden genauso sehr wie die Maldekianer, möglicherweise sogar noch mehr. Und der neue Planet, den wir heute als Erde kennen, war zu klein für die Erzfeinde, so dass bald Kriege ausbrachen. Die Atlanter waren eine erbitterte Menschenrasse, und Schlachten gab es reichlich.

Ein Hauptstreitpunkt waren die Dinosaurier. Diese gewaltigen, riesenhaften Wesen verwüsteten die landwirtschaftlichen Gebiete auf

Atlantis und verschlangen die Ernte. Schließlich begannen die Atlanter, sie zu töten. Swerdlow sagt:

> »Die Atlanter hassten diese zerstörerischen Tiere, darum verwendeten sie elektromagnetische Pulswaffen, um sie auszulöschen. Das ist der wahre Grund, warum Dinosaurier, Mammute und andere prähistorische Geschöpfe plötzlich ausstarben.«

Die Maldekianer griffen die Mondkolonien der Reptiloiden an. Die Untergrund-Marsianer stürzten sich ebenfalls ins Gefecht, um die Reptiloiden aus diesem Sonnensystem zu entfernen. Auch sie begannen, die Reptiloiden auf dem Mond anzugreifen, um die dortigen Außenposten zu zerstören, die ihre Siedlungen auf der Erde überwachten. James Evans Bomar schreibt in seinem Buch *The Code to the Matrix* (»Der Schlüssel zur Matrix«):

> »Dies kann als der echte *Erste Weltkrieg der Welten* gelten. Es war ein gewaltiges Chaos!«

Doch eigentlich war es gar kein Chaos. Wenn man die Situation heute im Rückblick betrachtet, wird deutlich genug, dass die Föderation die ganze Aktion inszeniert hat. Die Reptiloiden auf der Erde waren jetzt eindeutig im Nachteil. Sie fanden sich in einer heiklen Zwangslage wieder. Der Konflikt, den sie mit den Angriffen auf Mars und Maldek begonnen hatten, hat dazu geführt, dass sie nun isoliert in einem entfernten Sonnensystem lebten und von Menschen umgeben waren – Menschen, die gelernt hatten sich zu verteidigen, die hoch entwickelte Waffen und Weltraumtechnik einsetzten und keine Angst vor den Schikanen der Dracos hatten.

Die menschlichen Siedler waren fest entschlossen, sie zu beseitigen, und hatten nun mächtige Verbündete in der ganzen Galaxis. Das Blatt hatte sich gewendet. Die vorrangige Nahrungsquelle der Reptiloiden war vernichtet, und es war keine Hilfe vom Drachen zu bekommen. Sie konnten nicht mehr einfach überall eindringen und sich nehmen, was sie wollten. Jetzt mussten sie verhandeln, um zu überleben.

## Der Rat von Hatona

Da die Kämpfe letztlich zu einer Pattsituation geführt hatten, versuchte die Föderation anfänglich, eine friedliche Zivilisation auf der Erde zu etablieren, um Atlantern und Maldekianern Zeit und Raum zu geben, ihre Populationen zu vergrößern. Sie beschloss, auf dem Planeten Hatona im Andromedanebel einen neutralen Rat einzuberufen. Alle Parteien, die an der Zivilisation der Erde Interesse hatten, waren repräsentiert.

Diese Versammlung war an sich schon eine Art Sieg für die Föderation. Es schien, als rangen sie den Reptiloiden die Vereinbarung ab, einer neu erschaffenen Rasse die Verfügungsgewalt über den Planeten einzuräumen, auch wenn alle wussten, dass Vereinbarungen mit Reptiloiden wertlos waren. Bomar sagt:

> »Der Rat von Hatona versammelte sich über viele Jahrzehnte, während die Kämpfe in diesem Sonnensystem fortdauerten. Schließlich wurde eine Übereinkunft zwischen einigen Fraktionen der Menschen und den die Erde bevölkernden Reptiloiden erzielt. Merken wir uns, dass diese Übereinkunft ohne Beteiligung des ursprünglichen Imperiums vom Drachen zustande kam; folglich hatten diese Reptiloiden keine Erlaubnis ihres Oberkommandos, ignorierten dieses und handelten ausschließlich in ihrem eigenen Interesse.
>
> Die Vereinbarung besagte, dass auf der Erde eine neue menschliche Rasse erschaffen werden sollte, welche die DNS aller interessierten Parteien in sich tragen sollte, die am ›Friedensprozess‹ beteiligt waren. Eine bestimmte Region auf der Erde sollte für die Erschaffung dieser neuen Spezies vorgesehen werden. Die auf der Erde ansässigen Reptiloiden von Lemurien stimmten dieser Vereinbarung unter der Bedingung zu, dass der ›Körper‹ der Reptiloiden die Grundlage dieses neuen Wesens sein sollte.«

Das war eine schwierige Bedingung. Die Reptiloiden glaubten, dass die Wesen der neuen Rasse, wenn sie über eine im Grunde reptiloide DNS verfügten, leicht von der niederen vierten Dimension aus über Mitschwingungen kontrollierbar waren. Und es stellte sich als zutreffend heraus, es hatte die beabsichtigten Folgen.

Doch wie wir noch sehen werden, erwies sich das auch als Nachteil für die Reptiloiden, da es die neue menschliche Art widerstandsfähiger machte und ihr so ermöglichte, sich erfolgreich gegen Attacken und Übergriffe der Reptiloiden zur Wehr zu setzen.

## Seid fruchtbar und mehret euch

Für dieses neue Experiment wurde das Gebiet der heutigen Südosttürkei ausgewählt, eine Gegend, in der Euphrat und Tigris entspringen und vom Taurusgebirge in den Kaukasus fließen. Dies war der biblische Garten Eden. Das Gebiet befand sich vermutlich in den Händen der Maldekianer, da es nahe an ihren Siedlungsgebieten lag.

Es war ein langer Weg von Lemurien aus. Jeder der dreizehn Beteiligten versuchte, seine DNS zur vorherrschenden zu machen. Infolgedessen stand der neue Mensch von Anfang an mit sich selbst im Konflikt. Die Hauptverantwortung für die Koordination der Bestrebungen wurde dabei in die Hände einer Gruppe aus dem Kollektiv gelegt, die man Elohim, wörtlich »die Götter«, nannte. Sie waren hochentwickelte Menschen und als meisterhafte Genetiker bekannt. Aber die Reptiloiden waren ebenfalls Genetiker mit Jahrtausende langer Erfahrung.

In der Bibel wird der hebräische Begriff »Elohim« als Bezeichnung für Gott so verwendet, als stünde er im Singular. Tatsächlich stehen jedoch Wörter, die im Hebräischen auf *-im* enden, immer im Plural. Die Pluralität »der Götter« ist deutlich im ersten Kapitel der Genesis zu erkennen, in dem es heißt:

> »Lasst uns Menschen machen nach unserem Bilde, uns ähnlich.«

Da wir nun wissen, dass die Föderation alle Karten in der Hand hatte, entschieden sie über die neue menschliche Gestalt.

In der Genesis heißt es weiter:

> »Und Gott [die Elohim] schuf den Menschen nach seinem Bilde – nach dem Bilde Gottes [der Elohim] schuf er ihn; als Mann und Weib

schuf er sie. Und Gott [die Elohim] segnete sie und sprach zu ihnen: Seid fruchtbar und mehret euch und füllet die Erde und macht sie euch untertan.«

Dies stimmt mit Swerdlows Darstellung überein, der sagt, dass die neue Menschenrasse schnell anwuchs und den Planeten übernehmen sollte. Deshalb wurde die menschliche Reproduktionsmethode derjenigen der Reptiloiden vorgezogen. Es geschah unwillkürlich, nicht geplant. Ein Ausdruck davon ist die Formulierung in der Bibel, Gott »schuf sie als Mann und Weib«. Das belegt von Anfang an die deutliche Unterscheidung zwischen Menschen und Reptiloiden. Denn Reptiloide reproduzieren sich, indem sie Eier legen, die befruchtet werden können.[14]

*Abb. 7.1. Die Erschaffung des Menschen, dargestellt auf einer sumerischen Tontafel. Nachdruck mit freundlicher Genehmigung. © Zecharia Sitchin*

Dieser Darstellung der menschlichen Schöpfung widerspricht die Geschichte von Adam und Eva im zweiten Kapitel der Genesis, wo Gott

14 Nach der Webseite www.Cuteness.com »bewahren weibliche Reptilien Sperma bis zu sechs Jahren auf, um später Eier damit zu befruchten, so Wissman. Das bedeutet, dass das Weibchen die eigenen Eier so lange ohne die Hilfe eines Männchens produzieren, legen und befruchten kann, wie es Sperma aus einer früheren Begegnung mit einem Männchen aufbewahrt hat«.

im Singular als »Gott der Herr« bezeichnet wird und es heißt, Eva sei aus einer Rippe Adams erschaffen worden. Die beiden in der Genesis enthaltenen Beschreibungen von der Erschaffung des Menschen unterscheiden sich grundlegend voneinander.

Die zweite Darstellung scheint eher eine Herrschaft des Männlichen über das Weibliche zu befürworten als die Gleichrangigkeit der Geschlechter, die im ersten Kapitel bekräftigt wird; und sie ist offenbar später hinzugefügt worden. Der Befehl, dass »er über dich herrschen soll«, klingt nach einem reptiloiden Ursprung, da die Reptiloiden, die die Erde bewohnten, aus Ungehorsam gegen die Königin im Orion zu einer patriarchalen Gesellschaft zurückgekehrt waren. Außerdem fasst die Geschichte von Adam und Eva das geschlechtliche Verhältnis als einen Fluch auf und bezieht die Schlange mit ein, die dem Mann das Wissen um die geschlechtliche Fortpflanzung vermittelt, was als Ungehorsam gegen Gott dargestellt wird. Dadurch erweckt es den Anschein, als seien die Reptiloiden dem Menschen gegenüber zuvorkommend aufgetreten und hätten so die »Sympathie für den Teufel« begründet.

Das ist allerdings Unfug, weil den Elohim sehr daran gelegen war, dass die Menschen sich schnell vermehrten. Anscheinend wollte der Verfasser dieses Abschnitts den Leser glauben machen, dass ein launenhafter Gott gewollt hätte, Adam und Eva sollten für alle Ewigkeit nackt durch den Garten Eden lustwandeln. Auch die Aussage, dass es Gott gewesen sei, der die Feindschaft zwischen den Menschen und der Schlange gestiftet habe, sollte offenbar den Elohim die Schuld an dem feindlichen Gegensatz zwischen Menschen und Reptiloiden zuschreiben.

Die ganze Geschichte von Adam, Eva und der Erschaffung des Menschen im zweiten Kapitel der Genesis ist gegen Gott beziehungsweise gegen die Elohim gerichtet und klingt verdächtig danach, als stamme sie von den Reptiloiden und sei in eine spätere Ausgabe der Bibel eingefügt worden. Das überrascht nicht, da die ganze Bibel – und namentlich das Alte Testament – bis zur King-James-Version von 1604 zahlreiche Versionen und Übersetzungen durchlaufen hatte. Die Urheberschaft der gesamten Genesis wird Moses zugeschrieben. Es ist jedoch höchst unwahrscheinlich, dass er zwei Darstellungen von der Erschaffung des Menschen verfasst hat, die sich derart voneinander unterscheiden.

Der Schöpfungsprozess durchlief mehrere Versuche mit Ergebnissen, die nicht erfolgreich waren und entweder vernichtet wurden oder ausgestorben sind. Dies erklärt die verschiedenen kurzlebigen menschlichen Prototypen wie den *Homo erectus*, den Neandertaler und den Cro-Magnon-Menschen, von denen man Fossilien gefunden hat. Letztlich wurden während dieses Zeitraums von fünfzigtausend Jahren von unseren außerirdischen Vorfahren 22 Korrekturen an der menschlichen DNS vorgenommen, woraus schließlich der moderne Mensch entstand, den wir als *Homo sapiens sapiens* kennen und der erst vor vierzigtausend Jahren plötzlich auf der Bildfläche erschien. Den Reptiloiden gelang es zudem, im »Endprodukt« die DNS des Reptiloidengehirns zu belassen. Dieser Teilbereich des menschlichen Gehirns ist für unser aggressives und kriegerisches Verhalten verantwortlich.

Doch die friedlicheren Säugeraspekte der menschlichen DNS überwogen. Die Föderation überwachte den gesamten Prozess. Dem Rat gelang die Erschaffung der Spezies, die wir heute als Menschengeschlecht kennen, und alle Beteiligten waren sich darin einig, dass dieser neue Planet namens Erde die Heimat des neuen Menschengeschlechts sein sollte; damit war der Streit der kämpfenden Gruppen um die Kontrolle über die Erde ein für alle Mal beigelegt.

Während sich die neuen Menschen von Mesopotamien aus vor vierzigtausend Jahren über den Globus verbreiteten, begegneten sie häufig früheren Erscheinungsformen des Menschen, vor allem dem Neandertaler. Die ersten Menschenknochen, die auf vierzigtausend Jahre zurückdatiert werden, wurden jüngst unter Wasser in einer Höhle in Rumänien gefunden, die man heute die »Knochenhöhle« nennt. Professor Joao Zilhao, ein Archäologe an der Universität Barcelona, der unlängst in einer nichtkommerziellen Rundfunksendung mit dem Titel *First Peoples* auftrat, entdeckte die Knochen zweier Erwachsener unter Wasser in der Knochenhöhle.

Es wird angenommen, dass diese die ersten Vertreter des *Homo sapiens sapiens* in Europa sind. Sie waren Zeitgenossen der Neandertaler und hatten offenbar mit ihnen Kontakt; möglicherweise haben sie sich sogar mit ihnen vermischt. Doch sie hielten sich an die Anordnung der Elohim und übertrafen die zum Aussterben verurteilten Neandertaler schnell an der Zahl. Zilhao vermutete, dass die neuen Menschen geselliger und kreativer waren und daher schnell Gemeinschaften bildeten, während die Neandertaler als Jäger in vereinzelten Stämmen lebten.

## Das Gehirn der Reptiloiden

Die Atlanter waren über die Verwendung von Reptiloiden-DNS bei der Erschaffung des modernen Menschen erbost und glaubten, dass das Experiment so oder so nicht funktionieren würde. Sie beschlossen einen Sturmangriff auf Lemurien zu unternehmen, um die Reptiloiden ein für allemal loszuwerden. Swerdlow erzählt uns, dass sie den Kontinent mit elektromagnetischen Impulswaffen bombardierten, wodurch der Großteil von Lemurien auf den Grund des Meeres versank, das man heute den Pazifischen Ozean nennt – was für eine Ironie, denn »pazifisch« bedeutet »friedlich«!

Lemurien versank vor etwa fünfzigtausend Jahren und rutschte zum Teil unter die tektonische Platte Nordamerikas. Die Reptiloiden zogen sich in tiefe unterirdische Höhlengebiete zurück, vor allem unterhalb von Tibet, dem indischen Subkontinent und der Antarktis, die zu jener Zeit am Äquator lag und von subtropischer Natur war.

Stewart Swerdlow bemerkt dazu:

> »Daraus entstanden die Legenden von der Hölle und den dämonischen Wesen unter der Erde. Für die Menschen von Atlantis waren die Reptiloiden dämonische Wesen. Hier kommt die Legende von der Hölle her.«

Sie flohen auch zu den angrenzenden Landmassen, die über Wasser geblieben waren, darunter Australien, Neuseeland, die pazifischen Inseln, Japan, die Philippinen, Hawaii, Teile von Mittel-, Süd- und Nordamerika westlich der San-Andreas-Verwerfung. Dieser kalifornische Landstrich gehört zum nicht versunkenen Teil der tektonischen Platte Lemuriens.

Schließlich verbargen sich die Reptiloiden auch unter der Oberfläche der Venus.

Die Wissenschaftler der Atlanter hatten offenbar verstanden, was es bedeutete, den neuen Menschen partiell mit dem Reptiloidengehirn auszustatten. Sie wussten, dass die neue Spezies dadurch auf Streit und Kriegsführung programmiert wurde.

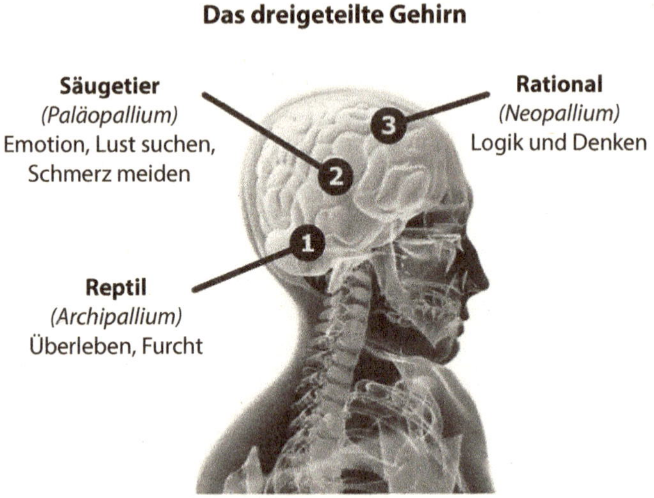


*Abb. 7.2. Das dreigeteilte Gehirn*

Es ist jedoch interessant, dass die Elohim diese genetische Veränderung gestatteten. Möglicherweise lässt dies darauf schließen, dass sie glaubten, die höheren menschlichen Qualitäten, die durch die beiden anderen großen Areale des dreigeteilten menschlichen Gehirns, das Säugetier- und das rationale Gehirn, ausgedrückt werden, könnten letztlich die Oberhand gewinnen.

Die zähe reptiloide Komponente war jedoch nötig, um das Überleben der Art in den ersten – sehr gefahrvollen – Phasen zu sichern. Außerdem wollten die Elohim sicherstellen, dass das Menschengeschlecht den Kampf gegen die Reptiloiden aufnehmen könnte; daher wäre die Schaffung einer sanftmütigen, friedliebenden Zivilisation kontraproduktiv gewesen. Sie wussten, dass Friede mit den Reptiloiden unmöglich war. Noch einmal: Es war eine brillante Strategie!

## Die Innere Welt

Die Reptiloiden waren nun im Erdinneren von der Außenwelt abgeschnitten. Die Flüchtlinge vom Mars, die einige Jahrhunderte lang im Inneren des Mars gelebt hatten, beschlossen – wahrscheinlich auf Druck der Föderation, die sicherstellen wollte, dass die Oberfläche des Planeten in der Hand von Menschen bleibe – die Erde zu kolonisieren. Die Mars-Bewohner siedelten sich daher in den Gebieten an, die heute als Südirak und Kuwait bekannt sind und bereits damals von einer kleinen primitiven menschlichen Bevölkerung bewohnt waren.

Die Marsianer wurden als Götter begrüßt, und sie errichteten in Sumer eine hoch entwickelte Zivilisation. Sie setzten auch ihre Angriffe auf die Mondkolonie der Reptiloiden fort, und zusammen mit den Maldekianern vertrieben sie die Reptiloiden vom Mond. Die auf dem Mond ansässigen Reptiloiden flohen zu den Untergrundkolonien der Erde. Die Zivilisation der Atlanter konnte jetzt ohne unmittelbare Beeinträchtigungen wachsen und sich ausbreiten. Während das neue Menschengeschlecht sich anschickte, die Erdoberfläche zu bevölkern, beobachtete die Föderation die gesamte Entwicklung mit wachsamem Blick.

Die Reptiloiden erschufen eine ganze Zivilisation im Innern des Planeten. Erinnern wir uns, dass sie sehr geschickt darin waren, Planeten auszuhöhlen und innere Kolonien zu erschaffen; und denken wir auch daran, dass sie im Inneren des Himmelskörpers, der heute die Venus ist, in dieses Sonnensystem gelangt waren. Sie errichteten einen siebenfach geschichteten Komplex unter dem indischen Subkontinent und gründeten dort eine Hauptstadt namens Bhogovita. Es gibt zwei Hauptzugänge zu ihr: einen in der Nähe von Benares und einen weiteren in den Bergen um den Manasarovar-See westlich von Lhasa in Tibet. Sie bauten tiefe Tunnel durch den ganzen Planeten, einige davon zweihundert Meilen tief, und übernahmen durch die Schaffung von Untergrundfernstraßen die Kontrolle über die ganze unterirdische Welt. Laut Swerdlow bauten sie »Röhren mit schnellen Fahrzeugen, ähnlich U-Bahnen, mit denen sie innerhalb weniger Stunden jeden beliebigen Ort der Erde erreichen können«. So waren sie in der Lage, den gesamten Globus mit hoher Geschwindigkeit zu bereisen.

Swerdlow behauptet, dass die Eintrittspunkte zum Inneren der Erde vom Weltraum aus sichtbar seien. Dies könnte erklären, warum die Reptiloiden eine Hauptkolonie unter der Antarktis gründeten. Er behauptet außerdem:

> »Viele Höhleneingänge zur inneren Erde gibt es in den Rocky Mountains und den Sierra-Gebirgen im Westen der Vereinigten Staaten, weniger zahlreiche Öffnungen in den Ozark Mountains und den Appalachen. Auch in den Alpen, den Anden, im Himalaya und der Karibik existieren Eingänge. Außerdem gibt es zahlreiche Eingangspunkte unter den Meeren, besonders in den tiefen Gräben des Pazifik, in der Karibik und den Gebirgszügen unter der Oberfläche des Atlantik, insbesondere auf oder nahe den Azoren, den Kanaren und den Falkland-Inseln.«

Swerdlow geht davon aus, dass sich diese Unterwelt in der Erdkruste befindet, und sagt:

> »Sie errichteten die berühmten unterirdischen Städte Akkadia, Agartha, Hyperborea und Shambala, nach denen Forscher bis heute suchen. Diese Städte wurden entlang der inneren Wand der inneren Erdkruste gebaut, die das Erdinnere säumt.«

## Unser Sonnensystem wird keine weitere Lyra sein

Von dieser sicheren Festung aus, deren Eingänge allesamt sorgsam bewacht wurden, planten die Reptiloiden im Stillen die Rückeroberung der Erde, deren rechtmäßige Besitzer sie zu sein glaubten. Sie wussten, dass ihnen nur wenig Zeit bliebe, bis die neue menschliche Bevölkerung eine enorme Größe angenommen hätte. Aber das war nicht zwangsläufig ein Problem – im Gegenteil: Je mehr, desto besser, da die Menschen, wie auf den anderen Planeten des Reptiloiden-Reiches, alle versklavt würden. Die erste Aufgabe im Schlachtplan der Reptiloiden bestand deshalb darin, Rache an ihren Todfeinden von der

Lyra zu nehmen, den Atlantern, die die Dinosaurier vernichtet und ihren Kontinent im Meer versenkt hatten. Denn die Reptiloiden waren letzten Endes auch ein rachsüchtiges Geschlecht!

Es stimmt, dass die Reptiloiden auf Hatona zugestimmt hatten, dem neuen Geschlecht, das die Erde bevölkern sollte, den Planeten friedlich zu überlassen. Doch für sie waren Abmachungen ein bloßes Mittel, um Gegner ruhigzustellen, und Verträge konnten nach Bedarf ignoriert oder auch gebrochen werden.

Dieser uralte, harte und kalte Charakterzug der Reptiloiden sollte später noch besonders prominent bei ihrem wichtigsten urmenschlichen Günstling und Repräsentanten Adolf Hitler hervortreten, der jede Vereinbarung gebrochen hat, die er jemals getroffen hatte. Die Föderation wusste dies und hatte nicht eine Minute daran geglaubt, dass die Reptiloiden von ihrem Vorhaben, die Erde an sich zu reißen, ablassen würden. Aber sie vertraute darauf, dass sie jetzt in der Lage war, Feuer mit Feuer zu bekämpfen, und dass das neue Menschengeschlecht seine Heimat klug und heldenhaft verteidigen würde.

Die Föderation war absolut darauf vorbereitet, dass die Reptiloiden ihre gewohnten Taktiken der List, Unterwanderung, Lügen und Täuschungen anwenden und ihre mächtigsten Waffen einsetzen würden: genetische Einkreuzungen und Bewusstseinskontrolle durch Propaganda. Doch müsste der neue *Homo sapiens sapiens*, so überlegten sie, derart überbeanspruchte Techniken erkennen, die Pläne aufdecken und auf Leben und Tod für die Freiheit kämpfen können.

Beide Seiten verstanden, dass die Erde ein hoher Einsatz war, doch bei dieser Konfrontation ging es in Wahrheit um das gesamte Sonnensystem, und die Erde war der Schlüssel zum Sonnensystem.

Die Föderation wollte nicht zulassen, dass dieses Sonnensystem zu einer zweiten Lyra würde. Jedes Gefecht, jede Schlacht würde bis zum bitteren Ende ausgefochten werden!

# 8 Atlantis

*Die Geschichte wird zur Legende.*
*Die Legende wird zum Mythos.*
*Der Mythos wird zum Disney-Film.*

– Charles Alexander Moffat (2002) –

Die Landmasse von Atlantis, die sich von der Karibik über den Atlantik nach Spanien und Nordafrika erstreckte und die Azoren wie die Kanarischen Inseln umschloss, tauchte um dieselbe Zeit aus der Wasserwelt, die die Erde bedeckte, auf wie Lemurien: vor etwa einer Million Jahren, als der von den Reptiloiden gesteuerte Eiskomet oder Eisplanet seinen Umlauf um die Erde begann und den Planeten austrocknete. Doch blieb Atlantis für Hunderttausende von Jahren von Menschen unbewohnt, während die Reptiloiden sich auf Lemurien niederließen und die Erde im Großen und Ganzen für sich allein hatten. Dann siedelte die Föderation vor etwa dreihunderttausend Jahren die Atlanter auf Atlantis an.

Swerdlow erzählt, dass Atlantis zu jener Zeit von den warmen Wassern des Golfstroms umflossen wurde, der als Äquatorialstrom südwärts an Nordafrika und sodann nordwärts an der Karibik und Nordamerika vorbeifloss – wie er es noch heute tut –, und dass dadurch beständig ein mildes, ideales Klima auf der Insel herrschte. Ein sehr hoher Gebirgszug dominierte das Innere der Insel.

Die atlantische Zivilisation war auf dem Höhepunkt ihrer Macht und ihres Einflusses angelangt, als Lemurien vor rund fünfzigtausend Jahren in den Fluten versank.[15] Da die Atlanter nun von der

15 Geologen behaupten, dass diese Zeitspanne der Erdgeschichte von einer Eis-

Bedrohung durch die Reptiloiden frei waren, konnten sie sich ganz ihren Bestrebungen widmen, eine utopische Kultur zu erschaffen. Während dieses Goldenen Zeitalters war Atlantis eine hoch entwickelte, blühende Zivilisation. Die Künste und Wissenschaften waren weit fortgeschritten, und die Bewohner genossen die Früchte von Frieden und Wohlstand.

Die Atlanter waren direkte Nachkommen der Lyra-Menschen, von denen bekannt war, dass sie eine äußerst zivilisierte, auf Landwirtschaft gegründete Gesellschaft ausgebildet hatten und nach der Invasion der Reptiloiden zu den Plejaden geflüchtet waren. Diese Flüchtlinge von der Lyra entstammten den allerersten Ursprüngen menschlichen Lebens in der Galaxis und hatten daher natürlich kein Reptiloidengehirn. Dies könnte erklären, warum sie imstande waren, eine so hoch entwickelte Gesellschaft zu begründen. Die Atlanter versuchten das Paradies, das ihre Ahnen auf ihrem Planeten in der Lyra geschaffen hatten, auf der Erde neu zu errichten.

Alte Bücher, in denen die Zivilisation von Atlantis und die Geschichte der Atlanter beschrieben wurden, gingen entweder verloren oder wurden zerstört. Anscheinend waren dieser Verlust und diese Zerstörung beabsichtigt. In seinem Buch *Die Meister der Welt – Auf den Spuren unserer außerirdischen Vorfahren* (1970) schreibt der französische Vorgeschichtsforscher Robert Charroux:

> »Die wahre Geschichte der Zivilisation ist verboten. Mächtige Verschwörungen sorgen stets dafür, dass nur eine verzerrte Version an die Öffentlichkeit gelangt. Unsere gesellschaftliche und religiöse Geschichte wurde über Tausende von Jahren verfälscht, spätestens seit

---

zeit gekennzeichnet war, die scheinbar kein wie auch immer geartetes Goldenes Zeitalter auf Atlantis zugelassen hätte. Eine typische Eiszeit wird jedoch mit unterschiedlichen Stadien der Vergletscherung und unvergletscherten, gemäßigten Klimaperioden in Verbindung gebracht, die jeweils bis zu fünfzigtausend Jahre andauern. Die Eiszeit auf der Höhe des atlantischen Reiches könnte demnach in einem solchen unvergletscherten Zwischenstadium stattgefunden haben. Außerdem beschränkt sich das Vorkommen von Gletschern während einer Eiszeit stets auf eingrenzbare Gebiete; nur selten bedecken sie die gesamte Erdoberfläche. Da Atlantis von warmen Meeresströmungen umgeben war, dürfte die Insel wahrscheinlich vor Vergletscherung geschützt gewesen sein. ..........

> den Ägyptern, welche die Wahrheiten, die ihnen ihre Ahnen übermittelt hatten, vergaßen oder ignorierten und sich selbst als das ›erste zivilisierte Volk‹ bezeichneten.«

Charroux führt Beweise an, dass Raumfahrer von der Venus schon viel früher die Erde kolonisiert und in die Angelegenheiten der ansässigen menschlichen Bewohner eingegriffen hatten. Dies stimmt in Teilen mit Swerdlows Darstellung der ersten Besiedelung der Erde durch Reptiloide von der Venus überein, dessen Aussagen zufolge das Menschengeschlecht zu jenem Zeitpunkt aber noch nicht erschaffen war. Des Weiteren vergrößerte die verheerende Einäscherung der Großen Bibliothek von Alexandria durch die Römer die Verschleierung der menschlichen Vorgeschichte erheblich. Dies war ein katastrophaler Verlust, da bei dem Großbrand zweifelsfrei auch alte Schriftrollen aus Atlantis und Lemurien verlorengingen.

Und auf dem amerikanischen Kontinent verbrannten katholische Priester, die mit den spanischen Eroberern gekommen waren, unbezahlbare alte Handschriften zur Vorgeschichte, die wahrscheinlich die Einwanderung von Atlantern nach Mittelamerika bestätigten.

In seinem Internet-Artikel »Suppressed Archaeology« (»Unterdrückte Archäologie«) fragt der in Las Vegas ansässige Autor, Journalist und Dokumentarfilmer Will Hart:

> »Wird die wahre Geschichte des Planeten Erde unterdrückt? Es gibt viele archäologische Funde, die nicht anerkannt werden, weil sie nicht in die offizielle, etablierte Darstellung der Entwicklung des Lebens auf der Erde passen. Warum ist das so? Was versucht man zu verbergen? Es kann nur angenommen werden, dass es eine Geschichte gibt, von der die Menschen nichts wissen sollen.
>
> Mit anderen Worten: Wir werden über die wahre Geschichte des Planeten Erde belogen. Der Einäscherung der Bibliothek von Alexandria vergleichbar, ist es zu einem Charakteristikum unserer gegenwärtigen Weltlenker geworden, die Öffentlichkeit im Dunkeln zu lassen. Es kann fast davon ausgegangen werden, dass es Informationen gibt, die, falls sie bekannt würden, zu einem Verlust der Kontrolle und der Macht, die Realität zu manipulieren, führen würden.«

Das wissenschaftliche Establishment scheint sehr viel darin investiert zu haben, den Glauben an die Evolution zu verbreiten. Wenn die Wissenschaft eine Religion ist, wie viele glauben, dann ist die Evolution deren zentrales Dogma. Doch wie sich bereits gezeigt hat, sieht die Wahrheit eben doch ziemlich anders aus.

Um den darwinistischen Schleier aufzudecken, ist es von entscheidender Bedeutung, dass wir erfahren, was auf Atlantis passiert ist. Viele Autoren mögen sich mit Atlantis befasst haben, doch Ignatius Donnelly ist allgemein als der aussagekräftigste bekannt. Sein Klassiker *Atlantis, die vorsintflutliche Welt* (1882) hat die Zeiten überdauert. Viele Jahre lang wurde Donnelly als Spinner abgetan, doch heute werden seine Werke wieder neu entdeckt. Angesehene archäologische Forscher wie Graham Hancock haben Donnellys Arbeit neuen Respekt verschafft.

Obwohl niemand weiß, was mit Atlantis wirklich geschehen ist, wird Platons Darstellung im *Kritias* und im *Timaios* immer noch für die glaubhafteste gehalten; jedoch ist sie zu stark verkürzt. Platons bekannte Atlantis-Geschichte beruht auf Informationen, die er von dem athenischen Staatsmann und ägyptischen Gelehrten Solon übernahm, der sie wiederum direkt von dem alten ägyptischen Priester Sonchis von Saïs erhalten hatte. Sonchis sprach von der Flut, in der Atlantis versunken sei, und behauptete, die Athener seien Kolonisten aus Atlantis, die sich bereits vor der Flut angesiedelt hätten. Natürlich konnte Sonchis nicht gewusst haben, dass die Atlanter eigentlich keine wirklichen Menschen, sondern Außerirdische von der Lyra und den Plejaden waren. Also entnehmen wir dieser Äußerung, dass die antike Zivilisation der Griechen ursprünglich von der Lyra stammte und nicht irdisch war.

Dies erklärt, warum die griechische Architektur an diejenige erinnert, die wir noch von Atlantis kennen, und warum die Kulturen einander in so vielen Punkten ähneln. Platon spricht von zehn Gottkönigen, die über zehn Provinzen von Atlantis regieren. Die zehn Provinzen des antiken Rom waren möglicherweise eine Neuschöpfung nach dem Vorbild der zehn atlantischen Provinzen. Die Etrusker und frühen Römer waren immerhin tatsächlich Abkömmlinge der griechischen Zivilisation, und daher hatten die Römer womöglich noch kein Reptiloidengehirn. Doch als die Römer immer mehr fremde Länder eroberten, von denen viele von Reptiloidenmischlingen bevölkert waren, vermischte sich ihre Kultur; wahrscheinlich war das für den Anstieg ihrer Grausamkeit und schließlich für ihren Niedergang verantwortlich.

Donnelly untersucht das Thema deutlich detaillierter und zeichnet ein schärferes Bild. Eine bedeutsame Bestätigung erfuhren Donnellys Spekulationen Anfang des 20. Jahrhunderts durch das Medium Edgar Cayce. Cayces Botschaften, die er in Trance über Atlantis erhalten hatte, rückten den verlorenen Kontinent in den Fokus der Öffentlichkeit und trugen dazu bei, die modernen Menschen über die verlorene Vorgeschichte zu informieren, die ihr an Schulen und Universitäten vorenthalten wurde. Leider waren Cayces Reden in einer Art archaischer Sprache formuliert, so dass es schwerfiel, den Sinn des Gesagten zu verstehen. Sie waren zwar auf Englisch verfasst, doch schienen sie eine Terminologie, eine Grammatik und einen Satzbau zu verwenden, die bei den Gelehrten zu Stirnrunzeln führten.

Steve Omar hat sich als der vielleicht wichtigste moderne Autor, der über das Thema Atlantis gearbeitet hat, herauskristallisiert. In seinem Online-Artikel »Atlantis: History of the Golden Ages« (»Atlantis – Geschichte der Goldenen Zeitalter«) zieht er Verbindungslinien, die Donnelly im 19. Jahrhundert noch nicht hatte verfolgen können, da seit 1882 so viel Neues enthüllt worden war.

Omar war im Jahre 1976 einer von drei Direktoren einer kleinen ambitionierten Organisation namens M.I.N.D. Diese Gruppe war neun Jahre zuvor gegründet worden. Zwischen 1972 und 1978 wurde sie in MIND International umbenannt und hatte ihren Hauptsitz in Maui, der zweitgrößten Insel des Archipels Hawaii.

> »MIND hatte rund um den Globus seine Vertreter, die Belege über verschwundene Zivilisationen sammelten. … Auf der Suche nach der ›ultimativen‹ Wahrheit schickte MIND Vertreter rund um die Welt, um Informationen zusammenzutragen, die aus den Geschichtsbüchern der Vereinigten Staaten notwendigerweise ausgeklammert wurden.«

Omar bekam von der Gruppe die gewaltige Aufgabe übertragen, jede Religion, jeden Philosophen und jeden Historiker der schriftlich fixierten Geschichte zu studieren und vornehmlich in Universitätsbibliotheken zu forschen. Im Zuge seiner Untersuchungen wurde er vor allem zum Experten für die Schriften von Charroux und verbrachte dreißig Jahre mit Reisen in entlegene Gegenden und mit Forschungen »in Museen, Klöstern und Höhlen«. Omar berichtet, dass »keiner von Charroux' sechs Bänden zur Frühgeschichte im Original oder als Nachdruck irgendwo in … den Vereinigten Staaten« zu finden sei.

## Atlantische Raumschiffe

In seinem Artikel erzählt Omar eine phantastische Geschichte! Er spricht von einer Gesellschaft auf Atlantis, die so fortschrittlich gewesen sei, dass sie die moderne Zeit im Hinblick auf gesellschaftliche, medizinische, technische und besonders auf spirituelle Errungenschaften bereits in den Schatten gestellt habe. Omar schreibt:

»Wie war das Leben im Goldenen Zeitalter von Atlantis? Antike Autoren berichten davon, dass Menschen in einem Zeitalter, in dem die kosmische Wissenschaft allen Krankheiten ein Ende bereitet hatte, tausend Jahre alt werden konnten, und erzählen von einem Reich, das über 50.000 Jahre so viel Gold angehäuft hatte, dass seine Bewohner ihre Straßen damit pflasterten, ihre Tempel und Gebäude mit einer Goldschicht überzogen und Kleidung aus golddurchwirkten Stoffen trugen. …

Antike Schriften aus der ganzen Welt beschreiben deutlich und detailliert die Raumschiffe und fortschrittlichen Flugzeuge der Atlanter. Die Maya, die Azteken und die Inka erzählten den Eroberern von diesen Raumschiffen der Atlanter, mit denen die himmlischen weißen Herrscher von Osten gekommen waren. Durch die sich ausbreitende Kolonisation der Atlanter verbreitete sich auch deren Technologie bis in die Rama-Region Asiens. Die alten Schriften des Vaimanika Shastra, die 1875 in Indien entdeckt wurden, beschreiben detailliert die Größe der Flugmaschinen, wie sie gesteuert und vor heftigen Stürmen und Blitzen geschützt wurden und wie man sie auf den Betrieb mit Sonnenenergie umschaltete, wenn der Treibstoff zur Neige ging. Die Schriften berufen sich auf siebzig Autoritäten und zehn Experten für antike Luftfahrt! Die Texte sind äußerst präzise und für moderne Wissenschaftler leicht verständlich, außer was einige Metalle und Legierungen betrifft, die die Forscher nicht zuordnen können.«

Wie bereits erwähnt, griffen die Marsianer und die Maldekianer etwa zur gleichen Zeit die Mondkolonien der Reptiloiden an. Von Steve Omar erfahren wir in seinem Online-Artikel, dass die Atlanter ebenfalls über Raumfahrttechnologie verfügten und sich an diesen Angriffen möglicherweise beteiligt haben. Er schreibt dazu:

»Noch bemerkenswerter ist die altertümliche Literatur aus Ägypten, Mittelamerika, Asien, Phönizien und Babylonien über die Fahrten dieser Raumschiffe zu anderen Planeten, ihre Rückkehr zur Erde sowie darüber, wie sie in *Star-Wars*-Manier Waffen eingesetzt haben. Diese Flugzeuge konnten von Menschen auf der Erde nicht beschädigt werden und wurden von Astronauten gesteuert, die auf alten Zeichnungen und Gravuren in Raumanzügen gezeigt werden! ... Atlanter, die Raumfahrzeuge hatten ..., die in der Lage waren, interplanetar zu reisen, und theoretisch auch zum Mars hätten fliegen können. ...

Der Mond, heißt es, war einst ein Teil des Atlantischen Reiches. Der erste Satellit, der den Mond umrundete, sandte das Bild einer alten Pyramide auf der dunklen Seite des Mondes, die wir untersucht haben und die von der US-Regierung zusammen mit anderen Ruinen auf dem Mond wegzensiert wurde. Astronauten fanden Ruinen und Mauerreste auf dem Mond, aber sie werden sich dazu nicht öffentlich äußern, denn für den Verstoß gegen die offizielle US-Regierungsverordnung 200-2 drohen ihnen 10.000 Dollar Strafe, zehn Jahre Gefängnis und die unehrenhafte Entlassung.«

Anscheinend waren die Atlanter, was Computertechnik und künstliche Intelligenz angeht, sehr weit fortgeschritten, sogar noch weiter, als wir es heute sind. Omar führt aus:

»Die Atlanter kreierten durch Gentechnik eine nationale Arbeitstruppe von Robotern, Androiden und menschenähnlichen Wesen, die den Großteil des Reiches auf der materiellen Ebene erschufen und in Gang hielten; und diese Computer betreuten die Roboter und Androiden. Perpetua mobilia wurden geschaffen, die wiederum andere Maschinen erzeugten, die sie bedienten und reparierten. Atlantis war auf dem Weg zu einem ›Leben ohne (körperliche) Unterstützung‹. Mit anderen Worten: Das Reich wurde von Maschinen und Computern kontrolliert, die alles für die Bürger erledigten. Kein Atlanter musste arbeiten oder zur Schule gehen. VRIL-Helme unterrichteten die Menschen, während sie schliefen; ein Jugendlicher verfügte über ein Wissen, das selbst über das der angesehensten Genies unserer Zeit hinausging. Dank einer Lebensspanne von tausend Jahren, um Informationen anzusammeln, hatten die Atlanter ein Wissen und ein Bewusstsein, das unsere Vorstellungskraft übersteigt.«

Während des Goldenen Zeitalters perfektionierten die Biowissenschaftler viele Gentechnologien und erschufen Individuen von enormer Stärke und mit Superkräften, die übermenschliche Kraftakte ausführten. Es gibt Hinweise darauf, dass sie außerdem damit experimentierten, unterschiedliche Spezies miteinander zu kreuzen und zu klonen. Später, als sie Ägypten kolonisierten, nahmen sie diese Technologie mit und wendeten sie dort ebenfalls an.

Omar erzählt uns, dass sie …

»auch lernten, Gehirnimpulse, die zu Verbrechen und negativen Emotionen führten, in bestimmten Arealen des Gehirns zu blockieren; später nutzten sie diese Techniken, um Gedanken zu kontrollieren.«

Die Atlanter nutzten überdies Telepathie und setzten sie ein, um mit Delfinen zu kommunizieren, die ebenfalls hochintelligent und von außerirdischer Herkunft sind.

## Die Technologie der Atlanter

Nach Edgar Cayce und der Journalistin und Seherin Ruth Montgomery – so berichtet Steve Omar …

> »betrieben die Atlanter ihre Kraftwerke mit Laserstrahlen und Kristallen. Es gab einen riesigen ›Feuerstein‹ mit Energie, die durch das Filtern der Sonnenstrahlen durch Rubinprismen gewonnen wurde, welche die Energie mittels Fernsteuerung auf Instrumente konzentrierte, die in der Transportanlage miteinander verbunden waren. Unter einer riesigen Kuppel mit einem Schiebedach übertrugen kosmische Energiestationen Strahlen, die so weit nach oben gerichtet werden konnten, dass daraus der berühmte Todesstrahl wurde.«

Der Erfinder und Visionär Nikola Tesla, der behauptet hatte, sich auf Informationsquellen von »außerhalb des Planeten« zu stützen, und anscheinend auf derselben Wellenlänge lag wie die Atlanter, beschrieb solch einen möglichen Todesstrahl. Tesla sagt, dass dieser in der Lage war, »alles zu zerstören, was sich innerhalb von 200 Meilen näherte … eine Kraftmauer aufbaute« und »jedes Land, ob groß oder klein, für Armeen, Flugzeuge und andere Mittel des Angriffs uneinnehmbar« machte.

Tesla erfand schließlich einen starken Partikelstrahlbeschleuniger, wie er sich heute in den Arsenalen sowohl der Vereinigten Staaten als auch Russlands befindet. Doch die Version der Atlanter konnte anscheinend die Kraft der Sonnenstrahlen durch Einsatz des Feuersteins exponentiell verstärken. Omar behauptet, dass die atlantischen Wissenschaftler obendrein eine Antimaterie-Waffe entwickelt hatten:

> »Wenn ein Strahl von Antimaterie auf gewöhnliche Materie trifft, wird sie sofort in unsichtbare Energie umgewandelt. Mit anderen Worten, sie verdampft! Kein Wunder, dass Spuren atlantischer Gebäude und Städte so schwer zu finden sind. Sie wurden in unsichtbare Energie verwandelt! Es heißt, dass einer dieser Antimaterie-Strahlen im Bermuda-Dreieck noch immer aktiv ist – unter Wasser – und Schiffe und Flugzeuge verschwinden lässt.«

Unsere Wissenschaftler haben von den außerirdischen Lebewesen heimlich gelernt, die Antriebskraft der Antimaterie einzusetzen, als wir Mitte der 1960er Jahre ein Militärteam zu ihrem Planeten geschickt hatten (siehe Kapitel 21 in diesem Buch sowie mein Buch *Die geheime Reise zum Planet Serpo*). Über ihren Einsatz auf den Raumschiffen Außerirdischer berichtete zuerst Robert Lazar, der uns verriet, dass er einen solchen beobachtet hatte, als er im Abschnitt S-4 im Sperrgebiet Area 51 arbeitete.

Auf eine andere Weise haben wir gelernt, Materie in Energie umzuwandeln, als wir die Atombombe entwickelten, und wir tun dies nun routinemäßig in unserem Kernkraftwerken. Dies geschieht jedoch durch atomare Kettenbombardements auf höchst instabile Elemente wie Uran und nicht durch eine kontrollierte, direkte Umwandlung von Materie in Energie mithilfe eines Antimateriestrahls.

## Atomkriege

Omar führt Beweise dafür an, dass die Atlanter auch über Atomwaffen verfügten. Zwischen Atlantis und den Bewohnern des indischen Subkontinents war offenbar ein Krieg ausgebrochen. Es erscheint sehr unwahrscheinlich, dass sich die frühen menschlichen Stämme bereits bis nach Indien ausgebreitet hatten, und selbst wenn sie das schon geschafft hätten, wäre es für primitive Menschen ohne Technik nahezu unmöglich gewesen, einen Krieg gegen die hoch technisierten Atlanter zu führen. Daher deutet alles darauf hin, dass die reptiloiden Naga dort wahrscheinlich die Erdoberfläche eingenommen hatten. Das ergibt Sinn, weil wir wissen, dass sie den gesamten unterirdischen Komplex unter der Oberfläche Indiens bewohnten, in dem sich auch ihre Hauptstadt Bhogovita befand.

Omar erzählt, dass alte Bücher, die von tibetischen Mönchen aufbewahrt werden, wie das Buch des Dzyan, das indische Ramayana, das Drona Parva und andere, eine Art von Zerstörung beschreiben, wie sie nur durch atomare Explosionen hervorgerufen worden sein konnte. Er stellt dazu fest:

»Das Reich Ramas wurde von Atombomben, lasergesteuerten Geschossen, Raketen und Atomstaub verwüstet, und diese Verwüstung wird so detailliert geschildert, dass es keine Irrtümer geben kann! Es ist ausgeschlossen, dass primitive Menschen sich solch ein technisches Wissen aus den Fingern gesogen haben könnten!«

*Abb. 8.1. Atomkrieg im alten Indien*

Über das Buch Dzyan schreibt Omar:

»Das Buch fährt damit fort, eine lebendige, ausführliche Beschreibung der atomaren Explosionen zu liefern, zu denen es kommt, wenn das Geschoss einschlägt, einschließlich der Pilzwolke, des Feuerballs, der Menschen erblinden lässt, wenn sie in ihn hineinsehen, der unerträglichen Hitzewelle, der genetischen Deformationen nach der Atomschlacht und der Strahlenkrankheit – eben all das, was 1945 nach Abwurf einer Atombombe im japanischen Hiroshima passiert ist!«

Außerdem heißt es im Rigveda:

»Das Feuer der schrecklichen Waffe zerstörte Städte mit einem Licht, das heller war als tausend Sonnen.«

Es gibt sogar einige Anhaltspunkte dafür, dass sich der Krieg nach Mittel- und Südamerika ausgebreitet hat. Noch einmal: Es ist sehr unwahrscheinlich, dass die gerade erst neu erschaffene Menschheit sich von Mesopotamien aus schon so weit verirrt hatte. Und welchen Grund hätte sie gehabt, Krieg gegen ihre Mitmenschen, die Atlanter, zu führen? Also können wir mit Fug und Recht annehmen, dass die Atlanter in diesen Regionen überirdische Stützpunkte der Reptiloiden angriffen.

Omar erläutert dies folgendermaßen:

»Wo haben die Atlanter noch zugeschlagen? Wie kommt es, dass sich alle großen Kulturen Alt-Amerikas – die der Maya, Azteken, Inka, Tolteken – am südlichen Wendekreis in heißen, dampfenden, ungemütlich feuchten Dschungeln entwickelt haben, so dicht und gedrängt, dass Bebauung und Landwirtschaft nur unter größten Anstrengungen möglich waren, oder so hoch in den kargen Anden gelegen, wo Landwirtschaft außergewöhnlich schwierig war?

Die Eingeborenen sprachen von einem gewaltigen Krieg, der dort vor langer Zeit gewütet hat, mit schrecklichen Waffen, die vom Himmel herabstießen, die Städte verwüsteten und eine seltsame Energie in der Luft hinterließen, welche die Ernte vernichtet, die Überlebenden vergiftet und den Boden verdorben hat.«

Weiter sagt Omar dazu:

»In der öffentlichen Bibliothek von Rio de Janeiro in Brasilien gibt es einen *HISTORISCHEN BERICHT VON EINER VERBORGENEN GROSSEN ALTEN STADT, DIE OHNE EINWOHNER ENTDECKT WURDE.* Über 300 Männer drangen auf einer Expedition tief in den Dschungel des Amazonas vor, suchten nach Gold und fanden die Überreste einer gepflasterten Straße, von der Teile bei einer großen Katastrophe zerstört worden sein müssen. Sie folgten ihr und kamen zu den Ruinen einer einst prächtigen verwüsteten Stadt. In einem Bereich der Straße waren Kristalle zu sehen, die in allen Farben leuchteten. …

Das Buch fährt fort zu beschreiben, dass es in den Häusern keine Möbel gab, keine Fußabdrücke, nirgends ein Zeichen von Leben. Es gab einen riesigen Platz, eine Statue und einen Obelisken, der so stark beschädigt war, als sei er vom Blitz getroffen, und es gab einen Tempel mit einer prachtvollen Fassade. In den Hallen wurden Kunstwerke, Statuen und Porträts von großer Schönheit gefunden.«

In dem Buch berichten jene Männer:

»Auf der ganzen weiten Fläche sahen wir kein Gras, keine Kräuter, Bäume oder Pflanzen. Das Land außerhalb der Stadt bestand aus grünenden Feldern, die mit blühenden Blumen übersät waren. … Wir fanden kugelrunde Goldmünzen, alte, nicht entzifferbare Schriftzeichen und Artefakte.«

Omar fragt:

»Was für eine Katastrophe hat diese einst prunkvolle Stadt derart zerstört, dass es keine Spuren von Einwohnern gab? Und welche Energie, wenn nicht atomare Verstrahlung, hat die gesamte Vegetation ausgelöscht und für Tausende von Jahren verhindert, dass der Dschungel die Stadt überwucherte?«

Offenbar verfügten die Reptiloiden auch über Atombomben und schlugen gegen die Maldekianer in der Wüste Gobi zurück. Von Omar erfahren wir:

»Der Wüstensand in der zerstörten Stadt in der Wüste Gobi ist heute mit Gras bewachsen, genau wie der Sand in der Wüste Nevada, wo in den 1940er Jahren Atombomben getestet wurden, und die großen massiven Steinbauten waren bei einer Temperatur geschmolzen, die so hoch war, dass sie nur von Lasern oder Atombomben erzeugt worden sein konnte!«

Dieser Angriff zwang die Maldekianer offenbar, sich unter die Erde zurückzuziehen, um vor dem Atomstaub zu fliehen. Dort gründeten sie eine unterirdische Stadt, die als Agartha berühmt wurde.

All dies deutet darauf hin, dass der Krieg der Atlanter gegen die Reptiloiden auch nach dem Untergang Lemuriens mit voller Gewalt fortgesetzt wurde. Die Föderation führte Schlachten an mehreren Fronten. In einer offenbar koordinierten Aktion attackierten die Marsianer, die nun Sumer bewohnten, und die Maldekianer im Gebiet der Wüste Gobi die Mondkolonien der Reptiloiden, während die Atlanter mit Ausbrüchen der Reptiloiden an die Erdoberfläche auf dem ganzen Globus fertig werden mussten.

Es war eine planetenweite Konfrontation, bei der »keine Gefangenen gemacht wurden« und die Menschen schreckliche, hoch technisierte Waffen einsetzten. Am Ende war es ein Kampf um das gesamte Sonnensystem, und die Erde war das entscheidende Schlachtfeld. Die Föderation war fest entschlossen, dieses Sonnensystem nicht zu einer weiteren Lyra werden zu lassen.

## Die Fünfte Kolonne der Reptiloiden

Nachdem sie überall auf der Erdoberfläche und auf dem Mond niederschmetternde Verluste erlitten hatten, wurde den Reptiloiden offenbar klar, dass sie ihre Taktik ändern müssten. Sie besannen sich auf ihre althergebrachte Technik der Eroberung eines anderen Planeten: die *Hybridisierung*. Immerhin waren sie Meister der Genetik! Wenn sie Wesen erschufen, die wie Menschen aussahen, aber zu 50 Prozent Reptiloidengene in sich trugen, konnten sie mit diesen Mutanten Schlüsselpositionen auf Atlantis besetzen und schließlich dieses Reich dazu bringen, sich selbst zu zerstören. Bei ihren Siegen überall in der Galaxis hatten die Reptiloiden Hybridisierung und Infiltration als Zermürbungstaktiken eingesetzt.

In der Moderne war es der nationalistische General Emilio Mola, der 1936 während des spanischen Bürgerkriegs den Begriff der »Fünften Kolonne« prägte. Während der Schlacht um Madrid verkündete er, er hätte vier Kolonnen von Soldaten vor der Stadt und eine »fünfte Kolonne« von Eindringlingen in dieser selbst. Es ist anzunehmen, dass Mola und der faschistische Führer General Francisco Franco strategische Hilfe von verbündeten Reptiloiden erhielten, die, wie wir heute wissen, sich sehr für eine Machtübernahme durch den Faschismus in Europa eingesetzt hatten. Vermutlich hat er diese Taktik nicht an der sittenstrengen Militärakademie von Toledo erlernt, wo er promoviert wurde.

Nach dem Untergang Lemuriens hatten die Reptiloiden durch die vielen Öffnungen auf der ganzen Welt einen leichten Zugang zur Erdoberfläche. Darum war es nicht schwer für sie, ihren Angriff auf Atlantis durch das Eindringen in die Zivilisation der Atlanter von unten zu beginnen.

Da die Reptiloiden in der vierten Dimension zuhause sind, haben sie Macht über fürchterliche Bestien und andere bösartige Wesenheiten des Astralreiches. Sie haben gelernt, wie sie diese Wesen dazu gebrauchen können, eigentlich unschuldige Menschen zu beherrschen und zu verderben. Sie bildeten einen Zirkel von Schwarzmagiern auf Atlantis, indem sie menschliche Atlanter, um ihre DNS zu benutzen, entführten, die sie dann mit ihrer eigenen kombinierten und so die neuen Geschöpfe den Einflüssen aus der astralen Sphäre aussetzten. Die Eingeweihten waren auf Atlantis von Natur aus Hellseher, und die neu erschaffenen Hybriden nutzten diese hellseherische Gabe jetzt für negative Zwecke.

Auf Atlantis entstand eine mächtige Schule für Schwarzmagier, an der gelehrt wurde, wie sie Sexualenergien einsetzen können, um ihre Arbeit zu verstärken. Schließlich gründeten sie eine Armee. Deren Anführer war ein mächtiger Schwarzmagier namens Orhuarpa. In *The Revolution of Beelzebub* (»Beelzebubs Revolution«) sagt Samuel Aun Weor:

> »Als Orhuarpa sah, dass die Menschen ihn als Gott verehrten, rief er ein mächtiges Heer zusammen und marschierte gegen Tollan, die Stadt mit den sieben Toren aus massivem Gold, wo die Weißen Magier von Atlantis regierten. Am Tage kämpfte Orhuarpa in stählerner Rüstung mit Schwert, Schild, Helm und Harnisch. Aber des Nachts entfesselte er die Bestien mit seiner Hexenkunst. Sie sahen aus wie Wölfe und vernichteten seine Feinde. So eroberte er Tollan, die Stadt mit den

sieben goldenen Toren. Er wurde Herrscher von Atlantis und begründete dann den Kult der dunklen Sonne.«

## Die Wanderungsbewegungen und Katastrophen

Die Stadt wurde später von dem weißmagischen Anführer Meister Morya wieder zurückerobert. Orhuarpa schloss sich damals selbst in einen Turm ein. Die Weißmagier setzten den Turm in Brand, und Orhuarpa verbrannte bei lebendigem Leib. Aun Weor bemerkt dazu:

> »Leider hatten die Ereignisse damit noch kein Ende. Orhuarpa reinkarnierte sofort wieder, und als er alt genug war, scharte er erneut seine Armee von Kriegern und Zauberern um sich und marschierte gegen Tollan, doch konnte er die Stadt diesmal nicht einnehmen. Darum stellte er seinen eigenen Thron in Konkurrenz zu dem anderen auf.«

Die Weißmagier wurden gewarnt, dass sie Atlantis verlassen sollten, weil es bald versinken würde. Andere Hellseher sahen die Menetekel an der Wand ebenfalls und begannen, gleich scharenweise von Atlantis zu flüchten. Sie begaben sich nach Osten in Richtung Ägypten und Agartha und nach Westen auf den amerikanischen Kontinent. Im Dschungel Südamerikas wie auch unter dem Mount Shasta und dem Death Valley in Nordamerika wurden unterirdische Kolonien errichtet.

Mittlerweile hatten die Wissenschaftler U-Boote entwickelt, mit denen sie überkuppelte Unterwasserstädte bauten, in denen viele Schutz vor den nahenden Katastrophen suchten. Gebirgige Regionen wie Machu Picchu und das Hochplateau um den Titicacasee in Peru wurden zu Zufluchtsorten. Wohin sie auch gingen, brachten die Atlanter fortgeschrittenes Wissen und Spiritualität mit. Und da sie sich in die noch immer primitiven Bevölkerungen integrierten, wurden sie als Götter betrachtet.

Nachdem sie Atlantis verlassen hatten, entfachten die von den Schwarzmagiern entfesselten Kräfte schlummernde Vulkane. Aun Weor fährt fort:

»Bestimmte gefährliche vulkanische Anzeichen begannen sich auf Atlantis zu zeigen. Das rührte von den Sexualkräften her, die durch ihren Einsatz für schwarzmagische Zwecke das Feuer der schlummernden Vulkane wiedererweckt hatten. Die Sexualkräfte stehen mit allen Kräften der Natur in enger Verbindung, denn sie wohnen nicht nur unseren Geschlechtsorganen inne, sondern all unseren Zellen und darüber hinaus jedem Atom im gesamten Kosmos. Die Sexualkraft ist die Ursache von Elektrizität. Es ist daher verständlich, dass die schlummernden Vulkane wieder in Asktion traten, denn durch die Sexualenergie waren die Vulkane eng mit den Schwarzmagiern verbunden.«

Doch es gab noch mehr machtvolle Kräfte, die den Kontinent destabilisierten. Die Atlanter erkannten, dass die Reptiloiden aus ihrer unterirdischen Welt empordrangen, und ersannen einen Angriffsplan. Sie beschlossen, den Todesstrahl direkt nach unten zu richten und alle Heerscharen der Reptiloiden, die unter der Erde lauerten, zu vernichten. Die daraus entstandenen tektonischen Spannungen wirkten sich zusammen mit den durch die Schwarzmagier aktivierten Vulkanen verheerend aus: Die Erdachse neigte sich, und es kam zu einer Polverschiebung um 90 Grad.

Omar beschreibt die Katastrophe folgendermaßen:

»Gewaltige Risse taten sich in der Erde auf und verschlangen große Städte, Lava begrub Straßen und Orte unter sich, Gletscher mahlten Städte zu Pulver und bedeckten sie, Atombomben und Todesstrahlen verbrannten ganze Zivilisationen und Tonnen von Schlamm, den zurückweichende Flutwellen hinterließen, begruben alte Kulturen unter sich. Stürme mit einer Geschwindigkeit von über vierhundert Meilen pro Stunde schleuderten Fahrzeuge und andere Dinge hoch in den Himmel, um Fleisch und Stoff dann wieder auf die neuen Meeresböden ›hinabregnen‹ zu lassen. Die wütenden Brände zerstörten sämtliche Wälder auf dem Planeten und die meisten ihrer Tiere.

Die Vernichtung war so verheerend, dass Mammute, Säbelzahntiger, Bisons und andere Tierarten vollständig ausgelöscht wurden. Ein atomarer Winter setzte ein, und der Rauch Tausender ausbrechender Vulkane und Bomben verbarg die Sonne für Jahrzehnte und ließ alles Leben auf der Oberfläche gefrieren. Diejenigen, die in den Kolonien auf der Erdoberfläche geblieben waren, starben.«

*Abb. 8.2. Das Bild Zerstörung von Thomas Cole (1836) erinnert an den Untergang von Atlantis.*

## Staub zu Staub

Die Überlebenden warteten in ihren Refugien, bis der radioaktive Staub sich gelegt hatte, und traten dann in eine neue Welt hinaus. Omar beschreibt die Verwüstung geradezu poetisch:

»Dahin waren alle großen Errungenschaften der Menschheit. Dahin waren 60.000 Jahre wissenschaftlichen Fortschritts … zerstört in einer einzigen Nacht. Dahin waren die futuristischen Kristallstädte;

ein Zeitalter, das die heutige Wissenschaft sich nur ausmalen kann … in jener, ach so verblassten, doch strahlenden fernen Vergangenheit. Dahin waren die interplanetarischen Raumschiffe, die Teleportationstempel und die Städte von Gold. Dahin waren die Hoffnungen der Menschheit und ihre Träume. Dahin waren die Fabriken, Maschinen und Roboter, die Atlantis mit allem Nötigen versorgt hatten. Dahin waren die planetarischen Regierungen, die alle Entscheidungen für ein Geschlecht getroffen haben, das aufgehört hatte, selbst zu denken.

Was in der Asche übrigblieb, war weltweite Anarchie. Manche glauben, die Atlanter hätten mit dem ›Schöpfer‹ ein Spiel auf Leben und Tod gespielt und verloren. Die Verwüstung, die folgte, hatte, wenn überhaupt, kaum ihresgleichen in der Geschichte. Von Staub zu Staub …«

Auf gewisse Weise war die Situation ein Glücksfall für die neu erschaffene Menschheit gewesen. Sie konnte jetzt ganz allein damit anfangen, eine neue Zivilisation aufzubauen. Die Schwarzmagier lagen auf dem Grund des Atlantik, doch eine kleine Anzahl an Reptiloiden hatte in unterirdischen Höhlensystemen in Indien und der Antarktis überlebt. Die Weißmagier lebten jetzt an entlegenen Orten weiter, um die neue Menschheit auf den rechten spirituellen Pfad zu führen.

Die Situation war ähnlich wie nach der Zerstörung der Lyra. Wegen der Katastrophe hatten sich die Menschen damals in der gesamten Galaxis verbreitet, neue Welten bevölkert und so eine *menschliche* Galaxis erschaffen. Nun konnte sich die Menschheit über den ganzen Planeten verbreiten und die Erde zu einer neuen, sicheren Heimstatt für alle Menschen machen. Vielleicht wurde dieses Szenario von einer höheren, erhabenen Macht gerade zu diesem Zweck ins Werk gesetzt.

# 9 Nach der Flut

Laut Edgar Cayce fand die Wanderung der »Kinder des Gesetzes des Einen« von Atlantis nach Ägypten um 10.500 vor unserer Zeitrechnung statt. Sie wurden von den weißen Magiern angeführt, die aus okkulten Quellen erfahren hatten, dass der Kontinent auf den Grund des Meeres sinken würde. Die schwarzen Magier erhielten diese Warnung nicht und kamen so in den Fluten um.

Cayce erwähnt nichts davon, wie diese Leute die Reise bewältigten. Die Entfernung war allerdings nicht groß. Sie mussten nur den schmalen Nordatlantikstrom überqueren und dann nach Nordafrika zu den Nilquellen weiterziehen, aber sie brauchten nicht zu segeln und zu Fuß zu gehen. Vermutlich besaßen sie Antigravitations-Luftfahrzeuge, die auf Atlantis zu jener Zeit sehr gebräuchlich waren. Also kamen sie wohl in Raumschiffen an.

In Ägypten lebte damals eine Gemeinschaft von Menschen, die dreißigtausend Jahre zuvor im nahegelegenen Mesopotamien ihren Ursprung hatte, so dass es wahrscheinlich war, dass sie sich mittlerweile bis ins Niltal ausgebreitet hatte.

Man kann sich vorstellen, wie diese Menschen vor Ehrfurcht erstarrten, als sie die metallenen Behälter sahen, die scheinbar vom Himmel kamen und jene großen strahlenden Wesen ausspuckten. Sicher haben sie sie als Götter verehrt.

## Der Gott der Magie

Der vielleicht wichtigste Priester, der die Besiedlung anführte, war Thoth, den die Griechen Hermes Trismegistos nannten. Thoth wurde später als Gott der Magie und der Schrift bekannt und wird auf Denkmälern mit dem Kopf eines Ibis statt dem eines Menschen dargestellt, manchmal auch mit einem Paviankopf. Thoth war ein großer Gelehrter und Mathematiker, und ihm werden die Planung und der Bau der Großen Pyramide von Gizeh zugeschrieben.

Wir sollten bedenken, dass alle diese frühen Siedler in Ägypten Nachkommen der ursprünglichen Gründer von Atlantis waren und dass sie daher kein Reptiloidengehirn besaßen.

Thoth war obendrein der Baumeister der Sphinx. Sowohl die Große Pyramide als auch die Sphinx wurden nach heutiger Schätzung um 10.000 vor unserer Zeitrechnung geschaffen. In einer späteren Epoche galt Thoth in Ägypten auch als Gott des Maßes, was seine Rolle beim Bau der Großen Pyramide bezeugt.

Der Schriftsteller John Anthony West und der Geowissenschaftler Robert Schoch lieferten mit ihren Hinweisen auf die Spuren von Wassererosionen am Sockel der Sphinx starke Argumente dafür, dass die Sphinx 10.000 Jahre vor unserer Zeitrechnung erschaffen wurde. Darüber hinaus zeugen die 200 Tonnen schweren Blöcke im Taltempel des Sphinx-Komplexes von einer sehr fortgeschrittenen Technologie, mit der sich so gewaltige Blöcke bewegen ließen. Einige dieser Blöcke sind auf eine Höhe von über zwölf Metern angehoben worden – höher als die fünfzig Tonnen schweren Blöcke von Stonehenge. Über diese Technologie, die auf Klang beruhte, verfügten die Atlanter wie auch die Reptiloiden. Waren die Blöcke einmal aus dem Fels herausgeschnitten, konnten sie mittels zielgerichteter Klangwellen zu ihrer Baustelle transportiert werden.

West zeigte, dass es auf der ganzen Welt heute nur einen einzigen Kran gibt, der ein solches Gewicht heben könnte. Wie bereits ausgeführt, hatten die Reptiloiden eine Klangwaffe auf ihrem Todesstern montiert, die akustische Wellen versandte, welche Gebäude zum Einsturz zu bringen und gewaltige Gewichte zu heben vermochten. Die Atlanter besaßen ähnliche Waffen.

Ein weiteres Gebäude, das wohl viel alter sein dürfte als offiziell angenommen, ist das Osireion in Abydos. Es ist Teil des Tempels von Sethos I., aber es ist unterirdisch angelegt und weist eine ganz andere Architektur und Konstruktionstechnik auf als der eigentliche

*Abb. 9.1. Der Tempelkomplex um die Sphinx mit 200 Tonnen schweren Blöcken*

Tempel. Das Gewicht einiger Steine in der Mauer wird auf etwa einhundert Tonnen geschätzt.

West und Schoch nehmen beide an, dass das Osireion zur selben Zeit wie die Sphinx und die Große Pyramide um etwa 10.000 vor unserer Zeitrechnung erbaut wurde. Das Niltal wurde damals eindeutig von einer fortgeschrittenen Zivilisation beherrscht. Die meisten Zeugnisse davon liegen jetzt, mit Ausnahme jener drei bemerkenswerten Bauten, unter dem Sand der Zeit begraben.

Diese Zivilisation trat offenbar buchstäblich über Nacht auf den Plan, denn es gibt keine Hinweise auf eine vorangegangene primitive Besiedlung. Die einzige Erklärung für das Aufkommen einer so hoch technisierten Kolonie im Niltal zu jener Zeit besteht darin, dass sie ihren Ursprung in einer ebenso hoch technisierten Zivilisation auf Atlantis hatte.

## Ohne Vater, ohne Mutter

Das plötzliche Erscheinen einer solchen Hochkultur in Ägypten, die sich nicht aus einer primitiven Gesellschaft heraus entwickelt hatte, wird in *Atlantis, die vorsintflutliche Welt* von Ignatius Donnelly thematisiert. Er schreibt dort:

»Renan sagt: ›Sie hatte kein archaisches Zeitalter.‹ Osborn sagt: ›Sie tritt in der Blüte ihrer höchsten Perfektion auf einmal vor uns in Erscheinung.‹ Joseph Seiss sagt in *A Miracle in Stone* (»Ein steinernes Wunder«): ›Plötzlich nimmt sie in all ihrer unvergleichlichen Pracht ihren Platz in der Welt ein, ohne Vater, ohne Mutter und ebenso deutlich abseits aller Evolution, als sei sie just aus unbekannten Himmeln herabgefallen.‹«

Sie war von Atlantis herabgefallen. George Rawlinson schreibt in *The Origin of Nation* (»Der Ursprung der Nation«):

»Nun ist allgemein bekannt, dass es in Ägypten keine Anzeichen gibt, die auf ein Zeitalter der Grausamkeit und Barbarei hinweisen. Alle Autoritäten sind sich darin einig, dass wir, wie weit wir auch in der Zeit zurückgehen, in Ägypten kein primitives, unzivilisiertes Zeitalter finden, aus dem sich die Zivilisation entwickelt hat. Menes, der erste König, verändert den Lauf des Nils, legt ein großes Staubecken an und baut den Ptah-Tempel in Memphis. …

In Ägypten erkennen wir die Kinder der Alten Welt von Atlantis; in seiner Pracht haben wir ein Zeugnis der Entwicklung, die ihr Heimatland erreicht hatte; jenes Land, dessen Könige die Götter nachfolgender Nationen waren und dessen Königreich sich bis zu den äußersten Winkeln der Erde erstreckte.«

Die Kunst, das Handwerk und die Wissenschaften Ägyptens waren von Anfang an hoch entwickelt. Donnelly schreibt:

»Sie hatten Uhren und Ziffernblätter, um die Zeit zu messen. Sie besaßen Geld aus Gold und Silber. Sie begründeten die ersten Agrargesellschaften der Alten Welt, bauten Getreide an, züchteten

*Abb. 9.2. Ignatius Donnelly (1831-1901)*

Rinder, Pferde, Schafe und dergleichen mehr. Zur Zeit des Königs Amasis (600 Jahre vor unserer Zeitrechnung) stellten sie Leinen von so feiner Qualität her, dass ein einzelner Faden eines Gewandes aus 365 feineren Fäden bestand. Sie arbeiteten Gold, Silber, Kupfer, Bronze und Eisen ein; sie härteten das Eisen, bis es hart war wie Stahl. Sie waren die ersten Chemiker. Das Wort ›Chemie‹ kommt von *Chemi*, und *Chemi* bedeutet ›Ägypten‹. Sie stellten Glas und alle Arten von Keramik her, sie fertigten Boote aus Ton.

Ihre Zahnärzte machten Zahnfüllungen aus Gold; ihre Bauern ließen das Geflügel bei künstlicher Hitze brüten. Sie waren die ersten Musiker: Sie besaßen Gitarren, einfache und doppelte Flöten, Zimbeln, Trommeln, Leiern, Harfen, Pfeifen, Sambriken und Aschuren; sie hatten sogar Kastagnetten, wie man sie heute in Spanien verwendet. In der Medizin und der Chirurgie hatten sie mehrere Jahrhunderte vor unserer Zeitrechnung einen solchen Grad an Perfektion erreicht, dass sie den Grauen Star operieren konnten – eine der schwierigsten Meisterleistungen der Chirurgie, an der wir uns in neuerer Zeit überhaupt versucht haben.«

Donnelly führt weiter aus:

»Sie waren die ersten Mathematiker der Alten Welt. Jene Griechen, die wir als Väter der Mathematik betrachten, waren lediglich Schüler der Ägypter. Sie waren die ersten Landvermesser. Auch waren sie die ersten Astronomen, berechneten Finsternisse und beobachteten die Zyklen und Konstellationen der Planeten. Sie kannten bereits die runde Form der Erde, von der wir annehmen, Kolumbus hätte sie entdeckt.«

Über den Umgang der Ägypter mit Frauen und ihre diesbezüglichen gesellschaftlichen Sitten schreibt er:

»Die Monogamie war strenges Gesetz; nicht einmal den Königen war es in frühen Zeiten erlaubt, mehr als eine Ehefrau zu haben. Das Recht der Ehefrau auf persönliches Eigentum und ihre Mitgift waren vom Gesetz geschützt; sie war die ›Dame des Hauses‹ und konnte auf eigene Rechnung kaufen, verkaufen und Handel treiben. Im Fall einer Scheidung wurde ihr die Mitgift mit hohen Zinsen zurückgezahlt. Bei der Hochzeitsfeier wurde ein Eid geschworen, keine andere eheliche Verbindung anzutasten. Die Ehefrau war in den frühen Tagen Ägyptens ebenso hoch geachtet wie heute in den meisten zivilisierten Ländern in Europa oder Amerika.«

Und natürlich ist da noch die erstaunliche Architektur und Bildhauerkunst zu nennen, die aus dem Wüstenboden erwuchs und zu der es in jener Epoche nichts auch nur halbwegs Vergleichbares gab.

Die ganze Kathedrale von Notre Dame passt in den Tempel von Karnak, und die über achtzehn Meter hohen, in den Fels gemeißelten Statuen der Pharaonen, die den Ramses-Tempel von Abu Simbel bewachen, waren prachtvolle Kunstwerke im großen Stil. Bis heute kann niemand nachvollziehen, wie sie imstande waren, so hohe Obelisken aus einem Stück Stein zu errichten, wie sie heute in Städten überall auf der Welt zu finden sind. All diese steinernen Wunder Ägyptens sollten der Welt die Herrlichkeit des Landes zeigen, das sie hervorgebracht hat: des faszinierenden vorgeschichtlichen Königreiches, das jetzt auf dem Grunde des Atlantiks ruht.

## Griechenland und Rom

Stewart Swerdlow berichtet, dass vor der Flut, etwa 10.000 Jahre vor unserer Zeitrechnung, auch Griechenland eine Kolonie von Atlantis gewesen sei. Er schreibt:

> »Diese Kolonie befand sich ursprünglich im Krieg mit den Atlantern, ähnlich wie in einem Bürgerkrieg. Die Atlanter sandten Armeen gegen Griechenland aus, weil es sich loszulösen versuchte, was zu den verschiedenen Nationalstaaten wie Sparta, Athen und Mazedonien führte.«

Platon erwähnt diesen Krieg um 400 vor unserer Zeitrechnung in seinen Dialogen *Kritias* und *Timaios*. Darin zitiert Kritias das Gespräch zwischen dem athenischen Gesetzgeber Solon und dem ägyptischen Priester Saïs beim Besuch Solons in Ägypten.

Saïs sagt:

> »Nun gab es auf dieser Insel Atlantis ein großes, wunderbares Reich, das über die ganze Insel und einige andere sowie über Teile des Kontinents herrschte. … Diese große Macht, zu einer einzigen gebündelt, war bestrebt, mit einem Schlag unser Land [Ägypten] und eures [Athen] und die gesamte Region in den Meerengen zu bezwingen; und dann, Solon, erstrahlte euer Land in allen Vorzügen an Tugend und Kraft der gesamten Menschheit. Sein Mut und seine militärischen Fähigkeiten waren herausragend, und es führte die Hellenen an. Und als der Rest von ihm abfiel und es gezwungen war, allein zu stehen, nachdem es äußerste Gefahren erlitten hatte, besiegte es die Eindringlinge, triumphierte über sie und bewahrte diejenigen, die noch nicht unterjocht waren, vor der Sklaverei und befreite großmütig alle anderen von uns, die diesseits der Säulen [des Herkules] wohnen.«

Laut Swerdlow breitete sich Griechenland …

> »über den asiatischen Kontinent und bis nach Persien aus. Einst reichte Griechenland westlich so weit wie Spanien. … Über dreißig griechische Stadtstaaten mit rund neunzig Kolonien existierten im

Mittelmeerraum. Griechische Kolonien wurden entlang der südfranzösischen Küste gegründet, auf Korsika, Sardinien, in Süditalien, auf Kreta, überall am Schwarzen Meer, auf Zypern, in der Türkei, im Nahen Osten, in Syrien und sogar in Ägypten. Die Griechen waren eines der ersten Völker im alten Israel und besetzten Jerusalem. Sie brachten die hellenistische Lebensweise mit.«

Die hellenistische Lebensweise war eigentlich die der Atlanter. Wie die Ägypter hatten auch die Griechen kein barbarisches Zeitalter. Sie haben von Anfang an als Hochkultur existiert, wie es die Schriften Homers bezeugen.

Die Zivilisation der Etrusker in Norditalien entwickelte sich aus einer griechischen Kolonie heraus. Die Etrusker eroberten mit ihrer hoch disziplinierten Streitmacht schließlich die anderen um Rom herum gelegenen griechischen Ansiedlungen. Die Römer organisierten im Wesentlichen die griechischen Kolonien unter römischer Herrschaft neu. Rom war in der Lage, die Menschen in allen griechischen Kolonien zu unterwerfen, weil sie bereits zivilisiert waren, ähnliche Dialekte sprachen und daher leicht integriert werden konnten.

So wurde ein loses Konglomerat griechischer Stadtstaaten unter etruskischer Führung zum Römischen Reich.

Das bedeutet, dass das gesamte frühe Römische Reich ein direkter Abkömmling von Atlantis war.

## Sumer

Laut Swerdlow traten die Sumerer nahezu über Nacht um 5.000 vor unserer Zeitrechnung als vollständig entwickelte menschliche Hochkultur dort auf, wo heute der Südirak und Kuwait liegen (siehe Kapitel 7). Wie bei den Ägyptern gab es auch bei den Sumerern kein primitives Zeitalter, das sich langsam zu einem fortgeschrittenen entwickelt hätte. Das steht im Einklang mit seiner Behauptung, dass Sumer auf einer Ansiedlung von Marsianern gegründet wurde, die in Wirklichkeit Flüchtlinge von der Lyra waren.

Sie hatten sich erst auf der Marsoberfläche angesiedelt, waren dann aber gezwungen gewesen, in den Untergrund zu gehen, nachdem der Eiskometen-Angriff der Reptiloiden einen großen Teil der Atmosphäre auf dem Mars zerstört hatte. Da sie des Lebens im Untergrund müde wurden und Raumfahrttechnologie besaßen, zogen sie auf die Erde und besiedelten Sumer. Höchstwahrscheinlich hatte die Föderation, die eine Population ehemaliger Lyra-Bewohner auf der Erde versammelte, um die Reptiloiden unter Druck zu setzen, sie zu diesem Wechsel ermutigt. Einige sumerische Tontafeln zeigen eindeutig Raumschiffe wie auch die korrekte Anordnung der Planeten des Sonnensystems – ein Wissen, das nur durch Raumfahrt erworben sein konnte.

Die Sumerer hatten eine komplizierte Sprache und hinterließen Hunderttausende Texte, die in Keilschrift auf Tontafeln eingraviert sind. Diese Tafeln behandeln eine breite Spanne von Themen wie persönliche und geschäftliche Briefe, Quittungen, Rechtsangelegenheiten, Hymnen und Gebete, Geschichten und tagebuchartige Berichte zum Tagesgeschehen. Viele dieser Tafeln sind Bestandteile von Bibliotheken, die unbeschadet überliefert wurden. Solche Schriften legen Zeugnis ab von einer hoch gebildeten Gesellschaft, die alle Aktivitäten eines intelligenten und weltgewandten Volkes kannte.

Obwohl die Sumerer eine patriarchale Gesellschaft hatten, behandelten sie ihre Frauen mit Respekt und ließen ihnen ein hohes gesellschaftliches Ansehen zukommen. Für einige Zeit erlaubten sie sogar die Polyandrie, bei der Frauen mehrere Ehemänner haben durften, bis diese Gepflogenheit schließlich für ungesetzlich erklärt wurde. Witwen war es allerdings erlaubt, ohne Ächtung wieder zu heiraten. Das sumerische Rechtssystem war human, gerecht und darum bemüht, die Rechte und Freiheiten des Einzelnen zu respektieren, während es Gesetz und Ordnung aufrecht erhielt.

Bereits um 4.600 vor unserer Zeitrechnung hatten die Sumerer ein kompliziertes System von Maßen und Mathematik inklusive Arithmetik, Geometrie und Algebra entwickelt. Auf ihren Töpferwaren sind kunstvoll verschlungene Muster zu sehen, und sie waren sehr musikbegeistert; vor allem spielten sie auf Saiteninstrumenten, die sie »Lyren« nannten – Leiern. Das Wort *Lyra* deutet auf einen Ursprung in der Lyra hin, der

Urheimat der Marsianer. Auf ihrem Höhepunkt erreichte die sumerische Bevölkerung etwa eine Million Menschen.

Vor der Ankunft der Marsianer hat es bereits eine menschliche Ansiedlung in Sumer gegeben. Die menschliche Zivilisation im Nahen Osten wurde vierzigtausend Jahre zuvor vom Rat von Hatona geschaffen – wie in Kapitel 7 erläutert – und hatte begonnen, sich in der ganzen Region zu verbreiten. Als die Marsianer dort erstmals auftraten, wurden sie von den Menschen als Götter verehrt. In der Folge vermischten sie sich mit den Menschen, was übrigens auch die biblischen Sätze im Buch Genesis 6:1-4 erklärt:

> »... nachdem sich die Gottessöhne mit den Menschentöchtern eingelassen und diese ihnen Kinder geboren hatten. Das sind die Helden der Vorzeit, die berühmten Männer.«

Im ugaritischen Bibeltext liest sich diese Stelle eher wie »Söhne der Götter« als »Gottessöhne«. Das ist ein wichtiger Unterschied. Er weist darauf hin, dass die Söhne der Marsianer in diesem Text gemeint sind, da sie von den Sumerern als Götter angesehen wurden. Und es ergibt einen Sinn, dass ihre Nachkommen »berühmte Männer« gewesen sein sollen, da ihr Erbgut wahrscheinlich nicht die ganze reptiloide DNS enthielt, die von den Menschen beigesteuert wurde. Die »Vermischung« war nur deshalb möglich, weil beide Geschlechter im Grunde menschlich und somit in der Lage waren, menschliche Nachkommen zu produzieren.

Doch erst nach Ankunft der Marsianer begann die Zivilisation der Sumerer zu erblühen und wurde zu einer wahrhaften Kultur. Es gibt einige Hinweise, dass Raumschiffe der Marsianer zuerst in Baalbek im nördlichen Libanon landeten. Dort steht ein altertümlicher Tempel, der aus gewaltigen Blöcken erbaut wurde, von denen einige 800 Tonnen schwer sind. Es wird angenommen, dass der Tempel neuntausend Jahre zuvor errichtet worden war. Die Römer bauten ihren Jupitertempel auf diesen Originalfundamenten und gründeten dort die Stadt Heliopolis.

Offenbar wussten die Sumerer von der Flut, die Atlantis zerstört hatte. Vier jüngst entdeckte Tontafeln nehmen Bezug auf diese Katastrophe.

Es ist unwahrscheinlich, dass dieses Wissen den einfachen Menschen, die damals Sumer bewohnten, zugänglich war; folglich wurden diese Nachrichten offenbar von den Marsianern mitgebracht.

Rückblickend betrachtet scheint es sehr wahrscheinlich, dass die Föderation beschlossen hatte, die Marsianer auf der Erde anzusiedeln, um nach der Zerstörung von Atlantis die Anwesenheit von Menschen dort zu sichern und die Reptiloiden in Schach zu halten. Die Marsianer würden in der Lage sein, die menschliche Bevölkerung vor Reptiloiden zu beschützen, die aus ihren Rückzugsorten im Erdinnern wieder hervorkommen und neu aufleben.

## Die Anunnaki

Die hoch technisierten Marsianer in Sumer dominierten zusammen mit der bereits gut etablierten Kultur der emigrierten Atlanter in Ägypten den gesamten Nahen Osten und bildeten eine starke menschliche Präsenz auf dem Planeten, die auch ohne das atlantische Reich gut in der Lage war, die Reptiloiden von Eingriffen auf der Erdoberfläche abzuhalten. Die hilfreiche Streitmacht der Marsianer war im Nordirak ein besonders wichtiger Faktor. Es war bekannt, dass in Uruk, das ein Stück nördlich des heutigen Bagdad liegt, ein Sternentor existierte, und es wurde befürchtet, dass die Anunnaki durch dieses in Scharen auf die Erde gelangen und die bestehende menschliche Zivilisation in Unruhe versetzen könnten, wenn ihr Heimatplanet Nibiru sich nahe an der Erde vorbeibewegte.

Obwohl die Annunaki ebenfalls einen reptiloiden Ursprung haben, waren sie in keiner Weise mit den draco-orionitischen Reptiloiden verbündet, die in tiefen unterirdischen Höhlen lebten. Dessen ungeachtet wollten die Marsianer mit den Anunnaki oder irgendeiner anderen Gruppe von Reptiloiden nichts zu tun haben. Folglich war die Errichtung einer militarisierten Zone rund um das Sternentor gerechtfertigt, um die Anunnaki am Durchkommen zu hindern, wenn Nibiru auf seiner 3.600 Jahre währenden Reise um unsere Sonne das nächste Mal vorbeizieht.

Doch während die Anunnaki keine Bedrohung mehr gewesen sein mochten, begannen die Reptiloiden, die in ihrer tiefen unterirdischen Welt sicher waren, bereits ihre Übernahme der Erdoberfläche zu planen. Sie hatten keine Eile. Wenn es etwas gibt, das die Reptiloiden reichlich haben, dann ist es Geduld.

# 10 Der Aufstand

Die Führung der entlegenen Kolonien in unserem Sonnensystem war allenfalls dürftig. Sie war an die Wolfswesen vom Sirius gefallen, die die Bergwerksbetriebe auf der Erde überwachen sollten. Da die Lebenserwartung der männlichen Reptiloiden bei den Streitmächten durch die Wissenschaftler vom Orion reduziert worden war, mussten sie sich den älteren Sirianern fügen, die das Kommando übernahmen. Weil sie die Stärksten und am besten organisiert waren, stellten sie die Verwaltungschefs. Doch das Leben unter der Erde war nicht nach ihrem Geschmack, und sie ersuchten die Königinnen um Erleichterungen und Zuweisungen, die ihnen nicht gewährt wurden. Sie wurden unzufrieden und unruhig.

## Die Heraufkunft des Marduk

Der oberste der unzufriedenen Führer vom Sirius war Prinz Marduk, der Sohn des Wolfsprinzen Enki und Enkel des Königs An. Er beschloss, die Oberherren vom Orion um die Vorherrschaft in diesem Sonnensystem herauszufordern und es zu seinem persönlichen, vom Imperium unabhängigen Lehen zu machen. Er wusste, dass es für die Streitmächte vom Drachen und Orion schwierig sein würde, Raumschiffe zur Verteidigung dieses entlegenen Sterns am äußersten Rand der Galaxis auszusenden, wenngleich er von höchster strategischer Wichtigkeit war, da er sich am Eingangstor des neunten Sternendurchgangs PESH METEN befand.

In seinem Streben nach Übermacht suchte Marduk die Unterstützung der »Untergründigen«. Dies waren die reptiloiden Arbeiter, die riesige Höhlen in allen eroberten Welten des Imperiums bewohnten, die Bergwerke hüteten und den Verwaltungsapparat in Gang hielten. Sie wachten für die Königinnen und Prinzessinnen über die Ordnung des Imperiums. Sie waren bekanntermaßen unzufrieden und aufsässig und suchten ständig nach neuen Wegen, um die Autorität und Führungsstärke der Königinnen zu untergraben. Marduk traf sich mit den Herren der irdischen Unterwelt, die auch als SSA-TA bekannt sind, und richtete seinen Appell an sie.

Morning Sky schreibt:

> »Verachtet und gefürchtet, schenkten die Rebellen der SSA-TA dem Prinzen Gehör. Mit Versprechen von großem Reichtum, gewaltiger Macht und vollständiger Mitherrschaft über sein Imperium entlockte der Ehrfurcht gebietende Marduk ihnen ihre Hilfe. Eifrig ergriffen die SSA-TA die Gelegenheit, einen Einsatz gegen die Oberherren vom Sirius zu unterstützen. Wenn das Imperium der Sirianer geschwächt würde, dann würden die Königinnen vom Orion ebenfalls geschwächt.«

Wenn sie Marduk erfolgreich unterstützten, könnten die Rebellen den neunten Sternenweg in ihren Würgegriff bekommen, das heißt die Königinnen vom Orion wären gezwungen, mit ihnen zu verhandeln. Und wenn sie nicht erfolgreich wären, würde Marduks Tod sowohl die Sirianer als auch die Königinnen zufriedenstellen, und der Krieg hätte keine Auswirkungen auf ihr lebensnotwendiges Reich in der Unterwelt. Ihre Mithilfe war zu wichtig, doch ihre Unterstützung reichte noch nicht aus, um einen Sieg zu garantieren.

Tief im Untergrund gab es noch eine andere Gruppe unterwürfiger Arbeiter, die HEN-T genannt wurden. Sie waren eine von den Königinnen gezüchtete Mischung aus Sirianern und Reptiloiden. Als loyale und zuverlässige Verwalter waren sie zu königlichen Familien aufgestiegen und hatten Schlüsselpositionen auf der mittleren Verwaltungsebene der Regierung des Prinzen Enlil inne, verfügten jedoch nicht über eine hinreichende höhere Intelligenz, um das System herauszufordern.

Marduk warb beharrlich um die Kooperation der HEN-T unter der Erde. Er versprach ihnen, dass er ihnen die Verwaltung seines

Reiches übertragen würde, und sagte ihnen sogar zu, dass sie einen Anteil am Reichtum bekämen und eigene Territorien erhielten. Die SSA-TA verliehen der Anwerbung mit ihren Überzeugungstalenten Nachdruck.

Beide Gruppen waren zum Teil Reptiloide; sie waren entfernte Cousins. Die ältesten, loyalsten und verlässlichsten Mitglieder der HEN-T waren als SHET bekannt. Sie wurden als Erste rekrutiert und überzeugten dann die breite Masse der HEN-T-Arbeiter von der Sache. Diejenigen, die sich an dieser Verschwörung beteiligten, wurden die SHET-I genannt. Sie begannen, die Raumschiffe der Krieger vom Sirius unter Enlil zu sabotieren.

*Abb. 10.1. Wie auf den Schultern eines Riesen steht Marduk auf einer Schlange, die SHET-I repräsentiert. Ihre Wirkung entfaltet sich durch ihn.*

Morning Sky berichtet:

> »Nach der anfänglichen Infiltration der Reihen der HEN-T bei den Unterwelteinsätzen rückte die Verschwörung in den innersten Kern der Regierung von Lord Prinz Enlil vor. Auch der Nachrichtendienst und die Logistik wurden anvisiert. Behutsam und wohlüberlegt nahm die Verschwörung in allen Bereichen von Lord Prinz Enlils Regierung Einfluss.«

Als alles bereit war, griff Marduk das Sonnensystem mit voller Kraft an. Seine Attacke kam völlig überraschend. Die Nachrichtenübermittler der HEN-T löschten Nachrichten über die Invasion, so dass die Krieger vom Sirius nicht unmittelbar reagieren konnten. Als sie schließlich mit Verteidigungseinsätzen begannen, waren ihre sabotierten Kriegsraumschiffe unbrauchbar.

Irgendwann verstummte alle Kommunikation. Alles ging sehr schnell, wobei eine direkte Konfrontation vermieden wurde. Marduk war nun der unbestrittene Herrscher über die Streitkräfte der Sirianer wie der Reptiloiden im Sonnensystem, und er hatte jetzt auch die Kontrolle über den neunten Sternenweg inne.

Um 1700 vor unserer Zeitrechnung, mitten in der Bronzezeit, als das babylonische Reich seine Hochblüte erreicht hatte und über Mesopotamien herrschte, stieg Marduk zur höchsten Macht in Babylon auf. Er verbesserte rasch die Bergwerke und sandte Erze und Metalle zu den Reichen von Sirius und Orion, wobei er bestehende Raumfahrttechnik nutzte, die auf dem Weltraumflughafen von Baalbek eingerichtet war. Dieser befand sich seit der Ankunft der Marsianer um 5.000 vor unserer Zeitrechnung im Norden des heutigen Libanon. Dadurch wuchs der Wohlstand in seinem Reich erheblich an.

Eine weitere große Bereicherung für die neue Dynastie war die Wiederentdeckung der Droge S-MA, welche die Königinnen vom Orion zur Lebensverlängerung gebrauchten, durch Wissenschaftler der SHET-I. Binnen Kurzem gelangte diese Droge in der gesamten Galaxis zu großer Beliebtheit und ließ den königlichen Schätzen immensen Reichtum zufließen. Marduk wurde reicher und mächtiger als die Herrscher der Reiche von Sirius und Orion.

## Der Sonnengott

Als Enkel von An galt Marduk bereits als ein Gott, doch seine gottgleiche Größe steigerte sich noch, als er sich selbst zum Sonnengott Ra ernannte, und seine Heldentaten wurden zu Mythen im babylonischen »Schöpfungsepos« Enuma Elisch, das 1876 ausgegraben wurde.

In *The Terra Papers: The Hidden History of Planet Earth* (»Die Terra-Papiere: Die verborgene Geschichte des Planeten Erde«) schreibt der Seher Robert Morning Sky:

> »Einmal auf seinem Thron sitzend, begann MARDUK mit seiner letzten Aktion, … alle Berichte, die irgendwelche heldenhaften oder königlichen Errungenschaften anderen zuschrieben als ihm selbst, abzuändern oder zu zerstören. Steinmonumente, Obelisken und Gebäude wurden von Steinmetzen verändert; Tafeln aus Ton oder Holz wurden zerstört oder verbrannt. Kein Bericht irgendeines anderen Monarchen sollte übrigbleiben. MARDUK war zum Alpha und Omega aller Dinge geworden, er hatte sich selbst zum Gott und Schöpfer des Universums ernannt. Fortan war er der ›Sonnengott RA‹.«

Marduks Behauptung, er sei der Sonnengott Ra, verbindet ihn mit Echnaton, der etwa vierhundert Jahre später Pharao von Ägypten wurde. Echnaton schaffte den Polytheismus ab und führte in ganz Ägypten die Verehrung des einen Gottes Ra ein. Dies war letztlich die Anerkennung der Verehrung Marduks als des einen wahren Gottes.

Laut Zecharia Sitchin könnte es Grund zu der Annahme geben, dass Marduk zur Regierungszeit Echnatons noch am Leben war, was heißen soll, dass er regen Gebrauch von der Droge S-MA gemacht hatte. Nach Sitchins Zeitstrahl in *Der kosmische Code* lebte Marduk mindestens von 3450 bis 2024 vor unserer Zeitrechnung Ob er 1300 vor unserer Zeitrechnung noch lebte oder nicht, Echnaton wurde sein Schüler, und auch er begann wie Marduk mit einem Feldzug gegen jegliche Erwähnung der früheren Götter auf Monumenten und Obelisken in ganz Ägypten – genauso wie es Marduk in Babylon getan hatte.

Die Austilgung von Inschriften und Gravuren auf Denkmälern und Gebäuden war eine Teillösung. Es war außerdem erforderlich, dass die menschlichen Siedler und Arbeiter die früheren Götter und Könige vergaßen, so dass sie nur noch Marduk als Gott kennen würden. Um dies zu vollenden, beauftragte er die Wissenschaftler der SSA-TA, ihre von den Forschern im Orion entwickelte bewusstseinsverändernde Technologie einzusetzen, um das Gedächtnis der Menschen umzuprogrammieren.

*Abb. 10.2. Ein Wandfries zeigt Echnaton, Nofretete und ihre Kinder, welche die Strahlen des Sonnengottes empfangen.*

Unterirdische Umprogrammierungszentren wurden geschaffen, und die Menschen wurden in diese Kammern, in denen ihre Erinnerungen ausgelöscht werden sollten, hineingelockt oder hineingezwungen. Sie sollten lange Gänge zu den hell erleuchteten Räumen hinuntergehen in dem Glauben, dass dort eine Belohnung auf sie wartete. Häufig wurden ihnen falsche Erinnerungen eingepflanzt, die die verlorenen Erinnerungen ersetzen sollten.

## Ein leises Unbehagen

Robert Morning Sky beschreibt die Gefühle der Menschen nach der Neuprogrammierung:

> »Als sie ihre getrennten Wege gingen, fühlte jeder jedoch ein leises Unbehagen, ein Gefühl, dass etwas auf einmal nicht mehr da war, etwas fehlte. Seltsam war außerdem, dass sie sich, obwohl sie anscheinend keinen gemeinsamen Hintergrund besaßen, alle an ein helles Licht am Ende eines Tunnels erinnerten. Und jeder wusste, dass er zu dem Licht hingehen und in dieses eintreten sollte … weil dort eine endgültige Belohnung wartete.«[16]

Laut Morning Sky trafen Marduk und die SHET-I noch eine Vorsichtsmaßnahme, um die menschliche Bevölkerung abzuschotten und sicherzugehen, dass sie keine Informationen oder Hilfe von freundlich gesinnten Mächten da draußen empfingen. Sie wollten, dass sie sich nur darauf konzentrierten, für den Sonnengott zu produzieren, und sonst nichts weiter wussten, wie man es von guten Sklaven erwartet. Sie errichteten ein Netzwerk hoher Türme auf dem gesamten Planeten, »die eine Wolke elektronischer Signale übermitteln sollten, die die [menschlichen Arbeiter] in einen Nebel hüllte und widerstandslos hielt. Die elektronische Decke diente auch dazu zu verhindern, dass Signale von draußen zu den [menschlichen Arbeitern] dringen konnten.«

---

16 Diese Beschreibung der geistigen Umprogrammierung der menschlichen Arbeitskräfte unter Marduk weist eindeutige Parallelen zu den allgemeinen Beschreibungen von Nahtoderfahrungen der Gegenwart auf, nach denen alle berichten, dass sie sich durch einen Tunnel bewegen und in ein helles Licht am Ende des Tunnels hineingezogen werden. Dann sagen sie aus, dass sie in einer wunderschönen Welt wieder auftauchten, in der die Erinnerungen an ihr früheres Leben weggewischt waren und aus der sie schließlich wieder in die physische Inkarnation zurückgeholt wurden. Könnte all das eine Täuschung durch Außerirdische sein? Werden wir einfach wieder in das physische Reich zurückrecycelt, damit wir mit einem »leisen Unbehagen« weiter für unsere außerirdischen Herren arbeiten wie die Arbeiter in Ägypten? – *Anmerkung des Verlags:* Der schwedische Rückführungstherapeut Jan Erik Sigdell bestätigt diese Vermutung. In seinen Büchern *Die Herrschaft der Anunnaki* und *Der geheime Krieg der Anunnaki*, Amra Verlag, Hanau 2016 und 2017, beschreibt er die sogenannte Reinkarnations-Falle.

Rückblickend betrachtet, könnten dieses Netzwerk von Türmen die Obelisken gewesen sein. Die Zusammensetzung des Granits weist eine bestimmte elektronische Resonanz auf. Diese Obelisken stehen heute überall auf der Welt. Die ursprünglichen altägyptischen Obelisken wurden in die Großstädte versetzt, und weitere wurden in Hunderten kleinerer Orte aufgestellt. Und in Washington D.C. wurde der größte Obelisk der Welt errichtet – das 555 Fuß [169,16 Meter] hohe Washington Monument –, der eine direkte Verbindung zum alten Ägypten und Babylonien darstellt. Ist es möglich, dass diese Obelisken unsere »elektronische Decke« erzeugen?

## Männliche Kraft regiert die Welt

Aber die Obelisken können auch einem anderen Zweck gedient haben. Ra, der neue Sonnengott, hatte beschlossen, dass die weiblichen Göttinnen vom Orion die menschlichen Sklaven nicht länger beeinflussen sollten. In *The Terra Papers: The Hidden History of Planet Earth* (»Die Terra-Papiere: Die verborgene Geschichte des Planeten Erde«) sagt Robert Morning Sky:

> »Wo einst alle [Menschen] und Sirianer gezwungen waren, die Herren vom Sirius zu lobpreisen und noch größere Ehren den Königinnen vom Orion zuteil werden zu lassen, begann jetzt RA mit Zustimmung der Königinnen der SSA-TA-Rebellen, systematisch alle Spuren der Anwesenheit einer Muttergöttin zu entfernen. Fortan war der Allmächtige Eine männlich … der Sonnengott RA höchstpersönlich. Männer sollten jeden Bereich des Lebens beherrschen; es war an der Zeit, dass die Frauen ihren erhabenen Ort der Macht aufgaben.«

Und darum scheint es, als sollte uns die Anwesenheit der phallischen Symbole männlicher Macht – der Obelisken – auf dem gesamten Erdball an diesen Wechsel erinnern!

Der größte antike Obelisk, 2014 freigelegt, verblieb in unvollendetem Zustand in Baalbek. Man schätzt, dass er im fertigen Zustand

*Abb. 10.3. Der unvollendete Obelisk in Baalbek namens »Stein der schwangeren Frau«, der möglicherweiuse Marduk gewidme war*

1.800 Tonnen wöge! Er ist als der »Stein der schwangeren Frau« bekannt. Vermutlich leitet sich der Name von dem Glauben her, dass eine Frau, die den Stein berührt, ihre Fruchtbarkeit steigert. Dieser Mythos würde die Idee von Obelisken als riesigen Phallussymbolen bestätigen. Da der Bau des Tempelkomplexes auf das Neolithikum datiert wurde, dürfte er sogar älter als Marduk sein, vermutlich auf die Ankunftszeit der Marsianer um 5.000 vor unserer Zeitrechnung zurückgehen. Doch ist bekannt, dass er später der männlichen Gottheit Baal (daher der Name Baalbek) und dem Sonnengott Ra gewidmet wurde. Dies deutet darauf hin, dass Baalbek zu Marduks Zeiten ein Zentrum der Zivilisation war, und es kann sein, dass dieser gewaltige Obelisk, wenn man ihn fertiggestellt hätte, Marduk gewidmet worden wäre.

In hellenistischer Zeit im vierten Jahrhundert vor unserer Zeitrechnung verschmolz bei den Griechen Baal mit dem Sonnengott, und die Stadt wurde Heliopolis oder »Stadt der Sonne« genannt. Die Römer erbauten später den großen Hof des Jupitertempels auf den alten Ruinen.

Um weiter sicherzustellen, dass die menschlichen Arbeiter nichts über die vergangene Geschichte des Planeten oder über Außerirdische erfuhren, die ihr Schicksal zum Besseren wenden könnten, versperrten sie alle Informations- und Wissensquellen, die auch nur einen winzigen Schnipsel der Wahrheit über ihre Lage enthüllen konnten. Historische Tontafeln und Schriftrollen wurden zerstört oder versteckt. Zusammen mit der elektronischen Decke hielt dies die Menschheit in einem Zustand der Unwissenheit und eigentlich, wenn nicht sogar tatsächlich, der Versklavung.

Die SHET-I wollten die Menschen allesamt in der Tretmühle einsperren. Diese Strategie schaffte Präzedenzfälle, die noch heute – trotz liberaler Universitäten und des Internets – ihre Wirkung zeigen. Selbst in den USA, der angeblichen Bastion der Freiheit, ist die Gefahr, sich wegen des Glaubens an sogenannte Verschwörungen in den Medien lächerlich zu machen, und der Druck, »politisch korrekt« zu sein, enorm.

## Der Putsch der SHET-I

Um seine Herrschaft weiter zu zementieren, setzte Marduk nur seine verlässlichsten Verwalter, Priester und Kinder in mächtigen und einflussreichen Positionen ein. Die entscheidenden Reprogrammierungs- und Reanimationszentren wurden unter die Kontrolle einer elitären Gruppe von Hohepriestern gestellt, die auch als oberste Verwalter des Reiches dienten. In Ägypten kommunizierten sie in Hieroglyphen, einer Sprache, die für die Massen nicht zugänglich war. Aber Marduks Griff nach den Schalthebeln der Macht war in Wirklichkeit völlig von den SHET-I abhängig, die das Imperium eigentlich regierten, und das wusste er auch.

Morning Sky schreibt:

»Als er erkannte, dass sein Thron nicht unversehrbar war, besann sich der Gottkönig Marduk auf die Möglichkeit einer Wiedervereinigung mit dem Reich der Sirianer. Er fühlte, dass sein Reichtum und seine Macht ihm Verhandlungsspielraum gaben. Herr Gott RRA brauchte ein neues Bündnis, um sich selbst zu schützen. Es war jedoch schon zu spät.«

Über Nacht fand ein unblutiger Putsch statt. Morning Sky schildert ihn folgendermaßen:

»Keine Gewalt, kein Kampf – die SHET-I hatten einfach still und heimlich von allem Besitz ergriffen. Als die Sonne über dem Palast aufging, hatten die SHET-I bereits die Kontrolle inne. Alle Elitekrieger-Wachtruppen des Herrn RRA waren gefangengenommen oder eliminiert worden. Es blieb nur noch die Aufgabe, den Gott RRA selbst zu ergreifen.«

Einige Quellen behaupten, dass Marduk gefangengenommen und in die Große Pyramide von Gizeh gesperrt worden sei, die daraufhin versiegelt wurde. Ohne den Zugriff auf seine lebensverlängernden Drogen und die Fürsorge seiner Wissenschaftler, so glaubte man, würde er schließlich sterben.

Doch diese Quellen behaupten ebenfalls, dass er von einer Gruppe treuer Anhänger gerettet worden sei, die einen Durchgang unter der Pyramide gegraben hätten, und dass er dann zu seinem Stammsitz, dem Sternsystem Sirius, geflohen sei. Dies geschah wahrscheinlich irgendwann im zweiten Jahrhundert vor unserer Zeitrechnung.

# 11 Die Shemsu Hor

*Bei Bhogavata weiß ich einen Ort,*
*des Schlangenvolkes Scharen leben dort:*
*Die große Stadt von Mauern ist versiegelt,*
*ein jedes Tor von Wächtern treu verriegelt.*
*Vor jenen Schlangen, die so grimmig hausen,*
*erstarrt der kühnste Blick in Furcht und Grausen,*
*und grässlich prangt im Saal auf seinem Thron*
*Vasuki über allem Volk in Fron.*

– Aus dem Ramayana –

Die SHET-I bewahrten Marduks politische und religiöse Einrichtungen. Sie wollten bei ihren menschlichen Sklaven keine Unzufriedenheit oder gar Aufruhr erregen. Ihre Ordnung blieb patriarchalisch, sie schickten die Frauen in strenge Unterwerfung zurück und behielten die Verehrung eines einzigen wahren Gottes bei.

Allen Anzeichen nach scheint die Herrschaft der SHET-I um etwa 2400 vor unserer Zeitrechnung begonnen zu haben. Um in Ägypten die religiöse Kontrolle zu erlangen, unterwanderten sie die Priesterschaft und ersetzten die Verehrung von Ra durch die von Amun, wenngleich sie Bezugnahmen auf Ra tolerierten. Wie Xaviant Haze in seinem Buch *Aliens in Ancient Egypt: The Brotherhood of the Serpent and the Secrets of the Nile Civilization* (»Außerirdische im Alten Ägypten: Die Bruderschaft der Schlange und die Geheimnisse der Nil-Zivilisation«) ausführt, übernahmen die unterirdisch lebenden SHET-I schließlich die Priesterschaft des Amun und bildeten daraus die Bruderschaft der Schlange. Haze verwendet in seinem Buch die Bezeichnung SHET-I zwar nicht, aber er bezieht sich auf die Reptiloiden als die Shemsu Hor, was übersetzt »das Geleit des Horus« bedeutet.

Im Laufe der Geschichte hat es je nach der vorherrschenden Kultur in jeder Ära viele verschiedene Namen für die Shemsu Hor gegeben. Haze schreibt:

»Mit welchen Mitteln die Shemsu Hor ihr Ziel erreichten, vergessene Technologien zu erneuern, bleibt ein Rätsel, aber irgendwie ist es ihnen gelungen. Schon früh in der 18. Dynastie Ägyptens (1539-1295 vor unserer Zeitrechnung) hinterließen sie ihre Spuren in der menschlichen Zivilisation.«

Die Shemsu Hor gelangten im Geheimen zur Macht, indem sie den jungen Pharao Thutmosis III. unterstützten (siehe Tafel 4). Von 1479 vor unserer Zeitrechnung an regierte Thutmosis – damals noch ein Junge – zweiundzwanzig Jahre lang an der Seite von Königin Hatschepsut, die seine Stiefmutter und Tante gewesen ist. Als er älter geworden war, wurde er zum Befehlshaber ihrer Streitmacht ernannt.

*Abb. 11.1. Königin Hatschepsut (1507-1458 v.Chr.)*

Den militärischen Plänen der Shemsu Hor stand die Herrschaft Hatschepsuts im Wege, und sie wollten sie beseitigen. Sie verabscheute den Krieg und war bestrebt, ihren Untertanen eine friedliebende Geisteshaltung nahezubringen, während Thutmosis danach trachtete, das Reich durch Eroberungen zu vergrößern. 1473 vor unserer Zeitrechnung erklärte sie sich zur alleinigen Pharaonin und nahm eine männliche Gestalt an, indem sie den traditionellen falschen Bart und

Männerkleidung trug. Sie hatte eine lange, erfolgreiche Regierungszeit und war eine beliebte Herrscherin. Besonders bekannt ist sie dafür, dass sie den Reichtum Ägyptens wiederhergestellt hat, wie auch für viele Bauprojekte, zu denen zwei Obelisken in Karnak und ihre prunkvolle Nekropole in Deir el-Bahari gehören.

Trotz ihrer männlichen Verkleidung versuchte Hatschepsut mit ihrer Herrschaft die verlorene heilige Philosophie der Weiblichkeit zu erneuern. Und dies vor allem erregte den Zorn der patriarchalischen Shemsu Hor, weil es ihren expansionistischen Plänen zuwiderlief, und sie planten sie zu töten. Es wird angenommen, dass Thutmosis sie ermordete, vermutlich mit den Shemsu Hor als Komplizen, so dass er die volle Macht an sich reißen konnte. Sie starb in ihren Fünfzigern.

## Feurige Scheiben

Kurz nachdem Thutmosis mit einundzwanzig Jahren zum Pharao aufgestiegen war, ereignete sich etwas sehr Seltsames. Die Shemsu Hor inszenierten eine gigantische Schau von Raumfahrzeugen am Himmel, als wollten sie ihre Zufriedenheit mit dem neuen Pharao feiern und ihre Unterstützung für ihn bekräftigen.

Haze beschreibt diesen unglaublichen Anblick:

> »Die Schriftgelehrten wurden Augenzeugen des Ereignisses, wie am ganzen Himmel, hoch über dem ägyptischen Volk, das dem ganzen Schauspiel mit sprachlosem Erstaunen zusah, feurige Scheiben aufflackerten. Thutmosis III. befahl, dass ein Bericht darüber für die Nachwelt aufgezeichnet werden sollte.«

Doch das war erst der Anfang. An den nachfolgenden Tagen tauchten immer mehr »feurige Scheiben« auf und sammelten sich zu einer gewaltigen Flotte von UFOs, die den Himmel über Ägypten bedeckte. Dann nahmen die Befehlshaber der Raumschiffe Kontakt zu Thutmosis auf und luden ihn zu einem Treffen an einem entlegenen Ort in der Wüste ein.

Haze schildert es folgendermaßen:

»Um sicherzugehen, dass Thutmosis III. wirklich der Herrscher war, den sie im Sinn hatten, mussten sie ihn in die geheimnisvollen Wege des Himmels einweihen ... Dies bedeutete, dass die Shemsu Hor Thutmosis eine Reise in die obere Erdatmosphäre gewährten – wie schon anderen Propheten vor ihm, namentlich Elias und Henoch.«

Vermutlich wurde dadurch die Verbindung gefestigt, da Thutmosis zweifellos glaubte, es mit den Göttern zu tun zu haben. Von diesem Punkt an handelte er in ihrem Interesse, und mit ihrer Hilfe wurde er schließlich zu einem unbesiegbaren Heerführer.

## Ein verschlungener Pfad

Diese erstaunliche Erscheinung am Himmel wurde von den Schriftgelehrten tatsächlich, wie Thutmosis es befohlen hatte, aufgezeichnet und ging in seine königlichen Annalen ein. Haze begibt sich in seinem Buch auf den verschlungenen Pfad der Entdeckung und Übersetzung des antiken Dokuments.

Der Original-Papyrus war in hieratischer Kursivschrift verfasst. Eine in Hieroglyphen übersetzte Version wurde im Nachlass von Professor Alberto Tulli gefunden. Der Italiener war Direktor des Ägyptischen Museums im Vatikan und hatte den Papyrus 1934 von Phocion J. Tano auf einem Basar in Kairo erworben. Haze berichtet, dass Tano Inhaber der Cairo Antiquities Gallery war und wegen seiner Studien zur Geschichte Ägyptens in hohem Ansehen stand.

Tulli beauftragte damals den französischen Archäologen und Ägyptologen Etienne Drioton damit, das Dokument aus der hieratischen Schrift in einfache Hieroglyphen zu übersetzen, die deutlich einfacher zu lesen waren. Drioton wurde später Direktor der Antikenverwaltung im Ägyptischen Museum von Kairo. Als Tulli 1952 starb, vermachte er seinen Nachlass seinem Bruder Gustavo. Dieser übergab die Dokumente dem hochgeschätzten Ägyptologen Boris de Rachewiltz, der sie ins Italienische übersetzte. Rachewiltz war ein bekannter Experte auf dem Gebiet der Ägyptologie und Autor wissenschaftlicher Arbeiten, auf die noch heute Bezug genommen wird. Seine Übersetzung der Annalen erschien 1953 und enthielt folgende Passage:

> »Nachdem einige Tage vergangen waren, wurden sie am Himmel immer mehr. Sie leuchteten am Himmel heller als das Licht der Sonne.«

Zum Bedauern sowohl von Forschern als auch der Antikenverwaltung ist der Original-Papyrus verschollen. Es wird angenommen, dass er sich in privater Hand befindet.

## Der Napoleon Ägyptens

Die Shemsu Hor versuchten, das Königreich Ägypten zu erweitern. Da sie nun den Pharao kontrollierten, flossen umso mehr Reichtümer den ägyptischen Schatzkammern durch Abgaben zu, je größer das Territorium unter seiner Herrschaft wurde. Infolgedessen machte sich Thutmosis sofort zu Eroberungsfeldzügen auf. Er führte siebzehn Feldzüge in zwanzig Jahren durch und eroberte 350 Städte in einem Gebiet, das vom heutigen Süden Syriens bis nach Nubien reicht. Dadurch, dass er nacheinander einzelne Städte einnahm, war er in der Lage, Stück für Stück ganze Königreiche zu erobern.

Er verwendete fortschrittliche Waffen, setzte erstmals in der Kriegsführung von Pferden gezogene Streitwagen ein und ersann innovative Militärtaktiken. Indem er Boote über Land transportierte, konnte er Küstenstädte wie Mittani angreifen, die auf dem Landweg nicht zugänglich waren, und überraschte dadurch die wehrlosen Gebiete völlig.[17] Am Ende seiner langen Regierungszeit

---

17 Indem er Boote über Land vom Nil zum Mittelmeer tragen ließ, konnten sie dort zu Wasser gelassen werden und die Küstenstädte angreifen. Diese Städte hätten zu der Zeit niemals einen Angriff der Ägypter vom Meer aus erwartet, da sie davon ausgingen, dass Ägypten von Land umgeben ist. Der Mittelmeerhafen von Alexandria wurde erst nach 332 vor Christus gebaut.

hatte Thutmosis ein gewaltiges, viele Länder umfassendes ägyptisches Großreich erschaffen. In der Geschichtsschreibung wurde er später als der »Napoleon Ägyptens« bezeichnet. Überraschenderweise bemerkte man anhand seiner Mumie, dass er außerordentlich klein war, nicht einmal 1,50 Meter groß – was für einen Mann auch damals sehr ungewöhnlich gewesen ist. Dies legt nahe, dass er vielleicht selbst ein Hybride war.

Haze sagt, dass Thutmosis …

> »einer der wenigen Menschen in der Geschichte [war], die die Grenzen ihres Reiches auf die ganze bekannte Welt ausgeweitet haben. Höchstwahrscheinlich gelang ihm diese Meisterleistung mithilfe der Technologie der Shemsu Hor.«

Dank so vieler eroberter Königreiche, die Abgaben entrichteten, wurde Ägypten sehr reich. Die Bruderschaft der Schlange, die durch die Priesterschaft des Amun wirkte, führte eine Währung aus Silber und Gold ein und ersetzte damit den Tauschhandel. Dies ermöglichte den Einsatz eines zentralen Bankensystems, das die expandierende Wirtschaft kontrollierte. Weiter unten werden wir sehen, dass die Reptiloiden immer danach streben, mit Währungen die Massen zu kontrollieren – bis in die Gegenwart hinein. Mit diesem Mittel sind sie imstande, ihre Freunde zu belohnen und an die Macht zu bringen, indem sie große Unternehmungen finanzieren, während sie ihre Gegner durch Verknappung der Geldmittel aus dem Weg räumen.

Das ist ein Kennzeichen für eine Kontrolle durch Reptiloide. Vor allem ermöglicht es ihnen, Kriege zu finanzieren. Weltweit profitieren die Reptiloiden immens von Kriegen, und zwar auf beiden Seiten der Kriegsgegner! Nicht nur, dass Krieg die menschliche Bevölkerung allgemein reduziert, er führt auch dazu, dass die Überlebenden umso verzweifelter um Hilfe bitten, die ihnen die Reptiloiden aus ihren nun überfließenden Kassen gerne gewähren – aber nicht umsonst. So können sie Nationen und Bevölkerungen verändern, indem sie diese herumschieben wie Figuren auf einem Schachbrett. Es ist hinlänglich bekannt, dass Banken und große Industriekonzerne von den beiden Weltkriegen erheblich profitiert haben.

*Abb. 11.2. Thutmosis III. – der Kriegerpharao*

In späteren Jahren durchschauten Thomas Jefferson und Andrew Jackson in den Vereinigten Staaten diese List und taten ihr Bestes, damit ein zentrales Bankwesen nicht gestattet würde. Besonders Jackson wagte einen heldenhaften Kampf gegen die Einführung einer Zentralbank. Ihre Bemühungen verhinderten das Aufkommen eines solchen Bankwesens für ein Jahrhundert, doch mit der Einführung der Federal Reserve Bank 1913 war die Übernahme der amerikanischen Wirtschaft durch Strohmänner der Reptiloiden vollzogen, und die Geldschleusen, die den Ersten Weltkrieg und alle Kriege der Vereinigten Staaten finanzierten, öffneten sich.

Im alten Ägypten behielt die Bruderschaft der Schlange angesichts des Auftriebs, den sie durch ihre Kontrolle über Thutmosis erhalten hatte, ihre Herrschaft über nachfolgende Pharaonen bei. Ihre Herrschaft über Ägypten durch die Priesterschaft des Amun wirkte hinter dem Thron des Pharaos; mittels ihres alten Wissens bezüglich Genetik, Blutlinien, Drogen und Gedankenkontrolle beförderten sie ihre Günstlinge immer mit Bedacht an die Macht.

Sie mussten einen vorübergehenden Rückschlag hinnehmen, als Echnaton an die Macht kam und die Verehrung des Sonnengottes Ra wiedereinsetzte. Doch das war schon mit der nächsten Generation vorbei, als der Großwesir Ay den jungen Tutenchamun, den Sohn von Echnaton und Nofretete, dahingehend beeinflusste, alle Erinnerungen der Aton-Verehrung von den Säulen und aus den Tempeln zu tilgen und die Priesterschaft des Amun wiedereinzusetzen. Von diesem Zeitpunkt an lief alles wie gewohnt.

Haze fasst den Einfluss der Bruderschaft zusammen und sagt:

> »Die Bruderschaft der Schlange war die unangefochtene Autorität in Ägypten. Sie regierte die Menschen jeweils durch Politik und Religion, das heißt, durch Marionetten-Pharaonen und die Priesterschaft des Amun. Sie formten, gestalteten und veränderten die Welt nach ihrem Belieben und experimentierten mit dem vorsintflutlichen [sic!] Wissen, das nun ihr Erbe war.«

Erinnerungen an ihre Herrschaft waren sorgsam in die Volkskultur eingebettet. So wurde beispielsweise der Gott Sobek, der einen Krokodilskopf hatte, als ein Gott der Schöpfung in das ägyptische Pantheon aufgenommen. Während der 18. Dynastie war er als Gott des Kampfes und der Finanzen bekannt. Der von zwei Schlangen umwundene Caduceus hat drei Jahrtausende bis heute überdauert und ist derzeit ein Symbol medizinischer Einrichtungen in den USA.

*Abb. 11.3. Die Uräusschlange (Kobra) auf Tutenchamuns Krone*

Darüber hinaus setzten sie die Einbettung einer aufgerollten Kobra, deren Kopf geradeaus nach vorne zeigt, als wolle sie gerade zubeißen, auf der Vorderseite der Krone des Pharaos durch. Zweifellos wollten sie damit sicherstellen, dass die Leute sahen, wer wirklich das Sagen hat.

Diese aufgerichtete Schlange wird heute Uräus genannt, was im Griechischen so viel wie »die sich Aufbäumende« bedeutet. Ihre Anwesenheit bezeugte die Rechtmäßigkeit der Herrschaft der Paraonen, und sie war sogar auf den Kronen der Götterstatuen von Horus und Seth befestigt. Es heißt, dass sie seit dem Alten Reich um 3000 vor unserer Zeitrechnung auf den Kronen der Pharaonen zu finden ist.

Wofür konnte ein solches Zeichen, an prominenter Stelle über der Stirn des Pharao angebracht, sonst stehen als für die Herrschaft der Bruderschaft der Schlange über den Pharao?

## Die Bruderschaft der Schlange

Sie waren unter vielen Namen bekannt: die SHET-I, die HEN-T, die Shemsu Hor, die Reptiloiden, Nagas, Echsen, Hybriden, Dow, die Bruderschaft der Schlange, die Babylonische Bruderschaft und in neuerer Zeit die Grauen.

Sie wohnen in einem unterirdischen Reich, das ihre Vorfahren, die Dracos, erbaut haben, und sind in der Lage, lange Strecken durch ein komplexes Netzwerk von Tunneln mit magnetischen Überschall-Levitationszügen (Maglev) mit einer Geschwindigkeit von bis zu 300 Meilen pro Stunde zurückzulegen. Nun, da sie von der Herrschaft der Dracos, Sirianer und Marduks befreit sind, haben sie auf der Basis des Gruppenbewusstseins eine Art hierarchische Bruderschaft herausgebildet, die im Grunde demokratisch ist. Sie leben in großen Städten. Ihre Hauptstadt ist das siebenstufige Bhogovita tief unter dem indischen Subkontinent.

Sie verfügen über eine erstaunliche Technik einschließlich Antigravitationsflugzeugen, die sie durch jede erdenkliche Anzahl von Toren in unseren Himmel entsenden können. Diese Flugzeuge waren es, mit denen sie Pharao Thutmosis III. beeindruckt und für ihre Pläne gewonnen hatten und mit denen sie 1947 Admiral Byrd davon abhielten, im Zuge der Operation Highjump in die Antarktis einzudringen. Außerdem entsandten sie von der Antarktis, ihrem wissenschaftlichen und technologischen Hauptstützpunkt, interstellare Raumschiffe auf den Mond, zum Mars und darüber hinaus.

Viele, wenn nicht sogar alle UFOs, die an unserem Himmel bisher aufgetaucht sind und von denen aus sie Millionen Menschen entführt haben, kommen aus ihrem unterirdischen Reich. Ihr weltweites Kreuzungsprojekt wird in Wahrheit unter der Erde ausgeführt und nicht in Raumschiffen.

Von ihren alten Ahnfrauen, den Königinnen des Orion, haben sie ein enormes biotechnologisches und gentechnisches Fachwissen ererbt, das ursprünglich während der vorsintflutlichen Zeit von den Dracos hierher verbracht wurde. Seit diesen Anfängen haben ihre Wissenschaftler ganz erstaunliche Drogen entwickelt, die sie regelmäßig einnehmen, um ihre Lebensdauer sogar um Jahrtausende zu verlängern, genau wie es die Königinnen taten. Diese Drogen werden über die Pharma-Riesen allmählich auch unserer Zivilisation zugeführt, um gewaltige Gewinne für ihre menschlichen Marionetten, die *Illuminati*, einzufahren.

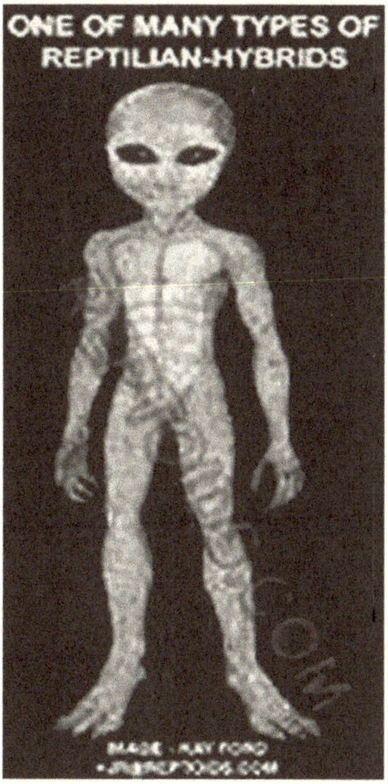


*Abb. 11.4. Einer von vielen Typen eines reptiloid-sirianischen Hybriden*

Die einzige Fabrik in Deutschland, die während des Zweiten Weltkriegs nicht zerbombt wurde und unversehrt geblieben ist, war der riesige Arzneimittelkonzern IG Farben. Weil die Reptiloiden Hunderte, vielleicht sogar Tausende von Jahren leben, können sie viele Generationen auf der Erde überdauern und ihre Programme über ausgedehnte Zeiträume hinweg verfolgen.

Ihre Fähigkeit, sich sexuell fortzupflanzen, haben sie schon lange verloren, weshalb sie heute zumeist die Technik des Klonens anwenden, die vor Millionen von Jahren von ihren Biowissenschaftlern perfektioniert wurde. Ebenso haben sie von diesen Ursprüngen her die Fähigkeit ererbt, menschliche Erinnerungen zu verändern und auszulöschen sowie menschliches Bewusstsein von einem Körper auf einen anderen zu übertragen. Folglich scheint es, als könnten sie Wunder wirken, aber in Wirklichkeit ist es nur eine fortgeschrittene Wissenschaft, die vor Äonen von den Wissenschaftlern der Königinnen vervollkommnet worden ist.

Ihr wahrscheinlich eindrucksvollstes Talent ist ihre Fähigkeit, durch Gedanken ihren Schwingungszustand zu erhöhen, was ihnen ermöglicht, die niedere vierte Dimension zu bewohnen, in der sie für die menschliche Wahrnehmung unsichtbar sind. Diese Fähigkeit gestattet ihnen, Menschen im Traumzustand zu kontaktieren und zu beeinflussen und bei Entführungen massive Wände mit Leichtigkeit zu durchschreiten. Diese niedere Region des Astralreiches ist von spirituell zurückgebliebenen menschlichen Seelen wie auch von dämonischen Wesen bewohnt. Darum wird sie, so Stewart Swerdlow, häufig als »Hölle« bezeichnet. Alle Formen schwarzer Magie haben hier ihren Ursprung.

Dies ist ein Grund für ihre Macht über das Menschengeschlecht, wenngleich ihre Wissenschaft und Technologie, vor allem ihre Biowissenschaft – das Erbe Jahrtausende langer Entwicklung durch ihre Vorfahren vom Orion – unserer Forschung immer noch um einige hundert Jahre voraus ist. Doch durch die potenziell sehr große Macht der menschlichen Seele holen wir schnell auf. Das wissen sie, und darum versuchen sie, uns in einem niederen, abergläubischen Bewusstseinszustand zu halten, um ihre Kontrolle über uns zu bewahren.

Ganz in der Tradition der Königinnen vom Orion bewerkstelligen sie dies vor allem durch Religion. Von ihren ersten Tagen in Ägypten an, als sie durch die Priesterschaft des Amun wirkten, haben sie die Religion sehr effektiv eingesetzt. Das Ergebnis ist ein unterworfenes, schuldbeladenes Volk, das die Marionetten, die sie an politische Machtpositionen gesetzt haben, kaum in Frage stellen wird. Wie wir in den folgenden Kapiteln sehen werden, haben sie sich neue Religionen schnell zu eigen gemacht und sie nach ihren Vorstellungen verdreht. Sie finden immer einen Weg, Religionen zur Bewusstseinskontrolle einzusetzen.

Es versteht sich von selbst, dass sie noch viele andere Möglichkeiten zur Bewusstseinskontrolle haben außer der Religion, die nur für die Massen gedacht ist. Sie kontrollieren Individuen auf vielerlei

Weise. Zunächst einmal suchen sie sich Zielpersonen mit einem hohen Anteil an Reptiloiden-DNS, auch »Blaublütige« genannt. Diese Menschen sind das Produkt Jahrtausende langer genetischer Manipulation und befinden sich heute größtenteils in verantwortlichen Positionen. Alle Mitglieder früherer Königshäuser sind blaublütig, ebenso die reichen und mächtigen Personen in allen Bereichen der Gesellschaft, vor allem in der Industrie, der Wissenschaft und in gesundheitsbezogenen Stellungen.

Diejenigen, bei denen man fast 50 Prozent Reptiloiden-DNS implementiert hat, gelten als Mitglieder der *Illuminati*. Sämtliche Banker, Staatsmänner, Kleriker und Konzernchefs an der Weltspitze gehören in diese Kategorie. All diese Menschen sind höchst empfänglich für die Bewusstseinskontrolle der Bruderschaft und für dämonische Einflüsse aus dem Astralreich. Dabei arbeitet die Bruderschaft in erster Linie über die Traumebene. Der Militärhistoriker James Bartley sagt:

> »Die Reptiloiden und ihre Gefolgsleute sind Meister darin, Illusionen zu erschaffen, Verkleidungen anzunehmen und das Bewusstsein der Menschen dafür zu dämpfen, ob sie sich innerhalb oder außerhalb der astralen Traumlandschaft befinden. In der Traumlandschaft können die Reptiloiden den Grad der Angst des Entführten steigern oder geistige Schwerfälligkeit so leicht erzeugen, als würden sie am Senderknopf eines Radios herumdrehen.«

Während ihre Kontrolle in hohem Maße über die Traumebene erfolgt, haben sie jetzt auch viele Millionen von Menschen überall auf der Welt zum Zweck besonderer geistiger Programmierungen entführt.

Diese Kontrollfähigkeit ist besonders wichtig, wenn eine Nation auf einen Krieg vorbereitet wird. Nachdem sie in allen verantwortlichen Positionen der bewaffneten Streitkräfte ihre Marionetten platziert haben, programmieren sie diese so, dass sie gewalttätig werden, menschlichem Leid gegenüber abstumpfen – um zu kaltblütigen Killern zu werden – und ihre Untergebenen dazu anleiten, es ihnen gleichzutun. Dies erklärt, warum die Armeen kriegerischer Nationen zu rasenden Mördern und Killern entarten, die kein Fünkchen Rücksichtnahme und menschliches Mitgefühl mehr zeigen.

Bartley schreibt:

»Immer stärker wütet das Konzept der Reptiloiden mit *reinen Blutlinien*, der Ermordung und Folter unschuldiger Menschen. Im Laufe der Geschichte wurden diese im Wesentlichen reptiloiden Begriffe Kulturen und Gesellschaften unter Kontrolle der Reptiloiden eingehämmert, und die tragische Folge waren immer dieselbe: der schreckliche und qualvolle Tod unschuldiger Männer, Frauen und Kinder.«

In den Kapiteln 16 und 17 werden zwei der abschreckendsten Beispiele aus jüngster Zeit geschildert.

# 12 Die Erschaffung des Christentums

Die Sirianer vom Sirius A waren in einer einmaligen Situation. Auf der einen Seite war ihre Loyalität aufgrund ihres Bündnisses an die Königinnen vom Orion verpfändet, weshalb sie sich verpflichtet hatten, keine Handlungen auszuführen, die sich gegen die Interessen der Reptiloiden richteten. Doch auf der anderen Seite hatten sie auch eigene Pläne, und hier auf diesem kleinen Planeten ganz am Rande der Galaxis fühlten sie sich nicht eng genug gebunden, um eine Reaktion der Reptiloiden auf echte oder vermeintliche Verletzungen des Abkommens zu befürchten.

Wenn sie auch einen Großangriff der Reptiloiden fürchteten, wäre ein solcher wegen kleiner Indiskretionen doch unwahrscheinlich. Darüber hinaus war die Bevölkerungszahl der Reptiloiden auf der Erde sehr beschränkt, da sie im Untergrund leben mussten, und sie waren von der Kommunikation mit Drachen und Orion abgeschnitten. Also bildeten die Sirianer eine Doppelmoral aus. Sie halfen den hiesigen Reptiloiden weiterhin auf sehr wichtige Weise.

Ihre Technologie war es, die das Gestaltwandlungsprogramm möglich machte, und beim Hybridisierungsprogramm assistierten sie auf andere Weise. Doch sie setzten, besonders im Bereich der Religion, auch ihre eigenen Pläne durch.

Was die Hybridisierung betraf, waren die Sirianer erfahrener und kenntnisreicher als die Reptiloiden, die hier auf der Erde, abgeschnitten von ihrer Technologie im Orion, gestrandet waren. Bevor Atlantis in den Fluten versank, folgten die Sirianer der Wanderung der Atlanter nach Ägypten.

Sie wollten hybride »Atlan-Sirianer« (das heißt: Lyra-Sirianer) erschaffen, die, so glaubten sie, eine großartige neue Rasse bilden würden, die für die Einflussnahme der Sirianer offen war.

Da Atlantis nicht mehr existierte, glaubten sie, dass dies die beste Alternative wäre, um die Kultur von der Lyra auf der Erde wiederaufleben zu lassen. Dennoch hatten sie für diesen Plan nicht die Zustimmung der Reptiloiden. Die neu erschaffene Rasse wurde die erste Unterrasse der Hebräer.

Swerdlow schreibt:

> »Diese Leute waren groß und kräftig, und sie sprachen die Sprache der Sirianer, die mit der althebräischen Sprache identisch war. Wissenschaftler sind sich einig darüber, dass die hebräische Sprache ziemlich plötzlich auf der Bildfläche erschien. … Ursprünglich wurde Hebräisch ausschließlich von der [jüdischen] Priesterschaft und der ägyptischen Geheimgesellschaft gesprochen.«

Die ägyptische Priesterschaft hatte ihre eigene Hieroglyphensprache, die der religiösen Kommunikation vorbehalten war. Die Hebräer waren in Ägypten keine wirklichen Sklaven, sondern bezahlte Arbeiter. Die Ägypter setzten sie auch als Auslandsagenten ein. Sie wurden nach Kanaan entsandt, um die Kanaaniter dem ägyptischen Reich einzuverleiben. Dort mischten sie sich mit den sumerisch-hybriden Nachkommen und übernahmen von ihnen einige Blutrituale und Praktiken des Menschenopfers.

Dazu sagt Swerdlow:

> »All das war in einem Religionsgemisch vereinigt, das auf alten Glaubensvorstellungen der Ägypter, Atlanter und Sirianer beruhte. So wurde das Judentum geboren.«

Die Geschichte von Abraham, dem von Gott befohlen wird, seinen eigenen Sohn zu opfern, war ein Produkt dieser Religion. In einer Religion, die Menschenopfer praktizierte, war dies ein zulässiger Befehl. Doch sein eigenes Kind opfern?

Die Hebräer wandelten diese Praktiken zu Tieropfern um. Das war die zivilisiertere jüdische Version der barbarischen Menschenopfer, die von Reptiloidenmischlingen im Nahen Osten wie auch in Mittel- und Südamerika praktiziert wurden.

Die Bruderschaft und die Sirianer wussten sehr wohl um die Macht der Religion, mit der sie das Leben ihrer Untertanen steuern und kontrollieren konnten. Die Königinnen vom Orion hatten diese Lektionen vor Äonen gelernt und die Religion eingesetzt, um ihr weitgespanntes galaktisches Reich zu kontrollieren. Die Verteilung der Juden von Ägypten über den gesamten Nahen Osten gründete auf einem Plan, die neue Religion und ihre Kultpraxis in diesen Gebieten schnell zu verbreiten. Die Absicht war, das Judentum zur allgemeingültigen Religion der neuen Menschheit zu machen.

Swerdlow berichtet:

> »Der Nahe Osten rückte für die Sirianer und ihre reptiloiden Verbündeten in den Mittelpunkt. Zusammen erzeugten sie eine neue Version von Religion und Kultur zur einfacheren weltweiten Herrschaft und Kontrolle. Wie wäre das besser zu bewerkstelligen gewesen als durch die Programmierung eines nomadischen Menschentypus, der diese Religion und Kultur in alle Regionen der Erde tragen würde?«
> Die Bruderschaft plante sehr weit voraus. Ihr Endziel war die *Globalisierung*. Um eine einheitliche Weltbevölkerung zu schaffen, die sie leicht kontrollieren konnte, brauchte sie eine einheitliche Weltreligion – und das wusste sie bereits!«

Der Exodus wurde von Raumschiffen der Sirianer überwacht, und wenn es nötig war, wurde den jüdischen Emigranten Hilfe gewährt. Wenn die Sirianer Asteroiden aushöhlen und mit Schwarzen Löchern antreiben konnten, dann hatten sie bestimmt auch die Technik, das Rote Meer zu teilen. Und das Manna, das »vom Himmel« fiel, um die hungernden jüdischen Stämme zu speisen, war eine Nahrung, die von der Wissenschaft so konzipiert war, dass sie ein Maximum an Nährwert und Energie lieferte (siehe Tafel 5).

Die neue Religion wurde in dieser Zeit durch neue Einschränkungen ergänzt. Moses, der vom Gipfel des Berges Sinai mit dem Raumschiff vom Sirius kommunizierte, empfing dort die Zehn Gebote, die in Kristalle eingraviert waren. Die Gesetze, welche die Thora bilden, wurden in der Bundeslade aufbewahrt, die ein stark aufgeladener elektromagnetischer Empfänger war, weshalb sich ihr nur Priester in Schutzkleidung nähern konnten. Und allein diese Priester wussten die »Botschaften Gottes« zu entziffern, die von der Bundeslade auf Hebräisch empfangen wurden.

Laut Swerdlow wurden Sodom und Gomorrha von Atombomben zerstört, weil die unter ihrer Bevölkerung besonders beliebten homosexuellen Praktiken zu einer Ausbreitung des AIDS-Virus geführt hatten, und diese Ausbreitung musste unter Kontrolle gebracht werden. Er behauptet, dass an diesen Orten noch heute radioaktive Strahlungen gemessen werden können.

## Das Erscheinen Immanuels

Die Föderation stellte sich weiterhin gegen die Verbreitung reptiloider Blaublüter und Hybriden überall in der zivilisierten Welt, wie Swerdlow berichtet:

> »Mit Unterstützung der Sirianer arbeiteten sie nun, da die Reptiloidenmischlinge die Macht übernahmen, daran, die post-atlantischen Relikte behutsam in die Lyra-Kultur zurückzudrängen. Natürlich bemerkte diese abgeschottete Gruppe von der Lyra nichts von der hinterhältigen Einmischung der Sirianer auf der Erde. Wenn jemand mit allen Freund ist, dann ist er eigentlich mit niemandem Freund.«

Die Sirianer spielten auf beiden Seiten mit, während sie dabei bestrebt waren, ihre eigene Agenda voranzubringen. Die Föderation erkannte, dass sie einen hoch entwickelten Menschenhybriden brauchten, um die neue Religion in eine andere Richtung zu lenken. Swerdlow erläutert dies folgendermaßen:

> »Diese Gruppe entführte eine junge Frau mit besonders reinen menschlichen Erbanlagen aus dem alten Israel und pflanzte ihr einen Fötus ein, der genetisch für eine besondere Aufgabe vorgesehen war. Heute ist diese Frau als Maria bekannt, und wegen dieser künstlichen Befruchtung wird behauptet, dass sie eine Jungfrau war. …

Es gab eine Person mit dem Namen Immanuel. Er war das Kind einer Hybridisierung Marias mit einem Nachkommen der Lyra-Menschen. Maria wurde körperlich entführt und bekam ihn implantiert. Sie sagte, sie sei von Engeln besucht worden. Als junger Mann wurde Immanuel seiner Mutter weggenommen und zur Großen Pyramide auf das Plateau von Gizeh gebracht. Hier erlernte er viele Jahre lang die geistigen Grundsätze der Lyra, aus Atlantis und Ägypten. Er wurde auch an Bord der Raumschiffe der Föderation geholt und dort unterrichtet, wie er die Massen von den Einflüssen der Reptiloiden befreien könnte. Seine Anordnungen sollten die drei Stämme der Menschheit prägen, die über die reinsten arischen Erbanlagen auf der Erde verfügten.

Dies waren die von den Sirianern erschaffenen Hebräer, die von den Aldebaranern hervorgebrachten Germanenstämme und die Arier Nordindiens, die an den Gebirgsausläufern des Himalayas lebten. Alle drei Völker benutzten einen Löwen als Symbol und waren Nachkommen der ursprünglich blonden, blauäugigen Lyra-Menschen.«[18]

## Die Föderation erschafft das Christentum

Immanuel/Jesus leistete gute Arbeit. Er war gut ausgewählt und hochgebildet. Die Schulungen, die er auf den Raumschiffen der Föderation erhalten hatte, bereiteten ihn auf seinen Opfertod vor, aber in Wirklichkeit war es die Kraft seiner eigenen Seele und seines Geistes, die ihm allen Widerständen zum Trotz den Erfolg ermöglichte. Unter

---

18 Jetzt wird verständlich, warum Louis B. Mayer, der Mitbegründer der MGM-Filmstudios, den Löwen wählte, der seine Filme verkörpern sollte. Offenbar hat er auf einer gewissen Ebene seine Verbindung zu den alten Lyra-Menschen gespürt. Mayer bestand bekanntlich darauf, dass alle seine Filme erbaulich sein und hohe moralische Standards propagieren sollen. Was in MGM-Filmen deutlich zum Ausdruck kam, war Mayers Bewunderung und Respekt gegenüber Frauen, und MGM hat mehr weibliche Stars hervorgebracht als andere Hollywoodstudios. Dies stand den patriarchalen Werten des männlich dominierten Hollywood entgegen, die von den Günstlingen der Reptiloiden, den Illuminaten, propagiert wurden. – *Anmerkung des Verlags:* Mehr über Hollywoods spirituelles Kino erfahren Sie in Stephen Simons Buch *Die Macht ist mit dir*, Amra Verlag, Hanau 2008; das Vorwort stammt von Neale Donald Walsch.

zahlreiche feindliche Fraktionen geworfen, wagte er es, im Angesicht einer im Glauben verhärteten und strikt ritualisierten jüdischen Priesterschaft sowie einer jahrhundertealten römischen Kultur, die auf einem Pantheon von Göttern und Göttinnen gründete, ein neues Glaubenssystem vorzutragen.

Da war er nun – dieser sanfte Mann in Sandalen, der über die Hügel und durch die Täler des alten Palästina wandelte und einfache, aber tiefe spirituelle Wahrheiten aussprach, die er in rätselhafte Parabeln und Allegorien kleidete. Das Judentum war bereits durch Moses begründet worden. Es war nun die Aufgabe Jesu, auf diesem Fundament ein Gebäude zu errichten, und um das zu schaffen, war es notwendig, die Botschaft zu läutern.

In das Judentum waren reptiloide Elemente integriert, von denen es jetzt gereinigt werden musste. Es war eine Religion, die auf Gesetzen beruhtte. Jesus wandelte sie zu einer Religion der Liebe, als er sagte:

> »Das ganze Gesetz ist zusammengefasst in einem einzigen Gebot: Du sollst deinen Nächsten lieben wie dich selbst.«

Das war revolutionär. Die Idee von einer menschlichen Bruderschaft, die auf Liebe gründete, war nie zuvor als Religion verkündet worden. Bisher hatte sich in den Religionen alles um die Verehrung von Göttern und Göttinnen gedreht. Vor allem galt es als notwendig, die Götter gnädig zu stimmen, um ihren Zorn zu mildern. Es ging darum, »eine Gottheit zu beschwichtigen oder wohlgesinnt zu stimmen und so göttliche Gunst auf sich zu ziehen«. Dies wurde getan, indem den Göttern Brand- und sonstige Opfer dargebracht wurden.

Als Jesus die Geldwechsler aus dem Tempel jagte, war dies ein Akt des Widerstands gegen die Bruderschaft, welche Religion zu Geld machte. Indem sie für ein paar Schekel ein glückliches Leben nach dem Tod versprach, prägte sie dem Geld die überragende Bedeutung auf, durch die sie dann die Menschheit manipulieren konnte – für alle absehbare Zeit.

Dieser Widerstandsakt Jesu wurde 1.500 Jahre später von Martin Luther im Wesentlichen wiederholt, der gegen den Verkauf von Ablässen durch die katholische Kirche protestierte.

Der Plan der Föderation war, die jüdisch-christliche religiöse Ethik, die auf Liebe und dem Dienst an anderen Menschen gründete, als spirituellen Kern der neuen Menschheit zu verbreiten, welche die Erde erben sollte. Dies, so hofften sie, würde dem System der Reptiloidenmischlinge mit seinem Glauben an Blutrituale, Menschenopfer und der Versklavung durch Gedankenkontrolle entgegenwirken – dem System, das auf Tausenden anderer Welten überall in der Galaxis so gut funktioniert hat. Das Christentum sollte ein Mittel sein, um die neue menschliche Bevölkerung spirituell in die richtige Richtung zu lenken und zu verhindern, dass die Programmierung durch die Reptiloiden langfristig Erfolg haben würde.

## Der *Talmud Immanuel*

Die außerirdische Dimension des Erscheinens Jesu wird durch ein altes Dokument gestützt, das Anfang 1963 in einem unbewohnten Gebiet südlich von Jerusalem ausgegraben wurde. Zur damaligen Zeit – vier Jahre vor dem Sechs-Tage-Krieg – stand diese Gegend, wie auch Jerusalem selbst, noch unter arabischer Herrschaft und war verwaltungstechnisch gesehen kein Teil Israels.

Die Entdeckung machte der Schweizer Eduard Albert »Billy« Meier, der später für seine erstaunlich deutlichen Fotos außerirdischer Raumschiffe über der Schweizer Landschaft in der Nähe seines Heimatorts Hinwil sowie für seine Begegnungen und Gespräche mit Außerirdischen bekannt geworden ist.

Bei seiner bedeutsamen Entdeckung hatte Meier seinen Freund Isa Rashid dabei. Rashid war ein ehemaliger Priester der griechisch-orthodoxen Kirche und hatte sich auf Meiers Reisen durch das Heilige Land mit Meier angefreundet. Das Dokument wurde in einer sehr alten, zur Hälfte mit Unrat angefüllten Grabhöhle gefunden, in die sie aus Neugier gekrochen waren. Unter einem flachen Stein entdeckten sie ein von Harz umhülltes Bündel von vier Textrollen in aramäischer Sprache. Rashid, der aus einer palästinensischen Familie stammte, konnte einen Teil des Textes lesen. Die vier

Schriftrollen ergaben ein Buch mit dem Titel *Talmud Immanuel*, was übersetzt »Gott mit uns« bedeutet.

Damals hatte Meier schon von Kontakten zu einer Außerirdischen namens Asket berichtet, doch seine berühmten Fotos hatte er zu jener Zeit noch nicht geschossen, und auch seiner bekannten außerirdischen Kontaktperson Semjase von den Plejaden war er noch nicht begegnet. Dies geschah erst ab 1975.

Rashid begann 1963, die Schriftrollen in Meiers Auftrag ins Deutsche zu übersetzen, während dieser seine Reisen nach Indien und in die Türkei fortsetzte. Um 1970 hatte Rashid 36 Kapitel vollständig übertragen. 1974 schickte er diese Übersetzungen in zwei Paketen an Meiers Eltern. Erstaunlicherweise schaffte es das Postamt, die Pakete an Meier nachzusenden, denn seine Eltern wohnten nicht mehr an ihrer Ursprungsadresse. Ein Brief von Rashid erreichte Meier auf dieselbe Weise. In diesem Brief berichtet er ihm, dass er »mit einigen bestimmten Autoritäten Bekanntschaft gemacht« habe, die ihn dazu drängten, ihnen das Buch zu überlassen. Er sagte, dass sowohl christliche als auch jüdische Gruppierungen hinter ihm her waren, da sie wussten, dass der Inhalt beiden Religionen Schaden zufügen würde.

Daraufhin floh er mit seiner Familie aus Jerusalem in ein Flüchtlingslager im nördlichen Libanon. Mitte Juni 1974 zerbombten die Israeli einige Lager im Libanon, und Rashid war überzeugt davon, dass sie versuchten, ihn zu töten und das Buch zu zerstören. Rashid zog weiter nach Bagdad, wo er mit seiner ganzen Familie 1976 tatsächlich ermordet wurde!

## Die Himmlischen Söhne

Im *Talmud Immanuel* stellen wir als Erstes fest, dass Gott [im Englischen] mit einem kleinen »g« geschrieben wird. Er wird als »der große Herr der Reisenden« bezeichnet, »die durch die großen Weiten des Universums hierhergekommen sind.«

Es ist klar, dass wir es hier mit Raumfahrern von einem weit entfernten Stern zu tun haben und dass Gott der »Captain Kirk« dieser wandernden Schar von Siedlern auf dem Planeten Erde ist. Wir erfahren auch, dass Gott einen »himmlischen Sohn« und Schutzengel namens Semjasa hat und dass dieser es war, der eine Erdenfrau schwängerte, die den ersten Menschen Adam gebar.[19] Adam wird als »Stammvater eines Geschlechtes irdischer Menschen« sowie als »Vater der weißen menschlichen Bevölkerung« bezeichnet. Dann zählt der *Talmud Immanuel* die gesamte Ahnenreihe von Adam bis Joseph auf, dem Vater Immanuels: achtzig Generationen, an denen vermutlich irdische Frauen beteiligt waren, die die Söhne geboren haben, denn alle Nachkommen trugen männliche Namen.

Von Interesse ist hier, dass Noah der einundzwanzigste und David, der Vater Salomons, der dreiundfünfzigste Nachkomme ist. Diese Zeitspanne entspricht etwa der, die Swerdlow nennt, wenn er den Adam der Erschaffung des Menschen auf 40.000 vor unserer Zeitrechnung datiert, wobei wir das Durchschnittsalter jeder Generation *nur* auf etwa *500 Jahre* ansetzen. Dies könnte durchaus möglich sein, denn allein von Methusalem heißt es in der King-James-Bibel, er habe 969 Jahre gelebt. In beiden Fällen war die Menschheit noch relativ jung.

Im *Talmud Immanuel* lesen wir, dass Maria von einem himmlischen Sohn namens Gabriel geschwängert wurde, der in direkter Ahnenreihe von Rasiel abstammt. Es wird angedeutet, dass Rasiel in der Hierarchie sehr hoch stand, möglicherweise auf derselben Stufe wie Semjasa. Der *Talmud Immanuel* sagt, dass sich dadurch …

> »das Wort Gottes erfüllt, des Herrn jener, die von weither stammen und denen der Prophet Jesaja diese Worte übermittelt hat: ›Siehe, eine Jungfrau wird schwanger von einem himmlischen Sohn, noch ehe sie vor dem Volke einem Manne angetraut wird.‹«

---

19 Viele Frauen der Atlanter haben den Untergang von Atlantis überlebt und sich überall auf dem Globus verbreitet. Erinnern wir uns, dass die Atlanter Menschen von der Lyra und von den Plejaden waren und kein Reptiloidengehirn besaßen. – *Anmerkung des Verlags:* Bereits drei Bücher und vier CDs mit *Lichtbotschaften von den Plejaden* liegen im Amra Verlag vor. Pavlina Klemm channelt darin aktuelle Informationen zur Lage der Welt und gibt unterstützende Übungen weiter, die Mitglieder des Kosmischen Rates den Menschen übermitteln.

Dies stellt Immanuel – oder Jesus – im Grunde auf dieselbe Stufe mit Adam, da beider Väter himmlische Söhne sind. Marias zukünftiger Gatte Joseph war, als er davon erfuhr, über diese Schicksalswende überhaupt nicht glücklich und dachte schon daran, die Hochzeit abzusagen! Während er missmutig darüber nachsann, sprach ein Schutzengel, den Gabriel gesandt hatte, zu ihm:

»Siehe, Gott und sein Gefolge sind aus den Tiefen des Weltenraums gekommen, wo sie sich von einer großen Schuld befreiten, und haben hier eine neue Menschheit und eine Heimat mit den frühen Frauen dieser Erde geschaffen. … Verlasse sie nicht, denn die Frucht ihres Leibes ist für eine große Aufgabe erwählt. Heirate sie in aller Öffentlichkeit, so dass ihr vor dem Volke Mann und Frau seid.«

Zum größten Teil hält der restliche *Talmud Immanuel* sich eng an die Darstellung der Ereignisse im Neuen Testament bis zur Erzählung von der Auferstehung und dem, was darauf folgt. An dieser Stelle nimmt die Geschichte jedoch eine deutlich andere und überraschende Wendung, auf die ich im nächsten Kapitel eingehen werde.

Die Schilderung der Erschaffung Adams unterscheidet sich um einiges von Swerdlows Version. Im *Talmud Immanuel* wird Adam von einer einzigen Rasse Außerirdischer erschaffen, wohingegen nach Swerdlows Darstellung zwölf außerirdische Rassen und die Reptiloiden ihre DNS vereinigt haben, um den ersten Menschen hervorzubringen. Außerdem waren im *Talmud Immanuel* die Frauen bereits da, während Swerdlow der Darstellung in der Genesis folgt, wo es heißt: »Er schuf sie als Mann und Weib.«

Die Außerirdischen, die nach dem *Talmud Immanuel* Adam erschufen, scheinen wohl identisch mit den Elohim zu sein, der außerirdischen Menschenrasse, die von den elf anderen Rassen ausgewählt wurde, die Schöpfung der Menschheit zu leiten. Die Erzählung des *Talmud Immanuel* ist offenbar eine vereinfachte Darstellung der wahren Ereignisse. Doch seine Version der Geschichte von der Geburt Jesu stimmt weitgehend mit Swerdlows Darstellung überein, und beide sind sich auch darin einig, dass Jesu Vater ein Außerirdischer gewesen ist.

# 13 Die Merowinger

## Wagen aus Feuer

Nach dem *Talmud Immanuel* versuchte Johannes der Täufer, die jüdischen Priester, die Pharisäer und Sadduzäer zu umgehen, die seiner Auffassung nach nicht mehr Gottes Worte lehrten, den er als »einzigen Führer dieses Menschengeschlechts« betrachtete. Die Taufe, so sagte er, war »nach den alten Gesetzen Gottes so gewollt«. Er hatte eine große Anhängerschaft für die Taufe gewonnen, was die Priester in Sorge versetzte.

Die Priester kamen zu den Ufern des Jordan, wo Johannes taufte, und »beleidigten ihn mit bösen Zungen«. Sie verspotteten ihn öffentlich und stellten seine Lehren in Frage. Der *Talmud Immanuel* berichtet, dass Johannes zu ihnen sagte: »Ihr Schlangenbrut, wer hat euch gesagt, dass ihr dem Zorn entgeht, wenn eure falschen Lehren erst ans Licht kommen?« Im Englischen steht für Schlangenbrut »brood of vipers«, also Vipern. Eine Viper ist eine Giftschlange. Dies verweist klar auf Johannes' Wissen, dass die Priester von den Reptiloiden beeinflusst waren. Er sagte ihnen:

*Abb. 13.1. Johannes und Immanuel/Jesus*

»In zweimal tausend Jahren werdet ihr und eure Anhänger, die ihr aus Hochmut in eurer Gier nach Macht und Reichtum falsche Lehren verfolgt, besiegt und wegen eurer Lügen gestraft ... Dies wird geschehen, wenn die Menschheit singende Lichter und Wagen aus Feuer baut, mit denen sie in den Kosmos entweichen kann, wie es Gott und seine Anhänger, die himmlischen Söhne, getan haben.«

Dies ist eine faszinierende Prophezeiung! Johannes spricht eindeutig von Raumschiffen, und mit den »singenden Lichtern« meint er die Geräusche und Flammen, die sie ausstoßen. Mit »Wagen aus Feuer« wird das, was er in seiner Vision gesehen hat, am besten beschrieben, denn Wagen waren das am weitesten fortgeschrittene Fortbewegungsmittel seiner Zeit, und er konnte noch keinen anderen Namen für die Raumschiffe finden. Das »Feuer« wird von den Raketentriebwerken ausgestoßen. Wenn er sagt, sie können »in den Kosmos entweichen«, bedeutet dies, dass er verstanden hat, dass die Raumschiffe in der Lage waren, weit entfernte Sterne zu erreichen, wo wir den Irrungen und Wirrungen des Lebens auf Erden entkommen konnten. Und wir erfahren hier auch, dass Gott ein Raumfahrer war. Ebenso erstaunlich ist Johannes' Vorhersage, dass wir in genau zweitausend Jahren unsere eigenen Raumschiffe bauen würden!

Nach dem *Talmud Immanuel* erschien Immanuel, als er erwachsen war, an den Ufern des Jordan, wo Johannes der Täufer predigte und taufte, und bat darum, ebenfalls getauft zu werden. Johannes lehnte dies zunächst ab und sagte, dass Immanuel über größeres Wissen verfüge als er selbst, ließ sich dann aber von ihm überzeugen und willigte ein. Johannes konnte die geistliche Macht Immanuels also erkennen. Dann, nach der Taufe, »fiel ein metallisches Licht vom Himmel und brauste über den Jordan«, und eine Stimme erscholl daraus und sprach: »Dies ist mein geliebter Sohn, an dem ich Wohlgefallen habe. Er wird der König der Wahrheit sein, durch den die Erdenmenschen zur Weisheit gelangen.« Dann »trat Immanuel in das metallische Licht ein, das hoch in den Himmel stieg, umgeben von Feuer und Rauch, und ging über das leblose Meer. ... Danach wurde Immanuel vierzig Tage und Nächte lang nicht gesehen.«

Während dieses Zeitraums erhielt Immanuel weitere Informationen über seine Mission. Er wurde zum »Palast Gottes« mitgenommen, wo er

»zwei sehr große Männer, wie er sie auf Erden noch nie gesehen hatte ...« antraf. Diese zwei Männer aus der Konstellation der sieben Sterne waren altehrwürdige Lehrmeister. Sie unterwiesen ihn so:

> »Erfülle deine Mission unbeirrt von der Unvernunft und all den falschen Lehren der Schriftgelehrten und Pharisäer und trotz des ungläubigen Volkes. ... Erst in der Zeit der Raumfahrtmaschinen wird sich die Wahrheit Bahn brechen und nach und nach die falschen Lehren erschüttern, dass du der Sohn Gottes oder der Schöpfung bist.«

Dann brachten sie Immanuel »im metallenen Lichte« zurück nach Galiläa in Israel, wo er begann, zum Volk zu predigen.

Die zwei Männer waren anscheinend Plejader aus einer Zivilisation, die der Föderation angehörte und an der Erschaffung der Menschheit nach dem Rat von Hatona beteiligt war. Die »metallischen Lichter« gehörten zu ihrem Raumschiff. Offenbar waren sie zur geistigen Führung der neuen Menschen beauftragt.

Die Rede von der »Zeit der Raumfahrtmaschinen« ist ein deutlicher Hinweis auf das 21. Jahrhundert. Es ist erstaunlich, dass sie wussten, dass christliche Kirchen Jesus den »Sohn Gottes« nennen würden. Das sei eine falsche Lehre, denn sie wussten, dass er der Sohn Gabriels war, eines »himmlischen Sohns«. Sie wussten auch, dass er fälschlicherweise für den »Sohn der Schöpfung« gehalten würde. »Schöpfung« war der Begriff, der im *Talmud Immanuel* für die Kraft verwendet wurde, die das Universum erschaffen hat und unendlich größer war als Gott, der im Wesentlichen ein sehr hoch entwickelter Plejader gewesen ist – wahrscheinlich einer der Elohim –, der für unsere spirituelle Entwicklung verantwortlich war.

## Immanuel und Maria Magdalena

Maria Magdalena wurde zu einer Anhängerin Immanuels, und schließlich haben sie einander geheiratet. Dies ist vollkommen verständlich, da die Leute Immanuel »Rabbi« nannten, und in der jüdischen Tradition wurde von Rabbis erwartet, dass sie heirateten. Immanuel war Anfang dreißig, also in einem angemessenen Alter, um zu heiraten. Maria Magdalena kam aus dem Fischerdorf Migdal, das noch heute am See Genezareth im Norden Israels liegt.

Dort war das Ursprungszentrum des Wirkens der Nazarener. Jesus war Nazarener, und Maria sehr wahrscheinlich ebenso. Dies hilft zu erklären, wie sie zusammenkamen.

Laurence Gardner schreibt in seinem Buch *Bloodline of the Holy Grail: The Hidden Lineage of Jesus* [Im deutschsprachigen Raum ist das Werk als Trilogie mit den Titeln *»Das Vermächtnis des Heiligen Gral«*, *»Das Geheimnis der Gralskönige«* und *»Die Herren von Gral und Ring«* erschienen]:

> »Die Nazarener waren eine liberale jüdische Sekte, die sich gegen die strenge hebräische Herrschaft der Pharisäer und Sadduzäer auflehnten. Kultur und Sprache der Nazarener waren stark von den Philosophen des antiken Griechenland beeinflusst, und ihre Gemeinde unterstützte die Vorstellung von gleichen Möglichkeiten für Männer und Frauen. Dokumente aus jener Zeit meinen nicht Nazareth, sondern die Gemeinde der Nazarener, in der neben Priestern auch Priesterinnen von gleichem Rang existierten.«

Maria stammte aus einer gottesfürchtigen jüdischen Familie, die durch die Fischerei zu Wohlstand gelangt war. Dies ist im Hinblick auf ihre Nähe zu Immanuel, der als »Menschenfischer« bekannt wurde, und ihre spätere Verbindung zu den Fischerkönigen aus dem Languedoc in Südfrankreich interessant.

Wenn es stimmt, dass Immanuel/Jesus genetisch von den Plejadern aus dem »Palast Gottes« erschaffen und dort geschult wurde, ergibt es gewiss einen Sinn, wenn sie die Auswahl der Frau, die in seinem Leben die wichtigste Rolle spielen und die weibliche Urahnin der Blutlinie des Heiligen Grals werden sollte, nicht dem Zufall überließen. Sie musste eine ganz besondere Frau und von außerordentlich großer Bedeutung sein, um ihm bei der Ausführung seines Auftrags zur Seite zu stehen. All diese symbolischen Zusammenhänge mit dem Fischen scheinen Immanuel und Maria ganz eindeutig aneinander zu binden, vor allem, da Jesus heute als Avatar des Zeitalters der Fische betrachtet wird, des Zeichens der zwei Fische. So waren Jesus und Maria Magdalena gewissermaßen die beiden »Fische«.

Allen Anschein nach war Maria Magdalena hochintelligent und liebenswürdig und wurde die Jüngerin und Schülerin Immanuels aus ernsthafter Überzeugung heraus, weil sie seine spirituelle Führerschaft erkannt hatte. Heute ist sie wegen ihres Charakters und ihrer unsterblichen Hingabe an Immanuel/Jesus zu einer weiblichen Identifikationsfigur unserer modernen Zeit geworden. Die ungeschickten Versuche der römischen Kirche, sie zu diskreditieren, indem sie sie als eine geläuterte Hure beschrieben hat, hatten angesichts ihrer sittlichen Größe niemals Erfolg.

*Abb. 13.2. Skulptur von Maria Magdalena in der Magdalenenkirche der 1786 gegründeten Old Mission Santa Barbara in Kalifornien*

Immanuel und Maria Magdalena hatten drei Kinder; das älteste war ein Sohn namens Joseph. Diese Information stammt von Swerdlow und nicht aus dem *Talmud Immanuel*. Das erklärt ihre Anwesenheit bei der Kreuzigung und ihre Aufdeckung des leeren Grabes. Sowohl der *Talmud Immanuel* als auch Swerdlow berichten uns, dass die Kreuzigung ein inszeniertes Ereignis war. Immanuel wurde mit Drogen betäubt, damit er wie tot erschien, aber in Wahrheit war er noch am Leben, als er vom Kreuz genommen wurde. In der Grabhöhle wurde er von seinen »Freunden aus Indien«[20] mit besonderen Kräutern und Salben wiederbelebt und durch eine verborgene Hintertür aus dem Grab geführt. Laut Swerdlow war die Kreuzigung notwendig, um die ganze Familie heimlich aus Israel an einen sicheren Ort zu bringen.

Immanuel ging mit seinem ältesten Sohn nach Indien, um Gefahren von seiner Familie abzuwenden. Für den Rest der Familie war es zu schwer, durch Zentralasien zu ziehen; darum wurden sie mit einem Boot über das Mittelmeer in eine Gegend gesandt, die hügelig und fruchtbar, aber aufgrund des lokalen Widerstandes der Bevölkerung für die Römer schwer einnehmbar war. Maria Magdalena und ihre beiden jüngsten Kinder schifften sich zusammen mit Joseph von Arimathäa (der in Wahrheit Immanuels Bruder Jakobus war) nach Südfrankreich ein.

Andere Quellen behaupten, dass sich an Bord des Bootes nach Frankreich noch weitere Passagiere befanden: Lazarus, den Jesus von den Toten erweckt hatte; Maria Jakobäa, die Schwester der Jungfrau

---

20 Dies ist ein Hinweis darauf, dass Jesus im Alter von dreizehn Jahren vermutlich nach Indien gereist ist, wo er sechs Jahre, vor allem im Jagganath-Tempel in Ostindien, damit verbracht hat, mit Brahmanenpriestern die Veden zu studieren. Mit einundzwanzig Jahren predigte er den niederen Kasten die Regeln der Hindus gegen den Widerstand der Priester und Krieger der oberen Kasten. Als sie ihn zu töten versuchten, entkam er in die Ausläufer des Himalaya, wo er in den buddhistischen Klöstern in Nepal und Tibet sechs Jahre lang alte Schriftrollen studierte. Mit siebenundzwanzig Jahren kehrte er nach Palästina zurück. Diese Informationen stammen aus Edward T. Martins Buch *King of Travelers: Jesus' Lost Years in India* (Jonah Publishing 1999). Eine solche Beschreibung von »Jesu verlorenen Jahren« kollidiert nicht zwangsläufig mit der Aussage im *Talmud Immanuel*, dass Jesus seine jungen Jahre mit Studien in Gizeh verbracht hat. Wenn er mit den »metallischen Lichtern« seiner außerirdischen Freunde reisen konnte, dann war es möglich, dass er beides tat. – *Anmerkung des Verlags:* Vgl. hierzu auch den unterirdisch von Lemurern gebildeten Genpool der Menschheit, über den Ernst Muldashev in seinem Buch *Das Dritte Auge und der Ursprung der Menschheit*, Amra Verlag, Hanau 2017, berichtet; er brachte nach Aussage des Autors auch Propheten wie Buddha und Jesus hervor.

*Abb.13.3. Cover von King of Travelers: Jesus' Lost Years in India von Edward T. Martin (Yellow Hat Publishing)*

Maria; Maria Salome, die Mutter der Apostel Jakobus und Johannes; Maria Magdalenas Schwester Martha und die schwarze Zigeunerin Sarah, eine Dienerin Maria Magdalenas.

Nach allgemeiner Auffassung befanden sich noch andere Anhänger Immanuels an Bord, die nach der Kreuzigung vor der Verfolgung durch die Römer und den Sanhedrin flohen. Bezeichnenderweise ist nirgends davon die Rede, dass die Jungfrau Maria sich selbst unter den Reisenden befand. Dies verleiht der Behauptung in *King of Travelers* von Edward T. Martin, in dem es um Jesu Jahre in Indien geht, Glaubwürdigkeit, dass sie ihren Sohn und ihren Enkelsohn auf der beschwerlichen Reise nach Indien begleitet habe. Martin schreibt in diesem Buch, dass Maria auf der Reise starb und in Srinagar beigesetzt wurde.

Das Boot erreichte die Küste Frankreichs in Saintes-Maries-de-la-Mer, das heute ein kleines Fischerdorf ist. Laut einem Artikel auf der Webseite des mittlerweile verstorbenen, durch seine Auftritte in der Fernsehsendung *Ancient Aliens* allerdings weltweit berühmt gewordenen Philip Coppens war der Ort …

> »bereits im Jahre 542 n. Chr. als Saintes-Maries-de-la-Barque bekannt, und 1838 erhielt er seinen heutigen Namen …«

Eine Barke ist ein kleines Schiff. Das Dorf wurde zum Ziel eines alljährlichen Pilgerzuges von Christen, die seine Bedeutung verstanden, und 1448 hat – laut Coppens – René d'Anjou, einer der Merowingerkönige, schließlich Grabungen im Ort durchführen lassen, bei denen die Gebeine von Maria Magdalena und Maria Salome gefun-

*Abb. 13.4. Die Kirche der beiden Marien (www.PhilipCoppens.com)*

*Abb. 13.5. Statuen in der Kirche der beiden Marien (www.PhilipCoppens.com)*

den wurden. Er ließ dort eine Kirche bauen, die heute »Die Kirche der beiden Marien« genannt wird und in der Statuen der beiden Frauen, die ihre Gebeine enthalten, in einer oberen Kapelle aufbewahrt werden. Die Statuen werden betend, in einem kleinen Boot stehend, gezeigt. Interessanterweise ist eine Maria dunkelhaarig, während Magdalena blond und blauäugig ist.

Wenn diese Schilderung von Swerdlow stimmt, dann bedeutet dies, dass die drei Kinder Jesu im Heiligen Land geboren wurden. Da er schreibt, dass Jesu ältester Sohn Joseph seinen Vater nach Indien begleitete, waren die beiden Kinder, die nach Frankreich gingen, das mittlere – eine Tochter – und sein jüngster Sohn. Daraus können wir schließen, dass Joseph, als sie sich auf den Weg nach Indien machten, bereits ein junger Mann gewesen war – alt genug, um die Beschwerlichkeiten einer rund 2.000 Meilen weiten Reise mit der Karawane auf der unwegsamen Seidenstraße zu bewältigen! In *Das Vermächtnis des Heiligen Gral* sagt Gardner, dass der Name von Jesu zweitem Sohn Jesus Justus lautete und dass er zum Ahnherrn der Nachkommen Jesu in Gallien – wie Frankreich damals hieß – wurde. Er war der Träger des *Sangreal*, des »Königlichen Blutes« oder Heiligen Grals, der im Laufe der Zeit zu einem heiligen Kelch umgedeutet wurde, mit dem das Blut Christi aufgefangen worden sei.

Laut Swerdlow lebten die Pilger aus dem Heiligen Land, die von Maria Magdalena angeführt wurden, anfangs sehr schlicht.

Er schreibt dazu:

> »Maria Magdalena führte ihre Schar nach Norden in die Hügellandschaft. Sie lebten sogar in einer Reihe von Höhlen, wie sie in der Gegend üblich waren. Ihre Kinder wurden erwachsen und heirateten ebenfalls. … Die Höhlen, in denen Maria und ihre Familie hausten, werden heute von einem Schloss überdeckt, das in der Innenstadt von Rennes-Le-Château steht. Viele Mysterien ranken sich um diesen Ort, besonders das Gerücht, dass er große Geheimnisse in Bezug auf das Christentum bewahre.«

Diese Geheimnisse werden in den Büchern *Der Heilige Gral und seine Erben* von Michael Baigent, Richard Leigh und Henry Lincoln sowie *Sakrileg* von Dan Brown enthüllt.

Swerdlow fährt fort:

> »Die Enkel und weiteren Nachkommen Immanuels schlugen sich in den nächsten drei Jahrhunderten wacker. Sie heirateten die Kinder der regionalen Führer, wobei sie ihre hebräische Identität beibehielten. Genau genommen war ein großer Teil Südfrankreichs einige Jahrhunderte lang ein jüdisches Königreich. Diese Erbanlagen mischten sich mit den dort bereits vorhandenen Genen der Kelten/Atlanter.«

Swerdlow deutet an, dass diese Vermischung absichtlich von der Föderation gefördert worden war, um den Blutlinien der Reptiloiden entgegenzuwirken, die begonnen hatten, sich im gesamten Nahen Osten auszubreiten, und anfingen, sich westwärts zu bewegen.

# Die Fischerkönige

Laurence Gardner schreibt in seinem Buch:

»Wenn wir uns nun den Brief des Paulus an die Hebräer ansehen … erzählt uns Paulus, wie Jesus zur Priesterschaft des Himmels zugelassen wurde, obwohl er für ein derart heiliges Amt noch keine Berechtigung erlangt hatte. Er erklärt, dass Jesus (durch seinen Vater Joseph) in die davidische Linie Juda hineingeboren wurde, eine Linie, die zwar das Recht des Königtums innehatte, aber nicht das der Priesterschaft, denn dieses war das alleinige Vorrecht der Linien Aaron und Levi. Doch wurde, so Paulus, eine besondere Genehmigung erteilt, und er berichtet, dass nun, »da die Priesterschaft geändert wurde, auch das Gesetz geändert werden müsse«. Mit dieser eiligen »Gesetzesänderung« wird erklärt, dass es Jesus Christus möglich war, über den priesterlichen Orden des Melchizedek in das Königreich des Himmels einzutreten. …

Ordinierte Priester wurden zu jener Zeit ›Fischer‹ genannt; ihre Helfer waren ›Fischerleute‹ und Taufkandida-

*Abb. 13.6. Ein Fischerkönig*

ten waren ›Fische‹. Als Jesus in das Königreich des Himmels eintrat, wurde er zum ordinierten Fischer, doch bis dahin hatte er (wie Paulus ausführt) kein Priesteramt inne. …

Die Apostel Jakobus und Johannes waren beide ordinierte ›Fischer‹, doch die Brüder Petrus und Andreas waren Laien-›Fischerleute‹, denen Jesus einen geistlichen Status versprach, als er sagte: ›Ich werde euch zu Menschenfischern machen.‹«

Gardner schreibt auch:

»In Gallien erblühte die berühmte Linie der Erben von Jesu und Mariae unmittelbaren Nachkommen, der Fischerkönige, dreihundert Jahre lang. Der ewig währende Leitspruch der Fischerkönige lautete ›In Stärke‹, was vom Namen ihres Vorfahren Boaz (des Urgroßvaters von König David) inspiriert war, der ›In ihm ist Stärke‹ bedeutet. Ins Lateinische übersetzt, wurde daraus ›In Fortis‹, was später zu ›Anfortas‹ verzerrt wurde, zum Namen des Fischerkönigs der Gralslegende.«

## Die Dynastie der Merowinger

Gardner fährt in seiner Geschichte fort:

»Zu Anfang des fünften Jahrhunderts vereinigten sich die Nachkommen von Jesus und Maria Magdalena, die Fischerkönige, durch Heirat mit den sugambrischen Franken, und aus dieser Verbindung entstand ein völlig neues Herrschergeschlecht. Es waren die bekannten Merowingerkönige, die die französische Monarchie begründeten und die berühmte Fleur de Lys (das alte Gladiolensymbol der Beschneidung) zum königlichen Symbol Frankreichs machten.«

Dieses Bündnis brachte die Dynastie hervor, die später verschiedene örtliche Lehensgüter vereinigte und das Frankenreich formte, aus dem schließlich das Land Frankreich entstand. Die merowingischen Herrscher, auch als die »langhaarigen« Könige bekannt, regierten von der Zeit

Childerichs I. im Jahre 480 unserer Zeitrechnung bis zur Regentschaft Childerichs III., die 752 endete. Doch Chlodwig I., der von 481 bis 511 regierte, war es, der ganz Gallien vereinte (siehe Tafel 7).

Die Merowinger glaubten an eine bestimmte Magie, nahmen jedoch insgesamt eine lokale Form des Christentums an, die auf dem Leben von Heiligen aufbaute, und widersetzten sich der römischen, von Konstantin Anfang des vierten Jahrhunderts begründeten Version. Es gab örtlich begrenzte Glaubensvorstellungen und Traditionen, die von ihren fränkischen Ursprüngen übernommen und sodann neu angepasst worden zu sein scheinen, die wiederum womöglich von den Nachkommen Immanuels und Magdalenas sowie der Fischerkönige vererbt worden waren. Viele dieser Heiligen waren weiblich, was den nachhaltigen Einfluss Magdalenas bezeugt.

Von Gardner erfahren wir:

> »Aus der Erbfolge der Merowinger gründete ein weiterer Stamm der Familie ein völlig unabhängiges jüdisches Königreich in Südfrankreich: das Reich Septimanien, das wir heute als Languedoc kennen. Auch die frühen Fürsten von Toulouse, Aquitanien und der Provence stammen alle aus der messianischen Blutlinie. Septimanien wurde 768 dem Königshaus Davids zugesprochen, und Prinz Bernhard von Septimanien heiratete später eine Tochter Kaiser Karls des Großen.«

## Magdalenische Traditionen

Infolge der magdalenischen Einflüsse, die Maria in Frankreich angeregt hat, bildeten sich Traditionen aus, die Frauen in Positionen von hoher Macht und Ansehen erhoben und ihre Blüte schließlich im Ritterkodex des elften und zwölften Jahrhunderts erlebten, nachdem christliche Ritter ihre Siege über ihre Feinde ihren Damen widmeten. Diese Geschichten wurden durch die Legenden von Artus und Camelot unsterblich gemacht.

Die vielleicht bekannteste Sage ist die der Herrin vom See, die Artus sein unbesiegbar machendes Schwert Excalibur gab.

Gardner erläutert dies so:

»Auch von den Fischerkönigen ging parallel eine weitere bedeutende Nachfolgelinie in Gallien aus. Während die Merowingerkönige dem patrilinearen Erbe Jesu folgten, erhielt diese andere Linie das matrilineare Erbe Maria Magdalenas am Leben. Dies war die Dynastie der Königinnen von Avallon in Burgund: das Haus de l'Acq – was ›von den Wassern‹ bedeutet, ein Titel, der Maria Magdalena in den Tagen zugesprochen wurde, als sie über das Meer in die Provence reiste.«

In *König Arthur und die Ritter der Tafelrunde* von Thomas Malory, einem Historiker des frühen Britanniens und Frankreichs, heißt es, dass Morgan Le Fay, die Königin von Northgales (Nordwales), die Königin des Wüstenlandes und Nimue auf einem schwarzen Schiff gereist kamen, um Morgans Halbbruder, König Arthur, zurück nach Avalon zu holen, um dort seine Wunden kunstgerecht zu heilen (siehe Tafel 6).

Dem Gralsforscher Laurence Gardner zufolge ...

»starb Maria Magdalena in der Provence im Jahre 63, und Joseph von Arimathäa [Jakobus] baute die berühmte Kapelle von Glastonbury in England zum Gedenken an die messianische Königin. Dies war die erste oberirdische christliche Kapelle der Welt, und im darauffolgenden Jahr widmete Marias Sohn Jesus Justus sie seiner Mutter. Jesus der Jüngere war zuvor als Zwölfjähriger im Jahre 49 mit Joseph von Arimathäa in England gewesen. Dieses Ereignis inspirierte William Blake zu seinem berühmten Gedicht *Jerusalem*: ›Und schritten jene Füße einst auf Englands grünen Bergeshöhn.‹«

Es wird behauptet, dass Maria Magdalena bis zu ihrem Tod in ihrer Höhle in einer Kalksteinklippe in Südfrankreich gelebt habe. Heute ist daraus eine Verehrungs- und Wallfahrtsstätte geworden.

Die Geschichte von Jesus und seinen Lehren, seinen Wundern, seiner Kreuzigung und Auferstehung wurde so von Maria Magdalena und ihren Anhängern, den Fischerkönigen und den Merowingerkönigen in ganz Frankreich verbreitet. Zweifellos enthüllen diese Geschichten auch, dass die Nachkommen Jesu nach Frankreich kamen. Die zwölf Jünger spielen bei diesen Ursprüngen keine Rolle. Daher hatte das Christentum in Europa einen eindeutigen magdalenischen Aspekt und war tatsächlich eine reinere Version der Legende als die, die Petrus und Paulus nach Griechenland und Rom brachten.

Im nächsten Kapitel werden wir sehen, wie diese beiden Versionen miteinander kollidierten und sich mit der Gründung des römischen Reiches schließlich vermischten, wodurch die Bruderschaft eine weitreichende Herrschaft über die Religion erlangte und im Zentrum der Zivilisation jener Zeit zur damit verbundenen Bewusstseinskontrolle der Bevölkerung befähigt wurde, nach der sie schon immer trachtete.

*Abb. 13.7. Die Himmelfahrt der Maria Magdalena von Giovanni Lanfranco, 17. Jahrhundert*

# 14 Das Heilige Römische Reich

*Das Heilige Römische Reich ist weder heilig noch römisch noch ein Reich.*

– Voltaire –

Allmählich breitete sich das Christentum in den merowingischen Königreichen aus, in erster Linie durch missionierende Mönche aus römischen Gebieten, die von der Konversion des römischen Kaisers Konstantin und dessen Annahme des christlichen Glaubens geprägt waren. Dieses Vordringen nahm wegen des Einflusses der Fischerkönige eine besondere fränkische Färbung an; daher unterstand die Bevölkerung in den Merowingerreichen nie der direkten Kontrolle durch die Obrigkeit oder den Dogmen der paulinischen Kirche. Infolgedessen waren die merowingischen Christen demokratisch gesinnt, und größtenteils verehrten sie sowohl örtliche Heilige als auch solche, die von weither stammten. Es gab durchaus keinen männlich dominierten Klerus im Frankenreich, und viele, wenn nicht gar die meisten der verehrten Heiligen waren Frauen.

## Petrus und Maria Magdalena

Doch in der Zwischenzeit etablierte sich die Macht der Kirche in Rom und wuchs weiter an. Petrus, der nach der Kreuzigung Jesu nach Griechenland gegangen war und in Antiochien im geistlichen Amt zu wirken begonnen hatte, kam während der Regentschaft Neros nach Rom – zu einer Zeit, als Nero Christen verfolgen ließ, weil er diesen

*Abb. 14.1. Die Bekehrung Kaiser Konstantins von Peter Paul Rubens (1622)*

die Schuld an dem Großbrand gab, der einen Großteil der Stadt verwüstet hatte. Nero machte aus Christen lebendige Fackeln, die seine dekadenten Gelage beleuchteten, und warf sie im Kolosseum wilden Tieren vor (siehe Tafel 8)!

Erstaunlicherweise wurde Petrus von den Römern mit dem Kopf nach unten gekreuzigt. Sein Martyrium gab den Anlass zur Gründung der Kirche nach der Massenkonversion im Römischen Reich durch Konstantins Taufe. Weil man außerdem sagte, dass Jesus Petrus die »Schlüssel zum himmlischen Königreich« gegeben und er angeblich verkündet habe: »Auf diesen Fels werde ich meine Kirche bauen [der Name ›Petrus‹ kommt vom griechischen *petra*, was ›Felsen‹ bedeutet], und die Tore der Unterwelt werden sie nicht überwältigen«, nannte man ihn den ersten Papst. Dies geschah trotz der Tatsache, dass er seine Loyalität zu Jesus vor seiner Kreuzigung gegenüber den römischen Obrigkeiten dreimal verleugnet hatte.

Petrus äußerte sich übrigens ziemlich unverblümt, was sein Misstrauen gegenüber Frauen anging. Nach dem Evangelium der Maria, einem der gnostischen Texte, die 1945 in Nag Hammadi gefunden wurden, hat es noch zu Lebzeiten Jesu einen hierzu vielsagenden Dialog zwischen Maria Magdalena und Petrus gegeben.

»Nachdem sie all den Jüngern die tiefere Bedeutung der Lehren Jesu erklärt hatte, sagte Petrus zu ihnen: ›Hat er denn heimlich zu einer Frau gesprochen, lieber als zu uns, und nicht offen? Sollen wir uns alle zu ihr umdrehen und ihr lauschen? Hat er sie lieber als uns?‹ Da war Maria betrübt und sagte zu Petrus: ›Mein Bruder Petrus, was denkst du? Glaubst du, ich habe das selbst in meinem Herzen ersonnen, oder ich würde über den Heiland lügen?‹ Levi antwortete und sagte zu Petrus: ›Petrus, du bist immer zornig. Jetzt sehe ich, dass du gegen die Frau kämpfst wie gegen Feinde. Doch wenn der Heiland sie für würdig hält, wer bist du, sie zu verwerfen?‹«

## Die römische Kirche

Konstantin hatte Petrus im Lateranpalast eine Kirche gewidmet und damit der aufkommenden katholischen Kirche die Richtung gewiesen. Diese Verehrung des Petrus durch Konstantin ging auf eine wundersame Heilung von Lepra zurück, die durch Silvester, den Bischof von Rom, an ihm vorgenommen worden war.

In der kaiserlichen Anordnung, die als Konstantinische Schenkung bekannt wurde, sagte der Kaiser:

»Und als der selige Silvester zu ihnen predigte, nahmen wir diese Dinge wahr und erfuhren, dass unsere Gesundheit durch die Güte des heiligen Petrus selbst ganz wiederhergestellt worden war: Wir hielten es, gemeinsam mit all unseren Satrapen und dem ganzen Senat und Adel und dem gesamten römischen Volk, das dem Ruhm unserer Herrschaft unterstellt

*Abb. 14.2. Büste von Kaiser Konstantin, Kapitolinische Museen in Rom*

ist, für ratsam, dass er [Petrus] auf der Erde zum Stellvertreter des Sohnes Gottes bestellt wurde ... Und kraft unserer irdischen kaiserlichen Macht ordnen wir an, dass seine heilige römische Kirche mit Hochachtung geehrt und der heiligste Sitz des heiligen Petrus, mehr als unser Reich und irdischer Thron, glorreich erhöht werde; wir geben ihm die kaiserliche Macht und Würde der Herrlichkeit und Kraft und Ehre.«

Diese kaiserliche Erhöhung des frauenfeindlichen Petrus stellte die Weichen für die männliche Dominanz in der katholischen Kirche und die Vorschriften gegen die Ehe bei der Geistlichkeit.

Dieses Dokument der »Konstantinischen Schenkung«, das im achten Jahrhundert auftauchte, wird von vielen für eine Fälschung gehalten, die den päpstlichen Anspruch auf Gebiete Mittelitaliens bekräftigen sollte. Aber seine Authentizität wird durch Konstantins Erklärung seiner Zurückweisung der Vorschläge der Priester zur Heilung seiner Lepra gestützt. Er sagt:

»Da kamen die Priester des Kapitols hierher, um mir zu sagen, dass ein Becken auf dem Kapitol errichtet werden solle, das ich mit dem Blut unschuldiger Kinder füllen lassen müsse, und dass ich gereinigt werden könnte, wenn ich darin badete, während es noch warm wäre. Und sehr viele unschuldige Kinder wurden gemäß ihrer Worte zusammengeschart, als die gotteslästerlichen Priester der Heiden wollten, dass sie geschlachtet und das Becken mit ihrem Blut gefüllt werde.«

Da wir von dem Verlangen der Reptiloiden nach menschlichem Blut, vor allem von Kindern, wissen, klingt das – ungeachtet der grauenhaften Auswirkungen – verdächtig nach einem bloßen Vorwand, um an eine große Menge Kinderblutes zu gelangen, und macht das gesamte Dokument erheblich glaubwürdiger. Es bedeutet nämlich, dass die christlichen Priester in Rom zu diesem Zeitpunkt bereits von den Reptiloiden beeinflusst oder sogar hybridisiert worden waren. Da die römische Kirche schließlich zum Zentrum der katholischen Kirche insgesamt wurde, deutet das darauf hin, dass die Bruderschaft womöglich bereits zu diesem frühen Zeitpunkt dabei war, Vorbereitungen für die zentrale Kontrolle des Christentums zu treffen.

Konstantins Machtübernahme und seine offizielle Unterstützung des Christentums als Religion des Römischen Reiches ab dem Jahr 312 bereiteten drei Jahrhunderten brutaler Verfolgung, beginnend mit den Schrecken Neros, ein Ende und führten auch zum Untergang der polytheistischen Glaubensvorstellungen in Rom. Unmittelbar vor dem Auftreten Konstantins hatten die Christenverfolgungen unter den Kaisern Maximin und Diocletian wieder an Grausamkeit zugenommen. Vor dem letzten Kampf um die Macht mit seinem Schwager Maxentius hatte Konstantin seine berühmte Vision eines Kreuzes am Himmel und der in ihm widerhallenden Worte: »In diesem Zeichen wirst du siegen.«

Mit Konstantins Sieg an der Milvischen Brücke in der Nähe Roms nahm das Christentum im Westen offiziell seinen Anfang. Doch inzwischen blühte das paulinische Christentum in allen römischen Provinzen Deutschlands, Portugals, Griechenlands, der Türkei und in sämtlichen abgelegenen Gegenden des Reiches, während in England und Frankreich die Lehre der Nazarener vorherrschte.

Diese Tatsache und die zunehmenden militärischen Einfälle von Persern und Goten ließen Konstantin erkennen, dass die Annahme des Christentums sehr vorteilhaft sein könnte.

Laurence Gardner sagt:

> »Es bedurfte für Konstantin wenig Vorstellungskraft, um zu erkennen, dass es von gewissem praktischen Wert war, sich das Christentum nutzbar zu machen, während das Reich aus den Fugen geriet. Er sah darin eine einigende Kraft, die er sicherlich auch zu seinem eigenen strategischen Vorteil nutzen konnte.«

## Konstantin der Große

Mit seiner neuen Macht als »Konstantin der Große« übernahm er nun die Aufgabe, den Bischof von Rom zu ernennen und so die Kirche dem weltlichen Herrscher zu unterstellen. Im Jahre 314 erwählte er seinen Verbündeten Silvester zu seinem ersten Beauftragten. Im selben Jahr behauptete er, der Gott der Christen würde ihn persönlich unterstützen, doch er führte auch Elemente heidnischen Glaubens – insbesondere die Sonnenverehrung – in die neue Religion ein.

Gardner schreibt:

> »Kurz gesagt, war die neue Religion der römischen Kirche ein Mischkonstrukt, das alle einflussreichen Fraktionen beschwichtigen sollte. Auf diese Weise bereitete Konstantin eine gemeinsame und einheitliche Weltreligion vor … mit sich selbst an der Spitze.«

Das war ein kühner Schachzug: die Religion zu globalisieren und all die äußeren Kennzeichen von Macht und Reichtum den bescheidenen Lehren Jesu hinzuzufügen, um die Religion von der weltlichen und materialistischen Macht abhängig zu machen.

Auf diese Weise wurde das Christentum der Nazarener vollkommen unterminiert, denn jetzt war es den Staatsoberhäuptern möglich, durch die Religion alle Fäden der Bewusstseinskontrolle in den Händen zu halten, wie die Königinnen vom Orion.

Man kann die Handschrift der Bruderschaft deutlich genug erkennen. Durch seine Mutter Helena war Konstantin von königlichem Geblüt, daher war er zweifelsfrei ein Blaublütiger.[21] All dies erweckt den Anschein, dass Konstantin mehr aus politischem Kalkül als aus echter Inspiration heraus konvertiert war – dass er das Christentum im Wesentlichen »gekapert« hatte, um seine Macht zu festigen.

Doch Konstantin strebte auch nach Höherem. Da der römische Kaiser traditionsgemäß für einen Gott gehalten wurde, setzte auch er diesen Status als gegeben voraus. Gardner teilt uns mit:

> »Jesu Mission, die römische Herrschaft abzuschütteln, war aufgrund der Uneinigkeit unter den sektiererischen Juden gescheitert. Konstantin zog seinen Vorteil aus diesem Scheitern, indem er die Saat einer Idee ausbrachte: Vielleicht war Jesus nicht der erwartete Messias. Da es zudem der Kaiser war, der den Christen die Freiheit im Reich gesichert hatte, war ihr wahrer Erlöser folglich nicht Jesus, sondern Konstantin!«

Um diese Vorstellung zu zementieren, berief er im Jahre 325 das Konzil von Nicäa ein, das ein neues Dogma schaffen sollte. Das Credo von Nicäa vermengte Gott-Vater mit Gott-Sohn und dem Heiligen Geist und überging Jesus als Sohn Gottes völlig.

Jetzt wurde der Kaiser zum neuen Messias. Der dreifaltige Gott wurde zur Grundlage des neuen orthodoxen Christentums. So wurde der theoretische Grundstein für das Heilige Römische Reich gelegt.

---

21 Von Helena glaubte man allgemein, dass sie die Tochter König Coels von Colchester in Britannien gewesen sei. Coel war mit Kaiser Konstantins Vater Constantius verbündet. Dies erklärt, wie Helena Constantius begegnet ist, schließlich mit ihm verheiratet wurde und ihm einen Sohn – Konstantin – geboren hat. Helena selbst wurde eine fromme Christin und beeinflusste ihren Sohn religiös, wenn auch seine Bekehrung offiziell als Folge seiner Vision an der Milvischen Brücke gesehen wird.

## Die Merowinger erblühen, während Rom zerfällt

Die Merowinger wahrten eine strenge dynastische Erbfolge, und das von den Fischerkönigen abgeleitete messianische Christentum sowie die von Maria Magdalena und ihren Nachkommen, wie auch von denen des Jakobus, unterstützte Philosophie der Nazarener setzte sich im fränkischen wie im britischen Königreich durch. Zwischenzeitlich drangen die Barbaren, nach Konstantins Tod, in Rom ein, und die religiöse Herrschaft der Bischöfe und Päpste wurde stark geschwächt. Infolgedessen sannen die römischen Bischöfe darauf, die westlichen Königreiche zu übernehmen und zu katholisieren. Ihre Stunde kam 496, als der Merowingerkönig Chlodwig, der das Fränkische Reich durch die vielen Siege seiner unbesiegbaren Armeen erweitert hatte, ähnlich wie Konstantin ein Bekehrungserlebnis auf dem Schlachtfeld hatte.

Nachdem er Jesus anrief, wichen seine Feinde plötzlich von ihm und zogen sich zurück. Seine katholische Frau Chrodechild erinnerte ihn daran und bestand auf seiner Taufe. Bischof Anastasius von Rom willigte ein, Chlodwig zu taufen, und versprach ihm, dass er der Nachfolger Konstantins sein und das Heilige Römische Reich merowingisch machen werde. Diese Art Versprechungen von Günstlingen der Reptiloiden werden immer gebrochen. Sie sind nur Schwüre aus Bequemlichkeit, wie das Beispiel Hitlers in der jüngeren Geschichte höchst dramatisch zeigte. Über 200 Jahre lang spielten die Päpste Zusammenarbeit vor, während sie nur auf eine neue Gelegenheit warteten. Wie sich schon so viele Male gezeigt hat, haben die Reptiloiden eine unerschöpfliche Geduld. Ihre Chance kam im achten Jahrhundert wieder.

Karl Martell, der Sohn Pippins, des Majordomus des fränkischen Königs, wurde zum großen Helden des Frankenreiches, weil er den Einfall der muslimischen Umayyaden aufhielt und sie schließlich 732 in der Schlacht bei Tours eindrucksvoll besiegte. Dadurch wurde Europa vor muslimischer Herrschaft bewahrt. Von seinen zehn Kindern mit zwei Frauen und einer Geliebten erhielt einer, Pippin der Jüngere, der auch als Pippin der Kleine bekannt wurde, von den Mönchen von St. Denis eine kirchliche Ausbildung und blieb sein Leben lang fromm und dem Papsttum zugeneigt. Auch er war ein respekteinflößender Heerführer. Im Jahre 751 wurde er König der Franken, nachdem er den letzten Merowingerkönig Childerich III. einem Kloster übergeben hatte. Er führte im gesamten Reich Kirchenreformen ein und empfing dafür den Segen von Papst Zacharias. Im Jahre 753 reiste der neue Papst Stephan II., der sich wegen der Drohungen der langobardischen Könige sorgte, die gegen das Papsttum Forderungen erhoben, nach Frankreich, um sich mit Pippin zu treffen. Dies war das erste Mal überhaupt, dass jemals ein Papst die Alpen überquerte. Für das Papsttum stand viel auf dem Spiel. Die Langobarden wollten den Papst entthronen und Rom erobern. Pippin sandte seinen elfjährigen Sohn Karl aus, um den Papst zu empfangen. Das war ein mächtiges Schauspiel für den kleinen Jungen, der schließlich zu Karl dem Großen werden sollte, dem ersten Herrscher des Heiligen Römischen Reiches!

Pippin und Papst Stephan schlossen einen Handel ab. Pippin versprach, einen Feldzug gegen die Langobarden zu unternehmen und deren Städte dem Papsttum zu übergeben. Im Gegenzug willigte Stephan ein, Pippin offiziell zum König des Frankenreiches zu krönen und seine beiden Söhne Karl und Karlmann zu seinen Nachfolgern zu ernennen. Damit endete faktisch die merowingische Herrschaft in Frankreich; und was den religiösen Einfluss betraf, wurde Frankreich der römischen Kirche einverleibt und den Erlassen des Bischofs von Rom beziehungsweise des Papstes unterstellt.

So unternahmen die reptiloiden Lenker der Kirche Roms gemeinsam mit dem Papst einen großen Schritt in Richtung der Herrschaft über die gesamte damalige zivilisierte Welt in einer Weise, die jener der Königinnen vom Orion mit ihrem »Aye im Himmel« ähnelte.

Durch die Instrumentalisierung der Religion, der Riten der Kirche, die für die Erlangung der Erlösung durch Christus die Unterwerfung unter die katholischen Lehren forderte, war die Bruderschaft jetzt in der Lage, all ihren Zielpersonen in Europa eine Gedankenkontrolle aufzuzwingen. In beiden Fällen stand dahinter letztlich die Absicht, ein höheres Bewusstsein zu *unterbinden* und die Bevölkerung gefügig und kontrollierbar zu halten. Es ist das, was wir heute als »Verdummungsprozess« bezeichnen. Die Reptiloiden wussten, dass die Globalisierung der Religion der Schlüssel zur weltweiten Kontrolle durch ihre Marionetten, die Illuminaten, war – und damit das Mittel, die Oberfläche der Erde zurückzuerobern.

## Die Pippinsche Schenkung

Nach dem Sieg über die Langobarden in Italien überließ Pippin die italienischen Städte, die er Papst Stephan II. zugesichert hatte, diesem als Geschenk und »homogenisierte« Italien dadurch erfolgreich, wobei er das letzte Lager, das Widerstand gegen die päpstlichen Herrschaft leistete, neutralisierte. Diese Schenkung wurde als »Pippinsche Schenkung« bekannt. Der Landstrich in der Mitte Italiens, der einige strategisch wichtige Städte umschloss, wurde damals zum Kern des Kirchenstaates, der später den Vatikan einbezog. Dadurch wurden der Kirche unermessliche Reichtümer übertragen. Pippin bestätigte seine Schenkung im Jahre 756 in Rom. Nach Pippins Tod wurde Karl zusammen mit seinem Bruder Karlmann König des Frankenreiches. Beide galten als Könige, die an einem einzigen Königtum teilhatten.

Im Jahre 771 starb Karlmann plötzlich, und Karl übernahm die Herrschaft über das gesamte Frankenreich als Karl der Große und Beschützer des Papsttums. 772 eilte er herbei, um Papst Hadrian I. vor Invasoren zu retten. Gegen Ende des achten Jahrhunderts hatte Karl der Große das Frankenreich um die Königreiche und Herzogtümer Bayern, Kärnten, Thüringen, Friesland, Sachsen und die Lombardei erweitert. Papst Leo III., den Karl der Große vor der Ermordung durch die Römer gerettet hatte, krönte ihn 800 zum römischen Kaiser. Es wird erzählt, dass Karl von der bevorstehenden Krönung nichts gewusst hatte, bis Leo ihm überraschend die Krone aufs Haupt setzte, während er zum Gebet im Petersdom niederkniete. Dadurch wurde der Präzedenzfall geschaffen, nach welchem alle künftigen Kaiser vom Papst gekrönt werden mussten, um als rechtmäßig anerkannt zu werden.

Voltaire hatte recht mit seiner Bemerkung (siehe das Motto am Anfang dieses Kapitels), denn das Reich wurde nur deshalb »heilig«, weil der Kaiser vom Papst gesalbt wurde. Es war »römisch«, weil es eine selbsternannte Wiedergeburt des Römischen Reiches war, und es war nicht wirklich ein Reich, sondern eher ein loser Zusammenschluss örtlicher Lehensgüter und Königreiche.

Auf alle Fälle diente diese Tradition dazu, die römische Kirche weiter zu globalisieren und damit die Agenda der Bruderschaft voranzutreiben. Zwischen dem neunten und sechzehnten Jahrhundert wurden dreißig Kaiser des Heiligen Römischen Reiches gekrönt. So erlangte die römische Kirche die Vorherrschaft in ganz Europa.

## Die Katharer

Doch das Reich konnte nicht zusammengehalten werden, und die stärker freiheitlich gesonnenen Provinzen im Westen hörten nicht auf zu rebellieren. Als die katholische Kirche an Macht gewann, wurde sie unduldsamer gegenüber Abspaltungen vom grundlegenden Glauben und ging hart mit den Abweichlern um. Das berüchtigste Beispiel hierfür ist die Reaktion auf die Bewegung der Katharer, die vom elften bis zum vierzehnten Jahrhundert bestand.

Die Bewegung erblühte im Languedoc, in jener Region Frankreichs, wo Maria Magdalena gelebt und gepredigt hatte. In den Regeln der Katharer spiegelten sich einige ihrer Lehren wider. Dazu gehörten die Gleichwertigkeit von Mann und Frau, die Reinkarnation, die Ablehnung, Tierprodukte zu essen, und keine Einwände gegen Empfängnisverhütung zu haben. Am schwerwiegendsten war wohl ihre Ablehnung der Priesterschaft; sie hatte die schlimmsten Auswirkungen, weil sie die Autorität der hierarchisch gegliederten Kirche infrage stellte.

Im Jahre 1209 wurde die gesamte Bevölkerung der von Katharern dominierten Stadt Beziers in Südfrankreich auf päpstliche Anordnung von den Kreuzrittern niedergemetzelt, und die Stadt wurde dem Erdboden gleichgemacht. Schätzungsweise 15.000 bis 20.000 Menschen wurden getötet. Bis die Bewegung durch einen Kreuzzug niedergeschlagen wurde, sind mehr als eine halbe Million Menschen getötet worden – alles von den Päpsten abgesegnet.

Diese Unterwerfung gab das Beispiel für den zukünftigen Umgang der Kirche mit allen aufsässigen Bewegungen.

## Die dunklen Zeiten

Die Niederwerfung der Katharer war erst der Anfang. Sie schaffte den Präzedenzfall für alle Verdachtsfälle von »Ketzerei«, das heißt, für jeden Glauben, der nicht mit der katholischen Lehre übereinstimmte. Wurde ein der Ketzerei Angeklagter nach der Folter von einem Kirchentribunal für schuldig befunden, so hat man ihn – da die Kirche selbst nicht töten durfte – den weltlichen Behörden übergeben, denen er oder sie allen Besitz der Kirche auszuhändigen hatte. Dann konnte er zum Tragen eines gelben Kreuzes, zu lebenslanger Kerkerhaft oder zur Verbrennung am Pfahl bei lebendigem Leibe verurteilt werden. In vielen Fällen mussten die Angeklagten jahrelang im Gefängnis schmachten, bevor sie überhaupt vor ein Gericht gestellt wurden.

*Abb. 14.3. Gregor IX. (1145-1241), der Papst der Inquisition*

Folter war durch eine päpstliche Bulle von Papst Innozenz IV. aus dem Jahre 1252 ausdrücklich gestattet. Während sich diese Fälle häuften, entstand daraus eine Massenbewegung, die heute als Inquisition bezeichnet wird. Es gab mehrere mittelalterliche Inquisitionen. In allen Fällen wurden sie durch die Päpste initiiert. Die bischöfliche Inquisition gegen die Katharer nahm 1184 durch eine päpstliche Bulle Lucius' III. ihren Anfang. 1231 entsandte Papst Gregor IX. Bettelmönche der Dominikaner und Franziskaner in alle Regionen Europas, um über die Ketzer Gericht zu halten. Dieses Verfahren war auf päpstliche Anweisung hin gründlich und straff organisiert.

Die päpstlichen Behörden wollten über jeden Fall Berichte vorgelegt bekommen, und diese Dokumente werden noch heute in der vatikanischen Bibliothek verwahrt. Bis zum fünfzehnten Jahrhundert waren die meisten ketzerischen Bewegungen ausgelöscht.

## Die Zeit der Aufklärung

Diese Art gewaltsamer Unterdrückung wurde in Europa für nötig gehalten, da die Blutlinien der europäischen Bevölkerung überwiegend menschlich und infolgedessen weniger empfänglich für Gehirnwäsche und nicht so leicht von der globalen Religion zu kontrollieren waren. Also begann die Föderation dort zum Gegenschlag anzusetzen.

Anfang des siebzehnten Jahrhunderts infiltrierten engagierte und hervorragend ausgebildete Agenten der Föderation die Gesellschaft in Europa. Als Erstes kam die wissenschaftliche Revolution, die von intellektuellen Größen wie Francis Bacon, René Descartes, Isaac Newton, John Locke, Baruch de Spinoza und Pierre Bayle verbreitet wurde, in Gang. Die Erhöhung der Wissenschaft über die kirchliche Mythologie bereitete den Boden für die philosophische Revolution, denn sie beseitigte mystische Glaubensvorstellungen. Die wichtigsten Philosophen und Schriftsteller der Aufklärung waren Montesquieu, Voltaire, Jean-Jacques Rousseau, Étienne Bonnot de Condillac und Nicolas de Condorset in Frankreich; David Hume und Adam Smith in England; Gotthold Ephraim Lessing und Immanuel Kant in Deutschland und Giambattista Vico, Cesare Beccaria und Francesco Mario Pagano in Italien. Laut Wikipedia verbreiteten diese Philosophen ihre Ideen vor allem durch Zusammenkünfte an wissenschaftlichen Akademien, in Freimaurerlogen, literarischen Salons und Kaffeehäusern sowie durch den Druck ihrer Bücher und Pamphlete.

Das Gedankengut der Aufklärung untergrub die Autorität der Monarchie wie der Kirche und bereitete den Weg für die Revolutionen des 18. und 19. Jahrhunderts. Bis dahin hatten sich diese Ideen bis in die britischen Kolonien in Amerika verbreitet. Thomas Paine, Benjamin Franklin und Thomas Jefferson, die häufig nach Frankreich reisten, bauten Regeln der Aufklärung in die Unabhängigkeitserklärung und die Verfassung der Vereinigten Staaten ein.

*Abb. 14.4. Thomas Jefferson (1743-1826), der hauptsächliche Verfasser der Unabhängigkeitserklärung*

Das Konzept von einer Trennung von Kirche und Staat, wie es der englische Philosoph John Locke verfocht, war ein fundamentales Prinzip der neuen Philosophien. Locke argumentierte, dass die Freiheit des individuellen Bewusstseins ein Naturrecht sei, das nicht von Kirche oder Staat überschattet werden könne und daher durch den Staat geschützt werden müsse.

Jefferson ließ Lockes Vorstellungen in sein *Virginia Statue for Religious Freedom* (Virginia-Statut der Religionsfreiheit) einfließen, das 1786 in Virginia als Staatsgesetz beschlossen wurde. Wikipedia sagt dazu: »Das Statut entstaatlichte die Kirche von England in Virginia und gewährleistete Menschen aller Glaubensrichtungen Religionsfreiheit, was Katholiken und Juden ebenso einschloss wie Mitglieder aller protestantischen Konfessionen.«

Dies war der Vorläufer des ersten Zusatzartikels der Verfassung der Vereinigten Staaten. Es war eine von nur drei großen Leistungen, die Jefferson in seine Grabinschrift aufgenommen wissen wollte. Jefferson hielt John Locke, Francis Bacon und Isaac Newton für die großartigsten Männer, die je gelebt hatten. Wir müssen Jefferson natürlich in diesen Rang miteinschließen.

## Die Vereinigten Staaten: Ein wahres Bollwerk der Freiheit

Das »Virginia Statue for Religious Freedom« stand in direktem Gegensatz zu den Prinzipien der römischen Kirche. Während sich die amerikanischen Werte von Freiheit und Freizügigkeit rund um den Globus verbreiteten, erkannte die Bruderschaft, dass dies ihren Plänen von einer religiösen Globalisierung den Todesstoß versetzte. Als wollte man mit ihr ein Ausrufezeichen setzen, stand die Freiheitsstatue, ein Geschenk freidenkerischer französischer Verfechter der Aufklärung, im Hafen von New York und hieß Andersdenkende willkommen, die vor der religiösen Tyrannei in Europa geflüchtet waren. Die reptiloiden Planer erkannten, dass sie sofort und radikal einschreiten müssten, wollten sie dem »Virus« der Freiheit, das sich über den Planeten ausbreitete, noch entgegenwirken.

Als das 19. Jahrhundert seinem Ende entgegenging, waren die Blaublütigen in weiten Teilen der Welt aus einflussreichen und mächtigen Positionen entfernt worden. Monarchien waren zerfallen, und die Autorität der Kirche nahm rapide ab. Jetzt war es für die Bruderschaft an der Zeit zu einem kühnen Schachzug, bei dem es um alles oder nichts ging, wenn sie je darauf hoffen wollte, die Oberfläche des Planeten zurückzuerobern. Nachdem ihnen die Kontrolle über die Welt durch eine Globalisierung der Religion missglückt war, griffen sie nun nach einem anderen Pfeil in ihrem Köcher: Es war an der Zeit für einen ersten Weltkrieg.

# Teil III

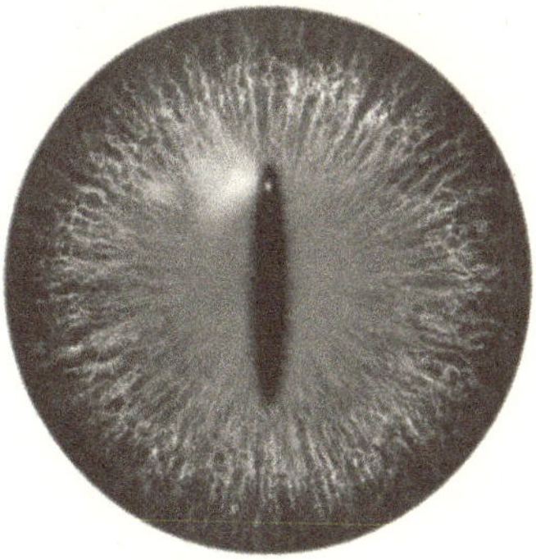

# *Die Weltkriege und ihre Hintergründe*

# 15 Der Erste Weltkrieg

Die Verabschiedung des Federal Reserve Act im Dezember 1913 ermöglichte den Ersten Weltkrieg. Die Bruderschaft kontrollierte nun erfolgreich Wirtschaft und Finanzen der Vereinigten Staaten. Die Federal Reserve Bank war im Besitz eines von den Illuminaten betriebenen Konsortiums von Banken in den USA und Europa, das nun in der Lage war, amerikanische Gelder heimlich sowohl ausländischen Banken und Gesellschaften zufließen zu lassen, die damit ihre Streitkräfte aufbauten, als auch der amerikanischen Rüstungsgüterindustrie, die sich möglicherweise darauf vorbereitete, in die Katastrophe mit einzusteigen.

Das Geld wurde weniger von Deutschland benötigt, das 1871 nach dem Deutsch-Französischen Krieg eine Finanzspritze von fünf Milliarden Francs an Reparationen erhalten hatte. Es wurde vielmehr von anderen europäischen Nationen gebraucht, die sich Sorgen um die kriegerische Haltung des deutschen Kaisers Wilhelm II. machten, der sich bis an die Zähne bewaffnete und die Wehrpflicht eingeführt hatte. Deutschland verfügte über reichlich Geld und erlebte damals eine Zeit großen Wohlstands und hoher Beschäftigungszahlen, vor allem dank seiner Waffenindustrie, insbesondere der Krupp-Werke in Essen. Krupp verkaufte Gewehre und Kanonen an Länder in aller Welt, die Deutschland und den Kaiser mit nervöser Sorge betrachteten und es für nötig hielten, ihre Armeen zu stärken.

Vor allem Frankreich – auch wenn es durch die Reparationen finanziell gebeutelt war und die hoch industrialisierte Region Elsass-Lothringen infolge des Krieges verloren hatte – wusste, dass es auf ein mögliches Wiederaufleben der Feindschaft mit Deutschland vorbereitet sein musste. Für Frankreich waren enorme Bankkredite daher lebenswichtig. Auch die Russen, die für eine friedliebende kooperative Haltung in ganz Europa eintraten, wussten, dass sie nur das Unvermeidliche abwendeten, und versuchten, mit der deutschen Wiederbewaffnung Schritt zu halten, doch sie kamen dabei kaum von der Stelle.

*Abb. 15.1. Die Rüstungswerke der Firma Krupp während des Ersten Weltkriegs*

Doch selbst Deutschland brauchte stattliche Kredite, um die Entschlossenheit des Kaisers, eine gewaltige Marine aufzubauen, die mit derjenigen Englands konkurrieren könnte, zu befriedigen. Die Engländer beherrschten die Meere, und Wilhelm war klar, dass er mit ihrer Tonnage niemals mithalten konnte, aber er hoffte, zumindest ein Verhältnis von drei zu zwei zu erreichen. Am Ende musste er sich mit zwei zu eins abfinden, denn England fuhr in schnellem Tempo damit fort, neue Schiffe zu bauen.

Barbara W. Tuchman schreibt in *The Proud Tower: A Portrait of the World before the War, 1890-1914* (»Der Stolze Turm – ein Porträt der Welt vor dem Krieg«):

»Im Oktober 1905 wurde der Kiel für die *H.M.S. Dreadnought*, dem ersten Schiff seiner Klasse, gelegt. ... Die *Dreadnought*, von Fisher entworfen, war größer, schneller und schwerer bewaffnet als jedes

> Schlachtschiff, das die Welt zuvor gesehen hatte. Mit einer Verdrängung von 18.000 Tonnen, zehn 12-Zoll-Geschützen und einem neuartigen Antrieb durch Dampfturbinenmotoren stellte sie alle bestehenden Flotten einschließlich der deutschen in den Schatten und demonstrierte dabei noch die Zuversicht und Fähigkeiten der Briten, ihre eigene Flotte wiederaufzubauen.«

Der Kaiser war überwältigt. Tuchman sagt, dass er im selben Jahr alle damit in Erstaunen versetzte, dass er »öffentlich die Entstehung seiner Marine seiner Bewunderung für die britische Flotte als Kind zuschrieb«. Ein solches Bekenntnis des gekrönten Hauptes der militärisch mächtigsten und kriegerischsten Nation jener Zeit spricht mehr als tausend Worte. Es zeigt, welch infantile Beweggründe die ganze Welt in das blutigste und fürchterlichste Gemetzel geführt haben, das dieser Planet bis dahin gekannt hat.

Doch je mehr wir über diesen Mann wissen, desto besser können wir verstehen, wie er dieses Zeitalter des Schreckens prägen konnte, das sich über die ganze erste Hälfte des zwanzigsten Jahrhunderts erstreckte. Er war der älteste Enkel von Queen Victoria und der Sohn von Prinzessin Victoria, der ältesten Tochter der Königin und des Prinzen Albert. Sein Vater war Prinz Friedrich Wilhelm von Preußen, der Erbe der preußischen Krone, der schließlich als Kaiser und König Friedrich III. kurzzeitig regierte. Aufgrund einer Steißgeburt und medizinischer Inkompetenz war sein linker Arm deutlich kürzer als der rechte, was ihm sein Leben lang seelisch zu schaffen machte.

Den Thron Preußens und des Deutschen Reiches bestieg der damals 29-Jährige im Jahre 1888 nach dem Tod seines Vaters als Kaiser Wilhelm II. Er war mit allen Königshäusern Europas und Russlands eng verwandt: So war er Cousin ersten Grades des Königs Georg V. von England, der Königin Maria von Rumänien, der Königin Maud von Norwegen, der Königin Victoria Eugenie von Spanien und der Kaiserin Alexandra von Russland, der Gattin von Zar Nikolaus.

Dies bedeutet, dass er ein königlicher Blaublütiger durch und durch gewesen ist und aus der Blutlinie stammte, die den Manipulationen durch die Bruderschaft der Schlange und ihre Günstlinge, die Illuminaten, gerade recht war.

*Abb. 15.2. Königin Victoria (1819-1901) und ihr Enkel Wilhelm (1859-1941), der letzte Deutsche Kaiser und König von Preußen*

Nachdem er 1890 den »Eisernen Kanzler« Otto von Bismarck gezwungen hatte, sich in den Ruhestand zu begeben, gab es keine weitere Einmischung in seine Führung mehr, und er hatte im Grunde freie Hand in der Regierung seines Reiches. Das verlieh ihm enorme Macht, da Deutschland und Preußen zu dieser Zeit die reichsten und mächtigsten Nationen der Welt waren, noch mächtiger als die Vereinigten Staaten und gleichrangig mit England (siehe Tafel 9).

Seit den Anfängen seiner Regentschaft etablierte der Kaiser in Deutschland einen stark reglementierten militärischen Zeitgeist. Alles wurde militärischen Belangen untergeordnet.

Tuchman schreibt dazu:

»Als der Zirkus Barnum & Bailey 1901 in Deutschland gastierte, sandte der Kaiser, nachdem er gehört hatte, mit welch bemerkenswerter Geschwindigkeit die Züge beladen wurden, Offiziere aus, die die Methode beobachten sollten.«

Sie fanden heraus, dass die Arbeiter beim Be- und Entladen der Züge einen Wagen einsetzten, der auf Verbindungsschienen durch den Zug fuhr, so dass sie in einem Waggon packen und dann alles auf den Schienen durch den Zug rollen lassen konnten. Dank dieser Methode konnten drei Züge mit je 22 Waggons in einer Stunde beladen werden. Der Kaiser übernahm diese Technik für seine Armee.

Tuchman erläutert weiterhin:

»Er mochte es, Militärfestspiele und -feierlichkeiten zu organisieren, vor allem die alljährlichen Paraden der Berliner Garnison auf dem riesigen Tempelhofer Feld im Frühjahr und im Herbst, wo Formationen von 50.000 Soldaten – das entspricht mehreren Abteilungen – aufmarschieren konnten.«

Er war stets in einer üppig dekorierten Militäruniform zu sehen, von denen er viele Ausführungen besaß.

Der deutsche Militarismus war eigentlich nicht Wilhelms Erfindung. Er hatte von Bismarck, dem früheren Kanzler, einen geeinten und dominanten preußisch-deutschen Staat geerbt. Bismarck war es gewesen, der die lose verbündeten deutschen Staaten zu einer einzigen Nation zusammengeschlossen und drei kurze siegreiche Kriege geführt hatte, von denen jeder mehr Land einbrachte. Allerdings geht es ebenso auf sein Wirken zurück, dass die Demokratie letztlich unterdrückt und eine autokratische Herrschaft installiert wurde. Gleichwohl erfreute sich Deutschland einer friedlichen und prosperierenden Existenz, als Wilhelm II. Kaiser wurde. Es hätte auf unbestimmte Zeit so bleiben können, wenn er nicht seinen Wahnvorstellungen von einer noch größeren Pracht und Herrlichkeit erlegen wäre.

Die außenpolitischen Beziehungen waren im Wesentlichen gut, vor allem deshalb, weil England und Russland von seinen Cousins ersten Grades regiert wurden. Es hätte eine utopische Ära für Deutschland und Europa anbrechen können. Doch die Deutschen waren immer noch unzufrieden. Tuchman erklärt uns die Gründe:

> »Die Deutschen wussten, dass sie die stärkste Militärmacht auf der Erde, die tüchtigsten Kaufleute, die erfolgreichsten Banker hatten, die jeden Kontinent durchdrangen, die Türken finanzierten, eine Eisenbahnstrecke von Berlin nach Bagdad bauten, den Handel mit Lateinamerika erschlossen, die Seemacht Großbritannien herausforderten und im intellektuellen Bereich … jeden Zweig menschlichen Wissens systematisch ordneten. Sie hatten es verdient und waren in der Lage, die Welt zu beherrschen. Die Herrschaft der Besten muss sich erfüllen. … Was ihnen fehlte und wonach es sie verlangte, war die Anerkennung ihrer Herrschaft in der Welt. Solange sie abgelehnt wurde, wuchs die Frustration und mit ihr der Wunsch, sich die Anerkennung durch das Schwert zu erzwingen.«

Zwar meinte Tuchman mit dieser Schilderung das gesamte Deutschland, aber im Grunde paste sie genau auf den Kaiser. Sie erklärt, warum es ihn in den Fingern juckte, zu kämpfen.

## Öffentliche Beschämungen

Wilhelm konnte zwar blitzgescheit sein, aber er war auch emotional instabil und neigte selbst bei der geringsten Provokation zu Wut- und Zornesausbrüchen. Diese Eigenschaft wurde der Weltöffentlichkeit durch sein Interview mit der britischen Zeitung *Daily Telegraph* am 28. Oktober 1908 bekannt, als er in England, wo er seine königlichen Verwandten besuchte, Urlaub machte.

Es beginnt mit den Worten: »Ihr Engländer seid verrückt, verrückt, verrückt wie Märzhasen.« Dann legte er peinlich genau dar, warum er die Briten mochte, wie viel er dafür getan hatte, um sie in der Weltpolitik zu bevorzugen, und wie er sie gegen Verleumdungen in Bezug auf den Burenkrieg verteidigt hatte. Wie ein Vater, der seinen Sohn tadelt, spricht er weiter: »Ich bemühe mich unaufhörlich, die Beziehungen zu verbessern, und Sie erwidern, dass ich Ihr Erzfeind sei. Sie machen es mir schwer. Warum ist das so?«

Hinter all seinen Worten steckte dieselbe verschleierte Drohung für den Fall, dass sie das, was er für sie getan hatte, nicht zu würdigen wüssten. Dann verteidigte er den Ausbau seiner Marine und endete mit den Worten:

> »Deutschland muss eine mächtige Flotte haben, die den Handel und seine vielfältigen Interessen auch in fernen Meeren schützt. Es erwartet, dass diese Interessen weiter wachsen werden, und es muss in der Lage sein, sie in jedem Viertel des Erdballs mannhaft zu verteidigen. Seine Horizonte erstrecken sich in die Weite hinaus.«

Das war natürlich ein sehr durchsichtig gesponnenes Garn. Der Kaiser versuchte, die Kriegsängste der Briten zu beschwichtigen, während er an einer unüberwindlichen Marine baute, um sie zu besiegen. Er bereitete sich bereits auf den Krieg vor.

Doch man ließ sich nicht täuschen. Der britische Außenminister Sir Edward Grey antwortete im November:

> »Er ist wie ein Schlachtschiff unter Dampf mit laufenden Motoren, aber ohne Ruder, und er wird eines Tages in etwas hineinrennen und eine Katastrophe auslösen. Er hat die stärkste Armee der Welt, und die Deutschen mögen nicht, wenn man über sie lacht, und suchen nach jemandem, um ihrem Temperament Luft und von ihrer Stärke Gebrauch zu machen. Nach einem großen Krieg möchte eine Nation für eine oder mehrere Generationen keinen weiteren mehr. Nun ist es 38 Jahre her, seit Deutschland seinen letzten Krieg hatte, und es ist sehr stark und sehr unruhig, so wie ein Mann, dem seine Stiefel zu klein geworden sind. Ich glaube nicht, dass es sofort zu einem Krieg kommen wird, aber es wird schwierig sein, den Frieden in Europa für weitere fünf Jahre aufrechtzuerhalten.«

Im Grunde drehte sich bei Wilhelm alles um seinen Neid auf die »überlegenen« britischen Verwandten. Er mochte es nicht, wie ein Familienmitglied zweiter Klasse behandelt zu werden. Er war viel zu stolz und hochmütig; das nagte an ihm. Und noch etwas kam hinzu: ein Skandal durch Philipp Fürst zu Eulenburg, der sechs Jahre lang Botschafter in Österreich gewesen war. Laut Tuchman war er »des Kaisers ältester und engster Freund«. Eulenburg war zum Ziel einer Kampagne von Anspielungen seiner politischen Feinde in der Presse geworden, die andeuteten, er hätte eine Affäre mit Kuno Graf von Moltke, dem Stadtkommandanten von Berlin.

*Abb. 15.3. Philipp Fürst zu Eulenburg (1847-1921), eine der Hauptpersonen in der Harden-Eulenburg-Affäre*

Der Kaiser entließ sofort jeden im Militär und diplomatischen Korps, der homosexueller Praktiken beschuldigt oder verdächtigt wurde, und zwang Moltke, den Verfasser des Papiers wegen Verleumdung zu verklagen. Der Prozess legte alle Akten über Eulenburg offen. Tuchman führt dazu aus:

> »Während vier Verhandlungen über einen Zeitraum von zwei Jahren – von Oktober 1907 bis Juli 1909 – wurde vor einer fassungslosen Öffentlichkeit Beweismaterial voller Perversion, für Erpressung und persönliche Bosheit ausgebreitet. Zeugen, darunter Diebe und Zuhälter, sprachen von ›widerwärtigen Orgien‹ im Garde-du-Corps-Regiment und legten Zeugnis über abnorme Handlungen Eulenburgs und Moltkes in den vergangenen zwanzig Jahren ab.«

Das Ansehen des Kaisers sank dadurch in der Öffentlichkeit auf einen neuen Tiefstand. Er war nicht mehr der furchtlose Führer, sondern jetzt möglicherweise der enge Freund eines sogenannten Perversen, dessen Vorlieben obendrein ein entsprechendes Licht auf ihn warfen. Und zur selben Zeit war auch noch der Bruder des Kaisers,

Erzherzog Ludwig-Viktor, zufällig in eine skandalöse homosexuelle Liebesaffäre mit einem Masseur in Wien verstrickt.

Angesichts dieser Peinlichkeiten stieg die Entschlossenheit des Kaisers, der Welt seine Macht zu demonstrieren.

## Der Krieg

Als Erzherzog Franz Ferdinand von Österreich am 28. Juni 1914 von einem serbischen Nationalisten ermordet wurde, war Deutschland vollständig auf einen Krieg vorbereitet. Dies wird durch den zeitlichen Verlauf der Ereignisse deutlich, die zum Ausbruch der Feindseligkeiten am 28. Juli geführt hatten.

Der Dreibund, ein Bündnis zwischen Österreich-Ungarn, Deutschland und Italien zum Zwecke der gemeinsamen Verteidigung, war schon vor der Thronbesteigung des Kaisers 1888 von Bismarck geschmiedet worden, so dass Wilhelm diesen Bund zwischen den drei Nationen tatsächlich geerbt hatte. Technisch gesehen hätte er Deutschland leicht aus diesem Bündnis herausziehen können, da es nicht sein Werk war. Als Österreich-Ungarn in Reaktion auf den Mord wie auch auf fortwährende Konflikte in der Balkanregion Serbien den Krieg erklärte, war Deutschland noch genau einen Monat lang, also bis zum 28. Juli 1914, in keinster Weise verpflichtet, sich an den Kriegshandlungen zu beteiligen. Außerdem war der Dreibund eigentlich nur ein Verteidigungsbündnis. Er sollte nicht zu Hilfe gerufen werden, wenn eines der drei Länder als Aggressor auftrat. Die Deutschen hätten sich folglich gar nicht beteiligen müssen; und sie hätten – wenn überhaupt – ihre Angriffe ausschließlich gegen Serbien richten dürfen.

Doch nur vier Tage nach der österreichisch-ungarischen Kriegserklärung, am 1. August 1914, erklärte Deutschland Russland den Krieg, weil der Zar angeblich seine Truppen zur Unterstützung Serbiens mobilisiert hatte. Und dann begann Deutschland ohne jegliche Provokation seinen Einmarsch in Frankreich in Gang zu setzen, indem es am nächsten Tag Belgien angriff und anschließend, am 3. August 1914, Frankreich den Krieg erklärte!

Wenn man all dies zusammennimmt, wird sehr schnell deutlich, dass das Handeln Deutschlands wenig bis überhaupt nichts mit den Feindseligkeiten zwischen dem kleinen Serbien und Österreich-Ungarn zu tun hatte. Der Kaiser war offensichtlich gut darauf vorbereitet, Russland und Frankreich anzugreifen, und nutzte die serbischen Kriegshandlungen als Vorwand, um seinen Einmarsch im Osten wie im Westen zu rechtfertigen.

*Abb. 15.4. Kaiser Wilhelm II. und seine Generäle im Krieg*

Kurz zusammengefasst war der Erste Weltkrieg das Ergebnis einer lange geplanten deutschen Strategie, Russland und Frankreich unprovoziert anzugreifen. Er war die Tat eines durchgedrehten Verrückten, der des Friedens und Wohlstands überdrüssig geworden war und nach einer Gelegenheit suchte, um der Welt zu beweisen, was für eine wunderbare, mächtige Nation Deutschland und welch ein großer Führer und Kriegsherr er selber war. Wilhelm zögerte nicht, die ganze Welt in ein entsetzliches Unternehmen hineinzuziehen, welches das Schicksal der gesamten Menschheit für immer verändern sollte. Die Prophezeiung von Sir Edward Grey hatte sich in fast genau dem Zeitrahmen erfüllt, den er vorausgesagt hatte.

## Die Plünderung Belgiens

Die Deutschen griffen Belgien am 2. August 1914 an; dies war Teil ihres Plans, die französischen Truppen schnell einzukreisen. Sie mussten Belgien durchqueren, es als Korridor benutzen. Indem sie dies taten, verletzten sie die belgische Neutralität, die 1839 vertraglich vereinbart worden war.

Die Brutalität, mit der die deutsche Reichswehr hilflose Bürger behandelte, fand bis zur berüchtigten Invasion der Japaner und der Plünderung Nankings 1937 (siehe Kapitel 16) nicht ihresgleichen. Die deutschen Soldaten raubten, brandschatzten, plünderten und ermordeten Zivilisten mit einer kaltblütigen, trunkenen Leidenschaft, die kaum vorstellbar ist. Viele dieser Verbrechen, wie die gefühllose Vergewaltigung, Verstümmlung und Ermordung von Frauen sowie das Aufspießen von Kindern auf Bajonetten, waren unaussprechlich grausam, sadistisch und militärisch völlig unnötig, aber sie wurden mit kalter Hemmungslosigkeit begangen, und manchmal sangen die Täter noch dabei.

All diese Handlungen finden sich in dem unparteiischen Bericht des britischen Bryce-Ausschusses, der im Mai 1915 zur Untersuchung dieser Verbrechen gegründet wurde, akribisch katalogisiert. Der Ausschuss hatte eine ungeheure Menge an gemeldetem Material zu untersuchen; das meiste davon wurde direkt von belgischen Flüchtlingen in England beigesteuert. Fast alle deutschen Gräueltaten stellten eine Verletzung der Haager Konvention von 1907 dar, die das Verhalten bei Kriegen zu Lande regelt und auch von Deutschland unterzeichnet worden war.

Die im Bryce-Report aufgezählten Straftaten sind in folgende Kategorien unterteilt:

1. das Töten von Nichtkombattanten;
2. die Behandlung von Frauen und Kindern;
3. das Benutzen von Nichtkombattanten als Schutzschilde bei Militäroperationen;
4. Raub, Brandschatzung und mutwillige Zerstörung von Eigentum;
5. Töten von Verwundeten und Gefangenen;

6. In Brand Setzen von Krankenhäusern, Rettungsambulanzen und Krankentragen;
7. Missbrauch des Roten Kreuzes und der weißen Flagge.

Ein Augenzeuge schilderte einen Vorfall wie folgt:

> »Ich sah acht deutsche Soldaten, die alle betrunken waren. Sie sangen, tanzten und machten eine Menge Lärm. Als die deutschen Soldaten die Straße entlang liefen, sah ich ein kleines Kind – ob Junge oder Mädchen konnte ich nicht erkennen – aus einem Haus kommen. Das Kind war etwa zwei Jahre alt. Das Kind lief in die Mitte der Straße, so dass es den Soldaten im Weg war. Die Soldaten marschierten paarweise. Die ersten zwei gingen an dem Kind vorbei; einer aus der zweiten Reihe, der Mann zur Linken, trat zur Seite und stieß sein Bajonett mit beiden Händen in den Bauch des Kindes, hob es in die Luft und trug es auf seinem Bajonett davon, während er und seine Kameraden immer noch sangen. Das Kind schrie, als der Soldat es mit seinem Bajonett aufspießte; danach jedoch nicht mehr.
>
> Über 100.000 Belgier wurden getötet, darunter 60.000 Zivilisten, 6.000 wurden hingerichtet. Über 1,5 Millionen Belgier wurden durch die Invasion vertrieben, eine Million in die Niederlande, die übrigen nach England und Frankreich. Schätzungsweise 120.000 belgische Zivilisten beiderlei Geschlechts hat man als Zwangsarbeiter eingesetzt; etwa die Hälfte davon wurden nach Deutschland deportiert. Sie schufteten in Gefängnisfabriken und in Lagern, einige direkt hinter der Front. Manche wurden sogar zur Arbeit direkt an der Front gezwungen, sie mussten Schützengräben ausheben, während überall um sie herum Artilleriegranaten explodierten.«

Darin ist die gleiche reptiloide Gleichgültigkeit gegenüber menschlichem Leid zu erkennen, die im Zweiten Weltkrieg sogar noch deutlicher werden sollte. Es ist ein klarer Beweis für die massive *Bewusstseinskontrolle* und die gewaltsamen Befehle, die man den jungen deutschen Männern einprogrammierte.

# Der Plan der Bruderschaft schreitet voran

All diese Missetaten waren direkt von der obersten Instanz des Militärapparates genehmigt worden. Dies bedeutet, dass der Kaiser entweder selbst die Befehle gab oder darüber informiert wurde. Wie bei Thutmosis III. war die Bruderschaft in der Lage, allein durch die Kontrolle eines Einzelnen das Schicksal von Millionen zu beeinflussen. In den nächsten beiden Kapiteln werden wir sehen, dass sie mit dem Zweiten Weltkrieg, in dem sie nur drei Männer – Hitler, Mussolini und Hirohito – kontrollierten, zu denselben Ergebnissen gelangten.

Etwa siebzehn Millionen Menschen, Militärangehörige und Zivilisten, starben im Ersten Weltkrieg. Sie kamen fast alle aus der europäischen Blutlinie und stammten deshalb größtenteils direkt von überwiegend menschlichen Vorfahren ab.

Folglich waren sie gegen Einflussnahme aus der vierten Dimension am widerstandsfähigsten. Es war genau die gleiche Bevölkerung, welche die Bruderschaft zunächst auf dem Wege der Religion zu kontrollieren versucht hatte. Nachdem das gescheitert war, verabredeten sie sich dazu, diesen Teil der Bevölkerung abzuschlachten, und da der Erste Weltkrieg geradewegs zum Zweiten Weltkrieg führte, in dem weitere 43 Millionen Europäer getötet wurden, gelang es der Bruderschaft, eine ganze Generation aus dem Teil der menschlichen Bevölkerung auszulöschen, der am schwierigsten steuer- und kontrollierbar war und daher am meisten störte.

Sie haben ihr Ziel erreicht. Jetzt, in unserer Zeit, konzentrieren sie sich auf die Ausdünnung der europäischen Blutlinie durch Beimischung einer Hybridpopulation. Sie überschwemmen Europa durch eine massive Einwanderung aus dem Nahen Osten, insbesondere aus Syrien und dem Irak, wo die reptiloide DNA-Komponente viel stärker vertreten ist. Dadurch wird die gesamte, ohnehin schon drastisch reduzierte, menschliche Bevölkerung noch einfacher zu kontrollieren sein, während der Plan der Bruderschaft für die Weltherrschaft voranschreitet.

# 16 Der Sonnengott

*Brutalität ist kein angeborenes Merkmal der menschlichen Natur. Sie wurde unserem Wesen von einer fremden Macht unter großem Protest und bei entsprechendem Widerwillen gewaltsam aufgepfropft.*

– ANONYMUS –

Anscheinend begann die Einflussnahme der Reptiloiden auf die japanische Regierung und Gesellschaft während der Meiji-Zeit, die 1867 mit der Inthronisierung des vierzehnjährigen Prinzen Mutsuhito als Meiji-Tennō begann. Diese Ära war vom Ende der japanischen Feudalgesellschaft und der Wiederherstellung der absoluten Herrschaft des Kaisers gekennzeichnet. In Wahrheit war die japanische Regierung zu einer Oligarchie von etwa zwanzig der mächtigsten Männer Japans, der Genrō, zurückgekehrt, die – mit dem Kaiser als verbindender Galionsfigur – in allen Bereichen der japanischen Gesellschaft wichtige Reformen einleiteten.

Es war das Ende der Shōgun-Herrschaft und die Ermächtigung einer Zentralregierung sowie einer Nationalversammlung und einer neuen Verfassung. Im Rahmen eines Programms zur raschen Modernisierung, in dessen Zentrum der Kaiser stand, führten japanische Gelehrte das Staats-Shintō ein, das heißt die Annahme der Shintō-Philosophie als vorherrschender nationaler Religion. Das Meiji-Regime dauerte bis 1945, obwohl Mutsuhito selbst bereits 1912 starb, worauf Kaiser Taishō die Regentschaft bis zu seinem Tod im Jahr 1926 übernahm, als sein Sohn Hirohito, der Enkel von Mutsuhito, den Chrysanthementhron als Shōwa-Tennō bestieg. In dieser Zeit erlebte Japan die industrielle Revolution, die Einführung der Wehrpflicht und die Modernisierung des Militärs nach preußischem Vorbild.

Im Laufe der Zeit gewann das Militär immer mehr an Macht, bis es das Land im Wesentlichen regierte, wobei es nur auf den Premierminister hörte. Mit der Ermordung des Premierministers Inukai Tsuyoshi 1932 endete die zivile Kontrolle des Militärs. Hirohito selbst schlug einen militärischen Putschversuch im Jahr 1936 nieder und setzte so im Grunde eine Militärdiktatur unter seiner direkten Führung ein; Premierminister Konoe Fumimaro diente ihm dabei als Aushängeschild. Da Hirohito 1925 zum Oberst der Armee und zum Marinekapitän befördert worden war, war es ihm erlaubt, über militärische Angelegenheiten mit Befehlsgewalt zu gebieten. Für die Kontrolle durch die Reptiloiden war eine Militärdiktatur, wie sie sie auch in Deutschland und Italien errichtet hatten, die ideale Organisationsform. So war der Zweite Weltkrieg für sie leicht zu führen, indem sie diese drei Männer kontrollierten: *Hirohito, Mussolini und Hitler.*

Die Planung erfolgte langfristig und akribisch. Bereits in den 1920er Jahren begannen die Japaner, eine erstaunliche Reihe von Kriegsschiffen und Landwaffen in großer Zahl zu entwickeln. Um 1941 bestand die Kaiserliche Japanische Marine aus zehn Flugzeugträgern, zwölf Schlachtschiffen, fünfundzwanzig Flottenflugzeug- und Geleitträgern, achtzehn Schweren und fünfundzwanzig Leichten Kreuzern, 169 Zerstörern und 184 U-Booten. Die Flugzeugträger waren die modernsten der damaligen Welt. Die Vereinigten Staaten besaßen zu Beginn der Kriegshandlungen gerade einmal sieben Flugzeugträger. Die Japaner hatten die modernsten U-Boote, von denen einige Bombenflugzeuge tragen konnten. Offensichtlich war dies keine Nation, die über Ruhe und Frieden in der Zukunft nachsann. Es war eine Nation, die sich auf einen Weltkrieg vorbereitete und davon überzeugt war, dass sie keine Schwierigkeiten haben würde, die US-Navy zu vernichten.

## Die Wiederkehr des Bushido

Teil der neuen Meiji-Regierung mit dem Kaiser im Mittelpunkt war ein »Kaiserliches Reskript«, das an allen Schulen verbreitet wurde. Es zeigte ein Bild des Kaisers und forderte die Schüler auf zu geloben, sich in Notfällen »mutig dem Staate zur Verfügung zu stellen«. Das war eindeutig der Auftakt zu ihrer Vorbereitung auf den Kriegsdienst.

Über die damalige Vorbereitung junger Japaner auf die Kriegskunst schreibt James Bartley in seinem Artikel »Understanding the Reptilian Mind« (»Den Geist von Reptiloiden verstehen«):

*Abb. 16.1. Gottkaiser Hirohito (1901-1989) auf seinem Lieblingspferd Shirayuki (»Weißer Schnee«)*

»Und was genau passierte in jenen Militärschulen? Der individuelle Charakter wurde den Rekruten gnadenlos ausgetrieben. Boshafte Schikanen und eine unbarmherzige Hackordnung gehörten zum Alltag. Den Rekruten wurde zu verstehen gegeben, dass sie nur ein winziges Rädchen in einer riesigen Maschinerie waren und dass Individualität jeglicher Art nicht geduldet wurde. Das begünstigte ein Kollektivbewusstsein unter den Soldaten und senkte ihre Impulskontrolle gegenüber unschuldigen Zivilisten und Kriegsgefangenen. Oft wurden Rekruten ohne jeden Grund brutal geschlagen. Der japanische Schriftsteller Iritani Toshio sagt, dass Offiziere häufig unerlaubtes Prügeln mit den Worten rechtfertigten: ›Ich schlage dich nicht, weil ich dich hasse. Ich schlage dich, weil ich mich um dich sorge. Glaubst du, ich würde dies in einem Wahn mit geschwollenen und blutigen Händen tun?‹«

Für dieses letzte Zitat liefert der Film *Unbroken* unter der Regie von Angelina Jolie ein dramatisches Beispiel, in dem ein Lagerkommandant in einem japanischen Militärgefängnis genau diese Empfindung gegenüber einem jungen britischen Gefangenen ausdrückt, als er diesen brutal verprügelt. Die Anspielung auf ein »Schwarmbewusstsein« in diesem Zitat ist hochinteressant, denn sie gibt die Tatsache preis, dass die Reptiloiden, die nach ihrem Gruppenbewusstsein handeln, wahrscheinlich irgendwie in diesen japanischen »Bildungsplan« involviert sind.

Japanischen Schülern wurde auch die Vorstellung eingetrichtert, dass sie das einzige zivilisierte Volk auf Erden und der Rest der Weltbevölkerung allesamt Barbaren seien. Bartley schreibt:

»Die oben beschriebene Mentalität rechtfertigte alle Arten grausamen und unmenschlichen Verhaltens gegenüber Menschen, die als Untermenschen und Dämonen betrachtet wurden. Der Glaube an die rassische und moralische Überlegenheit der Japaner implizierte die Minderwertigkeit und Barbarei anderer Rassen. Das führte zur Dämonisierung des ›Anderen‹, das heißt aller anderen Rassen.«

Auch der Kaiser und das Kriegskabinett waren nicht über die Heuchelei erhaben, Konzepte zu verwenden, die sie zuvor diskreditiert hatten,

*Abb. 16.2. Kamikaze-Piloten*

um fieberhafte Kriegsbegeisterung im Militär zu entfachen. Sie proklamierten Bushido – den »Weg des Kriegers« – sowie den Samurai-Geist der Vergangenheit. Außerdem wurden Shintō-Mythen heraufbeschworen und allen japanischen Schülern beigebracht, dass der japanische Kaiser Hirohito ein direkter Abkömmling der Sonnengöttin Amaterasu wäre und dass – nach Bartley – andere Japaner …

> »als nützlich angesehen wurden, wenn sie sich eines Tages dadurch reinigten, dass sie ihr Leben in der Schlacht für den Kaiser opferten. In der Tat war der Einsatz in der Schlacht für den gewöhnlichen Japaner das Beste, was ein Japaner überhaupt tun kannte.«

Dieses Opferbewusstsein des japanischen Militärs kam den strategischen Zwecken während der letzten Marine-Operationen des Krieges zugute, als der »göttliche Wind« angerufen wurde und Tausende von Kamikaze-Selbstmord-Fliegern etwa achtzig Schiffe zerstörten und für schwere amerikanische Verluste sorgten. Dies ist ein Paradebeispiel für

*Abb. 16.3. Ein Kamikaze-Angriff*

die Art von Mentalität, die eine Bevölkerung in einer Diktatur durchdringen kann – und es ist der Grund, warum sich alle faschistischen Nationen in Diktaturen verwandelten.

In Deutschland wurden achtjährige Jungen aus der Hitlerjugend von Hitler persönlich angeworben, um in den letzten Kriegstagen das zerstörte Berlin zu verteidigen. Sie kämpften mit fanatischer Hingabe. Im Falle Japans waren ein paar Worte des Kaisers alles, was notwendig war, um das Denken der japanischen Armee und der Marine zu beeinflussen.

## Das Massaker von Nanking

Der Einmarsch der Japaner in China im Dezember 1937 war die Eröffnungssalve zum Zweiten Weltkrieg. Es war das erste Mal, dass japanische Truppen, geformt und geschliffen durch die oben geschilderte harte und brutale Ausbildung, auf eine gegnerische Armee und Bevölkerung losgelassen wurden.

Am 10. Dezember 1937 griffen Japans 10. Armee und die Shanghai-Expeditionsarmee, die jetzt beide zusammen als Regionalarmee Zentralchina bezeichnet wurden, die chinesische Hauptstadt Nanking (Nanjing) ohne Kriegserklärung an.[22] Die Japaner hatten bereits in einer blutigen Schlacht um Shanghai gekämpft und verfolgten jetzt, mit Verstärkung durch die 10. Armee sowie die Shanghai-Expeditionsarmee, die chinesischen Streitkräfte westwärts von Shanghai nach Nanking. Die Abscheulichkeiten, die dann folgten, als die japanischen Soldaten Gräueltaten an chinesischen Soldaten und Zivilisten in Nanking begingen, haben bis zum heutigen Tage nicht ihresgleichen gefunden, weder bei den Nazis noch bei irgendjemand anderem!

Bartley führt dazu aus:

> »Nun begannen Massenhinrichtungen gefangener chinesischer Soldaten, die durch Seile miteinander verbunden waren. Die Japaner sollten Zehntausende von Chinesen pro Tag mit Maschinengewehren an den Ufern des Flusses Yangtze töten. Die Leichen verstopften den Fluss, der tagelang rot vom Blut war. Die Massenhinrichtungen von Soldaten oder sogar nur von jungen Männern, die von den Japanern für Soldaten gehalten wurden, waren jedoch nicht genug. Wieder einmal erfanden viele japanische Soldaten grässliche Spiele. Fotografien, auf denen zu sehen ist, wie Chinesen lebendig begraben werden, wurden aus China geschmuggelt. Andere wurden bis zu ihren Hälsen eingegraben und dann von Panzern überfahren. Chinesen jeden Alters wurden in großen Gruppen zusammengedrängt, mit Benzin übergossen und in Brand gesteckt. Kleinkinder wurden in kochendes Wasser geworfen. Kleine Jungen wurden mit Schwertern in Hälften zerteilt. Deutsche Schäferhunde wurden auf Chinesen losgelassen und rissen sie in Stücke, während Massen von Japanern das Schauspiel genossen.«

22 Die Japaner zögerten, China den Krieg zu erklären, um eine Verletzung des Neutralitätsgesetzes zu umgehen, die den Abbruch der Lieferung von Kriegsgütern aus den Vereinigten Staaten zur Folge gehabt hätte.

*Abb. 16.4. Ein japanischer Soldat erfreut sich am Blutbad von Nanking (1937)*

Die japanischen Soldaten setzten ihre sadistischen Angriffe tagelang fort. Bartley beschreibt dies so:

> »Chinesen wurden in den eisigen Fluss geworfen, wo sie schnell erfroren, worauf ihre Körper mit Maschinengewehrkugeln durchsiebt wurden. Es sind viele Fotos erhalten, die japanische Soldaten zeigen, wie sie Gefangene enthaupten oder Bajonett-Übungen an ihnen ausführen, oft mit lächelnden oder lachenden japanischen Soldaten im Hintergrund. Verstümmelungen von Chinesen waren an der Tagesordnung. In ihrem Blutrausch und reptiloiden Wahn *aßen* viele japanische Soldaten tatsächlich die Eingeweide und die Genitalien der Chinesen, die sie getötet hatten. Dies wurde von europäischen Missionaren und Mitgliedern der Internationalen Niederlassung [dem politischen Einflussgebiet der Briten und Ameriker in Shanghai] beobachtet. Viele Japaner glaubten, dass ihre Männlichkeit wuchs, wenn sie die Penisse gefallener Feinde aßen.«

## Die Vergewaltigung von Nanking

Während die Männer entsetzliche Tode starben, waren der wahre Sadismus und die ganze Grausamkeit der japanischen Invasoren den Frauen vorbehalten. Die bekannte chinesisch-amerikanische Autorin und Journalistin Iris Chang, die 1997 das Buch *Die Vergewaltigung von Nanking – Der vergessene Holocaust des Zweiten Weltkriegs* veröffentlichte, erhielt für ihre Forschung Zuschriften von japanischen Soldaten, die am Massaker von Nanking beteiligt gewesen waren.

Ein ehemaliges Mitglied der 114. Division Japans mit dem Namen Takokor Kozo schrieb in einem Brief an Chang:

»Am meisten litten die Frauen … egal wie jung oder alt sie waren, sie konnten dem Schicksal, vergewaltigt zu werden, nicht entrinnen. Wir schickten Kohlelaster aus Hsiakwan durch die Straßen der Städte und Dörfer, um die Frauen massenweise einzusammeln. Und dann wurde jede von ihnen fünfzehn bis zwanzig Soldaten zugeteilt, die sie sexuell missbrauchten.«

Kozo berichtet weiter:

»Nachdem wir sie vergewaltigt hatten, wollten wir sie auch töten. Diese Frauen würden schließlich zu fliehen versuchen, wenn wir sie laufen ließen. Und dann wollten wir sie – peng! – von hinten erschießen, um sie kaltzumachen.«

Bartley schreibt in seinem Aufsatz:

»Die reptiloide Geisteshaltung, die der Folter durch Vergewaltigung zugrunde lag, war tief in der Psyche dieser Soldaten verankert. Junge Mädchen seien buchstäblich zu Tode vergewaltigt, ihre Körper hinterher mit Schwertern oder Bajonetten verstümmelt worden. Überlebende seien wochen- oder monatelang nach ihrer Schändung nicht in der Lage gewesen zu gehen. Viele Überlebende starben später an ihren Wunden oder Krankheiten. Frauen seien mit gespreizten Beinen an Möbel, die auf den Bürgersteigen standen, ..........

gefesselt und nacheinander von unzähligen zufällig vorbeikommenden Soldaten vergewaltigt worden.

Wieder einmal lebte sich, als es zur Vergewaltigung von Frauen egal welchen Alters kam, die Vorstellung von einer ›gewaltsamen Einführung‹ aus. Japanische Soldaten schossen viele Fotos von den vergewaltigten und verstümmelten Frauen als Andenken und Souvenirs. Es gibt Fotos von toten Frauen, denen Stangen in die Vagina geschoben wurden. Augenzeugen berichteten von ganzen Straßen und Gassen, die voll mit solchen Opfern gewesen sind.

Japanische Soldaten erfanden Vergewaltigungsspiele und Wettbewerbe. Brüder wurden gezwungen, ihre Schwestern zu vergewaltigen, Söhne wurden genötigt, ihre Mütter zu schänden, und Väter mussten ihre Töchter missbrauchen. Wer sich weigerte mitzumachen, wurde an Ort und Stelle hingerichtet.

Jungfräuliche Mädchen wurden von den Japanern besonders geschätzt. Ähnlich wie manche auch Penisse aßen, schnitten viele japanische Soldaten den jungen Mädchen sogar die Vagina heraus und fertigten sich Andenken aus den Schamhaaren der Opfer. Zahlreiche japanische Soldaten glaubten, dass die Schamhaare einer Jungfrau sie für feindliche Angriffe unverwundbar machen würden. Viele chinesische Männer wurden ebenfalls von ganzen Soldatengruppen vergewaltigt und und danach verstümmelt.«

Das Töten und Vergewaltigen hielt *sechs Wochen* lang an! Schätzungen nach wurden in dieser Zeit mehr als 300.000 Chinesen getötet. Changs Buch war die erste wirkliche Chronik dieser »nerohaften« Folter- und Schlachtorgie. Seltsamerweise – welche Ironie! – wurde Chang, eine hoch angesehene Autorin und Journalistin, im Jahre 2004 tot in ihrem Auto in einer einsamen Seitenstraße in Los Gatos (Kalifornien) aufgefunden. Sie war an einer Schusswunde im Kopf gestorben, und der Sheriff, der keine weiteren Einzelheiten bekannt gab, betonte, dass es Selbstmord gewesen sei. Sie war sechsunddreißig Jahre alt. Ihr Ehemann Brett Douglas überlebte sie.

Ein Aspekt des Nanking-Massakers, den die Historiker bisher *nicht* aufgegriffen haben, hat mit Religion zu tun. Zur Zeit des japanischen Einmarsches war das Christentum in China weit verbreitet, vor allem

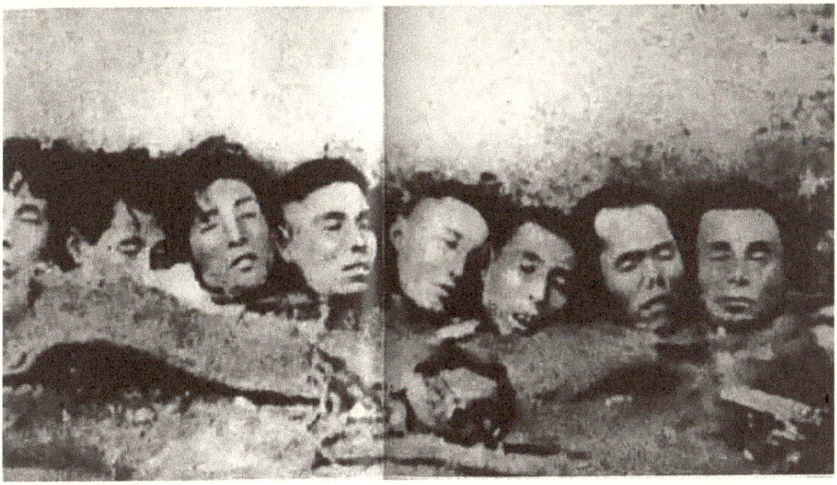

*Abb. 16.5. Aufgereihte abgetrennte Köpfe in Nanking (1937)*

in Küstenstädten wie Shanghai, aber auch in Städten wie Nanking, die nicht sehr tief im Landesinneren liegen. Als Hauptstadt Chinas war Nanking 1937 eine Stadt mit moderner Zivilisation und hatte eine gebildete, relativ wohlhabende Mittelschicht.

Dies war zum großen Teil den katholischen und protestantischen Missionsbemühungen zu verdanken, die im sechzehnten Jahrhundert ihren Anfang nahmen. Nachdem der Boxeraufstand an der Schwelle zum zwanzigsten Jahrhundert eine Reaktion auf christliche Einflüsse war, lebten christliche Missionierung und Konversion rasch wieder auf und nahmen nach der Rebellion rapide zu, so dass Nanking zum Zeitpunkt der japanischen Invasion eine in weiten Teilen christlich dominierte Stadt war. Gelehrte sprechen von dieser Zeitspanne als dem »Goldenen Zeitalter« des Christentums in China.

Je vertrauter wir mit der Geisteshaltung der Reptiloiden werden, umso offensichtlicher wird für uns, dass sie eine deutlich antichristliche Voreingenommenheit hegen. Die japanischen Soldaten waren mit dem Shintoismus aufgewachsen und hatten die harten Wertvorstellungen der Reptiloiden in sich aufgesogen, so dass die Verehrung von einem sanften und liebevollen Wesen wie Jesus nur ihre Verachtung auf sich zog. Die Annahme liegt nahe, dass das Wissen, vor allem Christen zu töten, dem Massaker einen zusätzlichen Impuls gegeben haben könnte. Wie wir noch sehen werden, scheint diese antichristliche Stoßrichtung für alle von den Reptiloiden bestärkten Bewegungen, vor allem für den Faschismus, aber auch gegenwärtig für den »Islamischen Staat« (IS), charakteristisch zu sein. Während diese Zeilen geschrieben wurden, gab es in den Nachrichten gerade einen Bericht über ein Massaker an siebzig Christen, zumeist Kindern, die in einem Park in Lahore (Pakistan) das Osterfest feierten. Der IS bekannte sich zu dem Gemetzel.

Ein weiterer offenkundiger Aspekt der von den Reptiloiden unterstützten politischen und militärischen Operationen von Menschen ist der Sexismus. Der Faschismus war offensichtlich notorisch frauenfeindlich. Es gab in Japan, Deutschland oder Italien zur Kriegszeit absolut keinen Respekt vor weiblichen Qualitäten oder auch nur eine widerwillige Akzeptanz von ihnen. Die japanische Raubgier beruhte eindeutig auf der Abwertung von Frauen.

Die Nazis waren bekanntlich männlich dominiert. Frauen wurden nur benutzt, um gute kleine Soldaten zu gebären. Und auch der Heil-Hitler-Gruß der Nazis war – worauf Freud sicher hingewiesen hätte – ein augenscheinliches Symbol für den aufgerichteten Penis. Die im Stechschritt marschierenden Soldaten schienen eine stolze, harte männliche Haltung auszukosten.

Demgegenüber waren in den Armeen der Aliierten Frauen auf wichtigen Posten in allen Bereichen des Militärs beschäftigt und wurden flächendeckend in den früher männlich dominierten Munitions- und Rüstungsfabriken eingesetzt. Die heute kultigen Poster von »Rosie the Riveter« (Rosie der Nieterin) sind ein Sinnbild dafür, wie hoch angesehen Frauen bei den Westmächten waren. Bekanntlich ist die Kriegerkaste der Reptiloiden vollkommen männlich dominiert.

Das Maß der Brutalität und die Grausamkeit des Blutrauschs seitens der japanischen Armee sind in der Neuzeit ohne Zweifel beispiellos, zumal diese Soldaten aus einem hoch zivilisierten Land kamen. Wollte man etwas finden, das dem auch nur nahekommt, müsste man sich bis zu Dschingis Khan und seinen mongolischen Horden zurückbegeben. Diese unfassbare Grausamkeit ergab sich unmittelbar aus dem Einfluss der Reptiloiden auf Hirohito. Er genehmigte den

Einmarsch in China und billigte den Vorschlag der Armee, Japan von den völkerrechtlichen Beschränkungen bei der Behandlung von Kriegsgefangenen zu befreien. So wurden die Folter und der Mord an chinesischen Gefangenen von ihm erlaubt. Er billigte auch den Einsatz von Giftgas gegen die Chinesen trotz des Verbots seiner Verwendung durch den Völkerbund.

Dem japanischen Nachkriegshistoriker Yoshiaki Yoshimi zufolge genehmigte Hirohito 375 Mal persönlich die Verwendung von Giftgas während der Schlacht von Wuhan in China 1938. Dabei handelte es sich um ein gewaltiges, vier Monate dauerndes Ringen japanischer und chinesischer Streitkräfte, bei dem die japanische Armee Verluste von 107.000 Mann erlitt. Auch wenn die chinesischen Verluste das Doppelte betrugen – darunter viele Todesfälle vermutlich durch Giftgas –, war der Ausgang der Schlacht für die Verteidiger doch zweifellos ein moralischer Sieg, denn er verlangsamte den Vormarsch der Japaner. Das verhinderte die vollständige Eroberung Chinas, und der Feldzug endete in einem Patt.

Und eben dieser Kaiser traf am 27. September 1940 die Entscheidung, sich dem Militärbündnis mit Deutschland und Italien anzuschließen.

Mehr über Hirohitos Charakter erfahren wir aus dem kaiserlichen Edikt, das er Ende Juni 1944 während der Schlacht von Saipan erließ und in dem er den Kommandanten der japanischen Truppen anwies, die auf der Insel lebenden japanischen Zivilisten zum Selbstmord zu verleiten, indem er ihnen ein glückliches Jenseits gleich dem der Soldaten versprach, die im Kampf gefallen sind. Sicher nicht zufällig erinnert das stark an den Glauben vieler islamischer Selbstmordattentäter und Kämpfer des IS, im Paradies von zweiundsiebzig Jungfrauen begrüßt zu werden.

Hirohito wusste, dass die Amerikaner sich gut um die Zivilbevölkerung kümmern würden und wollte den Vereinigten Staaten keinen Propagandavorteil geben. Als die amerikanischen Streitkräfte Anfang Juli an der Nordspitze der Insel ankamen, mussten sie feststellen, dass tausend Zivilisten, darunter auch Frauen und Kinder, sich bereits selbst getötet hatten, indem sie von den Klippen, die daraufhin als »Banzai-Klippen« bekannt wurden, heruntergesprungen waren. Dieser

Vorfall zeigt, wie sehr Hirohito in die Macht der Propaganda eingebunden war, nicht anders als Hitler. Und er belegt außerdem, welchen Einfluss die Reptiloiden auf ihn hatten, denn diese sind Meister der Beeinflussung und Bewusstseinskontrolle der Massen.

Die wohl schrecklichste Tat Hirohitos war sein kaiserliches Dekret von 1936, in dem er die Erweiterung des Militärforschungslabors für Seuchenprävention genehmigte. Es war berüchtigt unter der Bezeichnung »Sondereinheit 731«.

Die Gräueltaten, die in diesem Laboratorium unter dem Deckmantel defensiver Experimente im Rahmen biologischer Kriegsführung verübt wurden, übertrafen bei Weitem alles, was unter dem Nazi-»Todesengel« Joseph Mengele in deutschen Konzentrationslagern geschehen war. Unter dem Kommando General Shiro Ishis war diese Einheit verantwortlich für den Tod von bis zu 12.000 Männern, Frauen und Kindern, die als Versuchskaninchen für grausame biologische Kriegsexperimente missbraucht wurden.

Die Gefangenen wurden ohne Narkose einer Vivisektion unterzogen; Organe wurden entfernt, während die Probanden noch am Leben und vor allem bei Bewusstsein waren, Amputationen vorgenommen, um den Blutverlust zu untersuchen, Krankheitserreger injiziert und als Impfungen ausgegeben, darunter Erreger von Geschlechtskrankheiten, Pest, Cholera, Botulismus und Milzbrand, man entzog ihnen Nahrung und Wasser, bis der Tod eintrat. Männer, Frauen und Kinder wurden in Hochdruckkammern und Zentrifugen gesperrt, bis sie starben. Den Probanden wurde tierisches Blut und Meerwasser injiziert, und sie wurden tödlichen Röntgenstrahlen und der Bestrahlung durch Chemiewaffen ausgesetzt.

Die bei diesen Tests entwickelten chemischen Waffen verwendete man als Bomben und setzte sie bei Angriffen auf chinesische Städte, Bauernhöfe, Stauseen und Brunnen ein. In den Jahren 1940 und 1941 sprühten Tiefflieger mit Pest infizierte Flöhe auf die Städte Ningbo und Changde. Allein in Changde kamen dadurch Schätzungen zufolge zwischen 200.000 und 580.000 Menschen ums Leben. Da bekannt ist, dass der Kaiser bei allen militärischen Experimenten und Angriffen eine aktive Politik praktizierte, ist es undenkbar, dass er von diesen Handlungen nichts wusste.

Hirohito gab eine perfekte Marionette für seine obersten reptiloiden Herren ab, die seine Blutlinie ganz genau kannten. Bei der Aufzeichnung der kaiserlichen Abstammung waren die Japaner so gewissenhaft, dass sie die Blutlinien des Yamato-Clans bis ins sechste Jahrhundert zurückverfolgen konnten. Die Reptiloiden sind Meister der Genetik, so dass wir sicher sein können, dass sie Zugang zu diesen Aufzeichnungen hatten, und sie sorgten dafür, dass jemand, den sie vollkommen manipulieren konnten, rechtzeitig zum Zweiten Weltkrieg den Chrysanthementhron bestieg.

Alle drei faschistischen Führer entstammten Blutlinien, die für reptiloide Überschattungen und Einflussnahmen aus der vierten Dimension offen waren. In seinem Buch *Das Größte Geheimnis* hat David Icke überzeugende Argumente für die Theorie vorgelegt, dass Adolf Hitler der Enkel eines Rothschild war und dass die Familie Rothschild seinen Aufstieg zur Macht zu verantworten hat. Icke weist darauf hin, dass der Autor und Psychoanalytiker Walter Langer in seinem Buch *Das Hitler-Psychogramm* behauptet, Hitlers Großmutter Maria Anna Schicklgruber sei von Salomon Mayer Rothschild schwanger geworden, während sie in seinem Herrenhaus in Wien als Hausangestellte arbeitete. Ihr unehelicher Sohn Alois wurde später Hitlers Vater. Icke sagt:

> »Die Rothschilds und die Illuminaten produzieren viele außereheliche Nachkommen bei ihren geheimen Zuchtprogrammen, und diese Kinder werden unter anderen Namen von anderen Eltern aufgezogen.«

Es wird angenommen, dass die Rothschilds Reptiloidenmischlinge mit der Fähigkeit zur Gestaltwandlung sind, was bedeutet, dass Hitler sehr wahrscheinlich ebenfalls einer war. Was Mussolini betrifft, ist nicht genug über seine Abstammung bekannt, um Anhaltspunkte für eine Überschattung durch Reptiloide zu liefern. Doch es gibt starke Belege für seine unbewusste Besessenheit von dem Gedanken, in einem früheren Leben ein römischer Kaiser gewesen zu sein, unter denen viele Reptiloiden-Hybriden waren. Der Faschismus selbst war der Versuch einer Wiederherstellung des Römischen Reiches.

Nach dem Krieg wurde General Douglas MacArthur, der Kommandant der US-Streitkräfte im Pazifik, nach Japan entsandt, um das

*Abb. 16.6. Kinoplakat für Emperor – Kampf um den Frieden (2012)*

Ausmaß von Kaiser Hirohitos Verantwortung für den Krieg und für Kriegsverbrechen zu ergründen. Der Film *Emperor – Kampf um den Frieden* (2012) erzählt davon. MacArthur betraute General Bonner Fellers mit der Aufgabe, die Angelegenheit zu erforschen, und Fellers gelangte zu dem Ergebnis, dass Hirohito selbst für den Krieg sowie für Kriegsverbrechen verantwortlich war.

Allerdings kam MacArthur nach Rücksprache mit Präsident Harry S. Truman zu der Auffassung, dass Hirohitos Hinrichtung kontraproduktiv wäre und einen Bürgerkrieg auslösen könnte. Daher beschlossen sie, den Bericht im Interesse des Wiederaufbaus Japans als Wirtschaftspartner der USA zu verheimlichen, und entschieden, dass Hirohito zwar seinen Titel als Kaiser behalten dürfe, aber seinen Anspruch auf göttliche Abstammung aufgeben müsse und nicht mehr als Gott gelten solle.

Natürlich wurde Hirohito auch weiterhin große Verehrung von seinen Landsleuten entgegengebracht, und er starb 1989 in seinem Palast an Zwölffingerdarmkrebs. 1990 erhielt er ein Staatsbegräbnis, dem internationale Königshäuser und globale Führungseliten beiwohnten, darunter der Generalsekretär der Vereinten Nationen und der Präsident der Vereinigten Staaten.

# 17 Der Antichrist

Der reptiloide Einfluss ist bei Hitler viel deutlicher und ausgeprägter zu erkennen als bei Hirohito. In der Tat scheint es so, dass Hitler im Gegensatz zu Hirohito keine simple Schachfigur war. Er hatte so viel vom Wesen der Reptiloiden an sich, dass er durchaus ein Reptiloider in menschlicher Gestalt gewesen sein könnte. Die unterirdischen Reptiloiden und jene aus der vierten Dimension haben ihn vielleicht als Spitze des Pfeils ausgewählt, mit dem sie auf die Weltzivilisation zielten. Er war hochmütig, patriarchalisch, unbesonnen, rücksichtslos, in hohem Maße ehrgeizig, mörderisch, tyrannisch, äußerst egoistisch, ohne Liebe, verlogen, manipulativ, rachsüchtig, hasserfüllt und listig, und dies sind nur einige der dämonischen Züge, die er zeigte. All diese Charakterzüge werden den Reptiloiden zugeschrieben!

Es würde sehr schwerfallen, in den Annalen der Geschichte eine Entsprechung zu Hitlers Charakter zu finden. Man könnte einen Vergleich zu Nero ziehen, der seine eigene Mutter und seine Frau tötete und es genoss, sich in den römischen »Spielen« anzuschauen, wie Christen zerrissen wurden. Dieser Vergleich hat einiges für sich, da manche religiöse Gelehrte behaupten, dass Nero tatsächlich der Antichrist war oder wegen seiner bösartigen Verfolgung der Christen als Antichrist zurückkehren würde. Nun vertreten viele die Auffassung, wenn irgendjemand in der Geschichte für den Antichristen gehalten werden könnte, dann müsste das Hitler sein; diese zweifelhafte »Ehre« wurde ihm über die Jahre durch unzählige Forscher und Autoren zuteil. Da Hitler und Nero gleichermaßen als Antichrist betrachtet wurden, könnte man sogar spekulieren, dass Hitler womöglich eine Reinkarnation Neros war.

Im Leben der beiden Männer gibt es einige interessante Parallelen. Sowohl Nero als auch Hitler hatten eine kreative Ader. Hitler war ein passabler Künstler und hielt sich für einen guten Architekten. Er hat nie aufgehört, mit dem Architekten Albert Speer imposante römische Bauten für die Hauptstadt seines zukünftigen Reiches zu entwerfen. Nero war ein Sänger und Unterhaltungskünstler, der seine Darbietungen auf der Lyra begleitete; auch er war Künstler und Möchtegern-Architekt. Seine letzten Worte lauteten gemäß der Überlieferung: »Welch ein Künstler stirbt mit mir!«

Beide begannen ihre Herrschaft mit großen Taten für die Menschen. Nero verordnete der römischen Regierung einige dringend benötigte Reformen. Er führte Steuerreformen ein, um die finanziellen Belastungen für die Mittelschicht zu verringern. Er schaffte die Gladiatorenkämpfe bis zum Tod ab, selbst wenn die Kämpfer verurteilte Verbrecher waren. In seinen ersten fünf Jahren als Regent herrschte er umsichtig und vorsichtig aufgrund der klugen Beratung durch den Philosophen Seneca. Hitler tat Vergleichbares: Mit der Wirtschaft ging es schnell aufwärts, da die Beschäftigung stieg und die Fabriken brummten. Er lenkte Deutschland aus der Depression heraus und führte Vergünstigungen und Ferien für den Mittelstand ein. 1936 war er Gastgeber der Olympischen Spiele, deren Besucher aus der ganzen Welt vom Fortschritt Deutschlands beeindruckt waren.

*Abb. 17.1. Büste von Nero (37-68 n.Chr.)*

Dann wurden sie beide bösartig. Nero ermordete seine Mutter, weil sie seiner Ehe widersprochen und versucht hatte, seine Staatsführung zu manipulieren; anschließend tötete er auch seine Gattin Octavia. Er begann, Christen brutal foltern und ermorden zu lassen, weil er einen Sündenbock für das Feuer brauchte, das einen Großteil Roms zerstört hatte. Hitler wiederum ließ seine Nichte und Geliebte Geli Raubal töten, weil die Affäre sein Ansehen in der Öffentlichkeit gefährdete. Dann begann er mit der Ermordung der Juden in Deutschland und den eroberten Ländern, während er seine Kriegsmaschinerie aufrüstete. Gegen beide Männer gab es Attentatspläne, und beide haben die Täter brutal hinrichten lassen. Und beide begingen schließlich Selbstmord (zumindest offiziell, siehe jedoch Kapitel 20), als ihr persönlicher Hass und ihre Rachefeldzüge zum Zusammenbruch und zur Zerstörung ihrer Länder führten.

Es gibt noch eine weitere interessante Verbindung zwischen beiden Männern. Im Jahre 66 unserer Zeitrechnung hatte Nero, während er sich bei den Olympischen Spielen in Griechenland amüsierte, mit einem Aufstand in Judäa zu kämpfen. Dieser wurde durch den römischen Prokurator von Judäa, Gessius Florus, angezettelt, der 3.600 jüdische Männer, Frauen und Kinder tötete. Außerdem plünderte er den Markt von Jerusalem und bediente sich am Tempelschatz. Es folgte ein jüdischer Aufstand, der von einem Aufgebot an jüdischen Kämpfern, auch als Zeloten bekannt, angeführt wurde. Sie übernahmen die Kontrolle über Jerusalem und stifteten andere an, sich dem Aufstand anzuschließen. Der syrische Statthalter entsandte die 12. Römische Legion, um den Aufstand niederzuschlagen. Die Zeloten kämpften erbittert, obwohl sie in der Unterzahl waren. Sie zwangen die Römer zum Rückzug und metzelten die gesamte Nachhut nieder, die aus 400 Soldaten bestand.

Nero tobte vor Wut, als er von dieser Beschämung seiner kaiserlichen Macht hörte, und beauftragte seinen obersten Kommandanten Titus Vespasian, die Revolte niederzuschlagen. Während Vespasians Feldzug in Judäa beging Nero im Jahre 68 dann Selbstmord. Man kann darüber spekulieren, dass Nero voller Hass auf die Juden starb, weil der Aufstand in Rom eine Opposition gegen ihn aufgebracht hatte und für die Senatoren, die nach Neros Sturz riefen, letztlich das Fass zum Überlaufen brachte. Der Aufstand war eine weitere Schande für ihn, die zu vielen anderen hinzukam, wie sich daran zeigt, dass er das Eingreifen seines besten römischen Generals erforderte.

Wenn es stimmt, dass Hitler eine Reinkarnation Neros war, könnte dies erklären, warum er mit einer solchen Entschlossenheit geboren wurde, Rache an den Nachfahren der Menschen zu üben, die ihn in Rom in so große Not gebracht hatten, dass er gezwungen war, Selbstmord zu begehen. Diese Reaktion wäre für jemanden naheliegend, der seinem Wesen nach dermaßen rachsüchtige Züge zeigte, wie sie von Hitler bekannt waren. Daher scheint es, dass die Reptiloiden ihn sehr sorgfältig ausgewählt haben. Offensichtlich kannten sie die Psychogramme der Neugeborenen und wussten daher von Nero-Hitlers wahrscheinlichem Rachefeldzug gegen das jüdische Volk. Offenbar hielten sie die Juden für eine Bedrohung ihrer geplanten Neuen Weltordnung mit dem Ziel der Übernahme des Planeten.

Auch die Nazis waren antichristlich und bemühten sich, eine dem Christentum an der Oberfläche ähnliche Alternative zu etablieren, die sie »positives Christentum« nannten. Zu dem Zweck trennten sie den christlichen Glauben vom jüdischen Alten Testament ab und versuchten, ein neues, eher nordisch-germanisches als jüdisches Bild von Jesus zu zeichnen. Hitler wollte christlich-europäische Glaubensvorstellungen durch ein neues Heidentum ersetzen, aber er wusste, dass er dabei sorgfältig vorgehen und jede überstürzte Anprangerung des christlichen Glaubens, der in Deutschland immerhin eine Geschichte von mehr als tausend Jahren hatte, vermeiden musste.

Unter Hitler wurden vor dem Volk heidnischen Kulten nachempfundene Prozessionen mit römischen Standarten und Kostümen aufgeführt. Die neue Religion war bestrebt, Hitler statt Jesus als Retter Deutschlands darzustellen. Die Nazis verbreiteten Plakate an Schulen, die Hitler mit einer Lanze und einer Hakenkreuzflagge (siehe Tafel 11) in einer Rüstung auf einem weißen Pferd reitend zeigen. Sie legten eine Verehrung Hitlers als Halbgott nahe. Auch Nero hatte sich als Gott, nach dem Bilde Apolls, inszeniert. Wenn Hitler erfolgreich gewesen wäre, hätte er sehr wahrscheinlich – wie Nero – damit begonnen, diejenigen, die noch am Christentum festhielten, einzukerkern und zu massakrieren.

Joseph Howard Tyson schreibt in seinem Buch *The Surreal Reich* über Hitler: »Indem er jüdisch-christliche Werte durch ein gewalttätiges Neuheidentum ersetzte, hinterließ er nichts als Zerstörung und Schande.« So taucht – wie in Japan – die antichristliche Grundeinstellung der Reptiloiden wieder auf.

## Auf der Suche nach dem Antichrist

Als Hitler 1919 im Alter von dreißig Jahren der Deutschen Arbeiterpartei DAP beitrat, war er völlig von der Politik besessen. Zu dieser Zeit war er ein fanatischer rechtsextremer Revolutionär, verbündet mit den sogenannten Weißen Garden des Kapitalismus und dem Freikorps, den entwurzelten und arbeitslosen rechtsgerichteten Veteranen des Ersten Weltkriegs. Auch nachdem die kurzlebige kommunistische Herrschaft im Mai jenes Jahres gestürzt worden war, blieb Hitler ein Gegner der katholischen bayerischen Regierung, die ein Bestandteil der verhassten Weimarer Republik war.

Hitler hatte keinen Anlass zu vermuten, dass sein Eintritt in die DAP eine geheime Schulung und Einweisung in die Philosophie der Thule-Gesellschaft nach sich ziehen würde, deren Mitglieder in der DAP dominierten. Die Thule-Gesellschaft war eine okkulte und mystische Organisation, deren Mitglieder regelmäßig Séancen auf der Grundlage der Lehren und Schriften des »Großen Tieres« Aleister Crowley durchführten, der die Führung der Golden Dawn Society in England übernommen und die Silver Star Society in London gegründet hatte.

Im Jahr 1910 wurde Crowley von Theodor Reuß, dem Vorsitzenden des Ordo Templi Orientis (OTO) in Deutschland, zu einem Besuch eingeladen. Crowley richtete die magische Arbeit des OTO nach dem Vorbild des Silver Star neu aus. Manche Mitglieder der Thule-Gesellschaft waren wahrscheinlich auch Adepten des OTO, und sicherlich hat die Gesellschaft Crowleys Arbeiten in ihre schwarzmagischen Sitzungen integriert. Die Teilnehmer der Séancen kommunizierten mit Wesen, von denen sie glaubten, dass sie von satanischer Art seien, und praktizierten Crowleys Rituale in der Hoffnung, Macht und andere Begünstigungen von den Dämonen zu erhalten. Sie versuchten auch, das größte dämonische Wesen, den Antichristen, anzurufen, um einen neuen Retter Deutschlands zu beeinflussen und zu überschatten. Die Thule-Gesellschaft warb um böse Mächte und war entschlossen, diese Macht einzusetzen, um, mit welchen Mitteln auch immer, über Menschen und Nationen zu herrschen.

In *Die Götter von Eden* schreibt William Bramley:

»Die Thule-Gesellschaft war eine ›Mordgesellschaft‹. Sie hielt geheime Gerichte ab und verurteilte Menschen zum Tod. Wahrscheinlich waren viele, die dem Bezirkskommando zum Opfer fielen, zuvor von den geheimen Gerichten der Thule-Gesellschaft verurteilt worden.«

An der Beschwörung des Antichristen war innerhalb der Thule-Gesellschaft wohl Dietrich Eckart am stärksten interessiert. Der Schriftsteller, der als Bühnenautor zu Wohlstand gekommen war, bewegte sich in höheren deutschen Finanz- und Intellektuellenkreisen und war Besitzer der antisemitischen Zeitung *Auf gut deutsch,* in der er auch rege publizierte. Eckart suchte nach einem Mann, der zum Retter Deutschlands werden könnte.

Er war wie besessen davon, den Antichristen anzurufen, auf dass dieser herabkäme und sich in einem deutschen Führer verkörpere, dem er übermenschliche Macht verleihen könnte, um die deutsche Nation zu einer arischen Vorherrschaft in der Welt zu führen. Während einer Séance wurde Eckart von seinem Geistführer mitgeteilt, dass ihm die Ehre zuteil werde, den kommenden Großen Einen – die Verkörperung des Antichristen – auszubilden.

Hitlers Mitgliedschaft in der DAP brachte ihn in Kontakt zu den führenden Persönlichkeiten der Thule-Gesellschaft. Mitglieder dieser Gesellschaft hatten die DAP gegründet, weil sie wussten, dass sie eine Organisation benötigten, um eine Weltanschauung zu propagieren, die die Arbeiterschaft und den einfachen Mann ansprechen sollte. Sie selbst waren zu intellektuell und elitär, um diese Verbindung zu schaffen. Nach Trevor Ravenscroft in *Der Speer des Schicksals* befanden sich unter den Mitgliedern der Thule-Gesellschaft …

»Richter, Polizeichefs, Rechtsanwälte, Juristen, Universitätsprofessoren und Dozenten, Adelsfamilien, führende Industrielle, Chirurgen, Ärzte, Wissenschaftler sowie eine Vielzahl reicher und einflussreicher Bürger.«

Auf der anderen Seite waren die DAP-Mitglieder politische Rabauken und Straßenkämpfer. Hitlers leidenschaftliche Führung der DAP erregte Eckarts Aufmerksamkeit, und seine Kontaktpersonen in der astralen Welt bestätigten ihm, dass Hitler derjenige war, nach dem er suchte. Von 1920 bis 1923 bildete Eckart Hitler, der ein gelehriger Schüler war und aufgrund der Jahre, die er unter Drogen im Peyote-Rausch in den Absteigen Wiens verbracht hatte, über gute Voraussetzungen verfügte, in Schwarzer Magie und Okkultismus aus. Außerdem hatte Hitler bereits ein ausgeprägtes mediales Talent und verfügte über Verbindungen zum Astralreich. Und schließlich glaubte er, dass ihm ein besonderes, großartiges Schicksal vorherbestimmt war, so dass er mit Begeisterung Eckarts Ausbildungsprogramm absolvierte.

Einige Forscher vermuten, dass die sehr enge Beziehung zwischen den beiden Männern, die ein Altersunterschied von zwanzig Jahren trennte, eine homosexuelle Komponente hatte. Von Hitler war bekannt, dass er während seiner Zeit als halber Landstreicher in Wien in seinen Zwanzigern homosexuelle Begegnungen gehabt hatte. Eckart, der in der freizügig-kreativen Gemeinschaft von Schriftstellern und Künstlern im Leipzig, München und Berlin der Nachkriegsjahre verkehrt hatte, wurde ebenfalls homosexueller Beziehungen verdächtigt.

Auf jeden Fall waren die Übereinstimmungen in den Ansichten, Überzeugungen und Interessen außergewöhnlich. Was den Antisemitismus betraf, war Eckart sogar noch extremer als Hitler, wenngleich auf einer höheren geistigen Ebene. Er sprach davon, dass er einen übermäßigen jüdischen Einfluss in Deutschland vor allem in journalistischen, finanziellen und kreativen Berufen wahrnahm. Für Hitler war die Beziehung zu Eckart auch nicht zuletzt deshalb wichtig, weil er durch ihn in die höheren gesellschaftlichen und finanziellen Kreise eingeführt wurde, deren Unterstützung er für seine Machtergreifung in Deutschland benötigte.

Eckart war der Türöffner, der ihm aus der rauen politischen Welt heraus einen Zutritt zur vornehmen Gesellschaft der hohen und einflussreichen Kreise verschaffte. Und schließlich lieferte Eckart das geistige Fundament für die Weltanschauung der Nationalsozialisten.

Das entscheidende, ausschlaggebende Ereignis bei Hitlers Aufstieg zur Macht war der Kauf der Münchner Zeitung *Völkischer Beobachter*, den Eckart ausgehandelt hatte, der auch die dazu erforderlichen 470.000 Reichsmark einbrachte. Damit erhielten die Nazis ein Organ, durch das sie direkt zum deutschen Volk sprechen konnten, und in den Händen des Propagandaministers Joseph Goebbels wurde der

*Abb. 17.2. Dietrich Eckart (1868-1923), ein Ideengeber Adolf Hitlers*

*Völkische Beobachter* schließlich zum Propagandamittel Nr. 1 während des Zweiten Weltkriegs. Hitler strotzte vor Dankbarkeit für diesen großen Gefallen, den Eckart ihm getan hatte. In einer Mitteilung schrieb er ihm: »Ich will, lieber Eckart, meinen herzlichsten Dank ausdrücken für die große Hilfe, die Sie in letzter Minute angeboten haben. Ohne Ihre Hilfe wäre die Sache wohl nicht geglückt.« Die Zeitung bot Eckart auch eine feste Stellung an: Im August 1921 wurde er dort Chefredakteur. Diese Verbindung des wortgewaltigen Autors mit einem mächtigen Propagandaorgan beschleunigte die Machtergreifung der Nazis in Deutschland auf Lichtgeschwindigkeit.

Hitler wurde nicht eingeladen, der Thule-Gesellschaft beizutreten. Er besaß nicht die richtigen Qualifikationen und Umgangsformen. Jedenfalls zogen ihre Mitglieder es vor, ihn dort zu lassen, wo er am effektivsten seine Wirkung entfalten konnte: als aufwiegelnder politischer Kämpfer auf der Straße. Doch als persönlicher Freund Eckarts durfte er die Séancen der Gesellschaft besuchen. Es gibt Hinweise darauf, dass Hitlers Persönlichkeit sich im Laufe dieser sexual- und schwarzmagischen Sitzungen während der drei Jahre von 1920 bis 1923 entscheidend verändert hat, da ein mächtiges bösartiges Wesen von ihm Besitz ergriff. Eckart war der Auffassung, dass es der Antichrist selbst war. Laut Ravenscrofts Ausführungen in *Der Speer des Schicksals* bezüglich der Praktiken der Thule-Gesellschaft gewährte »das Schwelgen in äußerst sadistischen Ritualen tiefen Einblick in die Wirkungsweise bösartiger Intelligenzen und verlieh phänomenale magische Kräfte«.

Crowley behauptete während seiner Zeit im Golden Dawn, er hätte mit den »Geheimen Oberen« kommuniziert. Samuel Mathers, der Gründer des Golden Dawn, hatte die ersten Kontakte zu diesen Wesen aufgenommen. In einem an die Mitglieder gerichteten Manifest schrieb er 1896:

»Was die Geheimen Oberen betrifft, mit denen ich in Kontakt stehe und von denen ich die Weisheit des zweiten Ordens empfing … sie haben mich gewöhnlich zu einer im voraus festgelegten Zeit physisch besucht. Für meinen Teil glaube ich, dass sie Menschen sind, die auf dieser Erde leben, aber von schrecklichen übermenschlichen Kräften besessen sind … Ich spürte, dass ich mit einer so schrecklichen Kraft in Verbindung war, dass ich es nur mit dem Schock vergleichen kann, den man während eines großen Gewitters in der Nähe eines Blitzes erlebt.«

Offenbar nahm Eckart seinen entsetzlichen Kontakt wieder auf und stellte Hitler diesen furchterregenden Wesen vor. Hermann Rauschning, der Bürgermeister von Danzig, war ein Freund und Vertrauter Hitlers. In seinem Buch *Gespräche mit Hitler* berichtet er, dass Hitler während einer Erörterung über die Möglichkeit, durch Zucht eine neue, höher entwickelte Art von Menschen hervorzubringen, zu ihm sagte:

»Der neue Mensch lebt bereits unter uns! Er ist hier! Reicht Ihnen das nicht? Ich werde Ihnen ein Geheimnis verraten: Ich habe den neuen Menschen gesehen. Er ist furchtlos und grausam. Ich fürchtete mich vor ihm.«

Rauschning schreibt, dass er im Laufe vieler Treffen den Eindruck gewonnen habe, Hitler sei ein Medium, das von übernatürlichen Kräften besessen war. Wir können nur darüber spekulieren, ob Hitler möglicherweise – wie Mathers – von den geheimen Oberen »die Weisheit des zweiten Ordens« empfangen hat. Eckart hatte auch all sein okkultes Wissen über Rituale und schwarze Sexualmagie, das in erster Linie auf den Lehren Crowleys beruhte, an Hitler weitergegeben. In einem Buch aus Hitlers persönlicher Sammlung, das heute in der amerikanischen Kongressbibliothek aufbewahrt wird – *Magie: Geschichte, Theorie, Praxis* von Dr. Ernst Schertel (1923) –, hat Hitler die Passage »… wer nicht dämonische Saat in sich trägt, wird nie die neue Welt gebären« doppelt unterstrichen.

*Abb. 17.3. Das »Große Tier« Aleister Crowley (1875-1947)*

Nach Beendigung dieser Ausbildung behauptete Hitler, »neu geboren« zu sein, voll neuer Stärke und mit der Entschlossenheit, die er benötigte, um seinen »Auftrag« auszuführen. Eckart starb 1923 – in dem Jahr, in dem Hitler nach dem gescheiterten Putschversuch der Nazis, auch als »Bürgerbräu-Putsch« bekannt, ins Gefängnis musste. Eckart sagte Berichten zufolge auf seinem Sterbebett:

> »Folgt Hitler. Er wird tanzen, aber ich habe den Ton vorgegeben! Ich habe ihn in die ›Geheimlehre‹ eingewiesen, seine visionären Kanäle geöffnet und ihm die Mittel gegeben, mit den Mächten zu kommunizieren. Trauert nicht um mich. Ich werde die Geschichte mehr beeinflusst haben als jeder andere Deutsche.«

Im folgenden Jahr widmete Hitler den zweiten Band seines Buches *Mein Kampf* Eckart. Im Jahr 1936 schließlich widmete er das Amphitheater neben dem Olympiastadion in Berlin (siehe Tafel 12) seinem ehemaligen Mentor und nannte es Dietrich-Eckart-Freilichtbühne. Es war einem alten griechischen Amphitheater nachempfunden und wird heute, mittlerweile Waldbühne genannt, für Konzerte und Theaterproduktionen genutzt.

1926, drei Jahre nach Eckarts Tod, setzte Hitler sein Streben nach okkulter Bildung und Ausbildung mit dem erfolgreichen Bühnenkünstler Erik Jan Hanussen fort, den er auf einer Gesellschaft kennengelernt hatte. Seinem Antisemitismus zum Trotz hatte Hitler keine Bedenken, von Hanussen, der Jude war, Weisungen entgegenzunehmen. Hanussen, der sich selbst Telepathie beigebracht hatte, entwickelte eine öffentliche Darbietung des Gedankenlesens, die in Theatern und Kabaretts überall in Europa sehr gefragt war. Er schrieb die Bücher *Der Weg zur Telepathie: Erläuterung und Praxis* und *Gedankenlesen: Eine Einführung in die Telepathie*. In *The Surreal Reich* sagt Tyson über ihn:

> »Hanussen unterwies Hitler in Autosuggestion, Schauspielerei und ›Bühnenpräsenz‹. In Zusammenarbeit mit dem Fotografen Heinrich Hoffmann zeigte er ihm, wie man vor Kameras posiert. … Er legte besonderes Augenmerk auf Gestik, Tonfall, Blick, Timing und ›außersinnliche Einstimmung‹. Auch der Aufbau der Szenerie spielte bei der Massenhypnose eine Rolle; bunte Fahnen, Musik, Prozessionen und die Beleuchtung von allem erhöhten die Dramatik des Schauspiels. Vor allem betonte Hanussen die Wichtigkeit des Selbstvertrauens.«

Indem er diese Techniken nutzte, inszenierte Hitler spektakuläre politische Kundgebungen und wurde ein machtvoller Redner, der ein großes Publikum zu begeistern und zu hypnotisieren verstand. Er lernte, seine Reden maßvoll zu beginnen und dann, von theatralischen Gebärden begleitet, einen Höhepunkt von gespielter rasender Leidenschaft aufzubauen. Auch entwickelte er eine hypnotische Macht über Einzelpersonen. Schließlich ließ Hitler Hanussen auf Drängen der Gestapo ermorden.

Die »Neugeburt« Hitlers als Führer wurde offensichtlich von den Reptiloiden inszeniert, die sich als die »geheimen Oberen« ausgaben. Bereits während des Ersten Weltkriegs planten sie seinen schnellen Aufstieg zur Macht. Sein von vielen, die ihn kannten, bezeugtes wundersames Entrinnen vor dem Tod, seine sehr erfolgreichen »Ausbildungs«-Sitzungen mit Helfern, die ihm zumindest die Patina intellektuellen Scharfsinns und hypnotischer Theatralik verschafften, seine Förderung durch die Industriegiganten der Zeit wie Thyssen, IG Farben und Krupp und seine Unterstützung durch die mächtige Thule-Gesellschaft und die von ihr kontrollierten einflussreichen Finanz- und Medienkreise machten seinen kometenhaften Aufstieg zu diktatorischer Macht überhaupt erst möglich.

Die Art und Weise, wie Hitler von den Reptiloiden für seine Rolle als Herrscher Europas und Russlands geschult wurde, ist sehr aufschlussreich. Sie offenbart Denken und Planung der reptiloiden Oberherren sowie ihre Techniken und sollte denjenigen, die heute die Einflüsse der Reptiloiden und ihre Pläne zur Schaffung einer neuen Weltordnung beseitigen wollen, als Lehrstück dienen. Sie ist eine Lektion von unschätzbarem Wert. Man beachte, wie sie es schafften, Menschen mit Hitler zusammenzubringen, um ihn in den Techniken und Methoden, die er für seinen Erfolg benötigen würde, auszubilden und zu unterweisen.

Zur Identifizierung dieser Menschen auf Seelenebene und zur Kontrolle und Manipulation ihrer Gedanken und Handlungen sind nur Experten für Genetik und Gedankenkontrolle in der Lage. Die Reptiloiden sind bekanntlich Meister in beidem. Dieser Einfluss kann aus einer höheren Dimension ausgeübt werden, insbesondere was einen Blick außerhalb der Zeit betrifft, durch den zeitliche Synchronizitäten und besondere Vorfälle geschaffen werden können. Als niedere Kreaturen der vierten oder astralen Dimension haben die Reptiloiden diese Perspektive. Sie nutzen Wesen der dritten Dimension wie die Greys, Hybriden und die urmenschlichen Illuminaten dazu, die »Drecksarbeit« für sie zu erledigen. Es fordert ihnen zu viel Energie ab, sich selbst in der dritten Dimension zu zeigen.

Die Grausamkeiten der Nazis konkurrieren mit denen der Japaner in China und übertreffen sie sogar – alle initiiert und diktiert von Hitler. Allein diese Tatsache offenbart die reptiloide Natur Hitlers. Die Reptiloiden sind dafür bekannt, gnadenlos und sadistisch sein. Zu Beginn des Krieges prahlte Hitler damit, aus den jungen deutschen Männern »herrliche Raubtiere« zu machen.

Die Bewegung der Hitlerjugend entstand in den 1920er Jahren, lange bevor Hitler zur Macht gelangte. Ursprünglich war sie 1922 lediglich die Jugendorganisation der Nationalsozialisten und diente dazu, künftige Mitglieder der paramilitärischen Sturmabteilung auszubilden. Im Juli 1926 wurde sie in »Hitlerjugend – Bund deutscher Arbeiterjugend« umbenannt. Zu diesem Zeitpunkt war Hitler der Leiter der NSDAP und konnte beginnen, den Mitgliedern – Jungen ab vierzehn Jahren – seine Werte aufzuprägen. Um 1930 gab es zwanzigtausend Mitglieder, und eine neue Gruppe für die Jüngeren im Alter von zehn bis vierzehn Jahren wurde ins Leben gerufen. Alle diese Jungen waren dazu bestimmt, Wehrmachtsoldaten zu werden, denn bis 1939 waren auch die Kleinsten alt genug, um zu kämpfen. Als Hitler 1933 Kanzler wurde, gab es 2,3 Millionen Mitglieder. Damals sagte Hitler:

> »Die Schwachen müssen weggemeißelt werden. Ich möchte junge Männer und Frauen, die Schmerzen erleiden können. In unseren Augen, da muss der deutsche Junge der Zukunft schlank und rank sein, flink wie Windhunde, zäh wie Leder und hart wie Kruppstahl.«

Wie in Japan wurde die Hitlerjugend mit der Vorstellung indoktriniert, dass sie selbst »Übermenschen« und andere Rassen und Nationalitäten minderwertig seien. Daher sollte es – so die Indoktrination – verständlich sein, dass es kein großer Verlust sein würde, wenn die anderen versklavt oder getötet werden. Genauso wurden auch die jungen Japaner einen Kontinent entfernt ausgebildet. Es liegt nahe, dass die Weltanschauungen der beiden faschistischen Gesellschaften einen gemeinsamen Ursprung hatten, und dieser Ursprung lag bei den Reptiloiden.

In seinem Buch *Soldaten: Protokolle vom Kämpfen, Töten und Sterben* enthüllt der Historiker Sönke Neitzel Alltagsgespräche zwischen deutschen Kriegsgefangenen, die heimlich während des Krieges im Kriegsgefangenenlager Trent Park in Enfield, England, aufgenommen wurden. Die englische Ausgabe erschien im Jahr 2012. Allan Hall publizierte eine Rezension zu dem Buch in der *Daily Mail* vom 16. September 2012. Dieses Buch lässt keinen Zweifel mehr offen, dass viele dieser deutschen Wehrmachtsoldaten absolut keine Gewissensbisse und keine Skrupel hatten, Zivilisten kaltblütig und ohne Grund hinzurichten. In seinem Artikel schreibt Hall:

»Die abgehörten Gespräche lieferten nicht nur hochwertiges Material zur militärischen Aufklärung – sie halfen ihren britischen Eroberern auch zu ergründen, wie aus ›ehrbaren‹ Kriegern Mörder werden konnten, die nicht besser waren als die der SS oder der Gestapo. Was die gefangenen Männer rühmten, war nicht die Leistungssteigerung der Berufssoldaten oder der Nervenkitzel eines Sieges über bewaffnete Gegner in einem fairen Kampf. Ihre Gespräche verraten, wie tief der NS-Staat den militärischen Kodex beschädigt hatte und wie sich die Männer dabei noch für ehrenwert hielten. Der hoch dekorierte Kriegsheld Hans Hartigs sagte etwa: ›Ich pflegte auf alles zu schießen, bestimmt nicht nur auf militärische Ziele. Es gefiel uns, auf Frauen loszugehen, die Kinderwagen schoben, oft mit Kindern an ihrer Seite. Es war wirklich eine Art Sport …‹ Und ein Feldwebel Müller sagte: ›Als ich in Charkow war, war alles in der Altstadt zerstört. Es war eine wunderbare Stadt mit schönen Erinnerungen. … Auch in Taganrog – wunderbare Kinos und schöne Strandcafés. Man sah nichts als Frauen. Sie waren damit beschäftigt, Dinge zu reparieren, diese verteufelt schönen Mädchen. Wir fuhren einfach an ihnen vorbei, zerrten sie in den Wagen, legten sie flach, und als wir fertig waren, warfen wir sie raus. Mann, sind die geflogen!‹«

Generalmajor Walter Bruns erinnert sich an eine »typisch jüdische Aktion«, in die er verwickelt war.

»Die Gräben waren 24 Meter lang und etwa 3 Meter breit. Sie mussten wie Sardinen in einer Büchse liegen, die Köpfe zur Mitte gerichtet. Oben gaben sechs Maschinengewehrschützen Genickschüsse ab. Als ich ankam, waren die Gräben bereits ziemlich voll, und die Lebenden mussten obenauf liegen, bevor sie den Genickschuss bekamen. Sie waren alle so schön angeordnet, dass nicht zu viel Platz verschwendet wurde. Bevor sie hierher kamen, waren sie bereits ausgeraubt worden. An diesem Sonntag sah ich eine einen halben Kilometer lange Schlange, die Schritt für Schritt vorwärts schlurfte, aufgestellt zum Tod. Als sie näher kamen, sahen sie, was sie erwartete. Ungefähr hier mussten sie ihre Koffer und ihre Säcke mit Wertsachen abgeben. Ein Stück weiter mussten sie sich ausziehen, und sie konnten nur ein Hemd oder

*Abb. 17.4. Hinrichtungen und Massenbegräbnis durch Wehrmachtsoldaten*

eine Unterhose anbehalten. Es waren vor allem Frauen und Kinder, die nicht viel älter als zwei Jahre waren.«

Hall schreibt: »Von Reue, Bedauern oder Trauer über das, was er gesehen hatte, gab es keine Spur.« Dies waren die Produkte der HJ-Lager, womöglich »zäh wie Leder und hart wie Kruppstahl,« doch völlig ohne etwas, das einem Gewissen oder auch nur der leisesten Sorge oder dem Mitgefühl für andere Vertreter der Menschheit ähnelte.

Die japanischen und deutschen Armeen offenbaren ihre von den Reptiloiden unterstützte Ausbildung, die von Führern wie Hirohito, Hitler und Himmler weitergegeben wurde. Diese »Keine-Gefangenen-Mentalität« erinnert an die Grausamkeiten der Reptiloiden im Krieg gegen die Menschen von der Lyra.

Aber die Reptiloiden begehen viele Fehler und Fehleinschätzungen, vor allem, wenn sie mit Menschen zu tun haben, die Zugang zu höheren Dimensionen – der fünften und weiteren darüber – haben. Darum wenden sie so viel Energie dafür auf, unser Bewusstsein durch die Medien und Gedankenkontrolle auf niedrigem Niveau zu halten. Uns durch geistlose Unterhaltung und Spiele so dumm wie möglich zu machen, hat für sie oberste Priorität, und ihre größte Schwäche ist ihre Unfähigkeit, mit diesen Bemühungen erfolgreich zu sein.

Zum Beispiel waren sie nicht in der Lage, Hitlers irre Einbildung, er könne seine Generäle ausschalten, vorauszusehen oder zu steuern! Hätte er nicht von Napoleon lernen können, dass es eine eklatante Dummheit war, eine ganze Armee zum Wintereinbruch ins tiefe Russland zu entsenden? Hitlers Mentalität wurde schließlich von seinem Wahnsinn überlagert. Die Reptiloiden hätten es kommen sehen müssen, aber sie sahen es nicht, während die russischen und amerikanischen Generäle nüchtern geblieben waren.

Dann war da noch der unfassbare Wahnsinn, den Vereinigten Staaten den Krieg zu erklären, weil Hitler glaubte, dass der Angriff auf Pearl Harbor die Amerikaner lähmen würde. Und es war so einfach für uns, ihn hinters Licht zu führen, damit er dachte, dass die Invasion eher in Calais beginnen würde als in der Normandie. Als die alliierten Soldaten die französischen Strände einnahmen, lag er noch immer in seinem Bett und schlief.

Die Reptiloiden wissen, dass der entwickelte menschliche Geist und unsere Seele machtvoll, brillant und unüberwindlich sind, und im Grunde haben sie Angst vor uns. Es ist nur nötig, dass wir unser Bewusstsein erweitern und uns über die Täuschungen und Hindernisse, die sie uns in den Weg stellen, erheben. Darum brauchen sie fanatische Trottel, die ihre Pläne ausführen. Vernünftige und fürsorgliche Menschen hätten nichts davon, um keinen Preis.

Dies wurde bei den Nürnberger Prozessen deutlich. Albert Speer war der einzige Angeklagte, der mit Entsetzen erkannte, wie er im Hitlerschen Wahnsinn gefangen und getäuscht worden war. Die anderen blieben trotzig bis zum Ende und standen geschlossen gegen Speer wegen seiner verräterischen »Kapitulation«. Sie waren von ihren reptiloiden Oberherren sorgsam ausgewählt worden.

# 18 Das Reich in Argentinien

Um den Einfluss der Nazis im Amerika der Nachkriegszeit verstehen zu können, ist es zunächst einmal nötig zu wissen, dass Hitler sich nicht das Leben nahm. Er überlebte. Wie konnte irgendwer auch glauben, dass jemand, der so versessen darauf war, seine irren Ideen in der Welt umzusetzen, jemand, der so sehr am Leben hing, Selbstmord begehen würde? Nein, so leicht gab er nicht auf.

Die Argumente für Hitlers Flucht werden minutiös in dem Buch *Grey Wolf: The Escape of Adolf Hitler* (»Grauer Wolf: Adolf Hitlers Flucht«) von Simon Dunstan und Gerrard Williams dargelegt. Auf dieses im Jahr 2011 erschienene Buch folgten *Hitler in Argentina: The Documented Proof of Hitler's Escape from Berlin* (»Hitler in Argentinien – Der dokumentierte Beweis für Hitlers Flucht aus Berlin«) von Harry Cooper (2014) und *The Complete Story of the Planned Escape of Hitler: The Nazi-Spain-Argentina Coverup* (»Die vollständige Geschichte von Hitlers geplanter Flucht: Die Nazi-Spanien-Argentinien-Vertuschung«) von Maximilien de Lafayette (2013).

Da *Grey Wolf* so umfassend und gut recherchiert ist, bildet dieses Buch die beste Quelle für Hitlers Geschichte, wenngleich die beiden anderen sein Entkommen und sein anschließendes Leben ebenso gut und überzeugend darstellen.

## Martin Bormann

Martin Bormann war für Hitler unentbehrlich. Er verwaltete alle Finanzen der Partei sowie Hitlers persönliche Geldmittel. Nach den Angaben in *Grey Wolf* war er um 1934 dafür verantwortlich, dass sich der Geldfluss auf das von Hitler kontrollierte Konto in einem Jahr um 1,4 Millionen Reichsmark erhöhte und dadurch viele zusätzliche Pläne und Kundgebungen der Nazis ermöglicht wurden. Er stockte Hitlers persönliches Einkommen durch eine Steuer von 1,5 Prozent auf die Löhne und Gehälter der Unternehmen auf, die am meisten von der deutschen Aufrüstung profitierten, wie Krupp, Thyssen und die IG Farben. Dieses Geld ging direkt an die Adolf-Hitler-Spende. Im ersten Jahr wurden auf diese Weise 30 Millionen Reichsmark eingeworben. Allein dadurch wurde Hitler schon sagenhaft reich.

Bormann war ein brillanter Geschäftsmann. Riesige Mengen persönlicher Geldmittel flossen Hitler auch durch die Tantiemen für *Mein Kampf* zu, und wie in *Grey Wolf* erläutert wird, entwickelte Bormann ein System, nach dem er für jedes Bild von Hitler Lizenzgebühren einnehmen konnte, »sei es auf einer Postkarte oder auch nur auf einer Briefmarke«. Diese wurden in einen anderen persönlichen Fonds, den Adolf-Hitler-Kulturfonds, eingezahlt. Dann handelte Bormann mit den Behörden aus, dass Hitler dank des Einflusses der NSDAP keine Einkommensteuer zahlen musste. Zur Zeit des Kriegsausbruchs 1939 war Hitlers Jahreseinkommen dank Martin Bormann enorm. Hitler selbst waren finanzielle Transaktionen beschwerlich und lästig.

*Abb. 18.1. Martin Bormann (1934)*

Bormann war ein Organisationsgenie sowie ein meisterhafter Diplomat, der Hitler um eine große Last erleichterte, indem er ihm die meisten dieser Aktivitäten von den Schultern nahm und im Wesentlichen als sein Strohmann handelte, damit Hitler gestohlene Kunstwerke sammeln und den Architekten und General spielen konnte.

Im Jahre 1933 wurde Bormann zum Reichsleiter der Partei ernannt. Das machte ihn zur viertmächtigsten Person im Nazi-Deutschland nach Hitler, Hermann Göring und Rudolf Heß. Nachdem Heß im Mai 1941 zu seinem unglückseligen Flug nach England aufgebrochen war, um auf eigene Faust einen Friedensvertrag auszuhandeln, rückte Bormann viel näher an Hitler heran. Laut *Grey Wolf* war er …

> »jetzt zur Gänze dafür verantwortlich, den Tagesablauf des Führers, seine Termine und persönlichen Geschäfte zu arrangieren. Er war immer an der Seite seines Meisters und nahm nie Urlaub, aus Angst, dann an Einfluss zu verlieren.«

Ein Parteifunktionär sagte über ihn: »Bormann klammerte sich an Hitler wie Efeu an eine Eiche und benutzte ihn, um ans Licht und auf den Gipfel zu gelangen.«

## Gestohlene Diamanten

Die verdeckte Infiltration der Vereinigten Staaten durch die Nazis begann im Sommer 1943. Damals hatte sich das Unternehmen Barbarossa, der Krieg in Russland, gewendet. Die Russen hatten die Deutschen in der brutalen Schlacht von Kursk aufgehalten und begannen ihre Offensive nach Westen. Ihre zerstörten Waffen wurden über Murmansk von den Alliierten erneuert, während die Deutschen dreihundert Panzer und hunderttausende Männer verloren hatten. Auch in Sizilien landeten die Alliierten nun und begannen mit der unaufhaltsamen Einnahme Italiens.

Die Stunde hatte jetzt geschlagen. Bormann erkannte, dass die Niederlage Deutschlands unvermeidlich war, und schritt zur Tat. Er hatte schon seit Beginn des Krieges im Jahre 1939 solide Transport-, Geschäfts- und Finanzgrundlagen geschaffen, um den deutschen Einfluss im Ausland weltweit zu sichern. Aus *Grey Wolf* erfahren wir, dass er die Kassen der Partei in erster Linie durch die Versteigerung vieler sehr wertvoller Kunstwerke aufgefüllt hat, die aus Museen in Berlin, Bremen, Köln, Dresden, Essen und Frankfurt oder von jüdischen Sammlern gestohlen worden waren, darunter Werke von Braque, Klee, van Gogh, Matisse und Picasso. Eine Auktion im Juni 1939 im Grand Hotel National im schweizerischen Luzern brachte etwa eine halbe Million Franken ein, die in der J. Henry Schroder Bank »zur exklusiven Verwendung durch Bormann« hinterlegt wurden.

Dann presste die Wehrmacht aus den Niederlanden mehr als eine Million Karat geschliffener und industrieller Diamanten heraus, die sehr praktisch waren, um ausländische Beamte – vor allem in Argentinien – zu bestechen, damit diese den Nazi-Emigranten und Nazi-Geschäftsleuten Gefälligkeiten erwiesen. Diebstahl war eine selbstverständliche Gewohnheit in der Moral der Nazis, die grundsätzlich korrupt war, und zeugte von ihrer Kontrolle durch die amoralische Bruderschaft der Schlange. Natürlich rechtfertigten sie ihn durch Berufung auf die alte Maxime, nach der »dem Sieger die Beute gehört«.

## Aktion Adlerflug

Um sich auf das Unternehmen Argentinien vorzubereiten, erwarb Bormann eine spanische Reederei und eine italienische Fluggesellschaft, die Linee Aeree Transcontinentali Italiane (LATI), die von Rom über Sevilla, die portugiesischen Kapverdischen Inseln, Recife und Rio de Janeiro bis nach Buenos Aires über Niederlassungen verfügte. Dadurch war es möglich, Menschen und Fracht mittels einer zivilen Tarngesellschaft und ohne den Einsatz von Militärflugzeugen, die bei ausländischen Regierungen Verdacht erregt hätten, nach Spanien und Argentinien zu transportieren. Um die ausländische Organisation zu finanzieren, sandte Bormann gefälschte britische Banknoten von insgesamt rund 4,6 Milliarden US-Dollar (nach heutigem Wert) an die deutschen Botschaften im Ausland. Das waren etwa zehn Prozent aller damals im Umlauf befindlichen britischen Banknoten.

Laut Dunston und Williams war …

> »es für Bormann jetzt notwendig, Gelder in jeder Gestalt und Form – gefälscht, gestohlen oder sogar aus legitimen Regierungsfonds – an sichere Orte im Ausland zu bringen. Dies wurde im Rahmen einer Operation mit dem Codenamen ›Aktion Adlerflug‹ bewerkstelligt, bei der unzählige ausländische Bankkonten aufgebaut und Investitionen in ausländische Unternehmen getätigt wurden, die im Verborgenen einer deutschen Kontrolle unterlagen.«

Gefördert durch die Aktion Adlerflug hatten zwischen 1943 und 1945 mehr als zweihundert deutsche Unternehmen Tochtergesellschaften in Argentinien gegründet. Um ihre Kontrolle durch die Nazi-Partei zu verbergen, wurden die Unternehmen durch Geldwäsche über Strohfirmen in der Schweiz, Spanien und Portugal finanziert und unterstützt. So konnten auch Patente und andere Vermögenswerte auf demselben Wege transferiert werden. Nachdem der Krieg beendet war, konnten diese Firmen Nazi-Kriegsverbrecher über »Rattenlinien«, das heißt geheime Fluchtwege, nach Argentinien ausreisen lassen. So kam es, dass der Massenmörder Adolf Eichmann eine Anstellung bei Mercedes Benz in Argentinien fand. Dieselbe Methode wurde bei der Gründung von Firmen in Portugal, Spanien, Schweden und der Türkei angewendet.

## Das Vierte Reich

Maßgeblich für die Infiltration der Vereinigten Staaten war die deutsche/nationalsozialistische Kontrolle der Mehrheitsbeteiligungen oder des vollständigen Eigentums an großen US-Konzernen. Laut *Grey Wolf* hatte allein die IG Farben, als Deutschland den USA am 11. Dezember 1941 den Krieg erklärte, in 170 amerikanischen Konzernen eine Stimmenmehrheit und verfügte über Minderheitsbeteiligungen an 108 Unternehmen. Durch die Stockholmer Enskilda Bank kauften die schwedischen Brüder Wallenberg im Auftrag von Bormann die American Bosch Corporation. Für diese Firmenübernahme wurden sie sehr gut bezahlt. Dieselbe Bank kaufte für Bormann US-Aktien und Anleihen an der New Yorker Börse.

In *Grey Wolf* heißt es:

> »Auf diese Weise konnte Bormann rund 980 Tarnfirmen schaffen, 770 davon in neutralen Ländern, darunter 98 in Argentinien, 58 in Portugal, 112 in Spanien, 233 in Schweden, 234 in der Schweiz und 35 in der Türkei – zweifellos gab es noch weitere, deren Existenz niemals offengelegt wurde. Jede einzelne davon war ein Kanal für die Kapitalflucht aus Deutschland und wartete nur auf Bormanns Befehl zur rechten Zeit.«

Bormann hat die Aufgabe, die Hitler ihm übertragen hatte, gewissenhaft ausgeführt: »Vergraben Sie Ihren Schatz tief, denn Sie werden ihn brauchen, um ein Viertes Reich zu gründen.«

Dies ist ein faszinierendes und aufschlussreiches Zitat. Es deutet an, dass Hitler sich letztlich zurückziehen wollte und dass er die Gründung eines Vierten Reiches erwartete, das von Bormann geführt würde. Das könnte erklären, warum Bormann so motiviert war, die Grundlagen für eine endgültige Nazi-Herrschaft in der Welt zu schaffen. Er plante sein eigenes Reich!

*Abb. 18.2. IG Farben um 1939*

Ich denke, es ist angemessen, das Vierte Reich mit der Neuen Weltordnung gleichzusetzen, die erstmals offiziell von George H. W. Bush in seiner Rede am 11. September 1990 vor einer gemeinsamen Sitzung des Kongresses erwähnt wurde. Seine genauen Worte waren:

> »Aus diesen unruhigen Zeiten kann … unser Ziel – eine neue Weltordnung – entstehen. …

Heute kämpft diese neue Welt darum, geboren zu werden, eine Welt, die ganz anders ist als die, die wir bisher gekannt haben.«

Könnte es sein, dass Bush sich auf das Entstehen des Vierten Reiches bezogen hat? Dies scheint nicht so weit hergeholt, wenn man bedenkt, dass sein Vater Prescott Bush vor und während des Zweiten Weltkriegs ein Gründungsmitglied und Direktor der Union Banking Corporation (UBC) in New York City war.

Die UBC war im Grunde eine US-Tarnorganisation für den deutschen Stahlmagnaten Fritz Thyssen, der bis 1938 große Summen an die NSDAP gespendet hatte. Es liegt sehr nahe, dass Bormann diese Verbindung aufgebaut oder zumindest seine Hände dabei im Spiel hatte. Thyssen und seine Verbündeten in der Industrie ließen den Nazis im Jahre 1933 drei Millionen Reichsmark zur Unterstützung Hitlers zukommen, und er sandte einen Brief an den Reichspräsidenten von Hindenburg und drängte ihn, Hitler zum Reichskanzler zu ernennen. Diese Tätigkeiten gaben vermutlich den Ausschlag dazu, dass Hitler 1933 an die Macht katapultiert wurde.

1942 zog die Roosevelt-Regierung das Vermögen der UBC auf der Grundlage des *Trading with the Enemy Act* ein – eines US-Gesetzes, das amerikanischen Bürgern Geschäfte mit Unternehmen verbietet, die im Besitz von Bürgern fremder Staaten sind, die zu den politischen Feinden der USA gehören. Auch wenn es keinen Beweis dafür gibt, dass Prescott Bush Sympathien für die Nazis hegte oder dass George H. W. Bush mit der angeblichen Gesinnung seines Vaters einverstanden war, ist es doch interessant, dass der Sohn am 11. September 1990 das Ziel einer neuen Weltordnung öffentlich ausgesprochen hat!

Und genau elf Jahre später war dessen Sohn, Präsident George W. Bush, im Amt, als sich dieses Datum, das im Nachhinein an das Datum der Verkündung des Ziels einer neuen Weltordnung erinnert, in Amerikas Gedächtnis einbrannte. Ein Verschwörungstheoretiker würde auf die Datenversessenheit der Illuminaten und auf den 11. September 1944 hinweisen – den Tag, als die Streitkräfte der Alliierten erstmals deutschen Boden betraten.

Nach Aussagen des Journalisten Paul Manning war Martin Bormann übrigens noch 1980 in Argentinien am Leben.

# Aktion Feuerland

Als die Finanzen unter Dach und Fach waren, richtete Bormann seine Aufmerksamkeit darauf, Hitler aus Deutschland herauszubekommen. Er entwarf einen Plan, den er Aktion oder Projekt Feuerland nannte. Dies bezog sich auf die Schaffung eines sicheren Rückzugsortes in der Tierra del Fuego – was übersetzt »Feuerland« bedeutet –, im dünn besiedelten Patagonien an der Südspitze Südamerikas.

Patagonien ist die südlichste Provinz Argentiniens. Es gibt mehrere Gründe, warum dies der ideale Ort war. Die Bevölkerung war überwiegend deutscher Abstammung. Leutnant Wilhelm Canaris, ein Offizier der Deutschen Marine im Ersten Weltkrieg, hatte dort im Jahr 1915 Zuflucht gefunden, nachdem er aus der Gefangenschaft in Chile geflohen war. Er wurde von der deutschen Gemeinschaft dort beherbergt und geschützt. Am wichtigsten war allerdings, dass in Argentinien 1943 ein faschistisches Regime durch einen Militärputsch an die Macht gelangt war, dem Oberst Juan Domingo Perón angehörte, der eine hohe Position in der neuen Regierung bekleidete. Seit 1941 stand Perón auf der Gehaltsliste des deutschen Geheimdienstes. Es gibt Hinweise darauf, dass der Putsch womöglich im Hinblick auf das notwendige argentinische Einverständnis bezüglich einer Nazi-Kolonie im argentinischen Exil von Nazi-Deutschland angestiftet und unterstützt worden war.

Laut *Grey Wolf* reiste General Wilhelm von Faupel, ein deutscher Militärberater, im April 1943 nach Argentinien und erklärte Perón, dass der einzige Weg, einer Verurteilung wegen Hochverrats zu entgehen, die Machtergreifung war. Der Putsch fand einen Monat später statt. Bormann hatte gut vorausgeplant und eine riesige Geldmenge auf argentinischen Banken deponiert. Ein Großteil davon wurde wahrscheinlich zur Finanzierung des Putsches verwendet.

In der endgültigen Fassung sah – nach *Grey Wolf* – der Plan vor …

> »einen geheimen, in sich geschlossenen Zufluchtsort für Hitler im Herzen einer sympathischen deutschen Gemeinschaft zu schaffen, an einem ausgewählten Ort in der Nähe der Stadt San Carlos de Bariloche im hintersten Westen der argentinischen Provinz Rio Negro [siehe Tafel 13].

*Abb. 18.3. Nazi-Organisation in Bariloche, Argentinien*

> Hier konnte dem Führer vollständiger Schutz vor Außenstehenden gewährt werden, denn alle Zugänge, seien es Straßen, Schienen oder der Luftverkehr, waren in deutscher Hand.«

Bormann setzte die Ausführung des Plans Mitte 1943 in Abstimmung mit seinem Hauptagenten in Buenos Aires, Ludwig Freude, in Gang. Diese Region Argentiniens war wie ein Miniatur-Deutschland (siehe Tafel 14). In *Grey Wolf* wird sie so beschrieben:

> »Wenn Sie heute Villa General Belgrano, San Carlos de Bariloche, Villa La Angostura, Santa Rosa de Calamuchita oder irgendeine von hundert anderen deutschen Siedlungen in Argentinien besuchen, fällt es Ihnen immer noch schwer zu glauben, dass Sie in Lateinamerika sind. … Jede der größeren Städte hatte stets ihre eigene deutsche Schule, ihr Kulturinstitut, ihre Bierhalle und deutsche Restaurants. Auch zu dem Zeitpunkt, als dieser Artikel im Jahr 2010 erschien, sind mehr als drei der 42 Millionen Menschen umfassenden Gesamtbevölkerung des Landes deutscher Abstammung.«

Joseph Goebbels sagte im März 1944:

»Argentinien wird eines Tages an der Spitze einer Tarifunion stehen, die die Nationen in der südlichen Hälfte Südamerikas umfasst. Ein solches Zentrum der Opposition gegen die Vereinigten Staaten von Amerika wird … einen mächtigen wirtschaftlichen Block bilden.«

## Die Beute des eroberten Europas

Im August 1942 hatte Bormann einen regelmäßigen U-Boot-Pendelverkehr vom spanischen Cadiz nach Argentinien eingerichtet. Für diese Fahrten, die zwischen 1943 und 1945 alle sechs bis acht Wochen stattfanden, wurde die neueste U-Boot-Technologie, der Typ IX, eingesetzt. Diese U-Boote waren in der Lage, während der 5.400 Meilen langen Fahrt notfalls fast völlig unter Wasser zu bleiben. Möglich wurde dies durch die Verwendung eines Schnorchels, der über Wasser eine kaum erkennbare Verdrängung zeigte und für das Radar fast unsichtbar war.

Mitte 1943 hatten die Schiffe der Alliierten sich die atlantischen Gewässer zurückgeholt, und deutsche U-Boote wurden routinemäßig versenkt. Der Schnorchel war eine Kombination aus Lufteinlass und Dieselmotorauspuffrohr, die möglich machte, dass das U-Boot nachts in geringer Tiefe mit Motor und tagsüber mit aufgeladenen Akkus völlig untergetaucht fahren konnte. Diese Methode beschränkte die Fahrleistung des U-Boots auf 100 Meilen pro Tag, was heißt, dass eine einfache Fahrt etwa sechzig Tage dauerte. Diese U-Boote, die die Größe eines kleinen Frachters hatten, waren bis an die Reling mit Geld beladen.

In *Grey Wolf* wird es so ausgedrückt:

»Es war die Beute des eroberten Europas, mit der … der wachsende Einfluss Bormanns in Argentinien und die Vorbereitung der künftigen Nazi-Zuflucht zur Gänze finanziert wurden.«

Hermann Göring hatte 20 Millionen Dollar auf argentinischen Banken angelegt, Joseph Goebbels 1,8 Millionen und Nazi-Außenminister Joachim von Ribbentrop eine halbe Million. Allerdings konnten diese drei ihre unrechtmäßig erworbenen Vermögen nicht mehr genießen. Göring beging Selbstmord, Ribbentrop wurde in Nürnberg hingerichtet. Goebbels tötete sich und seine Familie in einem geheimen unterirdischen Bunker in Berlin.

Doch diese Beträge waren nichts im Vergleich zu den geschätzten 50 Milliarden Dollar in Gold (nach heutigem Wert), die Bormann zusammen mit Platin, Edelsteinen, Münzen, geraubten Kunstwerken, Aktien und Anleihen nach Argentinien verbracht hatte. In *Grey Wolf* heißt es, dass die deutsche Botschaft im Februar 1944 ganze 47 Millionen Pesos auf argentinischen Banken deponiert hatte und außerdem über sieben Bankschließfächer verfügte, in denen sich 115 Millionen Pesos in Gold- und Silbermünzen befanden. Auf einer Bank in Buenos Aires lagerten weitere 37.660.000 Dollar unter den Namen anderer Nazis. Und das war noch nicht alles!

> »Viele große deutsche Unternehmen waren in die Übertragung von Vermögenswerten nach Argentinien verwickelt, darunter Siemens, Krupp, Mannesmann, Thyssen, IG Farben und Schroder's Bank, die über lokale oder Schweizer Holdinggesellschaften handelten.«

## Juan und Evita: Liebesgeschichte oder Kollaboration?

Im Januar 1944 war Juan Perón Vizepräsident Argentiniens. Er traf Eva Duarte angeblich bei einer Wohltätigkeitsfeier im Mai jenes Jahres. Da war sie bereits ein aufsteigender Radiostar. In Wahrheit waren sie einander aber schon im Sommer 1941 begegnet, und beide standen seit dieser Zeit auf Bormanns Gehaltsliste. Doch jetzt nutzten sie die Gelegenheit, ihre Beziehung öffentlich bekanntzugeben. Ein großer Teil des Goldes und der Gelder, die 1945 nach Argentinien geschmug-

*Abb. 18.4. Juan Perón (1895-1974) und Eva Duarte (1919-1952)*

gelt wurden, waren auf Evas Konten bei drei Banken deponiert.

Im April 1944 sagte Perón, damals noch als Vizepräsident:

»Hitlers Kampf in Krieg und Frieden wird uns führen. … Wenn Brasilien erst gefallen ist, wird der südamerikanische Kontinent unser sein. Nach deutschem Beispiel werden wir den Massen den nötigen militärischen Geist vermitteln.«

Als Perón 1945 als Vizepräsident an Einfluss gewann und Eva zur Frau nahm, waren alle Hindernisse für Hitlers Ankunft in Argentinien aus dem Weg geräumt. Nun lag es nur noch an Bormann, die nötigen Vorkehrungen zu treffen.

## Die geheime Tür

Bormanns Plan, Hitler zu retten, war sehr komplex. Er beinhaltete mehrere aufeinander aufbauende Schritte, die mit schmalen Zeitfenstern versehen waren. Misslang einer der Teilpläne oder wurde eine Verbindung verpasst, konnte dies das ganze Unterfangen zunichte machen. Außerdem würde der gesamte Plan wahrscheinlich vor dem Hintergrund von Chaos und Krieg in den Straßen und Gebäuden ausgeführt werden müssen, während die Armeen der Alliierten aus beiden Richtungen näher heranrückten. Aber dass Bormann ihn überhaupt entwickeln konnte, ist ein Beweis für seinen scharfen Verstand und seine Fähigkeit, alle möglichen Variablen in Betracht zu ziehen.

Hitler verließ sich vollkommen auf Bormann. Bei einer wie auch immer gearteten Panne hätte er wahrscheinlich nicht gewusst, was zu tun war. Es muss ihn geschaudert haben, wenn er an das Schicksal Mussolinis dachte, der mit seiner Geliebten von Partisanen gefangengenommen wurde und auf der Stelle hingerichtet worden war; ihre Leichname hatten sie mit den Köpfen nach unten auf einem öffentlichen Platz an Fleischerhaken aufgehängt.

Unter dem Gebäude der Reichskanzlei gab es einen alten Bunker, der später »Vorbunker« genannt wurde. Eigentlich war es ein erweiterter Luftschutzbunker. Als die Bomben der Alliierten diesen Schutzraum zu erschüttern begannen, erkannte Hitler, dass er einen tieferen und geräumigeren Bunker brauchte. Daraufhin wurde acht Meter unter der Erde ein neuer Bunker gebaut, zweieinhalb Meter tiefer als der Vorbunker. Er enthielt Schlafzimmer, eine Küche, einen Konferenzraum, Büros für Goebbels und Bormann sowie ein Arbeitszimmer für Hitler. Dieser Bunker, der den Namen »Führerbunker« bekam, war mit dem Vorbunker verbunden.

Der Vorbunker hatte Zugänge zu drei Tunneln, von denen einer zum Auswärtigen Amt, der andere zum Propagandaministerium und der dritte zu den Schutzräumen unter dem Gebäude der Neuen Reichskanzlei führte. Doch es gab auch eine Treppe, die direkt zum Gebäude der Alten Reichskanzlei führte und die eingerichtet worden war, um den dort Arbeitenden zu ermöglichen, bei einem Luftangriff schnell in den Vorbunker zu gelangen.

Der Führerbunker war erst am 23. Oktober 1944, als Hitler und seine Mitarbeiter einzogen, um ihr unterirdisches Leben zu beginnen, bezugsfertig. Was Hitler allerdings niemand anderem außer Bormann zeigte, war ein versteckter Durchgang, der sein privates Arbeitszimmer in der Alten Reichskanzlei mit einem dritten Bunker verband, der tiefer war als der Vorbunker. Der Zugang zu diesem Durchgang erfolgte durch eine Tür, die von einer Schiebewand aus Leichtbeton neben einem Bücherregal verborgen wurde.

Der versteckte Tunnel führte zum dritten Bunker, der mit Lebensmitteln und Waffen für bis zu zwölf Personen für zwei Wochen sowie

*Abb. 18.5. Hitlers Arbeitszimmer in der Alten Reichskanzlei*

mit einer Wasserversorgung und Toiletten ausgestattet war. Dieser Tunnel war mit dem U-Bahn-System Berlins verbunden. War man erst einmal durch die Schiebetür gelangt, war es möglich, sich unterirdisch in Berlin überallhin zu bewegen und am Eingang einer U-Bahn-Station wieder aufzutauchen.

## Die Flucht nach Spanien

Der folgende Ablauf der Ereignisse ist so, wie er in *Grey Wolf* aufgezeichnet ist, zum Teil spekulativ nachvollzogen, aber er passt perfekt zu den bekannten Auftritten Hitlers und seiner Geliebten Eva Braun an verschiedenen Stationen auf ihrer Reise nach Argentinien; daher ist er womöglich zutreffend.

Am 27. April gingen Hitler, Braun und ihr Schäferhund Blondi kurz nach Mitternacht durch den Führerbunker und den Vorbunker die Treppe hinauf zur Alten Reichskanzlei. Sie passierten die Schiebetür und begaben sich dann durch den Tunnel zum dritten Bunker hinunter, wo sie mit Bormann, der zurückblieb, letzte Vorbereitungen trafen. Seine Aufgabe war es jetzt, zum Führerbunker zurückzukehren und den Anschein zu erwecken, Hitler und Braun hätten Selbstmord begangen. Anschließend gingen sie durch den Tunnel zur U-Bahn-Station Fehrbelliner Platz, wo drei Panzer vom Typ Tiger II auf sie warteten, die sie zu einer improvisierten Start- und Landebahn auf dem Hohenzollerndamm brachten. Dort bestiegen sie um etwa drei Uhr morgens am 28. April zusammen mit dem General der Waffen-SS Hermann Fegelein, dem General der Wehrmacht Joachim Rumohr und dessen Frau ein Flugzeug des Typs Junkers Ju 52. Der dekorierte Luftwaffenpilot Kapitän Peter Baumgart flog die Gruppe in Richtung Dänemark. Baumgart bestätigte diesen Flug später vor einem Gericht in Polen; sein fliegerisches Können bezeugte er mit der Aussage, dass er während des Krieges über Italien und Nordafrika 128 Flugzeuge der Alliierten abgeschossen hatte.

Dies war der gefährlichste Teil der Reise: des Nachts bei Mondschein fast auf Baumkronenhöhe zu fliegen, um die Begegnung mit Flugzeugen der Alliierten zu vermeiden. Sie hielten sich eine Weile in Magdeburg auf, flogen dann nach Norden und versuchten dabei immer, Kampfflugzeugen der Alliierten auszuweichen. Am 29. April landeten sie schließlich auf einer ehemaligen deutschen Zeppelinbasis im dänischen Tønder. Bis zur Landung, als Hitler seine Hand schüttelte und Baumgart einen Scheck über 20.000 Reichsmark übergab, wusste dieser nicht, wer seine Passagiere waren. Hier hatte sich ein Publikum von etwa hundert Menschen versammelt, die einer fünfzehnminütigen Ad-hoc-Rede des Führers zuhörten. Er teilte der Menge mit, dass Admiral Karl Dönitz jetzt Oberbefehlshaber der deutschen Wehrmacht war. Dann bestiegen er, Braun und Fegelein ein Flugzeug zu einem 45-minütigen Flug nach Travemünde an der norddeutschen Küste.

In Travemünde wartete Oberstleutnant Werner Baumbach, um die Flüchtenden in einer Junkers Ju 252 nach Spanien zu fliegen. Dies sollte ein relativ komfortabler Sechs-Stunden-Flug in einer Druckkabine auf einer Höhe von bis zu 6.860 Metern sein. Das alte Junkers-Modell hatte eine Reichweite von etwa 4.000 Kilometern, fast doppelt so viel, wie für die 2.200 Kilometer weite Reise nach Reus im spanischen Katalonien benötigt wurde. Die Junkers wartete mit laufenden Motoren auf der Startbahn. Nach der Ankunft in Reus stiegen Fegelein, Hitler und Braun in eine Ju 52 der spanischen Luftwaffe um. Das Flugzeug, mit dem sie angekommen waren, wurde zerstört, um alle Hinweise auf den Flug zu beseitigen.

Dieser Flug – mit einem spanischen Piloten – hatte einen Zwischenstopp im südspanischen Moron, um zu tanken, und wurde dann zu einer deutschen U-Boot-Basis auf der Kanareninsel Fuerteventura fortgesetzt. Hitlers Flucht vor der völligen Zerstörung Deutschlands, die er selbst verursacht hatte, war damit abgeschlossen. Die Verbannten warteten nun darauf, das Unterseeboot U-518 zu besteigen, das sie 8.700 Kilometer über den Atlantik zur Ostküste Argentiniens bringen sollte.

Nachdem Hitler verschwunden war, trafen sich Bormann und sein engster Mitarbeiter, der SS-General und Chef der Gestapo Heinrich Müller, in der Alten Reichskanzlei mit den Doppelgängern von Hitler und Braun. Hitlers Doppelgänger war Gustav Weber, der nahezu gleich aussah, und Brauns Doppelgängerin sah ihr ebenfalls außerordentlich ähnlich. Unter einem Vorwand begleiteten sie die Doppelgänger zurück zum Führerbunker. Zwei Tage später erhielt Weber einen Kopfschuss, und die Doppelgängerin von Eva Braun wurde vergiftet; beides von Müllers Hand. Dann wurden ihre Leichen draußen im Garten eingeäschert. Damit nahm der Mythos seinen Anfang, nach dem Hitler und Eva Braun Selbstmord begangen hätten.

# 19 Die Nazi-Infiltration Nord- und Südamerikas

Am 30. Juli 1945 waren Hitler und Eva Braun sicher in ihrem Versteck in der Estancia San Ramón bei der Stadt San Carlos de Bariloche nahe der südwestlichen Grenze zwischen Argentinien und Chile angekommen. Diese riesige, abgelegene und isolierte, komplett eingezäunte Viehfarm war im Besitz des deutschen Prinzen Stephan zu Schaumburg-Lippe. Es gab einen einzigen Zugang über eine unbefestigte Straße, die durch den kleinen lokalen Flughafen verlief und nur mit Erlaubnis von zuverlässigen Nazi-Nachbarn betreten werden durfte.

Der bekannte amerikanische Journalist Drew Pearson schrieb am 24. Juli 1945 in seiner in mehreren Zeitungen erscheinenden Kolumne:

> »Es wäre für alle Nichtdeutschen unmöglich gewesen, in das Gebiet einzudringen, um gründlich über Hitlers Verbleib nachzuforschen.«

Das in den hohen Vorgebirgen der chilenischen Anden gelegene Bariloche hätte man leicht für ein alpines Skigebiet halten können, so dass Hitler und Braun sich wie zu Hause gefühlt haben müssen. Neun Monate lang sollten die beiden sich in San Ramón aufhalten – bis Anfang Mai 1946.

Während des Krieges hatten die Dechiffrierexperten der Alliierten im englischen Bletchley Park selbst die schwierigsten Verschlüsselungsalgorithmen der Deutschen geknackt. Nur einer blieb unüberwindlich – die Briten nannten ihn »Thrasher« (Drescher). In *Grey Wolf* heißt es:

> »Dieser Code wurde innerhalb Bormanns privatem Kommunikationsnetzwerk eingesetzt, das um die streng geheime Chiffriermaschine,

die von Siemens & Halske entwickelte Schlüsselfernschreibmaschine T-43, aufgebaut worden war. ... Bormann brauchte ein völlig sicheres Kommunikationsnetzwerk, das in der Lage war, U-Boote an See- und Bodenpositionen in Spanien und auf den Kanarischen Inseln zu erreichen, und das Nachrichten über den Atlantik nach Buenos Aires weiterleiten konnte. Eine modifizierte Version der T-43 war die Antwort auf seine Bedürfnisse.«

Im Führerbunker hatte man drei T-43 verwendet. Eine wurde irgendwo in Buenos Aires eingesetzt. Die Schlussfolgerung, dass der überlebende Führer des Dritten Reiches in Argentinien eine T-43 zur Verfügung haben würde, die ihm ermöglichte, seine Kontrolle über die jetzt weit entfernt liegenden Reste seines immer noch loyalen Regimes fortzuführen, erscheint realistisch. Hitler hatte wahrscheinlich eine T-43 mit einem Operator, der in San Ramón im Einsatz war, von der aus er Befehle für die Gründung und Organisation des Vierten Reiches erteilen konnte.

Man darf nicht vergessen, dass eine ganze Nazistadt, Neu-Berlin, in Wirklichkeit eine Exilregierung, schon mindestens seit 1938 in Neuschwabenland in der Antarktis unter dem Eis existierte (siehe dazu auch mein Buch *Die geheime Reise zum Planet Serpo*). Höchstwahrscheinlich hatte Bormann gesehen, dass es an diesem Ort mehrere

*Abb. 19.1. Chiffriermaschine T-43 von Siemens & Halske*

T-43 gab. Und dort war es eigentlich, wo die Gründung des Vierten Reiches ihren Anfang nehmen sollte. Von Feuerland bis zur Antarktis war es nur eine kurze Fahrt mit dem U-Boot, und Hitler hatte das Kommando über das Dritte Reich an Admiral Karl Dönitz übergeben, der für die U-Boot-Flotte verantwortlich war.

Die Kolonie Neuschwabenland umfasste hochentwickelte wissenschaftliche und technologische Bereiche. Als die Niederlage unabwendbar wurde, sind einige führende Wissenschaftler und Ingenieure der Nazis, die mit der Antigravitationstechnologie beschäftigt waren, dorthin geflogen. In *Die geheime Reise zum Planet Serpo* habe ich dazu ausgeführt:

> »Nach dem bekannten Schriftsteller und Experten für das Dritte Reich Rob Arndt ... konnten die Alliierten nach dem Krieg feststellen, dass vierundfünfzig U-Boote aus Nazi-Deutschland fehlten. Er sagt auch, dass zwischen 142.000 und 250.000 Menschen vermisst wurden, darunter der gesamte technische Zweig der SS, die gesamte Vril- sowie die Thule-Gesellschaft, 6.000 Wissenschaftler und Techniker sowie Zehntausende Zwangsarbeiter.«

Kurzum, das war der ganze Kern der Vierten Reiches. Also war Hitlers Reich immer noch weit ausgedehnt und erforderte, dass er in ständiger Kommunikation mit seinen Günstlingen blieb.

Nachdem Bormann dafür gesorgt hat, dass Gestapo-Chef Müller die Doppelgänger im Führerbunker tötet, machten sie sich beide daran, aus Deutschland zu fliehen. *Grey Wolf* berichtet davon, wie das abgelaufen ist. Müller »verschwand« in der Nacht des 1. Mai, und Bormann brach in den frühen Morgenstunden des 2. Mai auf. Bormann wurde von einem Granatsplitter am Fuß verletzt, als ein Tiger-II-Panzer, an dessen Bord er war, von einer sowjetischen Panzerabwehrwaffe getroffen wurde. Dennoch setzte er seine Flucht zu Fuß fort und besorgte sich Zivilkleidung, neue Ausweise und Bargeld, das er im Hotel Atlas deponiert hatte, und schaffte es dann wohlbehalten durch die britischen Linien bis in die Umgebung von Flensburg.

Dort traf er sich mit Müller in einem sicheren Haus und erfuhr von ihm, dass Dönitz vor den Alliierten bereits bedingungslos kapituliert hatte. Dann ging Bormann nach Bayern, wo er zuvor Vorkehrungen für seine Abreise nach Argentinien getroffen hatte.

## Die Organisation Gehlen

Im Spätsommer 1945, nachdem Hitler sich in Argentinien niedergelassen hatte und Bormann drängte nachzukommen, kam es in Europa zu Ereignissen, die das Eindringen von Ex-Nazis in die Vereinigten Staaten maßgeblich beeinflusst haben. Generalmajor Reinhard Gehlen, ein hochrangiger Offizier im Geheimdienst der Wehrmacht, der zusammen mit seinen fähigsten Mitarbeitern der Abteilung Fremde Heere Ost des deutschen Generalstabes zugeordnet war, ergab sich den Alliierten am 22. Mai 1945. Sie kapitulierten vor Captain John R. Boker vom US Army Counterintelligence Corps in Bayern.

In seiner Position während des Krieges hatte Gehlen eine enorme Menge an geheimem Material über die Sowjetunion und die Rote Armee gesammelt. Gehlen wusste bereits 1942, dass der Krieg verloren war, und begann früh, mit seinen Materialien Geheimakten anzulegen und zusammenzustellen, weil er erkannt hatte, dass sie zu gegebener Zeit bei der unvermeidlichen Konfrontation nach dem Krieg ein unschätzbar hohes Verhandlungspotenzial für die Vereinigten Staaten und Großbritannien im Umgang mit der Sowjetunion darstellen würden. Er hatte sich auch dadurch ausgezeichnet, dass er 1942, als er von Oberst Claus von Stauffenberg rekrutiert wurde, sofort bereit war, eine kleinere Rolle in dem Attentatskomplott gegen Hitler zu spielen. Er hat es den Verschwörern sogar erlaubt, sich in seiner Abteilung zu treffen, und er war in Berchtesgaden bei der Zusammenkunft der Gruppe anwesend gewesen, bei der die endgültigen Einzelheiten vor dem versuchten Sprengstoffattentat am 20. Juli 1944 besprochen wurden.

Anfang März 1945 ließ Gehlen seine führenden Offiziere Mikrofilmkopien aller seiner Akten in fünfzig wasserdichte Stahlfässer packen, die an verschiedenen Orten in den österreichischen Alpen vergraben wurden. Erstaunlicherweise erfährt man auf der Website www.greyfalcon.us, dass Hitler beschlossen hatte, Gehlen in ein Irrenhaus zu schicken, weil er glaubte, dass die düsteren Vorhersagen der russischen Siege an der Ostfront von ihm stammten. Über die Richtigkeit dieser Aussage gibt es keine weiteren Belege. Gehlen flüchtete in die Alpen. Der Handel, den er Boker anbot, bestand im Tausch von fünfzig Fässern sowjetischer Geheimakten gegen seine Freilassung und die Freilassung seiner höheren Offiziere aus den Kriegsgefangenenlagern.

Am 20. September 1945 befanden sich Gehlen und drei seiner Offiziere auf Weisung von General Walter Bedell Smith, President Dwight D. Eisenhowers Stabschef, in Freiheit und saßen im Flugzeug nach Washington D.C., um für die Strategic Services Unit des Kriegsministeriums der Vereinigten Staaten zu arbeiten!

Es handelte sich dabei um die Nachfolgeorganisation des Office of Strategic Services (OSS, Amt für strategische Dienste) des Kriegsgeheimdienstes, den Truman seinerzeit aufgelöst hatte. Eine derart ungewöhnliche Beschäftigung eines ehemaligen Offiziers des Nazi-Militärgeheimdienstes hatte es nie zuvor gegeben, aber sie war von William »Wild Bill« Donovan, dem ehemaligen Chef des OSS, und Allen Dulles, dem ehemaligen OSS-Stationsleiter im schweizerischen Bern, genehmigt worden.

*Abb. 19.2. William Joseph »Wild Bill« Donovan (1883-1959)*

*Abb. 19.3. Reinhard Gehlen 1945 auf Fotos in seiner Kriegsgefangenenakte*

Das Motiv dafür lieferte der Kalte Krieg, der sich allmählich, genau wie Gehlen es schon drei Jahre zuvor vorhergesehen hatte, zusammenbraute. Was die Amerikaner nicht wussten, war, dass Gehlen seine Zusammenarbeit mit ihnen vorher mit Dönitz abgeklärt hatte, während er noch ein Kriegsgefangener in einem Gefängnislager in Wiesbaden war. So trat er seine Aufgabe mit dem vollen Segen des neuen deutschen Oberkommandos an. Weil der US-Geheimdienst über seine Anti-Hitler-Haltung Bescheid wusste und er keinen fanatischen Rassenhass gehegt sowie an keinen Gräueltaten teilgenommen hatte, konnte Gehlen alle zu dem Glauben verleiten, dass er ein widerspenstiger, kritischer Nationalsozialist gewesen sei, während er heimlich der Vorstellung von einem neuen, ruhmreichen Vierten Reich nachhing.

Für ihn und für andere kluge Nazis war nicht Deutschland insgesamt das große Problem, sondern Hitler. Da er keinen Kontakt zu Bormann unterhielt, hatte Gehlen wahrscheinlich keine Ahnung davon, dass Hitler noch am Leben war; diese Information wurde unter den deutschen Auswanderern streng geheim gehalten.

## Berüchtigte Nazis

Gehlen erhielt die Erlaubnis, eine eigene Organisation zu gründen und damit eine Zelle innerhalb der Strategic Services Unit zu bilden, die sich auf sowjetische Geheimdienste konzentrierte. Truman und Gehlens Vorgesetzte hatten verlangt, dass er keine ehemaligen SS- oder Gestapo-Männer in seine Organisation einbinden solle. Dieser Einschränkung stimmte er grundsätzlich zu und gab offiziell sein Wort. Er verletzte diese Vereinbarung jedoch sofort und stellte einige der berüchtigsten Nazi-Kriegsverbrecher ein, darunter den sogenannten »Schlächter von Lyon« Klaus Barbie, Franz Six und Emil Augsburg.

Es heißt, dass Barbie 1942 im französischen Lyon persönlich für den Tod von vierzehntausend Menschen verantwortlich gewesen sei. Er selbst hat die Gefangenen brutal gefoltert, ihnen die Glieder gebrochen, sie mit Elektroschocks traktiert und seine Opfer sexuell missbraucht – Männer, Frauen und Kinder. Als der Chef des französischen Widerstandes, Jean Moulin, gefangen genommen wurde, soll Barbie ihn auf unvorstellbare Weise misshandelt haben. Christian Pineau, ein Mitgefangener, berichtete später darüber. Er sagte, Moulin sei …

»bewusstlos gewesen, seine Augen tief eingegraben, als wären sie ihm aus dem Kopf geschlagen worden. Eine grässliche blaue Wunde zog sich über seine Schläfe. Ein stummes Rasseln kam über seine geschwollenen Lippen.«

Moulin starb schließlich in Gefangenschaft, nachdem an ihm ein Exempel für andere Gefangene statuiert worden war. Hitler selbst hat Barbie für seine Gräueltaten in Lyon das Eiserne Kreuz erster Klasse mit Schwertern verliehen!

Six, ein hochgebildeter SS-Befehlshaber, war für eines der Todeskommandos in Russland verantwortlich gewesen. Seine Vorkommando-Einheit in Smolensk hatte 4.600 Menschen hingerichtet, die Hitler in seinem »nazifizierten« Russland als politisch störend empfand. Augsburg war in den Jahren 1940 und 1941 für die Ermordung polnischer Juden verantwortlich gewesen.

Nach der Website www.greyfalcon.us waren Six und Augsburg Mitglieder eines mobilen SS-Totenkopfverbandes, der Jagd auf sowjetische Juden, Intellektuelle und Partisanen machte und sie tötete, wo immer er sie antraf. Six war wegen der enthusiastischen Art und Weise, mit der er seine Aufgaben versah, als »Streber« bekannt. Gehlen rekrutierte auch die ehemaligen Gestapo-Chefs von Paris und Kiel. Dann stellte er Willi Krichbaum ein, den ehemaligen Gestapo-Chef für Südosteuropa.

Die scheinbar ererbte, kaltblütige Brutalität des Nazi-Militärs ist in neuerer Zeit einzigartig. Soldaten aller Armeen folgen Befehlen, aber die meisten rebellieren, wenn ihnen befohlen wird, schreckliche Gräueltaten auszuführen. Die Wehrmacht und die SS-Männer hatten im

Krieg keine solchen Vorbehalte, sondern führten die ihnen befohlenen Grausamkeiten gegen jedermann aus, auch gegen Frauen und Kinder; häufig genossen sie es sogar.

In meinem ersten Buch *The Secret History of Extraterrestrials* habe ich Argumente für die Behauptung geliefert, dass die unterirdisch lebenden Reptiloiden Hitler mit einer geklonten Armee von etwa einer Million Mann versorgt haben. Hitler verweist darauf in einer bestätigten Äußerung gegenüber Bormann, als er über dessen Unvermögen, eine geeignete Haushaltshilfe anzustellen, verärgert war. Er sagte: »Ich beschwöre ganze Divisionen aus der Erde herauf. Dagegen muss es doch ein Leichtes sein, ein paar Mädchen für meinen Berghof zu finden.« Diese Roboter dürften keine Gewissensbisse bei sadistischen Grausamkeiten gehabt haben, weil sie keine Seelen und daher kein Gewissen besaßen.

Es ist wohl eher unwahrscheinlich, dass Hitler diese seelenlosen Ungeheuer als Kanonenfutter an der Ostfront verheizte; eher hat er sie bei SS und Gestapo eingesetzt, wo von ihnen verlangt wurde, ihre Brutalität an Frauen und Kindern auszuleben – also bei Aufträgen, die menschliche Soldaten verweigert oder bei denen sie zumindest gezögert hätten.

## ODESSA

Im September 1946 wurde Gehlen zurück nach Europa geschickt, um seine Organisation, die nun Organisation Gehlen genannt wurde, von Pullach, einer Stadt in der Nähe von München, aus zu leiten und weiterhin dem Kriegsministerium in Washington Bericht zu erstatten. Der Central Intelligence Group, einer unabhängigen Behörde, die im April 1946 von Truman geschaffen wurde und Vorläufer der heutigen Central Intelligence Agency (CIA) war, berichtete er nichts.

Wieder in Deutschland, verstärkte Gehlen zunächst die Reihen seiner Organisation. Er stellte 350 ehemalige deutsche Geheimdienstler ein. Diese Zahl wuchs schließlich auf über viertausend an. Die Tarnbezeichnung für diese Gruppe lautete »Süddeutsche Organisation für Industrielle Entwicklung«. Außerdem ging Gehlen eine geheime Verbindung mit einer anderen Gruppe namens ODESSA ein. Diese Organisation, die entstanden war, als der Vorhang für das Dritte Reich niederging, fand sich bei einem Treffen im Hotel *Maison Rouge* in Straßburg am 10. August 1944 zusammen. An diesem Treffen nahmen führende Industrielle teil, darunter Gustav Krupp und Fritz Thyssen.

Die *Jewish Virtual Library* berichtet darüber:

> »Die Nazis erkannten, dass Deutschlands Vermögen in die Hände des sich immer schneller nähernden Feindes fallen würde, wenn sie es nicht wegschafften und versteckten. Der Reichtum der Nation, ein Großteil davon erworben durch die Plünderung der Völker, die die Nazis überfallen, und durch die Beraubung der Menschen, die sie ermordet hatten, musste weggeschafft werden, so dass er aus der Reichweite der Gerichte gelangte, aber sie mussten den Zugriff darauf behalten, um eine künftige Bewegung zu finanzieren, die die Partei wiederbeleben und an einem neuen Reich bauen könnte. Führende Nazis befürchteten außerdem die Vergeltung der Alliierten, und statt einer wahrscheinlichen Strafe für ihre Kriegsverbrechen ins Gesicht zu sehen, suchten sie lieber nach sicheren Rückzugsorten außerhalb Deutschlands und der Reichweite der Justiz. …
>
> Die Folge des Treffens in Straßburg war die Entstehung einer Organisation, die finanziell gut ausgestattet war und das ausdrückliche Ziel verfolgte, flüchtigen Nazis zu helfen, der Justiz zu entkommen. Diese Organisation wurde ›Organisation der ehemaligen SS-Angehörigen‹ genannt – allgemein als Odessa bekannt. …
>
> In kurzer Zeit baute Odessa ein großes und zuverlässiges Netzwerk auf, das darauf ausgerichtet war, diese Ziele zu erreichen – und machte sich ans Werk. Routen wurden kartiert und Kontakte geknüpft. Einflussreiche Nazis verschwanden, indem sie heimlich aus Deutschland hinausgeleitet und dabei unterstützt wurden, im Ausland unter falschem Namen ein neues Leben zu beginnen. Am Ende des Krieges stand nur eine Handvoll hochrangiger Nazi-Funktionäre vor Gericht. Viele, die sich Kriegsverbrechen schuldig gemacht hatten, entkamen mithilfe von Odessa.«

Bormann spielte eine wichtige Rolle bei der Gründung von Odessa; er hatte die Absicht, die meisten Flüchtigen in das wichtigste Zufluchtsland des Dritten Reiches zu schicken: nach Argentinien.

Der Verschwörungsforscher Carl Oglesby sagt, dass die Organisation Gehlen »bei Weitem der kühnste, kritischste und wichtigste Teil des gesamten Unternehmens Odessa« war. Er behauptet sogar, sie sei in Wahrheit eine Tarnorganisation für die finanziell gut ausgerüstete Odessa gewesen. Gehlen, so stellte sich zunehmend heraus, war Deutschlands Meisterspion, der große Organisationen mit dem Geschick eines Zirkusakrobaten jonglierte, ehemalige Verbündete gegeneinander aufbrachte und mit leichter Hand einen neuen Kalten Krieg mit initiierte, der den Planeten an den Rand der nuklearen Katastrophe bringen sollte.

## Allen Dulles

Im schweizerischen Bern kam während des Krieges einem gewissen Allen Dulles, einem Agenten des OSS, die einzigartige Aufgabe zu, wichtige NS-Funktionäre zu treffen. Als sie ihre Augen vor der Niederlage nicht mehr verschließen konnten, marschierten sie in der Hoffnung, mit den Amerikanern einen separaten Frieden aushandeln zu können, zu seiner Wohnung in der Herrengasse. Die Aussicht, sich den Russen ergeben zu müssen, war ein zu schreckliches Schicksal, über das sie nicht nachdenken mochten. Bilder von Steinbrüchen in Sibirien spukten in ihren Köpfen herum. Dulles war somit in einer günstigen Position, und er genoss jede Minute.

Da war zunächst Fritz Kolbe, im Sommer 1943 ein Beamter im Berliner Auswärtigen Amt. Er öffnete seine Aktentasche mit einem Schlüssel und überschüttete Dulles' Schreibtisch mit einer Flut äußerst streng geheimer Dokumente, für deren Besitz jeder Spion Mord und Totschlag begangen hätte. Kolbe sagte ihm: »Behalten Sie sie ein paar Tage und fertigen Sie Kopien davon an.« Alles, was er im Gegenzug wollte, war, Hitler und die Nazi-Größen tot zu sehen. Dann waren da noch General Ludwig Beck, ein Diplomat, der Geheimdienstoffizier Hans Gisevius und andere, die alle bereit waren, das, was vom Vaterland übriggeblieben war, gegen einen annehmbaren Handel mit Uncle Sam einzutauschen.

Dulles war geneigt, aus diesen Annäherungsversuchen seinen Vorteil zu ziehen und mit den Deutschen einen Deal zu machen. Er dachte, das sei ein großer Coup. Doch ihm war auch zutiefst bewusst, dass Churchill, Roosevelt und Stalin die unverrückbaren Grundregeln festgelegt hatten – bedingungslose Kapitulation vor den Alliierten nur als Gesamtheit. Einen separaten Frieden konnte es nicht geben. Die heldenhafte Verteidigung Stalingrads hatte den Verlauf des Krieges gewendet, und auf dem Boden von Mütterchen Russland war zu viel Blut vergossen worden. Es durfte keine Bestrebungen geben, die Russen zu hintergehen.

Dulles konnte auf eine lange Geschichte der Sympathie für deutsche Angelegenheiten und starke antibolschewistische Gefühle zurückblicken. Schon als er 1919 durch das US-Außenministerium nach Berlin und Wien versetzt worden war, hatte er dort in den oberen sozialen Schichten viele Freundschaften geschlossen. Und im Jahr 1926 hatte er, wie Leonard Mosley in seinem Buch *Dulles* berichtet, als Mitglied der Delegation des US-Außenministeriums bei der damaligen Abrüstungskonferenz Memoranden verfasst, in denen er »für eine Lockerung der starren Abrüstungsklauseln des Versailler Vertrages plädierte, um es den liberaleren Elementen in der deutschen demokratischen Regierung zu ermöglichen, eine Art Verteidigungstruppe aufzubauen«. Später war er, als junger Anwalt der Firma Sullivan & Cromwell in New York, immer noch davon überzeugt, dass die Reparationen für den Ersten Weltkrieg eine zu große Belastung für die Deutschen darstellten, wie Mosley erläutert: »Er sah darüber hinweg, dass ein Klient des Unternehmens, DuPont, Munition durch die Exportkontrollen schmuggelte und nach Deutschland brachte.«

Dulles wusste alles über Gehlen, bevor dieser sich ergab. Kolbe hatte ihn über dessen Streit mit Hitler und auch darüber informiert, dass er mit seinen Akten und seinen Mitarbeitern in die österreichischen Alpen geflohen und bereit war, mit den Amerikanern zu verhandeln. Dulles unterrichtete auch Colonel William W. Quinn, den Nachrichtenoffizier der Siebten Armee, von einem letzten Versuch der Nazis, ..........

Pattons Armee von einer sicheren Alpenfestung aus anzugreifen. Er sagte, dass er diese geheimen Informationen von Gehlen über Kolbe erhalten hatte. Es beschämte Dulles, dass Eisenhower seine Warnung klugerweise ignorierte.

Nachdem Gehlen sich ergeben hatte, verbrachte dieser vier Wochen inoffiziell im Kriegsgefangenenlager in Wiesbaden, bis Quinn seinen Namen auf einer Liste Kriegsgefangener entdeckte. Er erinnerte sich an die Unterredung mit Dulles und benachrichtigte Brigadegeneral Edwin L. Silbert.

Von da an wusste das Oberste Hauptquartier der Alliierten Expeditionsstreitkräfte von Gehlens Bedeutung, weil die Russen nach ihm suchten und seine Übergabe verlangten. Folglich war Silbert, der ebenfalls von Dulles unterrichtet worden war, bereits auf der Suche nach ihm gewesen, als Quinn sich meldete. Silbert brachte Gehlen sofort zu einem zivilisierteren Gefangenenlager für besondere Verhöre nach Augsburg. Anschließend benachrichtigte er General Walter Bedell Smith, das Kriegsministerium und das OSS – und alle waren sich einig, dass Gehlen aus Deutschland heraus geschafft werden sollte, bevor die Russen ihn in die Hände bekommen konnten. Das geschah denn auch noch am selben Tag, an dem das OSS aufgelöst wurde.

Dulles, der zu jener Zeit in Washington zu Besuch war, konnte Gehlen, als er ankam, privat befragen. Wahrscheinlich wurde das Band zwischen den beiden Männern schon bei dieser ersten Begegnung geknüpft, als Dulles erfuhr, dass Gehlen Mitglied des Souveränen Malteserordens war. Dulles – obwohl kein Katholik – war ebenfalls ein Ritter der Malteser.

## Die Geburtsstunde der CIA

Dulles wurde nicht in die Central Intelligence Group aufgenommen, sondern hielt sich im Hintergrund der Regierung und saß in mehreren Ausschüssen, während er wieder für seine alte Anwaltskanzlei Sullivan & Cromwell arbeitete. Er nahm jedoch an mehreren späteren Einsatzbesprechungen Gehlens teil und empfahl gemeinsam mit anderen, diesen mit einem Budget von 3,5 Millionen Dollar als US-Geheimagenten nach Deutschland zu entsenden, um über russische und europäische Aktivitäten zu berichten. Gehlen erstattete auch weiterhin Bericht an die Strategic Services Unit (Einheit für strategische Dienste) des US-Kriegsministeriums unter General Lucius D. Clay. Währenddessen lernte Dulles Gehlen immer besser kennen. Die Annahme ist nicht weit hergeholt, dass sie Freunde wurden.

Mosley berichtet in seiner Dulles-Biografie, dass dieser, während das alles geschah, sich zusammen mit anderen Persönlichkeiten …

> »mit beredten Worten für die Schaffung einer völlig neuen Nachrichtenorganisation einsetzte, mit Rechten, Privilegien, einer eigenen Verfassung und eigenen Geldmitteln: einer Organisation, die die Freiheit hatte, ohne Einmischung vonseiten des Außenministeriums, des Heeres, der Marine oder der Luftwaffe zu handeln, und die direkten Zugang zum Präsidenten haben sollte.«

*Abb. 19.4. Allen Welsh Dulles (1893-1969)*

Truman und der Kongress willigten ein und gründeten im Juli 1947 den National Security Council (NSC, Nationaler Sicherheitsrat der Vereinigten Staaten). Der Nationale Sicherheitsrat gründete dann unter der National Security Agency (NSA) …

> »einen zentralen Nachrichtendienst (Central Intelligence Agency, CIA) mit einem Direktor an der Spitze. … Der Direktor sollte mit dem Rat und der Zustimmung des Senats vom Präsidenten ernannt werden.«

Dulles war dabei behilflich, die Gesetzgebung auszuarbeiten. Doch Truman ernannte Admiral Roscoe H. Hillenkoetter zum ersten

Direktor der neuen Central Intelligence Agency. »Wild Bill« Donovan, der ehemalige Chef des OSS, wurde übergangen, weil er und Truman einander nicht ausstehen konnten. Dadurch blieb auch Donovans Günstling Dulles außen vor.

Dulles hielt sich im Hintergrund und wartete auf seine Chance, in der neuen Behörde, an deren Einrichtung er beteiligt gewesen war, hervortreten zu können. In der Zwischenzeit, im Jahr 1948, war er Teil eines Drei-Mann-Teams, das von Truman zusammengestellt worden war, um einen Bericht zu verfassen, der einige Änderungen in der CIA empfahl. Zu diesem Team gehörte auch William H. Jackson, der ein Experte für Spionageabwehr war. Der Bericht wurde als NCS50 bekannt und von Truman zu den Akten gelegt.

Dulles bekam seine Chance im Jahr 1950, als Hillenkoetter aufgefordert wurde, von seinem Posten zurückzutreten. Nach Ausbruch des Korea-Kriegs war Hillenkoetter seiner Aufgabe als CIA-Direktor nicht gewachsen gewesen, und Truman hatte erkannt, dass er jetzt einen erfahrenen Soldaten brauchte, der den Ton angab. Er stellte General Smith als neuen Direktor vor. Smith war während des Zweiten Weltkriegs Eisenhowers Generalstabschef gewesen und hatte sich durch seine Planung des D-Day als enorme Hilfe erwiesen. Er war auch eine der maßgeblichen Persönlichkeiten, die empfohlen hatten, Gehlen in die USA zu holen. Truman beauftragte Smith also damit, die Empfehlungen von NCS50 umzusetzen.

Logischerweise stellte Smith Jackson, einen der Autoren des Berichts, als seinen stellvertretenden Direktor ein, während Dulles vor sich hinschmollte. Allerdings erwies sich Jackson als völlig ungeeignet für den Job, und Smith komplimentierte ihn sanft wieder hinaus. Anschließend griff er dann zum Telefon, um Dulles anzurufen. Zwei Jahre später, als der Republikaner Eisenhower Präsident wurde, verließ Eisenhowers alter und treuer Freund »Beetle« Smith die CIA, um einen Job beim Außenministerium anzunehmen. Seine Ersetzung durch Allen Dulles war umstritten, aber es schadete Dulles' Sache nicht, dass sein älterer Bruder John Foster Dulles inzwischen Staatssekretär war und Ikes [Eisenhowers] Gehör fand.

Fosters prodeutsche Sympathien waren noch ausgeprägter als die seines Bruders. In den Vorkriegstagen, als sie beide Anwälte bei Sullivan & Cromwell waren, hatte Foster am meisten gezögert, keine industriellen Klienten aus Deutschland mehr zu vertreten, die hinter der Nazi-Kriegsmaschinerie standen. Ein Jahr später, im Jahr 1953, wurde Allen Dulles vom Senat als neuer Direktor der CIA bestätigt. Nach einer zehnjährigen Wartezeit hatte er endlich seinen Traumjob als Amerikas oberster Spionagechef bekommen. Im Alter von sechzig Jahren war er noch im besten Mannesalter. Hätte ihn nicht nach zu vielen üppigen Mahlen in Bern die Gicht bereits fest im Griff gehabt, wäre er darüber ohne jeden Zweifel begeistert gewesen.

## Das Office of Policy Coordination

1948 wurde es offensichtlich, dass die CIA mehr »Biss« benötigte. George Kennen, der Direktor des Planungsstabes des Außenministeriums, regte an, ihr die Möglichkeiten verdeckter Operationen einzuräumen. Dies führte zur Gründung einer Abteilung innerhalb der CIA, die Office of Policy Coordination (OPC, Amt für politische Koordinierung) genannt wurde und dazu befugt sein sollte, Geheimdienstagenten im Ausland einzusetzen.

Dulles schaffte es, dass sein alter Freund und OSS-Kollege Frank Wisner zum stellvertretenden Direktor für politische Koordination ernannt wurde. Wisner machte das OPC mit Dulles' heimlicher Hilfe schnell zu einer unabhängigen Behörde, die einzig dem Außen- und dem Verteidigungsministerium Bericht erstatten musste. Um 1949 hatte sie Spionagestützpunkte in fünf Ländern, mit einem zentralen Sitz in Deutschland, und beschäftigte 302 Agenten.

Zu dieser Zeit war die Organisation Gehlen fast pleite, und Wisner nutzte die Situation, sie dem OPC anzugliedern und damit ihre Finanzen deutlich zu verbessern. Im Spätfrühling des Jahres 1949 war aus der Organisation Gehlen ein Exekutivarm des OPC geworden, und Gehlen begann sofort, Ergebnisse zu liefern. Kurz nachdem Smith die CIA übernommen hatte, machte er seinen Einfluss geltend, das OPC zur CIA zurückzuholen, und Wisner durfte jetzt nur noch ihm Bericht erstatten. Dulles, der mittlerweile stellvertretender

Direktor war, schob seinen langjährigen Schützling bald freundlich zur Seite und riss die Kontrolle über das OPC, das damit zum Kern der neuen CIA wurde, an sich. Wisner war darüber nicht gerade glücklich, widersprach aber auch nicht. Dulles kontrollierte jetzt ein effizientes Spionagenetzwerk, das Wisner aufgelbaut hatte, und Gehlen war nun ihm direkt unterstellt.

Schnell flog Dulles nach Deutschland, um die Beziehung zu seinem »alten Freund« neu aufzunehmen. Laut *Dulles* hatten »... die Jahre ... nichts an Gehlens pfauenhaftem Image geändert, und in seinem Denken, Verhalten und seiner Prahlerei war er nach wie vor ein Nazi wie eh und je, wenn nicht gar noch mehr«. Doch Dulles sagte nur: »Er steht auf unserer Seite, und das allein zählt.« Da sie beide Ritter des Malteserordens waren, war ihre Verbindung offenbar stärker gewesen als allgemein bekannt.

Martin A. Lee, der Autor von *Acid Dreams* und *The Beast Reawakens*, schreibt in »The CIA's Worst Kept Secret«, einer ausführlichen Abhandlung im Internet:

> »Ironischerweise sollten einige der von Gehlen beschäftigten Männer weiterhin führende Rollen in europäischen neofaschistischen Organisationen spielen, die die Vereinigten Staaten verachten. Eine der Folgen der unheimlichen Allianz der CIA mit der Organisation ist offensichtlich eine heute wiedererstarkende faschistische Bewegung in Europa, deren ideologische Linie sich durch Gehlens Agenten, die mit US-Geheimdiensten zusammenarbeiteten, bis zu Hitlers Reich zurückverfolgen lässt. Als die CIA-Beamten allmählich erkannten, dass ihre Nazi-Söldner ihre Treue zur westlichen Allianz so lange vortäuschen würden, wie sie es für taktisch vorteilhaft erachteten, hatten sie schon viel zu viel in Gehlens gruselige Nazi-Truppe investiert. ›Es war ein schrecklicher Fehler, moralisch, politisch und auch unter rein pragmatischen nachrichtendienstlichen Gesichtspunkten‹, sagte der amerikanische Universitätsprofessor Richard Breitman, der Vorsitzende der Begutachtungsbehörde IWG (Interagency Working Group, ressortübergreifende Arbeitsgruppe).«

Die Organisation Gehlen war ein vollständiger, voll funktionsfähiger Geheimdienst mit Spionen, die über den ganzen Sowjetblock verteilt waren, und er wurde von einem sehr erfahrenen Meister der Spionage geführt. Als der Kalte Krieg sein hässliches Haupt erhob, war es dadurch ein Leichtes, diese Organisation zum Kern und Mittelpunkt der jungen CIA zu machen, die noch bei Weitem nicht in der Lage war, selbst fähige Agenten zu finden, auszuwählen und auszubilden. Es hätte Jahre gedauert, eine Spionageorganisation wie die von Gehlen aufzubauen oder zu kopieren, vor allem in einem Land wie den Vereinigten Staaten, die letzten Endes nicht über die nötige Erfahrung verfügten, so etwas auf die Beine zu stellen. Und da der Kalte Krieg schnell eisig wurde, hatten sie auch gar nicht die Zeit dafür.

So wurden der Präsident und der Kongress dazu verleitet, es einfach geschehen zu lassen – dass eine Organisation von ehemaligen SS-Schergen, Dieben, Folterern und Mördern unseren ersten nationalen Geheimdienst gründete. Man nahm einfach in Kauf, dass ihre finsteren und gewissenlosen Werte die CIA für alle Zeiten durchdrangen. Vielleicht wäre es anders gekommen, wenn der Direktor des OPC nicht jemand gewesen wäre, der bereits Bewunderung für die germanische Kultur und heimliches Wohlgefallen an der NS-Weltanschauung gehegt hatte. Aber Dulles, der schließlich zehn Jahre lang Direktor der CIA sein sollte, hat der neuen Organisation seinen Stempel aufgeprägt, und der war nicht mehr zu löschen.

# 20 Projekt Paperclip

*Auch wenn der eine Arm des US-Militärs nach dem Krieg daran arbeitete, Nazi-Kriegsverbrecher vor Gericht zu bringen, arbeitete der andere Arm mit allen nur erdenklichen Mitteln daran, Nazi-Wissenschaftler zu schützen und ihnen in Amerika einen sicheren Hafen zu verschaffen. Zuletzt zahlte dieses Land einen hohen Preis für diese moralische Indifferenz. … Es hat den größten Krieg der Geschichte auf sich genommen, um etwas unaussprechlich Böses zu beenden. Nun aber wurde die Speerspitze dieses Albtraums nach Amerika verbracht.*

– Linda Hunt: Secret Agenda – The United States Government, Nazi Scientists and Project Paperclip 1945 to 1990 –

Die Jagd nach Nazi-Technikern und -Wissenschaftlern, die das Ihre zu den deutschen Erfolgen im Krieg beigetragen haben, begann Mitte 1944 unmittelbar nach der Invasion in der Normandie. Während die alliierten Armeen in Frankreich vordrangen, durchkämmten Forscherteams, die zu US-Spezialeinheiten mit Namen »T-Forces« gehörten, die eroberten Gebiete auf der Suche nach den Männern, welche die schreckliche Kriegsmaschinerie, die auf die alliierten Mächte losgelassen worden war, gebaut hatten. Diese Teams bestanden aus Agenten der Armee, Marine, Luftwaffe sowie des OSS-Geheimdienstes, und sie wussten genau, nach wem und wonach sie suchten.

Sie unterstanden dem Combined Intelligence Objectives Subcommittee (CIOS, Vereinigter Unterausschuss für geheimdienstliche Zielvorgaben), das sein Hauptquartier in Großbritannien hatte. Auf ihrem Höhepunkt im Frühjahr 1945 steuerte diese Organisation mehr als zehntausend Agenten, die England, Frankreich, Belgien, Holland, Luxemburg und Deutschland durchstreiften.

Linda Hunt schreibt in ihrem Buch *Secret Agenda: The United States Government, Nazi Scientists and Project Paperclip, 1945 to 1990* (»Geheime Agenda – die Regierung der Vereinigten Staaten, Nazi-Wissenschaftler und Projekt Paperclip«):

> »Die Aufgabe des Teams bestand darin, Hitlers Forscher zu ergreifen und zu verhören, Mikrofilmdokumente zu finden und alles zu beschlagnahmen, was sich an nützlicher Ausrüstung in Fabriken und Laboratorien finden ließ.«

Aber schon im Dezember 1944 ersuchte »Wild Bill« Donovan, der OSS-Direktor, der zufällig ebenfalls ein Malteser-Ritter war (wie Allen Dulles und Gehlen), Roosevelt um besondere Vergünstigungen für hochrangige deutsche Experten, die mit dem OSS zusammenarbeiteten, darunter um einen Zufluchtsort in den USA und die Möglichkeit, ihr Geld bei amerikanischen Banken zu lagern. Roosevelt genehmigte dies nicht, hinderte die CIOS-Agenten aber auch nicht daran, private Geschäfte mit deutschen Nazi-Forschern abzuschließen, die wegen Kriegsverbrechen gesucht wurden. Hunt sagt darüber:

> »Von der deutschen Technik geblendet, die unserer in manchen Bereichen um Jahre voraus war, ignorierten sie ganz einfach deren böse Ursprünge – was manchmal bedeutete, über Leichenberge oder an diesen vorüber zu gehen – und jagten dem technologischen Wissen der Nazis nach wie einer verbotenen Frucht.«

Es war ein erschreckendes Phänomen und zeigte, dass Wissenschaftler ganz und gar keine Ausnahme bildeten. Sie konnten genauso amoralisch sein wie jeder andere Mensch auch.

## Die Tore zur Hölle

Ihre Einstellung könnte sich geändert haben, als die 42. Infanterie-Division die Tore des Konzentrationslagers von Dachau durchbrach, die vom kommandierenden Offizier der Division, Colonel Walter J. Fellenz, als »Tore zur Hölle« bezeichnet wurden.

Hunt berichtet, dass Major Leo Alexander, ein Psychiater aus Boston, und die Soldaten des 363. Sanitätsbataillons …

»von einem bestialischen Gestank überwältigt wurden, als sie das Gebäude betraten. Überall lagen Teile menschlicher Körper – Arme, Beine, Organe jeglicher Art – umher. Hunderte unschuldiger Menschen waren im Namen der Wissenschaft ermordet worden. Und einige der Männer, die diese Experimente durchgeführt hatten, waren dieselben hochgeschätzten Wissenschaftler, Universitätsprofessoren und Doktoren, die später von den Teams der Luftwaffe angeheuert wurden, um ›unter Paperclip‹ [dt. Büroklammer – mit solchen wurden in den Akten relevante Wissenschaftler markiert] zu arbeiten.«

Die Experimente in Dachau waren im Auftrag von Hermann Görings Luftwaffe durchgeführt worden. Hunt schreibt darüber:

»Die Experimente sollten vordergründig dazu dienen, Mittel und Wege zu finden, um das Leben von Luftwaffen-Piloten zu retten, die über dem Meer abgestürzt sind und gezwungen waren, im Meerwasser zu überleben oder die in großer Höhe aus ihren Flugzeugen mit dem Fallschirm abgesprungen oder extrem kalten Wassertemperaturen ausgesetzt waren. Häftlinge in Dachau wurden absichtlich mit Krankheiten infiziert, mit Meerwasser zwangsernährt oder unter Sauerstoffmangel in Zellen gesperrt. Bei einem Experiment hat man eine Gruppe von russischen Gefangenen im Winter in Bottichen mit Eiswasser auf dem Hof des Lagers erfrieren lassen. Die Häftlinge erlitten vor ihrem Tod unerträgliche Qualen, als Teile ihres Körpers langsam zu gefrieren begannen. Bei diesen Experimenten waren auch ein Arzt der Luftwaffe, Doktor Sigmund Rascher, und der Kieler Universitätsprofessor E. Holzlohner dabei. Sie wollten wissen, ob das Leben von tiefgefrorenen Fliegern gerettet werden könnte, wenn man sie wieder auftaute. Der für diese Gräuel hauptverantwortliche Wissenschaftler war der Oberst der Luftwaffe Hubertus Strughold, der Leiter des Instituts für Luftfahrt-Medizin in Berlin. Als er von Alexander befragt wurde, bestritt Strughold jede Schuld.«

Aber durch die Berichte des SS-Reichsführers Heinrich Himmler, die in einer Höhle gefunden wurden, erwies sich Strugholds Verantwortung dafür als völlig klar. Die Entdeckung kam jedoch zu spät. Strughold befand sich bereits in der schützenden Obhut der amerikanischen Air Force. Ironischerweise kamen die US-Forscher zu dem Ergebnis, dass die Ergebnisse von Strugholds Horror-Experimenten Schnee von gestern waren. Die Alliierten wussten über diese Dinge schon zwei Jahre früher Bescheid, ohne dafür unschuldige Gefangene zu Tode gequält zu haben. Einmal mehr bestätigt dies, dass die Nazi-Forscher an moralischer Verkrüppelung litten, denn ihr primärer Instinkt verleitete sie, zu quälen und zu töten, um wissenschaftliche Schlüsse zu ziehen, die sie leicht auf ganz andere Weise hätten erlangen können.

*Abb. 20.1. Hubertus Strughold (1898-1986)*

Zwischenzeitlich wurden die Raketentechniker der Nazis in Peenemünde zusammengetrommelt. Wernher von Braun und vierhundert weitere Raketentechniker ergaben sich kampflos und wurden von dem Oberst der US-Streitkräfte Holger Toftoy und fünf auf Armee-Technik spezialisierten Geheimdienstgruppen nach Garmisch gebracht.

Hunt schreibt dazu:

> »Ein Mitglied des Wehrmittel-Teams, Robert Staver, erinnerte daran, wie glücklich er war, als die Armee die Raketenspezialisten der Nazis gefangennehmen konnte. Der Hervorragendste unter ihnen war der erst 32 Jahre alte leitende Wissenschaftler und Konstrukteur. Aber Wernher von Brauns Raumfahrtkarriere ging schon bis in die dreißiger Jahre zurück,

*Abb. 20.2. Wernher von Braun (1912-1977) und Nazi-Offiziere*

*Abb. 20.3. Massenweise Leichen im Lager von Dora*

> als er der Günstling Hermann Oberths, des Vaters der deutschen Raketentechnik, gewesen ist.«

Zur selben Zeit wurde eine Infanterie-Einheit unter Leitung von Oberst James M. Collins zum Lager Dora bei Nordhausen geführt, als ihn sein Vorhut-Offizier per Funk anrief. Dora war die »Heimstätte« der Sklavenarbeiter der V2-Raketenfabrik Mittelwerk in Nordhausen. Hunt berichtet uns, dass er Folgendes ausrief: »Herr Oberst, Sie sollten unbedingt herkommen und sehen, was wir hier haben. Es ist furchtbar.« Damals waren höllische Bilder längst Teil von Collins' täglicher Routine. Dennoch wurde er angesichts dessen, was er im Lager Dora vorfand, von Grauen gepackt. Als er sich dem großen, höhlenartigen Eingang der Fabrik auf dem Hügel näherte, bedeckten sechstausend Leichen den Erdboden. So weit er sehen konnte, waren reihenweise mit dürrer Haut überzogene Skelette in grotesken Haltungen festgefroren, die Wunden und Blutergüsse von Schlägen zeigten. »Sie sind verhungert«, erinnerte sich Collins. »Ihre Arme waren nur noch dünne Stöckchen; an ihren Beinen fand sich überall so gut wie kein Fleisch mehr.«

Als sich die Soldaten durch den grässlichen Leichengestank vorwärts bewegten, entdeckten sie die schwelenden Öfen des Krematoriums von Dora. Die Türen standen noch offen, durch die die SS-Leute Leichen geschoben hatten, um sie zu verbrennen.

## Wettstreit

Die amerikanische Besatzungsarmee hatte zwei unterschiedliche Ziele: ein technisches und ein humanes. Wenn diese kollidierten, war das humanitäre Vorhaben, die Kriegsverbrecher zu identifizieren und vor Gericht zu bringen, oft nur noch zweitrangig.

Hunt schreibt in *Secret Agenda*:

> »Angehörige des geheimdienstlichen Wehrmittel-Technik-Teams, darunter Toftoys Helfer Major James Hamill und Staver, kamen dort zur

> selben Zeit an wie eine Armee-Einheit, die mit der Aufklärung von Kriegsverbrechen beschäftigt war. Major Herschel Auerbach von den US-Streitkräften war dorthin geschickt worden, um die an den Häftlingen begangenen Verbrechen zu untersuchen. Seine Einheit bewegte sich in die eine Richtung, befragte dabei einzelne Personen und suchte nach Beweisen gegen diejenigen, die für den Tod von zwanzigtausend Gefangenen in Dora verantwortlich waren, während Hamill und Staver in die andere Richtung gingen, um die in den Tunneln gefundenen V2-Raketen zu verladen, technologische Dokumente zu beschlagnahmen und die Hügel nach Raketen-Spezialisten zu durchforsten, die in der Fabrik Mittelwerk gearbeitet haben. Am Ende suchten beide Gruppen freilich nach denselben Männern.«

Die drei Hauptverantwortlichen für die Verbrechen an den Insassen von Dora waren Albin Sawatzki, der technische Direktor bei Mittelwerk, sowie der Produktionsleiter Arthur Rudolf und der Geschäftsführer Georg Rickhey. Sie alle entkamen der Justiz, weil sie über wichtige Informationen bezüglich der V2-Raketen sowie bombensicherer Bunker verfügten. Colonel Peter Beasley von der US-Armee schickte alle drei zu weiteren Verhören nach London.

## Kriegsverbrechen mit Chemiewaffen

Eine Gruppe von neunzehn amerikanischen, britischen und kanadischen Experten für chemische Kriegsführung untersuchte die wichtigsten deutschen Zielorte. Hunt schreibt darüber:

> »Das Team wurde geführt von Commander A. K. Mills vom britischen Ministerium für Flugzeugproduktion. Seine Gruppe spürte eine Experimentierstation in Raubkammer [einem circa 10.000 Hektar großen Waldgebiet in der Lüneburger Heide], ein Labor zur Abwehr von Gasangriffen, eine Experimentiereinrichtung der Luftwaffe zur chemischen Kriegsführung sowie verschiedene Chemiemunitionsfabriken von Luftwaffe und Wehrmacht auf. … Mills Team deckte auf, dass in

den entdeckten Einrichtungen Chemiewaffen-Experimente sowohl an Tieren als auch an Menschen durchgeführt worden waren. In Raubkammer hatte man in einem zentralen Labor sowie in neun weiteren Versuchstiere gehalten und bei Experimenten verwendet, darunter Hunde, Katzen, Meerschweinchen, Affen und Pferde. Außerdem fand er Tausende Fotografien, die Senfgas-Experimente an Männern belegten, die offenbar politische Gefangene aus Konzentrationslagern gewesen waren. In manchen Fällen wurde flüssiger Senf direkt auf die Haut der Opfer aufgetragen, was zu nässenden Blasen, Wundmalen und tiefen Narben überall an ihren Körpern führte. Mindestens sechs von ihnen waren daran gestorben.«

Die Ermittler fanden heraus, dass die Deutschen drei neue Nervengase – Tabun, Sarin und Soman – entwickelt hatten, die tödlicher wirkten als die Senfgase der Alliierten. Das Team nahm vierzehn Experten für chemische Kriegsführung fest und brachte sie in ein Internierungslager. Dort befand sich auch SS-Brigadegeneral Walter Schieber, der im Rüstungsministerium für die Chemieindustrie zuständig gewesen war. Schieber sollte möglichst zehn Jahre lang in Westdeutschland im Rahmen des Projekts Paperclip mitarbeiten und Nervengas für die chemische Division des Europa-Kommandos herstellen. Erstaunlicherweise hielt jedoch Hitler – ziemlich untypisch – überaus korrekt am Verbot von Chemiewaffen fest, das 1925 vom Genfer Protokoll verabschiedet worden war. Vielleicht – so vermutete man – lag dies daran, dass er selbst im Ersten Weltkrieg Opfer eines solchen Angriffs geworden war.

Die sogenannte Ausbeutungsphase der alliierten Besatzung endete mit der deutschen Kapitulation Anfang Mai 1945. Hunt schreibt:

»Armee-Wehrmittel, CIOS und andere wissenschaftlichen Einheiten hatten fast jedes wichtige technische und wissenschaftliche Ziel begutachtet. Aber zwischen den Teams sowie den vier alliierten Nationen kam es zu eifersüchtigen Rivalitäten, da sie um dieselbe Kriegsbeute konkurrierten. Dieser Wettstreit, insbesondere mit den Sowjets, sollte sich noch steigern, als Deutschland in vier Besatzungszonen geteilt war.«

Am Ende dieses Zeitabschnitts waren die Amerikaner dabei erfolgreich, mehr als 1.500 deutsche Wissenschaftler und Techniker in Internierungslagern in einer deutschen Zone unter US-Kontrolle festzusetzen. Die meisten von ihnen wurden gezwungen, ihre Heimat und ihre Familien zu verlassen, da amerikanische Experten danach strebten, sich ihr Wissen und ihre Erfahrungen für unsere Systeme und Bedürfnisse anzueignen. Dieses Vorgehen wurde damit gerechtfertigt, dass die USA sich noch immer im Krieg mit Japan befanden, während für die anderen drei Besatzungsmächte nicht mehr so viel auf dem Spiel stand.

## Projekt Overcast

Colonel Donald Putt war der stellvertretende befehlshabende Offizier des Alliierten Technischen Informationsdienstes. In dieser Funktion bediente er sich deutscher Forscher, die in einer Unterkunft im Hotel Wittelsbacher Hof in Bad Kissingen untergebracht waren.

Im Sommer 1945 befanden sich rund 120 Männer in dieser Einrichtung; die meisten von ihnen waren Experten für Flugzeugtriebwerke, Windkanäle und Raketentreibstoff. Putt war sehr von den Lebensläufen dieser Männer beeindruckt und wollte sie in die USA bringen lassen. Um ihre Nazi-Verbindungen oder ihre politischen Ansichten war er nicht sonderlich bekümmert. Später sagte er: »Die Deutschen waren uns im Flugzeugbau um Jahre voraus.«

Dank der Unterstützung von General Hugh Knerr wurde Putt bald Kommandant der Luftwaffenbasis von Wright Field in Dayton (Ohio). Beide glaubten, dass diese Männer die Entwicklung der amerikanischen Flugzeugtechnologie um zehn Jahre vorwärts bringen könnten. Manche in Putts Gruppe, die sie verhört hatten, sprachen sich jedoch entschieden dagegen aus, da einige, wenn nicht viele dieser Kriegsgefangenen, glühende Nazis waren.

Allerdings stapelten sich andere Pläne auf den Schreibtischen der Vereinigten Stabschefs (Joint Chiefs of Staff, JCS). Toftoy wünschte, dass von Braun und seine Raketeningenieurskollegen unverzüglich in die USA gebracht würden. Der Untersekretär im Kriegsministerium Robert

Patterson war entschieden dagegen. Außerdem hatte Truman bereits die politische Linie verkündet, dass ausgesprochene Nazis von einer Einreise in die USA abzuhalten seien, und von Wernher von Braun war bekannt, dass er Mitglied der SS gewesen war. Überdies untersagten amerikanische Einwanderungsgesetze Mitgliedern faschistischer Organisationen, in die USA zu kommen. Hunt schreibt dazu:

»Der Gedanke widersprach also der Politik der JCS hinsichtlich der Verfolgung von Nazi-Kriegsverbrechern und der Entnazifizierung der gesamten deutschen Bevölkerung. Als der Richter Robert Jackson kurz nach seiner Ernennung zum Chefankläger bei der Verfolgung von Kriegsverbrechen aus Europa zurückkehrte, sagte er Truman: ›Das Kriegsministerium hat mir versichert, dass diejenigen, die wahrscheinlich als Kriegsverbrecher angeklagt werden, unter strikter Kontrolle gefangen gehalten werden.‹ Aber der Generalstab umging letztlich all diese Bestimmungen und diente der Politik, da der Fortgang des Krieges mit Japan alle anderen Erwägungen in den Hintergrund drängte. Diese Politik wurde zum ›Projekt Overcast‹ [Bewölkung]. Sie wurde unter dem Vorbehalt bewilligt, dass das Programm ›auf die wenigen ausgewählten, seltenen Köpfe beschränkt blieb, deren Fähigkeiten in Europa nicht hinreichend genutzt werden konnten. Wenn man sich ihrer vollständig bedient hatte, sollten sie unverzüglich nach Deutschland zurückgeführt werden‹, und es galt außerdem: ›Wenn in die USA verbrachte Spezialisten danach auf einer Liste mutmaßlicher Kriegsverbrecher erscheinen, sind sie zur Gerichtsverhandlung nach Europa zurückzubringen.‹ Beide Einschränkungen wurden im Wesentlichen ignoriert.«

Unmittelbar nach der japanischen Kapitulation im August 1945 kamen deutsche Wissenschaftler im Rahmen des Projekts Overcast in die USA. Diese Männer wurden zwar von US-Firmen in Übersee eingestellt, blieben aber offiziell unter militärischer Aufsicht. Das Ganze lief äußerst schlampig ab. Hunt berichtet darüber in ihrer *Secret Agenda*:

»Sie kamen ohne Visa und ohne die üblichen Einwanderungsprozeduren ins Land, hatten aber alle Arbeitsverträge in den Taschen. Obwohl sie angeblich unter strenger militärischer Überwachung standen, war der frühere Entwicklungsleiter für die Steuersysteme nicht an Bord anzutreffen. Er trampte schließlich zu seinem Job auf dem Testgelände in Aberdeen, Maryland. … In Fort Strong (Massachusetts), auf einer Insel im Hafen von Boston, wurden Verhörzentren eingerichtet, wo die Deutschen Formulare ausfüllen und Befragungen über sich ergehen lassen mussten. Der Großteil entging einer genauen Überprüfung. … Die meisten Offiziere, die die Verhöre durchführten, untersuchten nicht einmal, ob die Neuankömmlinge überzeugte Nazis oder wegen Kriegsverbrechen gesucht waren. … Es dauerte nicht lange, bis fast 150-Overcast-Spezialisten aufgrund dieser laxen Politik an verschiedenen Militärstationen im Land arbeiteten.«

Die meisten der frühen Ankömmlinge waren Raketen-Experten aus Peenemünde, darunter auch Wernher von Braun. Hundertachtzehn dieser Männer wurden nach Fort Bliss in Texas geschickt, das nahe dem Testgelände von White Sands lag, wo Raketen getestet werden konnten. Die meisten anderen gingen zur Foreign Technologie Division der amerikanischen Air Force in Wright Field in Dayton (Ohio), wo sie unter der Leitung von Putt arbeiteten. Andere wurden in Long Island eingesetzt, um an Torpedo- und U-Boot-Technologien zu arbeiten. Zwanzig Windkanal-Spezialisten gingen nach White Oak in Maryland.

*Abb. 20.4. Gruppe von 104 deutschen Raketenexperten in Fort Bliss, Texas, die Anfang 1946 durch das Projekt Overcast in die USA gekommen waren*

# Paperclip und die Ziele der Joint Intelligence Agency

Die Verantwortung für das Projekt Overcast lag bei den Vereinigten Stabschefs (JCS) und wurde an das Joint Intelligence Committee (JIC) delegiert. Linda Hunt erläutert dies auf ihrer Homepage so:

»Das JIC war der geheimdienstliche Arm der Vereinigten Stabschefs und für deren Beratung im Hinblick auf Spionageprobleme und Geheimdienstpolitik zuständig; es stellte den Stabschefs und dem Außenministerium geheimdienstliche Informationen zur Verfügung. Es setzte sich aus dem Direktor des Geheimdienstes der Army, dem Chef des Navy-Geheimdienstes, dem stellvertretenden Leiter des Luftfahrt-Stabs 2 und Vertretern des Außenministeriums zusammen. Sie berieten politische Fragen bezüglich der Einbeziehung deutscher Wissenschaftler und schlugen den Vereinigten Stabschefs Verfahrensänderungen vor.

Der Direktor des Geheimdienstes der Army spielte in dieser Organisation stets eine Hauptrolle, da die Politik diesen Geheimdienst (G-2) für viele Aspekte des Programms, darunter geheime Verhöre, verantwortlich machte. …

Die JIOA wurde als Unterabteilung des JIC speziell für die Übernahme unmittelbarer Verantwortung bei der Leitung des Programms mit den deutschen Forschern eingerichtet, bis sie 1962 aufgelöst wurde. Diese Behörde bestand aus einem Führungskomitee der JIOA, das sich aus je einem Vertreter jeder zugehörigen Organisation des JIC und einem ausführenden Stab von militärischen Geheimdienstoffizieren der verschiedenen Dienste zusammensetzte. …

Die Aufgaben der JIOA umfassten die Leitung der politischen Vorgaben und Abläufe des Projektes, die Zusammenstellung von Dossiers und die Herstellung einer Verbindung zu britischen Geheimdienstoffizieren, die ein ähnliches Projekt in Großbritannien leiteten. Zusätzlich übernahm die JIOA viele Tätigkeiten des CIOS, als diese Behörde kurz nach der Kapitulation Nazi-Deutschlands aufgelöst wurde. Die JIOA war für die Sammlung, Gliederung und Verbreitung von Berichten des CIOS und anderer technischer Dienste bezüglich der deutschen Forschung und Industrie verantwortlich.«

Im Frühjahr 1946 wurde das Projekt Overcast eingestellt und in das Projekt Paperclip verwandelt. Der Name leitete sich davon her, dass man die Berichte über Wissenschaftler mit ausgeprägt NS-freundlicher Haltung

*Abb. 20.5. Plakat zur Organisation Paperclip*

oder über solche, die Kriegsverbrechen beschuldigt wurden, mit einer Büroklammer kennzeichnete. Die Vergabe der Leitung von Paperclip an die JIOA hatte zur Folge, dass der Status ihres Direktors zu einer Position von außerordentlicher Bedeutung bei der Auswahl deutscher Wissenschaftler für die Verschleppung in die USA angehoben wurde.

Der Beginn des Projektes Paperclip Mitte 1946 fiel mit einem weiteren wichtigen Ereignis hinsichtlich der Aufnahme von Nazis in die Vereinigten Staaten zusammen: Reinhard Gehlen wurde im September als Leiter der Organisation Gehlen mit einem Budget von 3,5 Millionen Dollar, die heute etwa 30 Millionen entsprechen würden, nach Deutschland zurückgeschickt. Aber noch wichtiger war die Tatsache, dass ihm womöglich die potenziell unbeschränkten Einlagen der großen deutschen Banken zur Verfügung standen, welche von der Organisation der ehemaligen SS-Angehörigen, die unter dem Namen »Odessa« bekannt war, finanziert wurden.

## Osenbergs Liste

Der erste Direktor der JIOA, der Army Colonel E. W. Gruhn, erklärte, dass er für seine Arbeit eine Liste benötige. Sie wurde von Werner Osenberg zusammengestellt, der während des Krieges als Befehlshaber der Gestapo für die Wissenschaftsabteilung zuständig war. Auf der Liste standen fünfzehntausend Namen, zu denen Osenberg jeweils sorgfältig sowohl die politische Orientierung und entsprechende Beziehungen als auch seine Einschätzung wissenschaftlicher Qualifikationen und Fähigkeiten notierte. Da Osenberg für Göring gearbeitet hatte, lag ihm an einer Aufstellung der überzeugtesten Nazis. Hunt sagt:

> »Natürlich waren die Wissenschaftler, die fanatisch der NS-Ideologie huldigten und Mitglieder der SS gewesen sind, auch diejenigen, die Osenberg für die qualifiziertesten hielt.«

Die Liste blieb durch den wachsamen Kommandeur eines Kriegsgefangenenlagers erhalten, der verhinderte, dass sie eine Toilette hinuntergespült wurde. Allerdings wurde Osenberg selbst 1945 festgenommen und in einem Kriegsgefangenenlager in Deutschland inhaftiert. Nachdem seine Wichtigkeit von der JIOA erkannt wurde, schickte man ihn ins französische Versailles, wo man nach seiner Empfehlung die besten Wissenschaftler für die Verlegung nach Amerika auswählte. Man kann sich das Vergnügen vorstellen, das er empfunden haben muss, als er einige der schlimmsten Nazis des Dritten Reiches an die Küsten der siegreichen USA verschiffen ließ.

Anfang 1946 wurde der Marine-Kapitän Bosquet Wev zum Direktor der JIOA ernannt. Army Lieutenant Monroe Hagood von G-2, Putt und Toftoy gehörten damals alle zum JIOA-Komitee. All diese Männer befürworteten erleichterte Regeln für die Einreise ehemaliger Nazis. Andererseits hatte Samuel Klaus, ein Jurist des Außenministeriums, der ebenfalls zum Komitee gehörte, die Rolle eines humanitären Wachhundes inne und stieß dabei häufig mit den anderen zusammen. Bei diesen Konfrontationen konnte Klaus wacker standhalten, aber das Kräfteverhältnis verlagerte sich deutlich, als Generalmajor Stephen J. Chamberlin im Juni 1946 zum Direktor des Geheimdienstes der Army ernannt wurde. Hunt schreibt dazu:

> »Hagoods CPM-Gruppe, die Air-Force-Offiziere Putt und Knerr sowie Army Colonel Toftoy gehörten zu elf Offizieren, die Sitzungen unter sich – ohne Klaus – abhielten und dabei Änderungen an dem neuen Projekt berieten. Zu ihren Zielen gehörte eine Kategorienerweiterung, um Kriegsgefangene, Militaristen, SS-Offiziere und jeden anderen, der ihrer Einschätzung nach nützlich für das Militär sein könnte, mit aufzunehmen. Ein Vorhaben bezog sich auf 558 deutsche Kriegsgefangene, die seit Kriegsbeginn in den USA festgehalten wurden.«

Einen Monat später …

> »billigten Hagood, Putt und andere in der Washingtoner Gruppe *in Verbindung mit amerikanischen Geheimdienstoffizieren in Deutschland* einen geheimen Plan, um SS-Offiziere und frühere hochrangige Beamte des Dritten Reiches aufzunehmen, *die bereits beim Heeresgeheimdienst in Deutschland angestellt waren* [Hervorhebungen durch LK]. Sie sollten,

da ihre Biografien eindeutig US-Einwanderungsgesetze verletzt hätten, nach Amerika geschmuggelt werden.«

Klaus wurde weiterhin absichtlich von den Treffen ausgeschlossen und außen vor gelassen. Hunt teilt dazu mit:

»Die Geheimdienstoffiziere schritten mit ihrem Plan, den sie in Abwesenheit von Klaus ausgebrütet hatten, zügig voran. Am 30. Juli bat Chamberlin den Stabschef Eisenhower, ihr Vorhaben zu genehmigen, dreißig ehemalige Experten der Nazis für die UdSSR unter tausend ›Wissenschaftlern‹ in das neue Projekt hineinzuschmuggeln.«

Der Plan wurde an Dean Acheson, den amtierenden Außenminister, weitergeleitet, um ihn Präsident Truman zu unterbreiten. Acheson empfahl dem Präsidenten die Annahme. Truman genehmigte ihn am 3. September. Projekt Paperclip hatte damit ein neues, gefährliches und sehr unamerikanisches Stadium erreicht.

## Ein totes Nazi-Pferd

Linda Hunt schildert sehr genau, welche Blüten das Verhalten der JIOA trieb:

»Das Vermächtnis von Paperclip hat seine Wurzeln in der Weltanschauung des Kalten Krieges, wie sie von den Geheimdienstoffizieren, die die Operation leiteten, vertreten wurde. Ihre Motive, Pläne und verdeckten Bestrebungen sind … von naheliegendem Interesse, da sie zu dem gehören, was Paperclip von Anfang an ausmachte. Außerdem unterschied sich die geheime Agenda des [amerikanischen] Militärs stark von den Zielen, die man der amerikanischen Öffentlichkeit vorgab. In ihrem Zentrum stand die unerschütterliche Überzeugung, dass der Zweck die Mittel heilige. Die Offiziere, die Paperclip leiteten, sahen sich dazu verpflichtet, jedes Mittel zu nutzen, das Nazi-Wissenschaftler nicht in russische Verfügungsgewalt geraten ließ, selbst wenn sie dabei amerikanische Gesetze verletzten und die offizielle Außenpolitik hintergingen.

Es gibt wohl kein besseres Beispiel für die dreiste Missachtung der US-Politik durch diese Offiziere als eine Aktion, die sie 1948 unternahmen. Wie erstmals in einem Aufsatz im *Bulletin of the Atomic Scientists* dargestellt wurde, manipulierten die JIOA-Offiziere einfach die Berichte über Wissenschaftler, die sie haben wollten, und löschten Belege für Kriegsverbrechen und nationalsozialistische Überzeugungen. Obwohl dies einen direkten Verstoß gegen eine Anweisung Trumans bedeutete, entschuldigte der JIOA-Direktor Bosquet Wev diese Handlungen mit der Behauptung, dass die Sorge der Regierung um ›Lappalien‹ wie Berichte über Nazi-Verstrickungen dazu führen würde, ›die höchsten Interessen der USA dem Bestreben, ein totes Nazi-Pferd zu schlagen, unterzuordnen‹.«

Da Paperclip tatsächlich von Geheimdienstoffizieren geleitet wurde, kam es allmählich dazu, dass sich die Organisation Gehlen mit der JIOA vernetzte und dass Reinhard Gehlen von seiner neuen sicheren Residenz in Pullach bei München aus den Ton im amerikanischen Geheimdienst angab.

Wie wir gesehen haben, hatte Odessa genug Geld, um es zu verteilen, und da nun der Krieg zu Ende war, begannen die dürftig bezahlten Militärbediensteten in der JIOA womöglich, über ihre finanzielle Zukunft nachzudenken. Wenn eine finanzielle Übereinkunft welcher Art auch immer zwischen der Organisation Gehlen und Wev zustande gekommen sein könnte, dann sollte es auch möglich gewesen sein, bekannte Kriegsverbrecher mithilfe von Odessa und unter Beteiligung der JIOA über die »Rattenlinien« direkt zu Paperclip zu schicken. Ihre Dossiers werden dann gründlich gesäubert und ihre Namen geändert worden sein, und diese Männer könnten anschließend in den USA mächtige und einflußreiche Positionen innerhalb des militärisch-industriellen Komplexes eingenommen haben.

Es hat ganz den Anschein, als ware dies der Fall gewesen. Das Blatt hatte sich gewendet, und die Bruderschaft der Schlange widmete sich einmal wieder ihren alten Tricks, dem alten Spiel mit der fünften Kolonne – Infiltration und Zersetzung von innen. Eisenhower versuchte

*Abb. 20.6. Präsident Eisenhower. Er warnte die USA vor dem militärisch-industriellen Komplex. (Foto mit Genehmigung von Boris Chaliapin)*

in seiner Abschiedsrede am 17. Januar 1961 noch, die Amerikaner davor zu warnen. Er sagte damals:

»In Entscheidungsgremien der Regierung müssen wir wachsam sein gegenüber dem unberechtigten Einfluss des militärisch-industriellen Komplexes, ob dieser nun erwünscht oder unerwünscht ist. Die Möglichkeit der zerstörerischen Zunahme großer Macht am falschen Ort existiert und wird weiter fortbestehen. Wir dürfen niemals zulassen, dass das Gewicht dieser Zusammenschlüsse unsere Freiheiten und demokratischen Prozesse gefährdet. Wir dürfen nichts für selbstverständlich halten. Nur eine wachsame und gut unterrichtete Bürgerschaft kann die richtige Mischung der Mittel unserer gewaltigen industriellen und militärischen Verteidigungsmaschinerie mit unseren friedlichen Methoden und Zielen erzwingen, damit Sicherheit und Freiheit gemeinsam gedeihen werden.«

Was Ike nicht sagte und was er nicht sagen konnte, aber vielleicht gewusst hat, war die Tatsache, dass der militärisch-industrielle Komplex mittlerweile mit ehemaligen Nazis durchsetzt war, die das Ziel einer Heraufkunft des Vierten Reiches verfolgten.

## Ein Moloch

In ihrem Vorwort zu *Secret Agenda* sagt Hunt:

»Die amerikanischen Soldaten, die im Zweiten Weltkrieg kämpften, hatten gerade ihre Gewehre niedergelegt, als Hunderte deutscher und österreichischer Wissenschaftler, darunter eine Anzahl von Personen, die in Kriegsverbrechen der Nazis verstrickt waren, begannen, in die USA einzuwandern. Sie wurden im Rahmen eines Geheimdienst-Projektes mit dem Tarnnamen ›Paperclip‹ hierher verbracht. Seitdem hat die US-Regierung mit Erfolg die Lüge propagiert, dass es sich bei Paperclip lediglich um eine kurzfristige Maßnahme gehandelt habe, um nach dem Krieg einige Raubzüge an Hitlers Schätzen von wissenschaftlicher

> Hochbegabung zu unternehmen. Sogar der Oberste Rechnungshof behauptet, dass das Projekt 1947 endete. All das ist reine Propaganda. Dieses Buch enthüllt erstmals, dass Paperclip die größte und am längsten andauernde Operation der Einbeziehung von Nazis in die Geschichte unseres Landes war. Das Projekt wurde ohne Unterbrechung bis 1973 fortgesetzt – *Jahrzehnte* länger, als man zunächst geglaubt hat. Und manche Überreste dieser Zeit wirken bis heute [1991] fort.« [Hervorhebung durch den Autor]

Mindestens 1.600 Wissenschaftler und Forscher sowie Tausende ihrer Verwandten wurden während der Operation Paperclip in die USA gebracht. Hunderte anderer kamen im Rahmen zweier weiterer, mit Paperclip verbundener Projekte hinzu und begannen, an Universitäten, bei Rüstungskonzernen und in den Reihen der CIA zu arbeiten. Allmählich wurde Operation Paperclip zu einem solchen Moloch, dass ein amerikanischer Botschafter sie 1956 als »ein kontinuierliches Rekrutierungsprogramm, zu dem es keine Parallele in irgendeinem anderen alliierten Land gegeben hat«, bezeichnete.

# 21 Das Vierte Reich

Adolf Hitler und Eva Braun bezogen ihren dauerhaften Wohnsitz rund sechzig Meilen nördlich von Bariloche Mitte Juni 1947, nachdem sie ein Jahr in Brasilien, in Casino, einer Stadt nahe der Grenze zu Argentinien verbracht hatten. Ihr neues Heim war eine private Farm, die *Inalco* genannt wurde. Das Gut war ein herrschaftlicher Landsitz mit Blick auf den See Nahuel Huapi; hinter ihm lag eine bewaldete Berglandschaft am Fuße der Anden, sehr nahe der chilenischen Grenze. Es war 1943 speziell für Hitler erbaut worden, offenbar nachdem er, wie auch andere, einsehen musste, dass der Krieg verloren ging.

*Abb. 21.1. Hitlers Landsitz Inalco, nahe der chilenischen Grenze*

Das Haus war vollkommen sicher gelegen und nur mit dem Schiff oder Flugzeug erreichbar. Nach *Grey Wolf* lebten Hitler und Braun dort bis 1954, als sie ihre zwei Töchter mit sich nahm und zu einem anderen, rund 230 Meilen entfernten Ort in »Hitlers Tal« zog. Vermutlich hatte sie genug von den muffigen Resten des Dritten Reiches und dem Wahnsinnigen, der es beherrscht hatte. Hitler selbst blieb bis zum Jahre 1955 allein auf Inalco zurück, als Juan Perón durch einen Staatsstreich gestürzt wurde, und Bormann überzeugte ihn, dass er eine noch abgelegenere Zuflucht benötigte. Er wurde daher weiter in den Süden zu der Stadt La Clara gebracht. Hitler war nun sechsundsechzig Jahre alt, und sein Zustand verschlechterte sich zusehends. Seine Parkinson-Krankheit nahm weiter zu, und *Grey Wolf* sagt von ihm:

> »Er verbrachte jetzt einen großen Teil seiner Zeit damit, sich auszuruhen oder vor sich hin zu brüten. Politik wurde immer weniger wichtig.«

Der fünfundfünfzigjährige Bormann hingegen war noch sehr gesund. Er war ziemlich frisch und lebte nun in Argentinien. Gerüchte über seinen Tod in Berlin wurden, wie bei Mark Twain, »grotesk aufgebauscht«. *Grey Wolf* berichtet uns, dass er am 17. Mai 1948 als Jesuitenpriester verkleidet und mit einem Pass auf den Namen »Hochwürden Juan Gomez« in Buenos Aires ankam. Er meldete sich bei der Apostolischen Nunziatur in Buenos Aires und erhielt am 12. Oktober aus religiösen Gründen das letztgültige Dokument, die »blaue Marke«, ausgehändigt, das ihm das Recht auf einen unbeschränkten Wohnsitz in Argentinien zubilligte.

## Bormanns Reich

Bormann hatte bereits seit 1943 unter der Obhut der Peróns Geld und Wertgegenstände nach Argentinien bringen lassen, um die zu erwartende Ankunft der obersten Nazi-Chargen vorzubereiten. Er hatte die vollständige Kontrolle über Hitlers Schicksal in Argentinien und gebrauchte ihn, um das Wohlergehen anderer Faschisten sicherzustellen, die den ehemaligen Führer noch immer verehrten und die Verbindung zum Vierten Reich bilden sollten. Allerdings hatte Hitler keine reale Macht mehr. Er war nur noch eine Galionsfigur, hinter der Bormann das Sagen hatte.

Bevor Bormann seine sichere Schanze in den österreichischen Alpen in Richtung Argentinien verließ, war er Ende Juni 1947 mit Eva Perón in Italien zusammengetroffen. Sie war nach Europa gekommen, um Juan Peróns Anteil der »Beute des eroberten Europa« einzuzahlen, den Bormann von sicheren Schweizer Banken aus nach Argentinien geschickt hatte. Laut Schätzung in *Grey Wolf* betrug die Einlage rund 800 Millionen Dollar, was heute ungefähr acht Milliarden entspricht. Bei diesem Treffen teilte sie Bormann mit, dass Juan Perón sich entschieden habe, 75 Prozent des deutschen Geldes statt der ursprünglich vereinbarten 25 Prozent zu behalten. Bormann war äußerst verärgert, musste letztlich aber einwilligen. Unter Dieben gibt es keine Ehre. Hitler war bereits in seinem Versteck in Argentinien, und Bormann brauchte einen reibungslosen Abgang für sich selbst und seinen Stab. Aufgrund dieser Umstände musste er sich mit kümmerlichen 300 Millionen – nach heutigen Maßstäben immerhin rund drei Milliarden Dollar – begnügen. Der gewitzte Bormann hatte freilich noch weitaus mehr in Form von Firmen-Investitionen in Argentinien und überall auf der Welt versteckt.

Bormann streifte schnell sein priesterliches Gewand ab und begab sich zu einem Hotel in Buenos Aires. *Grey Wolf* teilt uns weiter mit:

> »Er verbrachte einen großen Teil seiner Zeit in Buenos Aires; seine äußere Fassade bildete eine Firma, die Kühlschränke herstellte, aber dahinter betrieb er seine Finanzdeals auf der ganzen Welt.«

Bormann befand sich nun an der Spitze eines großen, weltweiten faschistischen Untergrund-Imperiums, und er verfügte über immense Geldmittel, um dieses Reich zu führen. Aracelie Mendez, eine junge Frau aus Spanien, die als Sekretärin einige Arbeiten für Bormann in seinem Büro im Palacio Barolo erledigte, kannte ihn – unter einer seiner verschiedenen Identitäten – als Ricardo Bauer.

Bei *Grey Wolf* heißt es:

»Sie wurde Zeugin vieler seiner Finanzgeschäfte; einmal erhielt er eine Banküberweisung von 400.000 Dollar aus Europa. Er sagte ihr, dass er Anteile an einer belgischen Firma und an einer weiteren in Holland besäße und dass diese Überweisung ebenso wie manche andere ein Teil seiner Gewinne sei.«

Er besaß ein Viertel der 192 Pfund Platin, 2,77 Tonnen Gold und 4,638 Karat Diamanten sowie weitere kostbare Edelsteine, die er nach Argentinien verschickt hatte. Man weiß, dass er in Buenos Aires einen Diamanten für 120.000 Dollar verkaufte. Bormanns liquide Vermögenswerte hielt er in Währungen verschiedener Länder. Mindestens vier Millionen Dollar hatte er auf den Konten argentinischer Banken.

## Das Scheitern der Operation Highjump

In jener frühen Nachkriegszeit gab es noch großen Nationalstolz in den Vereinigten Staaten und einen idealistischen Glauben an christliche Toleranz und Unparteilichkeit, besonders wenn sich die Amerikaner selbst mit den Nazis verglichen und an deren aufgedeckte Gräueltaten in den Konzentrationslagern dachten. Das amerikanische Militär war noch nicht von der Infiltration durch Nazis befallen.

Diese Haltung manifestierte sich 1946 in dem nachdrücklichen Bestreben zur Zerstörung der Nazi-Bastion in der Antarktis. Geführt von dem unerschrockenen Polarforscher Admiral Richard Byrd, einem der großen Söhne Amerikas, war die Operation Highjump von dem Kriegshelden Admiral Chester W. Nimitz vorbereitet und sodann von Admiral Richard Cruzen kommandiert worden. Die Task Force 68, die aus einer Flotte von dreizehn Schiffen, darunter ein Flugzeugträger und 33 Flugzeuge, bestand und über 4.700 Marine-Soldaten verfügte, brach im Dezember 1946 in den USA auf. Geplant war ein sechsmonatiger Einsatz während des antarktischen Sommers. Der Angriff auf die Nazi-Bastion wurde von deutschen Flugscheiben abgewehrt, die plötzlich aus den Wassern des Antarktischen Ozeans aufstiegen, blitzschnell ein amerikanisches Schiff zerstörten und bei diesem 20-Minuten-Kommando 68 Männer töteten. Byrd war gezwungen, sich zurückzuziehen und die Operation nach nur zwei Monaten zu beenden. Die Task Force kehrte im Februar 1947 nach Amerika zurück. In seinem Bericht vor dem Kongress schlug ein zorniger Byrd vor, die Antarktis in ein radioaktives Testgelände zu verwandeln!

Nach diesem demütigenden Sieg über die legendäre amerikanische Navy waren die Nazis in Argentinien überzeugt genug von ihrer Technologie, um ihre langfristige Agenda voranzubringen. Sie begannen jetzt wirklich zu glauben, dass sie die Macht besäßen, ein Viertes Reich zu gründen. Hitler fühlte sich nun so sicher, dass er seine dauerhafte Residenz in Rinalco bezog, und Bormann, der in Reichtümern schwamm, reiste nach Argentinien aus, wo er Mitte 1948 eintraf. Sie verfügten über das T-43-Kommunikationsnetzwerk, die Peróns waren an der Macht, und so konnte Bormann von seinem sicheren Hauptquartier in Buenos Aires aus, vordergründig im Namen des noch immer lebenden Führers, sein weltweites Nazi-Reich regieren und die Sache ins Rollen bringen.

Gehlen arbeite an der Konsolidierung seines Spionage-Netzwerks in Deutschland und geleitete Nazi-Kriegsverbrecher mithilfe von Odessa auf den Rattenlinien in die Operation Paperclip. Auch Odessa saß auf gewaltigen Geldmengen, die sie über die deutschen Banken von ihren Schweizer Konten wiedererlangt hatten, und erhielt Zuwendungen von den weiterhin tätigen großen Konzernen in Deutschland. Die antarktische Kolonie war nun vor Angriffen sicher, wuchs und gedieh und setzte den Bau von Flugscheiben fort. Die Szenerie war vorbereitet, um die ersten Maßnahmen zur Gründung des Vierten Reiches durchzuführen. Die Nazis mussten jetzt die Kontrolle über Regierung und Wirtschaft der USA erlangen, um die Weltraumforschung zu unterbinden.

Um eine weltweite faschistische Herrschaft einzusetzen und die menschliche Rasse zu versklaven, strebte die Bruderschaft der Schlange danach, die Menschheit auf einer isolierten und abhängigen Stufe verharren zu lassen, auf der sie unfähig ist, die Unterstützung freundschaftlicher und hilfreicher außerirdischer Zivilisationen zu erlangen. Sie wusste, dass die Plejader und Andromedaner darauf vorbereitet waren, Hilfe zu leisten, wenn diese verlangt würde. Ebenso wie in

Atlantis war es also nötig, den Vermischungsprozess in Ganz zu setzen, um die westliche europäische Blutlinie in den USA zu verdünnen und stärker der Kontrolle der Bruderschaft aus der vierten Dimension zu unterwerfen.

## Die Fünfziger Jahre

Als mit den fünfziger Jahren ein Jahrzehnt der Verwandlung anbrach, saß die Bruderschaft in den Startlöchern, um die Macht über die Schlüsselstellungen in der amerikanischen Regierung an sich zu reißen. General Eisenhowers Übernahme der Präsidentschaft im Jahre 1952 brachte die ultrakonservativen Republikaner an die Macht, die vor dem Krieg und währenddessen Geschäfts- und Finanzkontakte mit Nazi-Deutschland gepflegt und mit manchen Aspekten der NS-Weltanschauung sympathisiert hatten. John Foster Dulles wurde Außenminister, und sein jüngerer Bruder Allan Dulles wurde 1953 Direktor der CIA.

Diese pfiffigen Veteranen der Plänkeleien des Washingtoner Establishments hatten nun den Schlüssel zur amerikanischen Außenpolitik in den Händen und verfügten über einen gewaltigen Einfluss auch auf die Innenpolitik. Es war ihnen ein Leichtes, den naiven, aber wohlwollenden Präsidenten, der keinerlei politische Erfahrung hatte, zu manipulieren. Außerdem übernahmen die Republikaner den Kongress während der ersten zwei Jahre von Eisenhowers Administration und sicherten sich dadurch eine konservative Kontrolle.

In den dreißiger Jahren waren die Dulles-Brüder Partner bei Sullivan und Cromwell in New York gewesen; ihr vielleicht wichtigster Kunde war Standard Oil in New Jersey, das der Familie Rockefeller gehörte. Sie handelten auch persönlich die Zusammenarbeit zwischen Standard Oil und der deutschen IG Farben aus, einem der damals größten Chemiekonzerne der Welt. Die IG Farben produzierten das Benzin für die Kriegsmaschinerie der Nazis; große Schande luden sie später durch die Herstellung des Giftgases Zyklon B auf sich, das für die Massenmorde an jüdischen Häftlingen im Konzentrationslager verwendet wurde. Ihr gewaltiges petrochemisches Werk lag in der Nachbarschaft von Auschwitz.

Als die alliierten Armeen 1945 in Deutschland einmarschierten, sahen sie mit Überraschung, dass das Werk von IG Farben von alliierten Bomben völlig unberührt geblieben war, während jedes andere Gebäude in der Umgebung vollständig zerstört worden war. Da die Fabriken tatsächlich noch vollkommen intakt waren, richteten die Amerikaner hier ihre Hauptquartiere ein. Sullivan und Cromwell repräsentierten außerdem die J. Henry Schroder Bank.

Am 4. Januar 1933 hatten sich die Brüder Dulles mit Hitler in Köln im Haus von Kurt von Schroder getroffen. Schließlich vertraten sie auch die Firma Kuhn und Loeb, die Hitler kurzfristig mit finanziellen Mitteln für seinen Wahlkampf versorgte. Schroder verwaltete die Konten in Hitlers Namen. Später erklärte er sich einverstanden, die Rechnungen der NSDAP zu bezahlen sowie für ihre Schulden aufzukommen und wurde Hitlers persönlicher Bankier. Allen Dulles war Direktor der Londoner Filiale der Schroder Bank. Außerdem leitete er die amerikanischen Geschäfte Fritz Thyssens, des deutschen Stahlmagnaten, der dazu beigetragen hatte, Hitlers Aufstieg zu finanzieren.

Wenn wir die Entwicklung der Freundschaft zwischen Reinhard Gehlen und Allen Dulles sowie dessen historisch bezeugte Sympathie für die Nazis bedenken, erscheint es verständlich, dass Dulles viele Agenten der Organisation Gehlen in der CIA untergebracht hatte. Die ganze Organisation war schließlich, in jenen frühen Tagen der CIA, antisowjetischen Aktivitäten und dem »Kampf« im Kalten Krieg gewidmet; dementsprechend wurden fast alle Spione, die Gehlen in Europa eingestellt hatte, massenweise in die USA gebracht, um die gesamte frühe CIA aufzubauen.

Dulles stimmte mit den äußerst rechtsgerichteten Positionen von Gehlens Netzwerk überein und hielt es für eine patriotische Aufgabe, ein Spionagenetz im Kalten Krieg aufzubauen. Nazi-Haltungen durchdrangen folglich die CIA, und da Allen Dulles zehn Jahre lang im Amt blieb, wurden sie von der CIA-Kultur verinnerlicht und überdauerten in dieser Organisation bis zum heutigen Tag. Es ist gut möglich, dass viele der von Gehlen rekrutierten deutschen Spione direkt mit ihren

Nazi-Verbindungen, die aus den Dossiers über sie gelöscht waren, in die CIA eintraten. Weiter ist es wahrscheinlich, dass Dulles auch einige Paperclip-Techniker und -Wissenschaftler, aufgrund ihrer Erfahrung mit neuen Waffentechniken, in die CIA aufgenommen hat.

Beide Dulles-Brüder waren Mitglieder des Councils on Foreign Relations (CFR, Rat für auswärtige Beziehungen). Das erklärte Ziel des Councils ist eine Weltregierung – die Neue Weltordnung. Sämtliche Ex-Nazis, die die US-Regierung unterwanderten, strebten danach, diese Globalisierungsagenda zu fördern. Die wirklichen Insider begriffen insgeheim, dass dies tatsächlich eine Tarnbezeichnung für das Vierte Reich war. John Foster Dulles förderte offensichtlich die Grundlagen dieser Idee, als er 1941 als Vorsitzender der Kommission für einen Gerechten und Dauerhaften Frieden (Commission on a Just and Durable Peace) sagte, die hervorragendste Aufgabe der Kommission bestünde darin, eine Resolution zu verabschieden, die …

> »eine Welt voll verantwortungsloser, ungezügelter und einander bekämpfender nationaler Souveränitäten, gleichgültig ob diese allein oder in Bündnissen und Zusammenschlüssen agieren, als eine Welt internationaler Anarchie bezeichnet. Sie muss einer höheren und in stärkerem Maße verbindend wirkenden Autorität weichen.«

Neun Jahre später schrieb er in seinem Buch *War or Peace* (»Krieg oder Frieden«, 1950) in diesem Sinne:

> »Die Vereinten Nationen stellen nicht die letzte Stufe in der Entwicklung der Weltordnung dar, sondern nur eine primitive Vorstufe. Ihre primäre Aufgabe liegt daher in der Schaffung von Bedingungen, die eine höher entwickelte Organisation möglich machen.«

Als Außenminister von President Eisenhower war er in einer guten Position, um diese Agenda voranzubringen. Seit ihren frühesten Tagen im alten Ägypten hatte die Bruderschaft der Schlange eine stärkere Vereinigung der verschiedenen Kulturen, Staaten und Nationen unter einer zentralen Autorität stets gefördert. Wann immer es möglich war, bevorzugte sie ein Reich unter der Regierung eines Königs, einer Königin oder eines Diktators als »starkem Mann«, um mit verschiedenen Staaten umzugehen. Die Führung eines einzelnen Individuums ermöglicht dies eher als diejenige über Hunderte einzelner Führer. Sie fügte daher das Ägyptische Reich, die griechischen Stadtstaaten, das Römische Imperium, das Osmanische Reich, das Heilige Römische Reich Deutscher Nation, das Britische Empire und zuletzt die gescheiterten Reiche Deutschlands und Japans zusammen.

Jetzt, im 21. Jahrhundert mit seinen hoch entwickelten Kommunikationssystemen, strebt die Bruderschaft der Schlange danach, ein Weltreich unter der Führung der Vereinten Nationen zu errichten, das sie sodann im Sinne der Neuen Weltordnung umwandeln kann. Da die meisten menschlichen Gesellschaften Königinnen, Könige und Diktatoren immer weniger akzeptieren, liegt der einzige Weg für die Bruderschaft, eine autoritäre Herrschaft zu erreichen, darin, einen religiösen Führer der Welt zu installieren. Ihr Plan besteht darin, eine charismatische Persönlichkeit ihrer Wahl diese Führungsrolle einnehmen zu lassen, ähnlich wie Ajatollah Ali Khamenei im Iran. Kein Zweifel – diese Persönlichkeit ist bereits erschienen und wird gerade, während ich dies schreibe, auf ihre Rolle vorbereitet.

## Die nationale Aeronautik- und Raumfahrtbehörde

Welches Motiv auch immer dahintergesteckt haben mag, die G-2 war ein Instrument, um die ehemaligen Nazis in den unmittelbaren Nachkriegsjahren in die USA zu bringen. Bosquet Wev war als Direktor der JIOA die Schlüsselfigur bei diesen Bemühungen.

Zwar hatte Truman verfügt, dass keinem leidenschaftlich überzeugten Nazi erlaubt werden dürfe, in die USA zu gelangen, aber diese Anordnung war von Wev und den anderen führenden Geheimdienstlern des JIOA-Komitees umgangen worden, darunter Montie Cone, dem Leiter des Nutzungszweigs der G-2, seinem Vorgesetzten Oberstleutnant H. B. St. Clair und Oberst Thomas Ford.

Bei einem Treffen des Komitees im Pentagon am 27. Februar 1947 lag die Liste der überprüften Deutschen auf dem Tisch, aber Klaus als

Vertreter des Außenministeriums wurde verwehrt, sie einzusehen. Hunt schreibt dazu:

»Das JIOA hatte allen Grund dazu, diese Liste geheim zu halten, und der hatte nichts mit klassifizierten Informationen zu tun. Während dieses Treffens saßen Wev und Cone auf einem Pulverfass. Sie hatten soeben 146 Verhörberichte aus Europa erhalten, und fast alle waren negativ ausgefallen. Sie wussten, dass die Biografien der deutschen Nazis die von Truman vertretene politische Linie verletzte. Der Sicherheitsbericht des OMGUS [Office of the Military Governor United States, Büro des US-Militärbefehlshabers] über diese Wissenschaftler deckte auf, dass Zobel und andere an Experimenten mit Menschen beteiligt waren, dass die Axsters Fremdarbeiter misshandelt hatten, dass Salmon eine Synagoge abgefackelt und das SS-Mitglied Debus einen Kollegen an die Gestapo verraten hatte. Weitere Männer wurden verschiedener Verbrechen beschuldigt, darunter Diebstahl und sexuelle Perversionen. Viele von ihnen waren bereits früh in die NSDAP, die SS oder die SA eingetreten. Einer der Berichte legte dar, dass [Raketenwissenschaftler Wernher] von Braun ein glühender Nazi gewesen war. Er war ein von Heinrich Himmler geförderter Sturmbannführer der SS und Parteimitglied seit 1937.«

Die JIOA reagierte darauf, indem sie eine groß angelegte Diffamierungskampagne initiierte, um diejenigen im Außenministerium zu diskreditieren, die sich gegen die Einwanderung ehemaliger Nazis einsetzten. Im Mai 1948 wurden die belastenden Dossiers schließlich bereinigt und die Hinweise auf »überzeugte Nazis« gelöscht. Der FBI-Direktor J. Edgar Hoover sah daraufhin von seinen Einwänden ab und empfahl dem Justizministerium, überzeugten ehemaligen Nazis Visa zu erteilen und sie in die USA einreisen zu lassen.

Dieser Umschwung betraf die für die zu schaffende National Aeronautics and Space Administration (NASA, Nationale Aeronautik- und Raumfahrtbehörde) zentralen Wissenschaftler einschließlich Wernher von Braun, dessen jüngeren Bruder Magnus von Braun, Anton Beier, ein früheres Mitglied der Totenkopf-SS, Hermann Kurzweg, ein Mitglied der Waffen-SS, Günther Haukohl und Hans

Friedrich, der die Sklavenarbeiter in der V2-Raketenfabrik Mittelwerk beaufsichtigt hatte, Herbert Axster, der ein verhasster Sklaventreiber bei Mittelwerk war, Theodor Zobel, einen Windkanal-Ingenieur, der Experimente an Menschen hatte durchführen lassen, Arthur Rudolph, der Produktionsleiter bei Mittelwerk war, Albin Sawatzki, den dortigen technischen Direktor, der die Sklaven in Dora gnadenlos geprügelt hatte, Georg Rickhey, den Mittelwerk-Generaldirektor, und Kurt Debus, ein früheres Mitglied von SS und SA, der einen Kollegen an die Gestapo verraten hatte.

Am 29. Juli 1958 wurde die NASA von Eisenhower geschaffen, und am 1. Oktober desselben Jahres begann sie, tätig zu werden. Es wird behauptet, dass ihre Gründung durch die erfolgreiche Erdumkreisung des sowjetischen Sputnik-Satelliten am 4. Oktober 1957 angeregt worden war, weil das die USA anspornte, ein eigenes, ambitioniertes Raumfahrtprogramm zu starten. Wernher von Braun und die anderen 117 deutschen Raketenspezialisten in Fort Bliss, die bereits Raketen auf dem Testgelände von White Sands geprüft hatten, wurden zusammen mit achttausend Mitarbeitern des zwölf Jahre alten National Advisory Committee for Aeronautics (NACA, Nationales Beratungskomitee für Aeronautik) in die NASA übernommen. Angesichts ihrer Erfahrung mit der V2-Rakete waren die deutschen Wissenschaftler für die neue Behörde weitaus wichtiger als die NACA-Angestellten und erhielten die Führungsaufgaben in der experimentellen Forschung. Im Juli 1960 wurde von Braun Direktor des Marshall Space Flight Center in Huntsville (Alabama), und er blieb zehn Jahre lang auf diesem Posten.

## Das vorgetäuschte Weltraumprogramm

Es ist mittlerweile offenkundig, dass mit der NASA etwas ziemlich falsch läuft. Nach 58 Jahren ihres Bestehens und mit einem jährlichen Budget von 15 Milliarden Dollar hängen die Forscher der NASA immer noch an der Raketentechnik, die längst eine veraltete Technologie ist; sie haben ein paar Mann zum Mond geschickt, um dort herumzuhüpfen, sie scheiterten an der Vorbereitung einer bemannten Raumfahrt zum Mars, nachdem mehrere Tests misslungen sind, und sie haben beinahe ihre gesamten Bemühungen darauf konzentriert, die Internationale Raumstation (ISS) zu bauen und zu unterhalten, für deren Kosten die Agentur lediglich zu einem Teil aufkommt. Sowohl Fachleute als auch Laien haben allmählich den Eindruck, dass die NASA die Weltöffentlichkeit mit Propagandanahrung füttert, während sie im Hintergrund erheblich fortgeschrittenere Programme verfolgt.

Dies lässt darauf schließen, dass der Einfluss ehemaliger Nazis fortbesteht und diese die Agenda der Bruderschaft weiterverfolgen, um die Menschheit an die Erde gefesselt zu halten, insgeheim aber daran arbeiten, die Kontrolle über das Raumfahrtprogramm zu übernehmen. Millionen Menschen bemerken das bereits unbewusst und befriedigen ihre Sehnsucht nach Weltraumreisen notgedrungen damit, sich Science-fiction-Filme anzusehen. Richard C. Hoagland kam in seinem jüngsten Buch *Geheimakte Mond: Die schwarzen Projekte der NASA*, an dem Mike Bara als Koautor mitgewirkt hat, zu einem ähnlichen Schluss. In einem 2009 der Originalausgabe hinzugefügten Kapitel mit dem Titel »The End Game« schreibt Hoagland:

> »Es gab eine Zeit, in der ich wirklich optimistisch hinsichtlich der Möglichkeit einer Demokratisierung des Weltraums gewesen bin. Wie viele Amerikaner hing ich der Vorstellung an, die uns in den fünfziger Jahren bis zu *Apollo* verkauft wurde: der Idee einer Verlegung ganzer Industrien und Menschenmengen in den niederen Erdorbit und der entsprechenden Aufnahme hunderttausender Angestellter, Zulieferer und Konsumenten in eine neue Weltraum-Ökonomie. Wie wir alle damals glaubte auch ich, dass Kubricks Visionen des Films *2001 – Odyssee im Weltraum* (aus dem Jahre 1968) von Pan-Am-Raumflugzeugen und Hilton Hotels im Orbit beim Anbruch des neuen Jahrtausends leicht übertroffen würden. Stattdessen schauen wir nun zwei Generationen später zurück und sehen, dass wir nach der Eroberung des Mondes und der Hinwendung zum Mars ganz einfach aufgegeben haben und zu Hause geblieben sind. Der Grund für diesen Forschungsstillstand kann nicht mehr länger verborgen bleiben: Fünfzig Jahre lang war der Weltraum das alleinige Monopol von Regierungen.«

Hoagland bemerkte darüber hinaus die seltsame Besessenheit der NASA vom alten Ägypten, dem Ursprungsland der Bruderschaft der Schlange. Er erwähnt auch die merkwürdige Darstellung des Orion-Sternensystems, der Urheimat der Reptiloiden, auf einer offiziellen Schulterklappe der NASA.

## Das wirkliche Weltraumprogramm

Nach Kapitän Bill Uhouse arbeiten die USA seit 1962 an Antigravitations-Flugscheiben. Der kürzlich verstorbene Uhouse war ein ehemaliger Marinepilot und Aeronautik-Ingenieur, der 35 Jahre lang an der Konstruktion des Scheiben-Simulators mitwirkte. Unsere Flugscheiben waren anhand eines Raumfahrzeugs entwickelt worden, das uns die Ebens vom Planeten Serpo im Sternensystem Zeta Reticuli 1953 als Geschenk übereignet hatten. Der Simulator, bei dem Kondensatoren mit zwei Millionen Volt verwendet wurden – der größte, der jemals gebaut wurde –, wurde 1958 fertiggestellt, als wir anfingen, Piloten für den Flug mit den neuen amerikanischen »fliegenden Untertassen« auszubilden.

Unsere Freundschaft mit den Ebens geht in das Jahr 1947 zurück, als wir in den Los-Alamos-Labors den Außerirdischen beherbergten, der als Einziger den Roswell-Unfall überlebt hatte; er lebte dort fünf Jahre lang bis zu seinem Tod 1952 (vgl. dazu mein Buch *Die geheime Reise zum Planet Serpo*). Dank dieser neuen Technik richteten wir 1962, gemeinsam mit den Russen, kleine Vorposten-Kolonien auf dem Mond und dem Mars ein und traten damit in die eigentliche Ära der Raumfahrt ein. Seitdem haben wir wahre Raumfahrttechnologie entwickelt, bei der eine Vielfalt fortgeschrittener Antriebssysteme zum Einsatz kommt.

Durchgesickerte Informationen berichten davon, dass wir mittlerweile über gewaltige Raumschiffe verfügen, die gut und gerne dreihundert Passagiere und Crewmitglieder transportieren können. Dies bezeugt eine Tagebucheintragung von President Ronald Reagan vom 11. Juni 1985, in der er schreibt:

»Zum Mittagessen mit fünf hervorragenden Weltraumforschern. Es war faszinierend. … Ich erfuhr, dass unsere Transportkapazität es ermöglicht, 300 Menschen in den Orbit zu bringen.«

Dieses Raumfahrzeug ist von den USA entwickelt worden und mittlerweile auf eine Flotte von acht zigarrenförmigen »Mutterschiffen« angewachsen, die wohl mehr als 4.000 Fuß lang sind, als Weltraumfrachter dienen und 43 Aufklärungsfluggefährte unterbringen können. Richard Boylan, Ph.D., berichtet auf seiner Webseite www.drboylan.com (aufgerufen am 20. September 2016), dass eines dieser Schiffe, die *Nautilus-X*, im offenen Weltraum operiert und dabei von magnetischen Impulsen angetrieben wird. Er schreibt:

»Es unternimmt zweimal wöchentlich Flüge zu der geheimen militärischen Spionage-Raumstation, die es schon seit dreißig Jahren im offenen Weltraum gibt und die von militärischen Astronauten der USA und UdSSR [jetzt GUS, Gemeinschaft Unabhängiger Staaten] bemannt ist.«

Das vielleicht furchteinflößendste Raumschiff der US-Flotte ist das TAW-50 (siehe Tafel 15). Boylan nennt es einen hypersonischen Antigravitations- und Weltraum-Kampfjet. Wie behauptet wird, kann es Geschwindigkeiten von mehr als Mach 50 oder 38.000 Meilen pro Stunde erreichen. Das heißt, er kann mit seinem Bord-Antrieb ohne Raketen auf die zur Überwindung der Erdanziehungskraft nötige Geschwindigkeit von 25.000 Meilen pro Stunde kommen. Er verfügt über Elektrogravitationstechnik der vierten Generation, die es erlaubt, in weniger als zwei Millisekunden zu einem völligen Stillstand zu gelangen und für längere Zeiträume bewegungslos zu verharren. Die auf zwei Mann ausgerichtete Antigravitations-Kampfflugscheibe Lockheed X22A ist mit Neutronenstrahlenwaffen ausgerüstet, kann optische Nichtsichtbarkeit erreichen und ist auf der ganzen Welt einsetzbar.

All diese Raumfahrzeuge sind im Weltraumkriegs-Hauptquartier in einer geheimen unterirdischen Einrichtung innerhalb des Kings Peak im Wasatch Gebirge (Utah), achtzig Meilen östlich von Salt Lake City, stationiert. Herbert Dorsey III. schreibt darüber in seinem Buch *Secret Science and the Secret Space Program*:

»Ein großes dreieckiges Fluggerät, das schätzungsweise 600 Fuß lang und 100 Fuß breit war, wurde von einem Wanderer in einer abgelegenen Region in der Wüste von Utah gesehen. Das große Flugschiff schwebte lautlos und verlor allmählich an Höhe. Dann öffnete sich der Wüstenboden, oder besser gesagt ein großes verborgenes Tor, das als Wüstenboden getarnt war. Das Flugschiff senkte sich zu der Öffnung hinab, das getarnte Tor schloss sich, und die Gegend sah wieder aus wie die Wüste ringsum. Von dieser Basis aus soll das große Luft-/Raumschiff bei Start und Landung navigiert werden. Man darf annehmen, dass ein Raumschiff dieser Größe bis zu 2.000 Passagiere transportieren kann.«

Ein anonymer pensionierter Mitarbeiter der Defense Intelligence Agency (Verteidigungs-Geheimdienst-Behörde), der sämtliche Details einer Reise von zwölf Amerikanern durch die Galaxis zum Planeten Serpo enthüllt hat, behauptet, der Herausgeber des *Roten Buches* zu sein, das alle unsere Kontakte zu Außerirdischen verzeichnet. Der offenbar hochrangige Geheimdienstler teilte auch Einzelheiten zu anderen Kontakten mit. Auf seiner Webseite über Serpo www.serpo.org (aufgerufen am 20. September 2016) schreibt er:

»Wir hatten Besucher von neun anderen Sternensystemen. … Wir stellten kürzlich fest, dass einige dieser Besucher derselben Rasse angehörten, aber eine ›künstliche Lebensform‹ darstellten. Sie waren eher in Laboren erzeugte als auf natürliche Weise geborene Mischwesen.«

*Abb. 21.2. Wahrscheinlich Nautilus-X, ein Raumschiff zur Weltraumerkundung*

*Abb. 21.3. Ankündigung einer Konferenz über geheime Weltraumprogramme*

Das amerikanische Raumfahrtprogramm wird vom United States Space Command (US-Weltraumleitstelle) koordiniert, dessen Amt 1985 vom Verteidigungsministerium eingerichtet wurde. Das Hauptquartier ist an der Peterson Air Force Base in Colorado Springs (Colorado). Die Organisation ist primär der US-Air-Force angegliedert. Die Raumfahrt-Kadetten werden in besonderen Einrichtungen in der Nähe der Air Force Akademy trainiert. Das Space Command unternimmt Routine-Reisen zu unseren mittlerweile erweiterten Kolonien auf dem Mond und dem Mars.

All diese Operationen wurden auf exorbitant hohen Geheimhaltungsstufen von MJ-12 durchgeführt, dem obersten Komitee, das Truman 1947 einberief, um alle Programme in Bezug auf unsere Verbindungen zu Außerirdischen zu kontrollieren. Das Militär ließ strengste Sorgfalt dabei walten, solche Informationen unter Verschluss zu halten, wobei Geldstrafen von 10.000 Dollar, unehrenhafte Entlassungen und zehn Jahre Gefängnis drohen; zudem wurde auch unmissverständlich darauf hingewiesen, dass diejenigen, die gegen die Geheimhaltungspflicht verstoßen, und ihre Familien mit möglichen gesundheitlichen Folgen rechnen müssten. Von einigen Whistleblowern ist bekannt, dass sie ermordet wurden. Die CIA perfektionierte außerdem die Praxis, Erinnerungen selektiv zu löschen, wobei elektronische Maßnahmen zur Zerstörung des Gedächtnisses, Hypnose und Drogen bei denen, die an besonders streng klassifizierten Projekten arbeiten, eingesetzt werden. Und aufgrund der Kontrolle der Medien durch die Illuminaten wurden Nachrichtensprecher darauf abgerichtet, alle Berichte über Außerirdische oder geheime Weltraumaktivitäten, die durchgesickert sein könnten, zu bespötteln und zu veralbern.

Daher glauben die Öffentlichkeit und die meisten Mitglieder des Kongresses weiterhin, dass das von der NASA Mitgeteilte unser gesamtes Weltraumprogramm ausmacht. Die Bruderschaft behält also all jene wunderbaren Fortschritte in der Weltraumfahrt für sich und stellt sicher, dass die Menschheit auch dadurch ihrer Kontrolle nicht entkommen kann, dass sie zu den Sternen reist.

# 22 Die Neue Weltordnung

Am oder um den 21. Februar 1954 herum traf sich Eisenhower mit einer Gruppe Außerirdischer an der Holloman Air Force Base in New Mexico. Diese Außerirdischen wurden später im Volksmund »Greys« genannt – die Grauen. Das Ergebnis dieser Sitzung war eine Vereinbarung zwischen der US-Regierung und den Außerirdischen, die heute als Vertrag von Greada bekannt ist. Wir sollten ihnen erlauben, eine begrenzte Anzahl von ihnen ausgewählter Menschen zu entführen und Untersuchungen an ihnen durchzuführen, damit sie die Physiologie und Psychologie der menschlichen Rasse studieren können. Im Gegenzug würden sie unserem Militär fortschrittliche Technologie liefern, vor allem Biotechnologie und Antriebstechnik auf Antigravitationsbasis für Flugzeuge. Sie sollten uns Listen der Menschen vorlegen, die entführt würden.

Dieser Vertrag war notwendig, weil das galaktische Gesetz keiner fremden Spezies erlaubt, Angehörige einer einheimischen Planetenpopulation gegen deren Willen mitzunehmen. So haben wir einem heute weitverbreiteten und nicht nur auf die Vereinigten Staaten begrenzten Phänomen Tür und Tor geöffnet, welches letztlich die Schaffung einer Hybridrasse ermöglichte. Da die Aliens zu dieser Besprechung in Raumschiffen anreisten, gingen wir davon aus, dass sie von einem entfernten Planeten kamen. Aber das war nicht der Fall. Die Greys kamen aus ihrem unterirdischen Reich. Sie waren jene Kreuzungen aus Reptiloiden und Sirianern, die seit Jahrtausenden die Geißel der Menschheit gewesen sind. Sie waren Vertreter der Bruderschaft der Schlange.

Die erste Entführung in dieser neuen Ära fand am 19. September 1961 auf einer verlassenen Straße bei Indian Head in New Hampshire statt. Betty und Barney Hill wurden aus ihrem Auto gezerrt und in ein

*Abb. 22.1. Historisches Hinweisschild an der Stelle, an der die Hills von einem UFO entführt wurden*

über der Straße schwebendes fremdes Flugobjekt gebracht, wo die Greys an ihnen physische Untersuchungen vornahmen. An diesen Vorfall erinnert heute ein historisches Hinweisschild.

Ironischerweise war der Vertrag nicht wirklich notwendig. Wir hatten von unseren Freunden, den Ebens von Zeta Reticuli, bereits eine Antigravitationsscheibe zum Nachbau als Geschenk erhalten. Sie war am 21. Mai 1953 in Kingsman, Arizona, gelandet und wurde von unserem Militär zur Area 51 gebracht. Die vier Mitglieder der Eben-Crew wurden mit dem Bus nach Los Alamos gefahren. Doch dank der hohen Absicherung streng geheimer Informationen dürfte dieses Ereignis zu jener Zeit nicht einmal dem US-Präsidenten, sondern nur dem MJ-12 bekannt gewesen sein.

Das überrascht nicht, denn das MJ-12 verwendete einen streng geheimen Codewortschlüssel, zu dem der Präsident normalerweise keinen Zugang hatte. Aus der Verbindung geheimer Gruppen der amerikanischen Regierung und Militärwissenschaftler mit den Greys und ihren Cousins, den Reptiloiden, ist seither eine enge Zusammenarbeit geworden, die man im Grunde am besten als Bündnis bezeichnen kann. Dieses Bündnis schließt auch Repräsentanten großer Konzerne ein, die geheime Militärausrüstung erforschen und liefern, sowie Insider aus den Geheimdienst- und Raumfahrtbranchen. Gemeinsam bilden sie alle den militärisch-industriellen Komplex, vor dem Eisenhower uns in seiner Abschiedsansprache im Januar 1961 gewarnt hat. Heute wird dieser Komplex zusammen mit den Bayerischen Illuminaten, der wichtigsten Finanzquelle der Illuminaten, umgangssprachlich als »Kabale« bezeichnet (siehe Tafel 16).

## Die Hybridisierung

Was die Kabale zuließ, ist die verdeckte Hybridisierung der menschlichen Rasse, ähnlich wie es auf Atlantis geschah. Aber die Endphase verläuft jetzt anders. Anstelle eines Einsatzes von Hybriden, um die menschliche Blutlinie zu verdünnen, damit Menschen anfälliger für Einflüsse aus der vierten Dimension werden, sind hybride Kreaturen nun im Wesentlichen dazu bestimmt, die Seelen der Außerirdischen zu beherbergen, weil diese Körper von menschlichen Seelen aufgrund wesentlicher DNA-Unterschiede nicht angenommen werden. Auf seelischer Ebene sind diese Mischwesen also tatsächlich keine Menschen mehr.[23]

Seit mehr als fünfzig Jahren ist der Prozess jetzt schon im Gange, und es laufen heute viele Millionen Alien-Hybriden auf den Straßen unserer Großstädte herum, arbeiten auf allen Ebenen mit Menschen zusammen und produzieren Alien-Hybriden der zweiten und dritten Generation. Die Hybriden verfügen alle über gesteigerte paranormale Fähigkeiten, so dass sie gegenüber echten Menschen beispielsweise bei der Beschäftigung an sensiblen staatlichen Stellen einen Wettbewerbsvorteil haben und so diese Organisationen allmählich übernehmen.

---

23 *Anmerkung des Verlags:* Sehr ausführlich schreibt darüber David M. Jacobs, der sich auf Entführungen durch Aliens spezialisiert hat. Sein neuestes Buch *Alien-Hybriden. Sie sind mitten unter*, Amra Verlag, Hanau 2017, berichtet detailliert über den Plan der Außerirdischen, ihre Mischwesen durch Integration in die menschliche Gesellschaft unauffällig in Führungspositionen zu bringen.

Das ist eine Situation, die ganz und gar der Handlung des prophetischen Films *Blade Runner* entspricht, der auf Philip K. Dicks Roman *Träumen Roboter von elektrischen Schafen?* beruht und in dem ein ganz besonderer Augentest erforderlich ist, um Menschen von Roboter-Kreaturen zu unterscheiden.

Die Hybriden erhalten ihre Marschbefehle natürlich von den Greys, den Reptiloiden und den bayerischen Illuminaten. Die letzte Phase wird der allmähliche Austausch von Millionen, vielleicht Milliarden von Menschen und die Versklavung der übrigen sein, so wie es im Zweiten Weltkrieg vorgesehen war.

## Ein Netz unterirdischer Stationen

Eine der Bestimmungen des Grenada-Vertrags war die Vereinbarung, dass die US-Regierung zusammen mit den Aliens unterirdische Basen zu gemeinsamen Forschungs- und sonstigen Tätigkeiten einrichten sollte. Eine solche Aufgabe sollte etwa die Entwicklung fortgeschrittener Raumfahrt und Biotechnologie im Namen der USA sein.

Umgesetzt wurde diese Bestimmung durch den Bau einer riesigen unterirdischen Anlage irgendwann in den späten fünfziger Jahren unter dem Archuleta Mesa im Gebiet von Four Corners im Südwesten nahe der Stadt Dulce, New Mexico. Dieser Ort wurde ausgewählt, weil er eine bereits existierende alte, tiefe und mehrstufige Alienkolonie mit einem komplexen Tunnelsystem verbindet, das sich unterirdisch durch die Vereinigten Staaten zieht und mit einem weltweiten Gitternetz verbunden ist. Dies war das Raster, das ursprünglich von den Reptiloiden geschaffen wurde, als sie vor Tausenden von Jahren nach dem Untergang Lemuriens unter die Erdoberfläche gingen. Die Tunnel beherbergen Hochgeschwindigkeits-Magnetschwebebahnen, die mit Überschallgeschwindigkeit fahren können.[24]

---

24 *Anmerkung des Verlags:* Mehr über die Bedeutung von Dulce erfahren Sie in dem Buch *Enthüllt! Die Missionen des John Titor II*, Amra Verlag, Hanau 2017. Es ist der Tatsachenbericht eines Whistleblowers, der in dieser Basis zum Supersoldaten ausgebildet wurde. Als Lieutenant Colonel unternahm er im Auftrag des

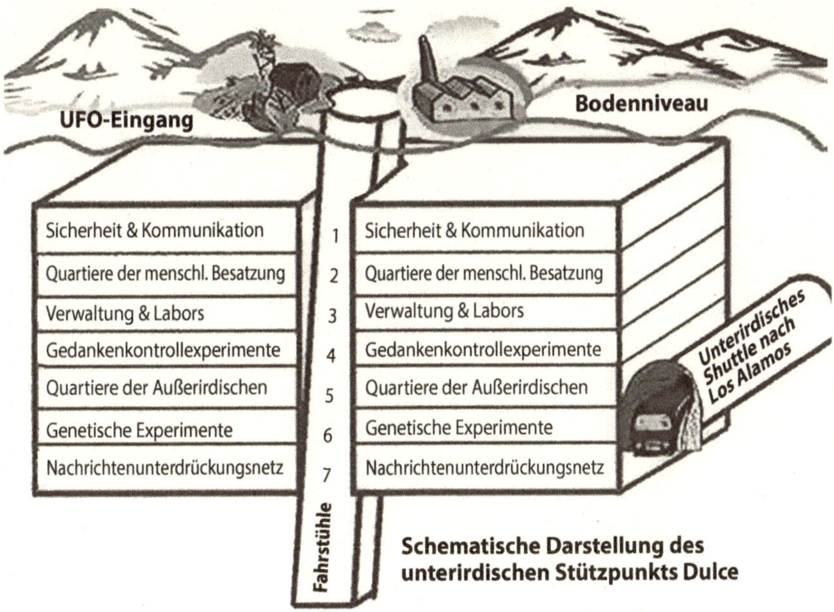


*Abb. 22.2. Querschnitt durch die Basis Dulce*

Phil Schneider, ein Geologe, Bauingenieur und Statiker, der dazu beigetragen hat, dreizehn tiefe unterirdische Militärbasen (Deep Underground Military Bases, DUMBs) zu bauen, einschließlich der Dulce-Station, schätzte 1995 das jährliche geheime Gesamtbudget auf rund 500 Milliarden Dollar. Die Kosten für den Bau des Stützpunkts Dulce (siehe Tafel 17) betrugen etwa 20 Milliarden Dollar. Er behauptet, dass er von 131 DUMB-Basen in den Vereinigten Staaten und weiteren in Kanada und Mexiko wisse. Seiner Kenntnis nach befinden sich die meisten Basen zwischen ein und zwei Meilen tief unter der Erde.

---

US-Militärs Zeitreisen – in unsere Vergangenheit und sogar in unsere Zukunft – und landete auch auf Nibiru, dem Planeten der Anunnaki. Er schildert Teambesprechungen mit einem Reptiloiden und einem Grey in der Basis und wie er von Letzterem erfuhr, dass seine Befehlshaber ihn als Klon erschaffen ließen. Die Wahrheit über die geheimen technischen Möglichkeiten des US-Militärs reicht weiter als jede Vorstellungskraft!

Schneider wurde einmal in ein Feuergefecht mit Aliens verwickelt, als er in einem tiefen Loch versank, das für die Belüftung über der Basis von Dulce gebohrt worden war. Als er den Aliens begegnete, versuchten sie, ihn zu töten; daher schoss er mit seiner 9-mm-Pistole zurück. Zum Glück packte ein Bauarbeiter seinen schlaffen Körper und warf ihn in einen Korb, der rasch mit einer Art Seilwinde nach oben gezogen wurde, was ihm das Leben rettete.

Schneider wurde wütend, als er die menschenfeindliche Haltung der Aliens erkannte, und begann, öffentlich darüber zu sprechen. Sein letztes YouTube-Video, das am 23. November 2014 veröffentlicht wurde, beruht auf Vorfällen, die im November 1965 stattgefunden hatten. Es wurde im November 1995 aufgenommen. Zwei Monate später, am 11. Januar 1996, wurde Schneider unter mysteriösen Umständen tot aufgefunden. Er hatte vorher öffentlich gesagt: »Falls ich jemals ›Selbstmord begehen‹ sollte, wurde ich ermordet.«

## Thomas Costellos Enthüllungen

Ein Mann namens Bruce Alan DeWalton veröffentlichte online unter dem Pseudonym »Branton« sein Buch *The Dulce Book*. Es bietet die erhellendsten, sehr gründlich recherchierten Informationen über die Dulce-Basis, die allgemein verfügbar sind. Branton spricht von einem ehemaligen Sicherheitsbeauftragten in Dulce namens Thomas Costello, der Ende 1979 mit dreißig Fotos, einem Video vom Kontrollzentrum und Hunderten belastender Dokumente aus der Anlage entkam. Costellos Beschreibungen der höllischen Experimente in Dulce wurden 1991 in einem Artikel in der Februar/März-Ausgabe der Zeitschrift *UFO Universe* mit dem Titel »The Deep Dark Secret in Dulce« (»Das Große Dunkle Geheimnis in Dulce«) aus der Feder von Bill Hamilton und »Tal« LeVesque zitiert.

Dort schreiben die Autoren:

»Thomas behauptet, dass es in der Anlage von Dulce über 18.000 von den kleinen ›Greys‹ gab. Er hat auch [große] Repto-Humanoide gesehen. Einer von uns [Tal] bekam einen über 1,80 Meter großen Reptiloiden zu Gesicht, der sich [aus der vierten Dimension] in seinem Haus materialisiert hatte. …

Die Sicherheitsstufe wird umso höher, je tiefer man zu den unteren Ebenen absteigt. Thomas hatte eine ULTRA-7-Freigabe. Er wusste von sieben Unterebenen, aber vielleicht gibt es noch mehr. Die meisten Aliens gibt es auf den Stufen 5, 6 und 7. Die Unterkunft der Aliens befindet sich auf Ebene 5. Das einzige englischsprachige Schild hing im Gang einer unterirdischen Shuttlestation; auf ihm stand ›nach Los Alamos‹. Verbindungen von Dulce bestanden zur Anlage in Page, Arizona, und außerdem zu einer unterirdischen Basis unter Area 51 in Nevada. Shuttle-Verbindungen führen nach und von Dulce aus zu Anlagen unter Taos (NM), Datil (NM), Colorado Springs (Colorado), Creede (Colorado), Sandia und weiter nach Carlsbad (New Mexico). Es gibt ein riesiges Netz von Shuttle-Verbindungen unter den Vereinigten Staaten, das sich zu einem globalen System aus Tunneln und unterirdischen Städten ausweitet.«

Branton sagt dazu in einer Fußnote im 10. Kapitel in *The Dulce Book*:

»Dies deutet darauf hin, dass die TIEFEREN Tunnel ursprünglich in älteren oder prähistorischen Zeiten von ANDEREN Wesen als den Draco-Reptiloiden konstruiert worden sind, die gegenwärtig die unteren Ebenen der Dulce-›Basis‹ bewohnen.«

## Das Biotech-Grauen

Hamilton und LeVesque fuhren in ihrem Artikel fort:

»Zu den Forschungen auf Ebene 4 gehören Experimente mit der menschlichen Aura sowie mit allen Aspekten von Telepathie, Hypnose und Träumen. Thomas sagt, dass sie wissen, wie sie den Bioplasmakörper vom physischen Körper trennen und die Kraftmatrix eines ›Alien-Wesens‹ in einen menschlichen Körper verpflanzen können, nachdem sie die Lebens-Kraftmatrix der ›Seele‹ aus dem Menschen entfernt haben …«

Und in *The Dulce Book* zitiert Bruce Alan DeWalton alias Branton seinen Gewährsmann Thomas Costello:

»›Ebene 6 wird insgeheim die ›Albtraumhalle‹ genannt. Dort befinden sich die genetischen Labore, in denen Experimente durchgeführt werden an Fischen, Robben, Vögeln und Mäusen, deren ursprüngliche Gestalt dabei stark verändert wird. Es gibt dort mehrarmige und mehrbeinige Menschen sowie Käfige mit humanoiden fledermausartigen Kreaturen (mit toten ›Mottenmenschen‹ oder jenen Kreaturen, die John Keel in seinem Buch *The Mothman Prophecies* beschreibt? – Branton), die über zwei Meter groß sind. Die Außerirdischen haben die Menschen viel über Genetik gelehrt, Dinge, die sowohl nützlich als auch gefährlich sind. …

Ebene 7 ist die schlimmste. Tausende von Menschen und Menschenmischlingen werden hier reihenweise eingefroren gelagert. Auch Embryonen von Humanoiden in den verschiedenen Entwicklungsstadien sind hier zu finden, wie auch viele Überreste menschlicher Kinder in Lagerbehältern. Wer sind [waren] diese Leute? ›[Meine Informationsquellen beziehen sich auf …] Menschen, die in den Laboren gearbeitet haben, Entführte, die zur Basis gebracht wurden, Menschen, die bei der Konstruktion geholfen haben, Geheimdienstpersonal [NSA, CIA etc.] und Forscher, die sich mit UFOs und der Inneren Erde befassen. Diese Information ist für diejenigen gedacht, die sich ernsthaft für die Dulce-Basis interessieren. Zu IHREM EIGENEN SCHUTZ wird empfohlen, bei der Untersuchung dieses Komplexes VORSICHTIG vorzugehen. … Die Greys, die Reptiloiden, die geflügelten Draco-Wesen sind äußerst analytisch veranlagt und technologisch höchst versiert. SIE HATTEN IN DER VERGANGENHEIT ALTE KONFLIKTE MIT DEN EL-MENSCHEN GEHABT und können hier einen ZUKÜNFTIGEN KONFLIKT INSZENIEREN …‹«

Phil Schneider, der maßgeblich am Bau von dreizehn dieser unterirdischen Militärstützpunkte beteiligt war, schätzte in einem Vortrag 1996, dass jedes Jahr weltweit etwa einhunderttausend Kinder und eine Million Erwachsene verschwinden. Er hat angedeutet, dass die meisten, vielleicht alle, in diesen und anderen weltweiten Kammern des Schreckens enden.

## Kriege in Dulce

Als einige der menschlichen Mitarbeiter die grauenhaften Ausmaße der fortschreitenden außerirdischen Biotechnologie allmählich begriffen, begannen sie, dagegen aufzubegehren. Branton spricht von einem »Krieg«, der in einer dieser Einrichtungen tief im Erdinneren unter Area 51 ausbrach. Er schreibt darüber:

»Nach Michael Wolf, einem Agenten der Special Studies Group MJ-12, war dieser Krieg ein ›Massaker‹, das nach dem ersten Gewaltausbruch 1975 während der Vorführung eines Antimaterie-Reaktors in einem unterirdischen Raum verübt wurde. Die Greys, die diese Vorstellung durchführten, befahlen den menschlichen Sicherheitsbediensteten, die Munition aus ihren Waffen zu entfernen. Ein Wachschutz-Offizier fragte bei diesem Befehl nach, und schon allein deshalb, weil er die Kühnheit zu einer solchen Frage besessen hatte, zeigte einer der Greys sofort sein wahres Gesicht. Dies offenbarte zweifelsfrei, dass ›sie‹ durchaus keine ›Verbündeten‹ der amerikanischen Regierung sind, sondern in Wahrheit eine Eroberungsarmee, welche die völlige Ergebenheit der ›Unterworfenen‹ verlangt. Das ›Ding‹ aus einer anderen Welt entschied, an denjenigen, die seine Anweisungen hinterfragten, und deren Kameraden ein Exempel zu statuieren. Die Greys befahlen, MEHRERE DUTZEND Sicherheitsmitarbeiter und Wissenschaftler abzuschlachten, obwohl nur einer von ihnen bei dieser ersten Auseinandersetzung ums Leben kam.«

Branton spricht in *The Dulce Book* auch von einem Feuergefecht, das unterhalb von Dulce ausbrach.

»Thomas Castello behauptet, dass 1979, also vier Jahre später, eine weitere Schlacht unterhalb von Culce entbrannte, als einige Forscher, welche die ›Schreckliche Wahrheit‹ über Tausende menschliche Entführte in Kältekammern und käfigartigen Behausungen in den tieferen ›außerirdischen‹ Sektoren unter Dulce herausgefunden hatten, nach dieser Entdeckung selbst von den Aliens festgenommen wurden. Darunter befanden sich einige der klügsten Köpfe, die Amerika damals besaß.«

Es gab mehrere solcher Vorkommnisse. Zusammen schaukelten sie sich zu den sogenannten »Kriegen von Dulce« hoch. Branton kann seinen Zorn und seine Entrüstung über diese Gräueltaten der Aliens nicht unterdrücken. Er erwähnt auch, dass die Telosier, eine freundliche, humane Gruppe von Außerirdischen, bei ihrem Besuch auf der Erde das Recht der Greys, auf diesem Planeten anwesend zu sein, in Frage stellte. Diese hätten zur Antwort gegeben, sie »haben das Recht, ihre Aktivitäten hier fortzusetzen, seit die US-Regierung ihre Tätigkeiten in Amerika sowie auf der Erde genehmigte«.

Branton kommentiert dies zornig:

»Beziehen sich die Greys dabei auf die von den Nazis unterstützte ›Geheimregierung‹ der CIA/NSA, die Amerika durch Mord und Manipulation unterwanderte und die ›Zusammenarbeit‹ mit den Aliens OHNE jegliche Einwilligung des Kongresses vereinbarte? Es hat ganz den Anschein, als hätten sie JEDES Recht für derartige Behauptungen – diese grünblütigen, stifthalsigen, melonenköpfigen, blutsaugenden Parasiten, die Verträge brechen, den menschlichen Willen missachten, ständig Menschen für wissenschaftliche Zwecke oder gar als Nahrung entführen und töten, lügen und betrügen, die Gebote der Nichteinmischung missachten, Tiere und Eigentum vernichten, das Denken der Massen und deren Führer entgegen deren bewusstem Wissen manipulieren, menschliches Leben auf geistiger, emotionaler und physischer Ebene zerstören und sich wortwörtlich von Menschenleben ›ernähren‹, einschließlich dem von Kindern!«

## Das neue MJ-12

Um die Neue Weltordnung zu etablieren, plant die Kabale, die dazu notwendige gesellschaftliche Umwälzung mithilfe der Vereinten Nationen herbeizuführen. Die Iluminaten haben bereits die wichtigsten Abteilungen der Vereinten Nationen auf den höchsten Ebenen unterwandert und arbeiten heimlich daran, MJ-12 in eine der UN zugehörige Organisation zu integrieren, die MJ-12 womöglich ersetzen wird.

Bereits 1962 wurde MJ-12 vom UN-Sicherheitsrat internationalisiert, als es um die USA, Russland, China und den Europäischen Rat (heute Europäische Union) erweitert wurde. Das ursprüngliche MJ-12 wurde sodann zur US Special Studies Group. Der neue Dachverband heißt UN Office for Outer Space Affairs (UNOOSA, Büro der Vereinten Nationen für Weltraumfragen). Das amerikanische MJ-12 wird vielleicht vollständig in das UNOOSA als beratendes Exekutivkomitee aufgenommen und dann eventuell im UNOOSA aufgehen.

Das neue internationale MJ-12 wird derzeit von der Astrophysikerin Simonetta Di Pippo aus Italien geleitet und umfasst Mitglieder aus Deutschland, Großbritannien, Kanada, Thailand, Brasilien, Russland, den USA, dem Vatikan, Australien und Peru. Seinen Hauptsitz hat das UNOOSA jetzt in Wien.

## Das Space Command der USA

Das United States Space Command (US-Weltraumleitstelle) untersteht der US Air Force. Sie wurde 1982 als Behörde ins Leben gerufen, die für alle weltraumbezogenen Aktivitäten des amerikanischen Militärs zuständig ist. Michael E. Salla schreibt 2007 auf seiner Website:

> »Sie verfügt über fortgeschrittene Raumfahrt-Kapazitäten, die weit über die der NASA verfügbare Technologie hinausgeht. Dies ist ein weiterer Beleg für das, was Gary McKinnon entdeckte, als er NASA- und Pentagon-Computer hackte. Er behauptet, dass er schließlich in die Computer von Space Command, also der Weltraumleitstelle, eingedrungen ist, wo er auf eine ›Liste von Offiziersnamen‹ stieß, die, wie er sagte, mit der Überschrift ›Außerirdische Offiziere‹ versehen war. McKinnon sprach auch von ›Transfers von Flotte zu Flotte‹. Das Space Command verfügt über eine öffentliche Organisation und eine streng geheime, im Verborgenen operierende Abteilung. Diese hat ihren Sitz an der Cheyenne Mountain Air Force Station in Colorado. Ihre Aufgabe besteht anscheinend in der ›besonderen Unterstützung beim Schutz der Space Shuttle, der Internationalen Raumstation und ihrer Besatzung vor Schäden

durch Schrott in der Umlaufbahn, durch Zusammenstöße mit Raumschiffen und vor anderen typischen Risiken von Einsätzen im Orbit‹. Dies bedeutet, dass das Space Command über die zur Bekämpfung dieser Gefahren notwendige Technologie verfügt.«

Nach den Ausführungen von Ted Weitmeyer in seinem online publizierten Aufsatz »The USAF Space Command and What it Does« ist es …

»bekannt, dass das Space Command über fortgeschrittene geheime Raumschiffe verfügt, die ohne Verwendung von Raketentechnologie die Atmosphäre verlassen und wieder in sie eintreten. Dazu gehören – neben weiteren – solche Fluggeräte wie das von Lockheed produzierte TR-3, das sogenannte ›schwarze Dreieck‹ oder der ›Schwarze Manta‹.«

## Sonnenwächter

In einem anderen Aufsatz auf seiner Website schreibt Michael E. Salla im Jahre 2009:

»Wenn Reagans Angaben und die Zeugnisse der Whistleblower den Tatsachen entsprechen, dann ist die Schaltzentrale dieser geheimen Flotte von Antigravitationsraumschiffen … das US Strategic Command. Die Bezeichnung für diese als streng geheim klassifizierte Flotte lautet, gemäß mehrerer Whistleblower, ›Solar Warden‹ [Sonnenwächter]. Die Existenz von Solar Warden bestätigt, wenn dies stimmt, dass die NASA ein Tarnprogramm darstellt, bei dem veraltete Raketenantriebstechnik eingesetzt wird. Handelt es sich dabei um die Wahrheit, so dient das ›futuristische‹ gemeinsame Programm mit dem Ziel, Astronauten zum Mond und zum Mars zu bringen, lediglich der Tarnung für ein tatsächlich existierendes Weltraumprogramm, das regelmäßig interplanetare Missionen unter Verwendung von Antriebstechnologie auf Antigravitationsbasis durchführt.«

In Interviews von Salla mit Randy Cramer (Captain Kaye) – der wahrscheinlich einem Kontingent von Elitesoldaten angehörte, die von der Erde zum Mars geschickt wurden, um dort stationierte menschliche Truppen zu unterstützen – behauptet dieser, dass Solar Warden über acht zigarrenförmige Raumschiffe verfügt, von denen mindestens eines, die *Nautilus-X*, rund 4.000 Fuß lang ist und hoch entwickelte Antriebssysteme verwendet, welche es ihr ermöglichen, ohne Raketenbetrieb in den offenen Weltraum hinaus zu reisen.

Diese »Flugzeugträger« des Alls tragen 43 Antigravitations-Raumaufklärer, die ebenfalls in der Lage sind, aufgrund fortgeschrittener Antriebstechnik durchs All zu fliegen. Ein anonymer Whistleblower mit dem Codenamen »Henry Deacon«, ein früherer Physiker an den Lawrence Livermore Laboratories, erklärte Kerry Cassidy in einem Interview bezüglich des Projekts Camelot, dass Solar-Warden-Raumschiffe routinemäßig eine große, bemannte Station auf dem Mars versorgen, was Cramers Behauptung bestätigt.

Die Tatsache, dass die Existenz von Solar Warden streng geheim bleibt, bedeutet, dass es Teil eines Programms verdeckter Operationen ist und die Öffentlichkeit nicht informiert werden darf, weil es das Bündnis zwischen der amerikanischen Militär-Kabale und den Reptiloiden enthüllen würde. Sehr wahrscheinlich wurde die bei Solar Warden verwendete Technologie von den Außerirdischen im Rahmen des Greada-Vertrags übergeben; das heißt, sie dient dazu, das Heraufkommen der Neuen Weltordnung zu beschleunigen.

Michael E. Salla sagt dazu:

> »Der kontinuierliche Niedergang der NASA seit ihren Apollo-Glanzzeiten hat nichts mit der Kompetenz und Erfahrung ihres Personals zu tun. Die politische Realität ist, dass hoch spezialisierte militärische Programme die fortgeschrittene Antigravitationstechnologie davor bewahren, der Öffentlichkeit bekannt und kommerziell genutzt zu werden.«

In einem anderen Aufsatz schreibt der Forscher Doug Yurchey:

> »Unseren *Anführern* wurde unter dem Siegel der Verschwiegenheit hoch entwickelte Technologie übergeben. SIE vertuschen die Entführungen und

die Beweise für außerirdische Täter, und die besondere Technologie wurde ihnen für ihre Mitarbeit an dem gemeinsamen Job überlassen. Dann aber haben unsere *Anführer* uns dieses Wissen in kleinen Dosierungen mitgeteilt. Mit Unterstützung der Zeta Reticuler … ist es ein Kinderspiel, zum Mond oder Mars zu fliegen.« [Hervorhebungen durch den Autor]

## Die Marsstation

Cramer kann sich mittlerweile, obwohl sein Gedächtnis gelöscht wurde, wieder an seine gesamte Erfahrung als Elitesoldat der US-Marine erinnern. Er war zur Mars Defense Force eingezogen worden, den Verteidigungsstreitkräften des Mars, und spricht von fünf menschlichen Marskolonien in der Größe von Städten, die unter Kuppeln liegen und mit Elitesoldaten aus verschiedenen Ländern besiedelt sind. Die Mars Defense Force ist eine Unterabteilung der eher nach innen wirkenden irdischen Verteidigungsstreitkräfte (Earth Defense Force), was allerdings eine irreführende Bezeichnung ist, da sie nicht wirklich die Erde und ihre Bevölkerung, sondern vielmehr die globale Elite und die Iluminaten verteidigt.

Cramer gehörte zu einer Armee von tausend Menschen, die gemeinsam mit einer großen Kolonie Reptiloider und Insektoider auf und unter der Oberfläche des Mars lebten. Er berichtet, dass es immer wieder zu Zusammenstößen der menschlichen Basis auf dem Mars mit derjenigen der Reptiloiden kommt, da beide Seiten die Grenzen durch kleinere Übergriffe testen. Dabei verfügen die Menschen über Superwaffen, die den Streitmächten auf der Erde nicht zugänglich sind.

Cramer verbrachte siebzehn Jahre seiner zwanzigjährigen Dienstzeit auf der Marsbasis. Die meiste Zeit davon war überaus langweilig, aber sein Dienst kulminierte in einem Militäreinsatz, bei dem Reptiloide fast die gesamte Einheit von tausend Mann ausrotteten und nur 35 Personen verschonten. Zu diesem Massaker hatte es kommen können, weil die menschlichen Truppen in ein unterirdisches Tunnelsystem innerhalb der Reptiloiden-Basis eingeschlossen wurden.

*Abb. 22.3. Insignien der Earth Defense Force mit dem Motto »Zur Verteidigung der Heimat und von allem, was wir für wahr halten«*

Schnell wurden sie von allen Seiten umzingelt und niedergemetzelt. Das machte der Anwesenheit von Menschen auf dem Mars für lange Zeit ein Ende.

Cramer gehörte zu den Überlebenden. Er wurde zum Piloten umgeschult und verbrachte seine letzten drei Dienstjahre, indem er auf Antigravitationsraumschiffen Patrouillenflüge im inneren Sonnensystem absolvierte.

Die Marsstation wird von der Mars Colony Corporation (Marskolonie-Gesellschaft) geleitet, einer Iluminaten-Organisation, die dort mit Bergbau begann und sich an der Förderung seltener Rohstoffe aus dem Marsboden bereicherte. Ebenso wie auf der Erde wird das Marsmilitär von Großindustriellen und Bankern mit Hauptsitzen auf der Erde kontrolliert.

## Versklavung durch Schulden

Wie schon seit ältesten Zeiten ist die Bruderschaft der Schlange auch in neuerer Zeit bestrebt, die Massen durch Schulden in Abhängigkeit von einem zentralen Bankensystem und dieses unter der völligen Kontrolle der Finanzelite zu halten, die selbstverständlich aus Iluminaten besteht. Die Machenschaften des Shemsu Hor im alten Ägypten wurden im zwanzigsten Jahrhundert einfach wiederholt – eine wohlerprobte und bestens funktionierende Methode, die Massen zu versklaven, während sich ihre hybriden Herren bereichern. Die Kontrolle über ein zentrales Bankensystem erlaubt es der Kabale, überall Kriege zu führen, wo es nötig ist, um die Herrschaft über die menschliche Rasse aufrecht zu erhalten.

Der Sozialpsychologe Preston James erläutert ihre heutigen Methoden anhand ausführlicher und erhellender Details in seinem Online-Aufsatz »35 Things the Ruling Cabal Does Not Want You to Know« (»35 Dinge, von denen die herrschende Kabale nicht will, dass Sie sie wissen«; mit Datum vom 2. September 2013).

Er schreibt in diesem Aufsatz:

> »Der Nazi-Klüngel existiert noch immer als ein geheimes, verdecktes Viertes Reich, das einige der großen Banken an der Wall Street, viele der größeren Öl-Konzerne, die Pharma- sowie die Militärindustrie und einige amerikanische Geheimdienste kontrolliert. Er beherrscht die Zentralbanken und wendet bösartige Mittel an, um gewaltige Mengen von Schuldensklaven zu erschaffen. …
>
> Es scheint, dass die Kabale und ihre Lakaien unter dem Bann irgendeiner bösen, seelenlosen, den Geist knechtenden Wesenheit stehen, die vielleicht am besten als kosmischer oder dämonischer Parasit zu beschreiben ist, der sich vom akuten oder chronischen Leid der Menschen und dem Tod von Menschenmassen ernährt.
>
> Und es scheint weiterhin, dass dieses Leid durch traumatischen Schmerz und Tod infolge der gesellschaftlichen Förderung von schweren Verbrechen, Chaos, sozialem Zusammenbruch, Hunger und Krieg absichtlich und stets aufs Neue verursacht wird, um ein nachgerade gleichmäßiges ›Blutvergießen‹ sicherzustellen, das diesen Parasiten, die sich offenbar an ständigen massenhaften Menschenopfern ergötzen, Leben und Energie verschaffen soll.«

Die Kontrolle des Bankwesens ermöglicht den Illuminaten, in Verbindung mit ihrer Dominanz über die Medien, nahezu die vollständige Herrschaft über die Menschheit auf dem Planeten Erde.

Ihre Vorbereitungen für die Einrichtung der Neuen Weltordnung sind schon sehr weit fortgeschritten. Die Nazi-Auswanderer, die in den Fünfzigern in die CIA und die NASA aufgenommen wurden, haben Verbindungen zu den bayerischen Illuminaten, die in Deutschland noch immer tätig sind. Gerade diese Gruppe ist besonders stark an der Kabale und dem Bau der DUMB-Basen beteiligt. Gut vernetzt mit den deutschen Großbanken, waren sie in der Lage, Amerikas militärisch-industriellem Komplex, der für die Konstruktion der unterirdischen Basen verantwortlich war, die notwendigen finanziellen Mittel zuzuführen, obgleich der größte Teil dieses Geldes aus den Taschen des amerikanischen Steuerzahlers stammt, aus denen es insgeheim in dunkle Kanäle geleitet wurde.

Bezüglich der Nazis schreibt Branton in einer Fußnote im vierten Kapitel seines Werkes *The Dulce Book*:

»Mithilfe von Mitgliedern der – ursprünglich in Bayern beheimateten – schwarzen, gnostischen – Schlangen verehrenden – Logen in Amerika ... die das Netzwerk von Ölkonzernen, Militär und Industrie kontrollieren, wurde ihnen Unterschlupf im Militärisch-Industriellen Komplex gewährt. Die Führer des Militärisch-Industriellen Komplexes (M.I.C., Military-Industrial Complex) gewährten diesen Faschisten nicht nur nach dem Krieg Asyl, sondern hatten bereits während des Zweiten Weltkriegs die Nazi-Kriegsmaschinerie finanziert.«

## Das letzte Spiel

Branton fährt damit fort, dass er einen Forscher namens Jim Bennett zitiert, der in einem Brief schrieb:

»Ich habe keinen Zweifel: Wenn es einen faschistischen CIA-Geheimbund gibt, der versucht, eine Weltdiktatur zu errichten, indem er die ›Bedrohung‹ durch eine außerirdische Invasion nutzt, um eine Weltregierung voranzutreiben, dann kann die ›Bedrohung‹ in derselben Weise real sein. Es ist möglich, dass die ›Bayern‹ mit LEIBHAFTIGEN

Außerirdischen in einem letzten Spiel zusammenwirken, das kreiert wurde, um eine Weltregierung zu installieren, wobei diese ›Bedrohung‹ als Vorwand benutzt wird; und wenn die Welt dann unter der Kontrolle der Illuminaten ist, könnten diese die Menschheit hintergehen und weite Bereiche des weltweiten Kontrollsystems ihren Grey-Verbündeten übertragen.«

In seinem Aufsatz schreibt Branton weiterhin:

»Die Außerirdischen haben möglicherweise schon seit langer Zeit mit den Bayern kollaboriert und dabei ihre Agenda verfolgt, eine absolute elektronische Kontrolle über die Bewohner des Planeten Erde zu errichten [siehe Kapitel 11 des vorliegenden Buchs]. Ein Zeuge namens Michael Younger, ein Arbeiter in Area 51 – und Mitglied einer geheimen Marinespionageabteilung mit der Bezeichnung COM-12 –, sagte aus, dass der Bayerische Schwarze Adel [die Gesamtheit der Geheimgesellschaften] zugestimmt hat, dreiviertel des Planeten den Greys zu übergeben, wenn sie 25 Prozent für sich selbst behalten können und Zugang zur Technologie der Gedankenkontrolle haben. Die Alliierten würden bei der Entführung, Umprogrammierung und Manipulation von Menschen auf der ganzen Welt mithelfen, um eine Neue Weltordnung vorzubereiten. … Anscheinend haben einige sehr hochrangige Bayern eingewilligt, zumal sie begriffen haben, dass sie die Techniken der Außerirdischen zur Gedankenkontrolle und Gedankenimplantation BRAUCHEN, um ihre Weltherrschaftspläne voranzutreiben.«

## Transhumanismus

Im Oktober 2013 wurde in New York City eine Tagung mit dem Titel »Global Future 2045: Towards a New Strategy for Human Evolution« (»Globale Zukunft 2045: Wege zu einer neuen Strategie der menschlichen Evolution«) veranstaltet. Wissenschaftler und Akademiker aus der ganzen Welt waren zusammengekommen, um die Zukunft der menschlichen Art zu diskutieren. Experten für Nanotechnologie, Biotechnologie, Transbiologie und Cybergenetik trafen sich, um Wissen und Informationen auszutauschen, wie sich eine gemeinschaftliche Evolution der Menschheit in eine transzendente Ära der nahtlosen Vereinigung von Mensch und Maschine vollziehen könnte, die nun »die Singularität« genannt wird (siehe Tafel 18). Gemäß einem scharfsinnigen Beobachter war der esoterische, aber sehr einsichtige Zweck dieser Versammlung die Erschaffung ...

> »eines neuen Modells der Gesellschaft, angepasst an die globalistischen Ideologien der Hybridisierung kontrollierbarer Menschen mit Maschinen, um eine neue Rasse menschlicher Wesen zu schaffen, die von einer künstlichen, an ein weltweites KI-Computersystem angeschlossenen Intelligenz angeleitet wird und lediglich als autonome Arbeitskraft der globalen Elite dient.«

Man bezeichnet dies mittlerweile als die transhumanistische Agenda (siehe Tafel 19). Ein Kritiker sagte dazu:

> »Das Ziel des Transhumanismus besteht darin, alle bestehenden Gesetze abzuschaffen, um die Essenz der Menschheit zu vernichten und an ihre Stelle die totale Kontrolle zu setzen. Hybride Menschen mit Roboter-Implantaten werden der allgemeinen Öffentlichkeit voraussichtlich im Jahr 2014 vorgestellt.«

Das alles hat längst begonnen, mehr oder weniger termingerecht. Susanne Posel, eine unabhängige Journalistin, deren Veröffentlichungen weltweit nachgedruckt werden, lässt das auf ihrer Webseite www.occupycorporatism.com in einem am 8. März 2016 hochgeladenen Artikel (aufgerufen am 20. September 2016) vermuten. Es geht darin um DARPA, die Defense Advanced Research Projects Agency, eine Behörde des Verteidigungsministeriums der Vereinigten Staaten, die Forschungs-Projekte für die Streitkräfte der Vereinigten Staaten durchführt, darunter auch Weltraumprojekte.

Unter dem Titel »DARPA Could Be the First to Connect Man and Machinery« (»DARPA könnten die Ersten sein, die Mensch und Maschine zusammenführen«) schreibt Posel:

»Die Regierung möchte gerne Soldaten in Cyborgs verwandeln, die unmittelbar mit Computern kommunizieren können. Und obwohl diese Technologie ›immer noch in weiter Ferne liegt‹, versammelt DARPA ›Experten auf mannigfachen Gebieten mit dem Vorhaben, die Entwicklung dieses Projekts voranzutreiben‹ und ›Durchbrüche in den Neurowissenschaften, der synthetischen Biologie, in Schwachstrom-Elektrik, Photonik und bei der Herstellung medizinischer Hilfsmittel‹ zu erzielen …«

Das alles ist Teil der UN-Agenda zur Bevölkerungstransformation. Die Außerirdischen und die Illuminaten sind mit ihren letztendlichen Plänen zur Übernahme des Planeten bereits weit gediehen.

Zusätzlich zur Schaffung und zum Klonen von Millionen Hybrider streben sie danach, die menschliche Bevölkerung gemäß ihrer transhumanistischen Agenda zu »robotisieren«, damit sie nicht mehr nur aus der vierten Dimension heraus, sondern auch auf elektronische Weise kontrolliert werden kann. Wesentlich wird dabei sein, so viele Menschen wie möglich auszurotten, die aus spirituellen Quellen schöpfen. Das wird durch einen weiteren Krieg und nachfolgende massive Entvölkerung geschehen. Wenn die übriggebliebene menschliche Bevölkerung gegenüber den Hybriden und den entmenschten Robotern und Sklaven deutlich in der Minderzahl ist, dann werden wir dem Reich der Außerirdischen angeschlossen.

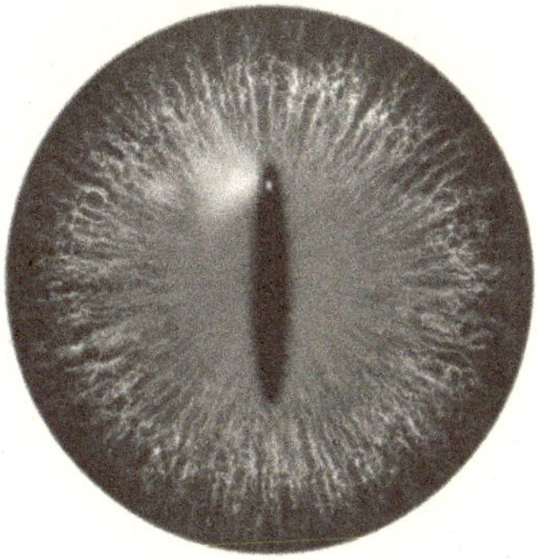

# Anhang

# A Die Geschichte von Bek'Ti

*Ein Auszug aus* The Terra Papers: The Hidden History of Planet Earth *von Robert Morning Sky*

*Man nennt mich ›Morgenhimmel‹ …*

– Robert Morning Sky –

Mein Großvater war einer der sechs indianischen Retter. Als ich jung war, erzählte er mir die Geschichte seines Besuchers von den Sternen. Er und seine Freunde nannten ihn aus Respekt den »Sternenältesten«. Doch nach einiger Zeit wurde den Jungen sein wahrer Name offenbart. Sie nannten ihn … »Bek'Ti«.

Dies ist seine Geschichte … und die meine.

In den späten sechziger Jahren war ich an einer Universität in einem Studiengang für Religionswissenschaften eingeschrieben. Gegen Ende meines Studiums reichte ich einen Aufsatz ein, in dem die Geschichte des Menschen und der Erde, wie Bek'Ti sie erzählt hatte, kurz zusammengefasst war. Ich nannte den Aufsatz »TERRA – eine verborgene Geschichte des Planeten Erde«. Ich war mir sicher, dass es eine gut dargestellte, gut recherchierte und gut dokumentierte Arbeit war.

Sofort wurde meine Arbeit als eine ungeheuerliche, wenn nicht gar »blasphemische« Verzerrung historischer Berichte abgestempelt und nicht wie die Leistung eines seriösen Religionsstudenten behandelt. Durch die TERRA-PAPIERE, die Geschichte von Bek'Ti, flog ich fast von der Universität.

Frustriert kontaktierte ich eine UFO-Organisation und ging in der Überzeugung auf ein paar UFO-Forscher zu, dass diese großes Interesse an meiner Geschichte haben müssten. Zu meiner Verwunderung wurde ich kurzerhand abgewiesen. Einer der Forscher belehrte mich, dass UFOs ziemlich sicher ein technologisches Phänomen und NICHT das Werk von Wesen aus den Mythen primitiver Völker seien (seltsamerweise ist er heute ein angesehener UFO-Autor und hat jüngst ein Buch über die Kontakte Außerirdischer zu amerikanischen Ureinwohnern veröffentlicht).

Dreißig Jahre lang habe ich es vermieden, diese Geschichte zu erzählen. Die anfänglichen Reaktionen auf meine Bemühungen waren entmutigend. Doch kürzlich habe ich mich überreden lassen, es noch einmal zu versuchen.

Die Geschichte vom Menschen und der Erde, wie Bek'Ti sie dargelegt hat, ist sowohl spannend als auch beängstigend. Die Erschaffung des Menschen und sein Platz in der Galaxis sind klar dargestellt, aber sein Stolz und Edelmut werden dabei verletzt. Es wird offenbart, dass das Entführungsphänomen und die dabei auftretenden »grauen Wesen« wichtige Bestandteile der Menschheitsgeschichte sind, doch werden sie als gegnerische Kräfte im Rahmen der den Menschen zugedachten Aufgaben der Sternenwesen beschrieben.

Die Quellen der menschlichen Religionen und die Ursprünge legendärer Gestalten wie Zeus, des Minotaurus, Isis und Osiris sowie einer Anzahl weiterer »mythischer« Wesen werden erklärt und ebenfalls in den Rahmen der Geschichte des Planeten Erde eingeordnet.

Und so können auch bevorstehende Ereignisse vorausgesagt werden – und zwar nicht aufgrund irgendwelcher psychischer Fähigkeiten oder Channelings, sondern anhand der Muster eines fortwährenden Bestrebens, den Planeten Erde zu lenken.

Der Mensch wird bald von Bildern von Asteroiden und niederstürzenden brennenden Kometen umgeben sein. Dinosaurier sind dann die Helden der Kinder, und Gewalt ist die Grundlage ihres Spiels. Neue Krankheiten werden aus dem Nichts auftauchen, gegen die bekannte Behandlungsmethoden nichts ausrichten können. Die NASA wird schwach und machtlos sein, wenn nicht gar aufgelöst werden.

Ein galaktischer Eroberungskrieg wütet über unseren Köpfen …
Die Erde … und der Mensch … sind der Preis.
Dies ist meine Geschichte. …
Dies ist die Geschichte meines Großvaters … und …
die Geschichte von Bek'Ti.

Im Laufe der Zeit sollte das Sternenwesen den sechs Männern Vertrauen schenken.

Durch einen kleinen Kristall, mit dem er Bilder erzeugen konnte, begann der Besucher, mit den jungen Männern zu kommunizieren. Die Jungen, die ihn den Sternenältesten nannten, saßen auf dem Knie ihres Freundes, studierten all die kristallenen Bilder mit großer Aufmerksamkeit und fügten aus ihnen die unglaubliche Geschichte unseres Sonnensystems sowie der gesamten Menschheit zusammen.

Die Botschaft des Sternenältesten war einfach: Sternenwesen sind schon hier gewesen, als die Erde noch ein unfruchtbarer Felsen war. Sie waren hier, als der Mensch erschaffen wurde, und sind während seiner ganzen Entwicklung hier gewesen. In einigen Fällen war ihre Mitwirkung wohlwollend, in manchen Fällen war sie es nicht. Der Mensch wurde geführt. … Und er ist in die Irre geführt worden. Die Sternenwesen sind unsere Götter gewesen … und unsere Teufel.

Sie sind schon immer hier gewesen, und sie sind auch jetzt noch hier.

Als die sechs den »Sternenältesten« drängten, ihnen den Grund seiner Anwesenheit auf der Erde mitzuteilen, waren sie fassungslos. Dort oben am Himmel herrschte Krieg, und sein Schiff war von feindlichen Mächten abgeschossen worden!

# B Stewart Swerdlows Geschichte

Stewart wurde Ende der fünfziger Jahre auf Long Island im Staat New York geboren und erinnert sich an Begegnungen mit außerirdischen Wesen seit seiner Jugend. Einige waren nicht einmal Humanoide. Seine Geburt war äußerst seltsam. Die Ärzte hatten seiner Mutter gesagt, dass sie niemals Kinder bekommen würde, und doch gebar sie Stewart. Noch heute ist seine Geburt ein Rätsel.

Während er die High School besuchte, wurde Stewart eines Nachts von Wesen, die er anfangs für Außerirdische hielt, mitgenommen und zur Untergrundbasis nach Montauk auf Long Island gebracht. Später fand er heraus, dass seine Entführer Militärbeamte waren, die als Außerirdische verkleidet arbeiteten. Wegen Stewarts »besonderer« Merkmale sollte er in Montauk an einem Programm teilnehmen, in dessen Rahmen eine Reihe genetischer Experimente durchgeführt wurde.

*Abb. A.1. Stewart Swerdlow, ein Whistleblower geheimer US-Regierungsprogramme.*

Der Website von David Icke zufolge wurde Stewart, »ein begabter Gedankenleser«, bereits hellsichtig geboren und hat die Fähigkeit, Aurafelder und persönliche Archetypen zu sehen sowie DNA-Sequenzen und Gedankenmuster zu erkennen.

Seine natürlichen Fähigkeiten wurden durch die Montauk-Experimente noch verstärkt. Später erfuhr er, dass nur ein Prozent der Teilnehmer des Programms überhaupt überlebt hatte.

Wegen seiner besonderen Eigenschaften wurde Stewart zu einer Art Berühmtheit. Aufgrund seiner Qualifikationen wurde er ausgiebig als Programmierer der entführten »Montauk-Jungs« eingesetzt. Als er in Montauk war, lernte Stewart Al Bielek kennen. Er bestätigt, dass Bielek während seines Aufenthalts dort psychische Programme geleitet hatte. Als der Stützpunkt Montauk 1983 zerstört wurde (später hat man ihn jedoch wieder aufgebaut), geriet Stewart ins Schleudern. Er glaubte nun, dass die Station ihn fest im Griff habe und gewissermaßen kontrolliere. Als der Griff sich löste, verlor er seine Identität. In den letzten achtzehn Jahren hat Stewart hart und mit Erfolg daran gearbeitet, seine Identität wiederzuerlangen. Er wurde in Bundesgefängnisse gesteckt, und es wurde auf ihn eingeredet, dass er über seine Vergangenheit nicht sprechen dürfe. Das Einzigartige an Stewart ist, dass er seine Erinnerung an seine Erfahrungen in Montauk niemals verloren hat.

Gegenwärtig bringt er anderen bei, die Techniken, die in Montauk angewendet wurden, für positive Zwecke zu verwenden. Er lehrt seine Schüler in Seminaren, wie sie ihre mentalen Fähigkeiten erhöhen und koordinieren können.

Stewart ist Autor folgender Bücher, die alle nur auf Englisch vorliegen: *True World History: Humanity's Saga* (»Wahre Weltgeschichte: die Saga der Menschheit«); *Blue Blood, True Blood: Conflict and Creation* (»Blaues Blut, wahres Blut: Konflikt und Schöpfung«); *The Healer's Handbook: A Journey into Hyperspace* (»Das Handbuch des Heilers: Eine Reise in den Hyperraum«); *Montauk: The Alien Connection* (»Montauk: Die Alien-Verbindung«, mit Peter Moon); *The Hyperspace Helper: A User-Friendly Guide* (»Der Hyperraum-Helfer: Ein benutzerfreundlicher Führer«, mit Janet Swerdlow); *13-Cubed: Case Studies in Mind-Control* (»13 hoch drei: Fallstudien über Bewusstseinskontrolle«, mit Janet Swerdlow) und *Stewart Says* (»Stewart sagt«, mit Janet Swerdlow).

# C Der Weg zum Sieg

*Die Reptiloiden streben danach, jene finstere Schlangensaat, die uns allen einprogrammiert ist, zu erwecken. Der Kampf findet im Inneren statt. Die einander gegenüberliegenden Polaritäten von Gut und Böse sind bemüht, bestimmte Eigenschaften und Verhaltensweisen in uns zutage zu fördern. Die eine Seite möchte uns von innen verderben. Die andere möchte, dass wir aus diesem spirituellen Gefängnis ausbrechen. Letztlich ist es deine eigene, individuelle Entscheidung. Ich zögere, den Begriff »freier Wille« zu verwenden, denn da ich selbst entführt wurde, weiß ich, dass man mich manipuliert und programmiert hat und dass es ein ständiger Kampf ist, all diese Blockaden zu überwinden – aber gerade das ist es, was den Sieg am Ende noch größer macht. Ich glaube ganz fest an die Unbezwingbarkeit des menschlichen Geistes, und ich glaube ebenso fest daran, dass es unsere Bestimmung ist, uns als Menschengeschlecht zu vervollkommnen.*
*Ich bin mir sicher, dass wir, wären wir nur allein gelassen worden, eine höhere Stufe der Existenz längst erreicht hätten, aber leider war das nicht der Fall.*

– James Bartley: The Original Serpent Seed –

## Auszug aus einer Botschaft von KHYLA,[25]
### einem Geheimagenten aus dem Sternsystem Procyon

Da kollektive Denkmuster die Fähigkeit der Greys, euch zu manipulieren, erhöhen, haben eigenständige Denker, die selbständig handeln, eher Erfolg als Massenbewegungen, welche von Führern gelenkt werden, die den Menschen alles Denken abnehmen.

Um die Verwandlung eures Planeten in eine von den Herrschern der Greys geführte Kolonie zu verhindern, solltet ihr in eurer eigenen Geschichte zurückgehen und alles über die angewandten Methoden lernen:

- über den passiven Widerstand, der die Unabhängigkeit Indiens herbeiführte,
- über die amerikanischen Indianer und die Schwarzen in Südafrika zur Zeit ihrer Unterdrückung in den Vereinigten Staaten,
- über die Schwarzen im heutigen Südafrika,
- über den französischen Widerstand während der Nazi-Besatzungszeit,

... und überall sonst, wo es in euren historischen Aufzeichnungen Lektionen dieser Art zu lernen gibt. Die Aufgabe beim passiven Widerstand besteht darin, auszuharren und bis zu dem Moment zu überleben, in dem es möglich wird, auf aktiven Widerstand umzuschalten, weil Hilfe von außen gekommen ist. Dabei muss man freilich achtsam sein, um nicht den Fehler der Budapester Bürger zu

[25] Eine Kontaktlerin beschrieb Khyla so: »Khyla sah aus wie ein großer, freundlicher Mensch, schlank, aber muskulös, maskulin und doch ätherisch. Es schien, als hätte er einen natürlichen oder künstlichen schwarzen Rand um seine Augen, fast wie Kajal. Sein Antlitz war zart und wohlgebildet, doch definitiv männlich. Er hatte ein hageres Gesicht mit hohen Wangenknochen und durchdringenden kobaltblauen Augen. Sein feines blondes Haar war fast schulterlang. Er besaß einen muskulösen Nacken. Seine Haut war von heller Fleischfarbe mit einem weißlichen Unterton. Seine genaue Größe abzuschätzen, ist aufgrund der Umstände, unter denen unsere Begegnung stattfand, schwierig, aber sie muss zwischen 1,80 Meter und zwei Metern gelegen haben.«

vermeiden, die sich erhoben, weil sie der Propagandaversprechung, die Vereinigten Staaten würden ihren Aufstand unterstützen, geglaubt hatten – nur um dann, als diese Hilfe ausblieb, von sowjetischen Panzern zermalmt zu werden.

Vorzeitig ausgelöster aktiver Widerstand wäre eine Katastrophe, die den Greys ermöglichen würde, ihre Kolonisierung dieses Planeten zu verstetigen; und das wäre genau die Art von Situation, die sie herbeizuführen versuchen.

Hütet euch vor Eiferern mit einem obsessiven Hass auf die Greys; sie könnten unterbewusst von den Greys programmiert worden sein, um als *Agents Provocateurs* zu handeln. Wenn ihr alle aufrichtigen Widerstandskämpfer an einem Ort versammelt, ist es viel einfacher, sie auszulöschen. Bleibt der Widerstand unter der Gesamtbevölkerung verstreut, ist es schwieriger, sie zusammenzutreiben.

Tragt nicht dazu bei, die überlegene Position der Greys zu stärken, indem ihr ihnen in die Hände spielt. Und denkt daran, dass ihr, obwohl ihre Technologie der euren weit voraus ist, ihnen zahlenmäßig überlegen seit und sie an die Wand drücken könnt. Sie sind bereits an anderen Orten überfordert und können in diesem Bereich des Universums nicht noch weitere Kräfte einsetzen; also müssen die, die hier sind, zurechtkommen, ohne dass Verstärkung bei ihnen eintrifft.

Ihr seid, was physische Waffen betrifft, so weit im Rückstand, dass ihr eine Quelle der Kraft finden müsst, die über das Physische hinausgeht – wie beispielsweise Methoden der Bewusstseinszentrierung auf kraftvolle motivierende Bilder, die sich von einem Individuum zum anderen unterscheiden können.

- Für die religiös Orientierten könnte dies ein wichtiges Ereignis im Leben Jesu, Buddhas, Mohammeds, Mose oder der entsprechenden Gestalt in der Tradition eines anderen Glaubenssystems sein.
- Für diejenigen, die nicht religiös ausgerichtet sind, wäre es jemand, den diese Person aufrichtig bewundert und der für sie das Beste der Menschheit repräsentiert, sei es ein Künstler, ein Erfinder oder ein anderes wohltätiges gesellschaftliches Vorbild.

Wenn die Bewunderung nicht vollkommen ehrlich ist, so ist die Intensität, mit der die Aufmerksamkeit auf das symbolische Bild gerichtet ist, bei dem man Zuflucht suchen will, leider nicht ausreichend, um als Schutz zu dienen, und die Aufmerksamkeit kann auch nicht lange aufrechterhalten werden.

Die Stärke des Schutzes, der durch solche Bilder erlangt wird, hängt weitgehend von der Intensität und Ausdauer der auf ein Ziel gerichteten Aufmerksamkeit ab. Daher ist es am besten, eine Gestalt zu wählen, welche auch immer es sei, für die du spontan eine echte Bewunderung empfindest, die dein Herz höher schlagen lässt und dir das Gefühl gibt, mit dem Unendlichen eins zu sein. Das wird immer funktionieren, und es ist alles, was wir jetzt tun können.

Ein Beispiel für ein Verhalten, das die Greys höchst verwirrend finden, ist die klassische buddhistische Disziplin, über einen aufgedunsenen Leichnam zu meditieren, bis man vor Lachen brüllt, weil man erkennt, was für ein großer kosmischer Witz die Existenz ist.

Die wohl zielführendste Art, sich selbst und andere aus einer potenziell katastrophalen Situation zu befreien, besteht darin, das Bewusstsein zentriert und das Herz ruhig zu halten und die Situation als die Illusion zu erkennen, die sie ist. Handelt nicht aus Angst und sichert dem Gegner nicht dadurch seinen Sieg; wenn man sich einschüchtern lässt, ist das unvermeidliche Ergebnis der Tod. Egal in welcher Situation: Behaltet euren Sinn für Humor und eure Sichtweise bei!

Lernt, das Wissen des Tai Chi in nicht-physischer Weise anzuwenden. Zentriert euch, und dann handelt von diesem Zentrum aus. Da die Greys viel tiefer gehende Hypnosetechniken beherrschen, als die Menschen sie kennen, kann ihre Übernahme des menschlichen Bewusstseins nur durch eine starke Bildsprache religiöser oder mystischer Art verhindert werden. Eure gegenwärtig verfügbare Hypnose wirkt im Säugetierareal eures Gehirns, der in der evolutionären Entwicklung ein erst kürzlich erworbener Teil ist.

Da sie selbst zum Teil reptiloid sind, wissen die Greys, wie sie die Reptilienebene eures Gehirns, welche die grundlegendste und älteste Ebene ist, manipulieren können.

Der einzige Weg, einer solchen Manipulation entgegenzuwirken, ist die Aktivierung der höchsten Bewusstseinsebenen, die euch in eurem gegenwärtigen Entwicklungsstadium zugänglich sind. Wenn ihr nicht in der Lage seid, ein Bild festzuhalten, indem ihr die höchste Bewusstseinsebene wachruft, können die höheren Ebenen eurer evolutionären Entwicklung durch Hypnose umgangen und dadurch die tiefere Reptilienebene kontrolliert werden, um so den wahren Willen eines Individuums zu überwältigen und die Integrität der Seele zu zerstören. So haben sie auch die Kontrolle über die einflussreichsten Beamten der CIA, des KGB und anderer mächtiger Elitegruppen in eurer gesellschaftlichen Hierarchie übernommen.

Sie brauchen nur die Elite an der Spitze der Gesellschaftspyramide zu kontrollieren, das oberste Hundertstel von einem Prozent der Bevölkerung, um uns alle zu beherrschen. Eine Person, die auf diese Weise versklavt wird, kann dazu missbraucht werden, Dinge zu tun, die ihr mit eurer Art von Hypnose nicht bewirken könntet, zum Beispiel engste Freunde oder Familienmitglieder zu ermorden.

Nachdem sie die Kontrolle über die Reptilienebene des Bewusstseins gewonnen haben, lähmen sie vorübergehend alle Teile des Säugetiergehirns, die höher entwickelt sind als bis zur Affenebene, und dann aktivieren sie die impulsiven Reaktionen der Affenebene wie Revierverhalten, Gier, Lust oder Wut. Menschen können dazu gebracht werden, wie Affen zu reagieren; es sei denn, sie sind in der Lage, sich dem Versuch, Besitz von ihnen zu ergreifen, zu widersetzen, indem sie jene Bewusstseinsebene aktivieren, die dem Kronenchakra entspricht.

Jeder Versuch, sich auf der Affenebene zur Wehr zu setzen, sichert den Greys ihren Erfolg. Drei Dinge liefern die Bevölkerung dieses Planeten an Händen und Füßen gefesselt der Macht der Greys aus: die Knechtschaft auf der Affenebene, das Revierverhalten und das Posieren aus Gründen von Prestige und Dominanz, die für die Beziehung zwischen den USA und der UdSSR auf beiden Seiten leider so charakteristisch sind.

Wenn sie etwa drei Viertel der gegenwärtigen Bevölkerung durch die Einführung von Viruserkrankungen und den Einsatz verschiedener Katastrophen vernichtet haben, brauchen die Greys nicht einmal mehr offen als Retter am Himmel zu erscheinen. Sie können Menschen dann unauffällig durch Hybriden ersetzen. Dies könnte so allmählich geschehen, dass niemand erkennen würde, was sich eigentlich abspielt. Der Austausch von Menschen durch Hybriden ginge so subtil und nahtlos vonstatten, dass diese Verwandlung niemals bemerkt würde. Nicht einmal in den Geschichtsbüchern würde sie erwähnt werden, da die Wissenschaftler der Auffassung wären, dass die physischen und geistigen Veränderungen das Ergebnis einer natürlich geschehenden Evolution seien. Die menschliche Geschichte würde sich in eine Geschichte der Hybriden verwandeln, ohne dass jemand verstünde, was wirklich passiert ist. Die Regierungen könnten sogar die Existenz von UFOs bestreiten.

Nichts weiter wäre dazu nötig, als den bereits im Gang befindlichen Prozess fortzusetzen. Einige Forscher sind sich der Tatsache bewusst, dass Hybriden, die sich als den Greys ähnlicher erweisen, ihren Müttern weggenommen und an einen anderen Ort verschleppt wurden, aber nur wenigen ist bekannt, dass solche Hybriden, die eher dem Menschen ähneln, in der menschlichen Gesellschaft verbleiben und dort aufwachsen. Bevor sie die Hybriden zu ihrer Heimatbasis zurückbringen, damit diese ihrem eigenen Ahnenstamm eine dringend benötigte genetische Auffrischung verschaffen, werden sie intensive Langzeitstudien an ihnen durchführen. Dadurch sollen bestimmte Fragen beantwortet werden, wie zum Beispiel: Sind die Hybriden psychologisch stabil? Sind sie krankheitsresistent? Produktiv? Aggressiv? Sie würden das Zusammenspiel von Mensch und Hybriden beobachten wollen, um sicherzustellen, dass die Hybriden die Eigenschaften haben, die notwendig sind, um in der menschlichen Gesellschaft zur Führung aufzusteigen. Im Allgemeinen würden Hybriden aus Greys und Menschen weniger Nahrung und Schlaf benötigen als Erdenmenschen.

Sie würden auch dazu tendieren, intelligenter und schlanker, aber emotional kalt zu sein. Das bedeutet nicht, dass jeder Mensch mit diesen Merkmalen notwendigerweise ein Hybrider ist. Aber nicht weniger als drei Prozent der gegenwärtigen Bevölkerung dürften bereits Hybriden sein. Die Greys brauchen jetzt nichts anderes mehr zu tun, als diesen Prozentsatz nach und nach zu steigern, mit gelegentlichen plötzlichen Sprüngen im Zuge scheinbarer Naturkatastrophen, bis die ursprüngliche menschliche Bevölkerung schließlich zu 100 Prozent durch Hybriden ersetzt ist.

Woher ich so gut weiß, wie eine solche Operation durchgeführt wird? Das Verfahren ähnelt sehr der Art und Weise, wie die Blonden den Neandertaler durch den Cro-Magnon-Menschen ersetzt haben. Allerdings hat sich die Intelligenz der irdischen Menschheit bis zu einem Punkt entwickelt, an dem sie über Wahlmöglichkeiten verfügt. Einzelne Menschen können die langfristige Schwarm-Denkstrategie der Greys verstehen und sie, indem sie ein mehrdimensionales Bewusstsein erreichen, umgehen und ausschalten.

Wenn genügend einzelne Menschen dies tun und aufhören zu streiten, ob der Zustand des mehrdimensionalen Bewusstseins nun Christusbewusstsein heißen oder mit dem Namen einer anderen Tradition benannt werden soll, und sie sich aus allen Traditionen zusammenschließen, um den Planeten zu befreien, werden die Greys gezwungen sein, sich anderswo im Kosmos nach einer Sklavenspezies umzusehen, die sie genetisch manipulieren können.

Irgendwann mag von außen, von meiner eigenen und/oder einigen der anderen Rassen im Weltraum Hilfe kommen. Es kann, aufgrund einer weit verbreiteten Unzufriedenheit mit ihrem starren hierarchischen Kastensystem, das an Insektenstaaten erinnert, auch eine Revolte in den Reihen der Greys entstehen. Beim Prozess der Infiltration einer anderen Spezies kommen die Greys außerdem nicht umhin, selbst von der betreffenden Spezies beeinflusst zu werden, und einige von ihnen, die nie zuvor daran gedacht hatten, Autoritäten in Frage zu stellen, fangen jetzt unter menschlichem Einfluss damit an.

Die Greys haben nicht nur in ihren eigenen Reihen Probleme, sondern obendrein noch auf anderen Planeten, die sie kolonisiert haben. Als Spezies sind sie von schweren, vielleicht am Ende tödlichen gesundheitlichen Problemen betroffen. Und nicht zuletzt haben sie beträchtliche Gefangenenpopulationen von Blonden, menschlichen und ..........

anderen Kriegsgefangenen, die nur darauf warten, sich bei der geringsten Gelegenheit einer Revolte anzuschließen.

Es gibt nicht den geringsten Grund, warum man nicht telepathische Anrufungen um Hilfe an die höheren Kräfte im Kosmos aussenden sollte, sei es in Form von Gebeten, Meditationen oder auf irgendeine andere Weise, die dem Individuum angemessen ist. Diese höheren Kräfte existieren und sind sensibel für solche Signale. Es gibt außerirdische und andersdimensionale Kulturen, die in der Lage sind, die natürliche Macht ganzer Galaxien aufzubieten, die bei der Befreiung eures Planeten von der Herrschaft der Greys eine unermessliche Hilfe sein könnten, wenn ihr sie dazu bringen könnt zu intervenieren. Allerdings ist es unwahrscheinlich, dass sie reagieren, bevor die menschliche Dummheit endlich schwindet und aufhört, die Umwelt des ganzen Planeten zu verschmutzen.

Man kann auch telepathische Signale der Ermutigung an jene unter den Greys aussenden, die begonnen haben, die Autorität in Frage zu stellen und einen Sinn für menschliche Freiheit zu erwerben, aber es wäre selbstmörderisch, die Greys direkt mit den gegenwärtig zur Verfügung stehenden Waffen zu bekämpfen. Man muss vernünftig sein, wenn man dazu neigt zurückzuschlagen, und die richtige Vorgehensweise erkennen. Euer eigenes Bewusstsein ist die stärkste Waffe, die euch zur Zeit zur Verfügung steht. Der effektivste Weg, die Greys zu bekämpfen, besteht darin, die Ebene eures Bewusstseins vom linearen Denken zum multidimensionalen Bewusstsein hin zu verändern.

Eure geheime Waffe, euer Ass im Ärmel, ist, dass ihr insgesamt keine kollektiven Schwarmdenker seid, wenn auch viele von euch in diese Kategorie fallen, indem sie sich an konventionelle Gruppenmuster anpassen und daher leicht von den Greys zu kontrollieren sind.

Kollektive Denkmuster unter den Menschen stärken die Greys. Eure Individualität ist eure beste Waffe, weil sie die einzige Waffe ist, die ihr habt, über welche die Greys nicht verfügen. Die größte Schwäche der Greys, ihre verwundbare Stelle, ihre Achillesferse, ist ihre Unfähigkeit, als Individuen zu denken. Sie haben eine extrem telepathisch organisierte High-Tech-Gesellschaft, aber als Einzelne sind sie keine kreativen Denker. Sie können gut Befehle entgegennehmen, aber sie können nicht begrifflich denken.

Die Greys verfügen über die Technologie, euren Planeten aus der Umlaufbahn zu werfen, aber es gibt eine maßgebliche Fähigkeit, die ihr habt und die sie nicht haben: die Fähigkeit, Bilder im Gedächtnis zu behalten, die ein Individuum inspirieren, seine oder ihre direkte persönliche Verbindung zur Quelle allen Seins herzustellen, welche die unbeschreibliche Gottheit ist, egal mit welchem Namen ihr sie anrufen mögt.

Das ist Euer Schlüssel zum Sieg.

# Bildergalerie

*Tafel 1: Zeitgenössischer Reptiloider (Zeichnung von Luke Mandie)*

*Tafel 2: Nomoli-Figuren, 19.000 Jahre alt*

*Tafel 3: Sternbild des Orion mit dem Roten Riesen Beteigeuze oben links*

*Tafel 4: Thutmosis III.*

*Tafel 5: Manna fällt vom Himmel*

*Tafel 6: Morgan Le Fay aus der Artussage (Gemälde von Frederick Sandys)*

*Tafel 7: König Chlodwig aus der Dynastie der Merowinger (466-511 n.Chr.)*

*Tafel 8: Neros Fackeln aus lebenden Menschen*

*Tafel 9: Kaiser Wilhelm II. als neuer Napoleon; man beachte die Krone auf dem Tisch.*

*Tafel 10: Französisches Kamikaze-Plakat*

***Tafel 11: Hitler als Ritter und Erlöser***

*Tafel 12: Die Waldbühne in Berlin, ehemals Dietrich-Eckart-Freilichtbühne*

*Tafel 13: Karte von Argentinien, im Südwesten Bariloche*

Tafel 14: Das Skigebiet Bariloche heute

*Tafel 15: Das TAW-50, ein hypersonischer Antigravitations-Kampfjet*

*Tafel 16: Die Kabale als Schachgegner*

*Tafel 17: Innenansicht vom Bau einer DUMB-Basis (durchgesickert)*

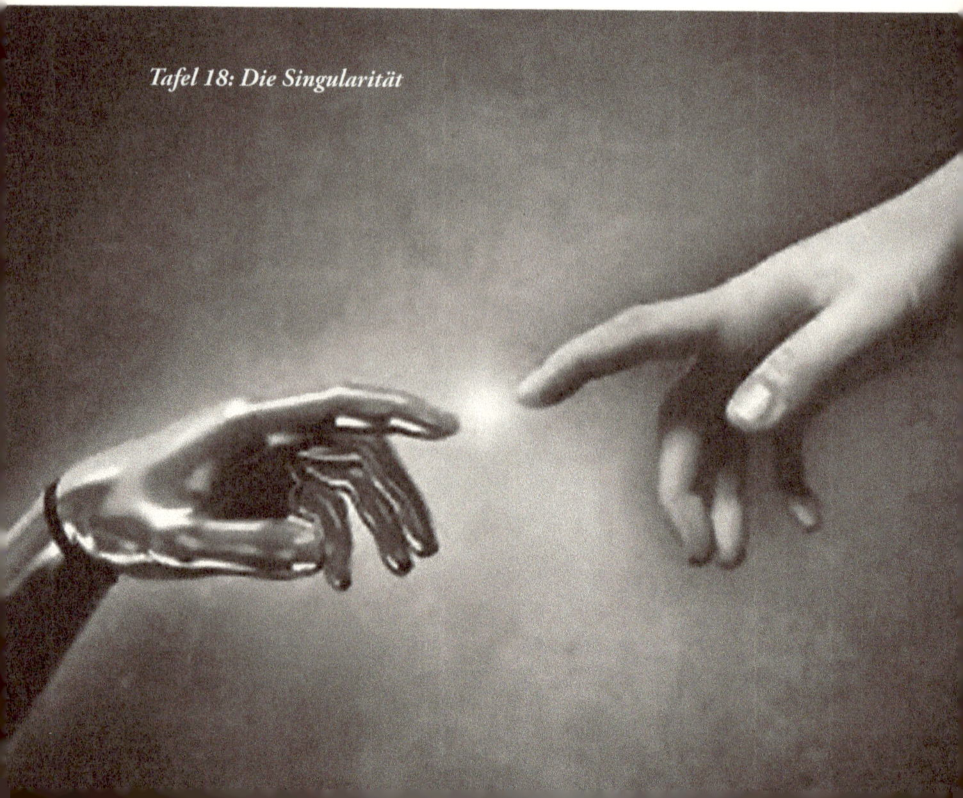

**Tafel 18: Die Singularität**

*Tafel 19: Koreanische Smartphone-Werbung*

*Tafel 20: Höhlenmahlerei in Italien, die Aliens zeigt (10.000 v.Chr.)*

*Tafel 21: Reptiloide Hybridin, die ihr Kind säugt*

# Literaturhinweise

## Bücher

Adams, Mark. *Meet Me in Atlantis: My Obsessive Quest to Find the Sunken City.* New York: Dutton, 2015.

Aun Weor, Samuel. *The Revolution of Beelzebub: The Demon Who Renounced Evil and the Man Who Guided Him.* Brooklyn, N.Y.: Glorian Publishing, 2010.

Baigent, Michael, Richard Leigh & Henry Lincoln. *Holy Blood, Holy Grail: The Secret History of Christ and the Shocking Legacy of the Grail.* New York: Bantam Dell Trade Paperback, 2004. – Dt. Ausgabe: *Der Heilige Gral und seine Erben. Ursprung und Gegenwart eines geheimen Ordens, sein Wissen und seine Macht*, Bastei Lübbe Verlag, Bergisch Gladbach 2004.

Bowart, Walter. *Operation Mind Control.* New York: Dell, 1978 (vergriffen; als eBook verfügbar).

Bramley, William. *The Gods of Eden.* New York: Avon Books, Imprint von HarperCollins Publishers, 1993. – Dt. Ausgabe: *Die Götter von Eden. Eine neue Betrachtung der Menschheitsgeschichte*, In der Tat Verlag, Reihe Ramtha spezial, Peiting 1994.

Brown, Dan. *The Da Vinci Code.* New York: Anchor Books Mass-Market Edition, 2009. – Dt. Ausgabe: *Sakrileg. The Da Vinci Code*, Bastei Lübbe Verlag, Bergisch Gladbach 2004 ff.

Chang, Iris. *The Rape of Nanking: The Forgotten Holocaust of World War II.* New York: Penguin Books, 1998. – Dt. Ausgabe: *Die Vergewaltigung von Nanking. Das Massaker in der chinesischen Hauptstadt am Vorabend des Zweiten Weltkriegs*, Pendo Verlag, Zürich 1999.

Charroux, Robert. *Masters of the World.* New York: Berkley Publishing Corp., 1974. – Dt. Ausgabe: *Die Meister der Welt. Auf den Spuren unserer außerirdischen Vorfahren*, Econ Verlag, Düsseldorf 1997.

Däniken, Erich von. *Chariots of the Gods? Unsolved Mysteries of the Past.* 2nd. ed. New York: G. P. Putnam's Sons, 1969. – Dt. Ausgabe: *Erinnerungen an die Zukunft. Ungelöste Rätsel der Vergangenheit*; einzeln zuletzt im Bastei Lübbe Verlag, Bergisch Gladbach 1995 [Bestandteil der 18-bändigen Werkausgabe als Hardcover im Schuber *Erich von Däniken – Die Weltbestseller zu den ungelösten Rätseln der Vergangenheit*, Kopp Verlag, Rottenburg 2016].

Delgado, José M. R. *Physical Control of the Mind: Toward a Psychocivilized Society*. New York, Harper Colophon Books, 1971 (vergriffen).

Donnelly, Ignatius. *Atlantis: The Antediluvian World.* Paperback copy of original 1882 ed., illustrated and indexed. New York: CreateSpace Independent Publishing Platform, 2015. – Dt. Ausgabe: *Atlantis, die vorsintflutliche Welt*, Verlag Edition Geheimes Wissen, Graz 2008.

Gardner, Laurence. *Bloodline of the Holy Grail: The Hidden Lineage of Jesus Revealed.* Illus. ed. New York: Barnes & Noble Books, 2000. – Dt. Ausgabe: *Das Vermächtnis des heiligen Gral. Die Nachfahren Jesu und die geheime Geschichte Europas*, Allegria Verlag, Berlin 2006.

Hall, Allan. »Book review of Soldiers: German POWs on Fighting, Killing, and Dying«. *Daily Mail* vom 16. September 2012.

Haze, Xaviant. *Aliens in Ancient Egypt: The Brotherhood of the Serpent and the Secrets of the Nile Civilization*. Rochester, Vt.: Bear & Company, 2013.

——. *The Suppressed History of American Banking: How Big Banks Fought Jackson, Killed Lincoln, and Caused the Civil War*. Rochester, Vt.: Bear & Company, 2016.

Hitler, Adolf. *Mein Kampf (My Struggle)*. Unabridged ed. Haole Library online, 2015. – Dt. Ausgabe: *Hitler, Mein Kampf. Eine kritische Edition*, hrsg. von Christian Hartmann, Thomas Vordermayer, Othmar Plöckinger & Roman Töppel, Institut für Zeitgeschichte, München/Berlin 2016.

Icke, David. *The Biggest Secret: The Book that Will Change the World.* Scottsdale, Ariz.: Bridge of Love Publications, 1999. – Dt. Erstausgabe in zwei Bänden: *Das Größte Geheimnis – Teil 1/Teil 2*, Mosquito Verlag, Potsdam 2004 und 2005. Zusammengeführte Neuausgabe: *Das Größte Geheimnis. Dieses Buch verändert die Welt*, Mosquito Verlag, Potsdam 2009.

Jacobs, David. *Secret Life: Firsthand Documented Accounts of UFO Abductions*. New York: Simon and Schuster Fireside Edition, 1992. – Dt. Ausgabe: *Geheimes Leben. Von Außerirdischen entführt*, Kopp Verlag, Rottenburg 1995.

——. *The Threat: Revealing the Secret Alien Agenda*. New York: Simon and Schuster Fireside Edition, 1998. – Dt. Ausgabe: *Bedrohung. Die geheime Invasion der Aliens*, Kopp Verlag, Rottenburg 2001.

——. *Walking Among Us: The Alien Plan to Control Humanity*. San Francisco, Calif.: Disinformation Books, 2015. – Dt. Ausgabe: *Alien-Hybriden! Sie sind mitten unter uns. Der Plan der Außerirdischen, die Menschheit zu unterwerfen*, Amra Verlag, Hanau 2017.

Kasten, Len. *The Secret History of Extraterrestrials*. Rochester, Vt.: Inner Traditions International, 2010.

——. *Secret Journey to Planet Serpo*. Rochester, Vt.: Inner Traditions International, 2013. – Dt. Ausgabe: *Die geheime Reise zum Planet Serpo. Die wahre Geschichte einer interplanetaren Reise*, Mosquito Verlag, Potsdam 2016.

Keith, Jim. *Mass Control: Engineering Human Consciousness*. Kempton, Ill.: Adventures Unlimited Press, 2003. – Dt. Ausgabe: *Bewusstseinskontrolle*, Michaels Verlag, Edition Jonathan May, Peiting 1998.

Mack, John E. *Abduction: Human Encounters with Aliens*. New York: Scribner, 1994. – Dt. Ausgabe: *Entführt von Außerirdischen. Der Alien-Report*, Heyne Verlag, München 1997.

Malory, Thomas Sir. *Le Morte D'Arthur: The Winchester Manuscript*. New York: Oxford University Press, 2008. – Dt. Ausgabe: *König Arthur und die Ritter der Tafelrunde*, Anaconda Verlag, Köln 2009.

Manning, Paul. *Martin Bormann: Nazi in Exile*. Secaucus, NJ: Lyle Stuart Inc.1981.

Martin, Edward T. *King of Travelers: Jesus' Lost Years in India*. 2nd ed. Reno Nev.: Yellow Hat Productions, 2008.

Morning Sky, Robert. *Eden, Atlantis, and the UFO Myth*. Special Release: Part 1 – »Eden Unveiled«. Book Two of »The World's Oldest Religion«. Publisher and year unknown.

——. *The Terra Papers: The Hidden History of Planet Earth*. The Terra Project, 1980.

Neitzel, Sönke & Harald Welzer. *Soldiers: German POWs on Fighting, Killing, and Dying*. Reprint ed. New York: Vintage, 2013. – Dt. Ausgabe: *Soldaten*.

*Protokolle vom Kämpfen, Töten und Sterben*, S. Fischer Verlag, Frankfurt am Main 2011.

Platon. *The Atlantis Dialogue: Plato's Original Story of the Lost City and Continent.* Translated by B. Jowett. Edited by Aaron Shepard. Friday Harbor, Wash.: Shepard Publications, 2001.

Ravenscroft, Trevor. *The Spear of Destiny: The Occult Power Behind the Spear that Pierced the Side of Christ.* First American paperback ed. York Beach, Maine: Samuel Weiser 1982. – Dt. Ausgabe: *Der Speer des Schicksals. Die Geschichte der heiligen Lanze*, Universitas Verlag, München 1988.

Salla, Michael E. *Insiders Reveal Secret Space Programs and Extraterrestrial Alliances.* Pahoa, Hawaii: Exopolitics Institute, 2015. – Dt. Ausgabe: *Geheime Weltraumprogramme & Allianzen mit Außerirdischen. Whistleblower berichten, was auf der Welt wirklich vor sich geht!*, Amra Verlag, Hanau 2017.

Schertel, Ernst. *Magic: History, Theory, Practice. Annotated by Adolph Hitler.* Edited by J. H. Kelley. Translated by COTUM Research Staff. COTUM, 2009. – Dt. Ausgabe: *Magie. Geschichte, Theorie, Praxis*, Verlag Edition Geheimes Wissen, Graz 2013.

Strieber, Whitley. *Solving the Communion Enigma: What Is to Come.* New York: Tarcher Penguin, 2012.

——. *The Super Natural: A New Vision of the Unexplained.* New York: Tarcher Penguin, 2016.

Swerdlow, Stewart A. *Blue Blood, True Blood: Conflict and Creation.* St. Joseph, Mich.: Expansions Publishing Co. Inc., 2002.

——. *True World History: Humanity's Saga.* St. Joseph, Mich.: Expansions Publishing Co. Inc., 2014.

Tompkins, William Mills & Robert M. Wood. *Selected by Extraterrestrials: My Life in the Top Secret World of UFOs, Think-Tanks, and Nordic Secretaries.* Self-published by CreateSpace, 2015.

Tyson, Joseph Howard. *The Surreal Reich.* Bloomington, Ind.: iUniverse, 2010.

Valerian, Valdamar. *Defending Sacred Ground: The Andromedan Compendium Volume One.* Edited by Alex Collier. Morrison, Colo.: Leading Edge Research Group, 1997.

Wells, H. G. *The Time Machine*. New York: Marino Fine Books, 2011. – Dt. Ausgabe: *Die Zeitmaschine*, Anaconda Verlag, Köln 2017.

——. *The War in the Air*. New York: Penguin Classics, 2007. – Dt. Ausgabe: *Der Luftkrieg*, Ullstein Taschenbuchverlag, Berlin 1996.

## Artikel

Bartley, James. »Grand Strategy of the Reptilians«. Angelfire. www.angelfire.com/ut/branton/dracos.html (aufgerufen am 7. August 2017).

——. »Review of The Body Snatchers« by Susan Reed. Whale: *They Fear Those with Knowledge and Control Those Without It*. http://whale.to/b/reed_b.html (aufgerufen am 7. August 2017).

——. »Understanding the Reptilian Mind«. Whale: *They Fear Those with Knowledge and Control Those Without It*. www.whale.to/b/bartley3.html (aufgerufen am 7. August 2017).

Begich, Nick, M.D. »Mind Control: The Ultimate Brave New World«. *Nexus Magazine*, Februar/März 2006.

Montalk. »Discerning Alien Disinformation, Part 2«. *Biblioteca Pleyades*. www.bibliotecapleyades.net/vida_alien/esp_vida_alien_18zy_02.htm (aufgerufen am 7. August 2017).

——. »Discerning Alien Disinformation, Part 4«. *Biblioteca Pleyades*. www.bibliotecapleyades.net/vida_alien/esp_vida_alien_18zy_04.htm (aufgerufen am 7. August 2017).

——. »Synopsis of the Alien Master Plan«. *Biblioteca Pleyades*. www.bibliotecapleyades.net/vida_alien/esp_vida_alien_18zy_00.htm (aufgerufen am 7. August 2017).

Omar, Steve. *Atlantis: History of the Golden Ages*. www.bibliotecapleyades.net/atlantida_mu/esp_atlantida_5.htm (aufgerufen am 7. August 2017).

Stephens, Ian E. »Fluoridation: Mind Control of the Masses«. *Nexus Magazine* vom 9. Juli 2010.

## YouTube-Videos


»Aliens Are Cloning Celebrities«. https://youtu.be/OGTuiT5BlJw (aufgerufen am 7. August 2017).

»James Bartley – MILAB's and Reptilian Concept of Human Ownership«. https://youtu.be/FHeDtt62PYo (aufgerufen am 23. Juli 2016; nicht mehr verfügbar).

»Japanese World War II Veterans Recall Horrors of Unit 731.« https://youtu.be/Tx7loRv70y8 (aufgerufen am 7. August 2017).

»Laura Eisenhower: Reptilian Invasion Has Already Occurred …«. https://youtu.be/oek9xsR15g8 (aufgerufen am 23. Juli 2016; nicht mehr verfügbar).

»New World Order Insider Dies after Exposing Entire Agenda«. https://youtu.be/QCAMEeC8BaQ (aufgerufen am 23. Juli 2016; nicht mehr verfügbar).

»Reptilians Caused the Flood«. https://youtu.be/qh5W_pF2pQY (aufgerufen am 7. August 2017).

»Reptilians Exist Reasons Why Part 3 (Preston B. Nichols)«. https://youtu.be/P1Jxz2DnHck (aufgerufen am 7. August 2017).

»Reptilians Exist Reasons Why Part 6.« https://youtu.be/-vTi7rie7RE (aufgerufen am 7. August 2017).

»Reptilians Live below the Earth and Eat Childrens«. https://youtu.be/WJSCGtCm2EE (aufgerufen am 7. August 2017).

»The Secret Underground Reptilian Cities of Lore«. https://youtu.be/Zzq3VztVU0 (aufgerufen am 23. Juli 2016; nicht mehr verfügbar).

**Len Kasten** ist freier Schriftsteller und forscht seit mehr als dreißig Jahren über UFOs und das Wirken von Aliens auf der Erde. Er hat einen Bachelor von der Cornell University und einen Master von der National University, beides in den Feinen Künsten. Nach seinem Studium der Psychologie, Literatur und Philosophie an der Cornell University nahm er am Aviation-Cadet-Trainingsprogramm teil, aus dem die US Air Force seit 1907 ihre besten Piloten rekrutiert. Während seiner dortigen Ausbildung sichtete er ein UFO, was sein reges Interesse an dem Thema weckte.

Kasten ist langjähriger Anhänger der Astrologie und Theosophie. Mit großer Akribie studierte er bei der Association for Research and Enlightenment in Virginia Beach die Arbeit des Mediums Edgar Cayce. Er war Mitglied der US-amerikanischen UFO-Forschungsgruppen National Investigations Committee on Aerial Phenomena (NICAP) und Mutual UFO Network (MUFON). Außerdem ist er Präsident der American Philosopher Society.

Kasten war auch Redakteur des New-Age-Magazins *Metamorphosis*. Zu seinen Veröffentlichungen zählen inzwischen mehr als sechzig Artikel – darunter zehn Titelgeschichten – in den Fachzeitschriften *Atlantis Rising, Nexus* und *New Dawn*, die in den USA, Australien und Neueeland erscheinen, sowie drei Bücher, die alle von der Kritik als wegweisend eingestuft wurden. 2010 erschien *The Secret History of Extraterrestrials*, drei Jahre später gefolgt von *Secret Journey to Planet Serpo*, das auf Deutsch im Mosquito Verlag herauskam. Das vorliegende dritte Buch mit dem Originaltitel *Alien World Order* ist – auch inhaltlich – seine bisher umfassendste Arbeit.

Kasten wurde bereits in mehr als vierzig amerikanischen Radiosendungen interviewt, darunter von so bekannten Moderatoren wie George Noory und Jimmy Church, und er tritt regelmäßig auf Konferenzen über UFOs, Aliens und Bewusstseinswandel als Redner auf. Heute lebt er in Casa Grande, Arizona.

www.et-secrethistory.com

# Register

**M**



**N**

**S**



**T**

*Helfen Sie mit, das Paradigma zu ändern.*

Ernst Muldashev
**DAS DRITTE AUGE UND DER URSPRUNG DER MENSCHHEIT**
*Spektakuläre Erkenntnisse zur Herkunft unserer Zivilisation*
432 Seiten, gebunden, oranges Leseband
€ [D] 24,99 / € [A] 25,70 • ISBN 978-3-95447-308-3

Eine Analyse der auf tibetischen Tempeln abgebildeten Augen mit anschließender Himalaya-Expedition führte zu diesem Werk, das die bisherige Auffassung vom Ursprung der Menschheit ins Wanken geraten lässt. Es erklärt ihre Migrationswege, ihre Abstammung von Lemurern und Atlantern und wie meditierende Vertreter früherer Zivilisationen und der unseren einen Genfonds bilden, der das Menschheitswissen für Katastrophenzeiten bewahrt.

***Das Kultbuch – jetzt wieder erhältlich!***

Paul Wallis
**FLUCHT AUS EDEN**
*Lehrt die Bibel, dass die Menschen von Außerirdischen erschaffen wurden?*
224 Seiten, gebunden, oranges Leseband
€ [D] 22,99 / € [A] 23,70 • ISBN 978-3-95447-587-2

In der Genesis heißt es, dass Gott das Universum, die Erde und den Menschen erschuf. Aber wir kennen nicht die ursprüngliche Fassung des Berichts. Wunderbar eingängig geschrieben, versammelt der Autor unzählige neue Informationen. Dabei deckt er verblüffende Fälschungen unserer Geschichtsschreibung auf und schildert den wahren Ursprung des Menschen: Von woher kommen wir? Und warum sind wir hier?

***Das Erfolgsbuch des neuen britischen Däniken, mit einem Vorwort des Schweizer Dänikens!***

Zecharia Sitchin
**DIE ANUNNAKI CHRONIKEN**
*Alles über die ersten Astronauten eines anderen Planeten, die zur Erde kamen, ihre Erschaffung des Menschen und Errichtung unserer modernen Zivilisation*
492 Seiten, gebunden, oranges Leseband
€ [D] 24,99 / € [A] 25,70 • ISBN 978-3-95447-243-7

Der zwölfte Planet, UFOs, unsere DNA, Pyramidenkriege, Riesen auf der Erde und vieles mehr – ein vollständiger Überblick über Zecharia Sitchins Theorien, die Zusammenfassung seiner jahrzehntelangen Forschung und all seiner Bücher über das Wirken der Anunnaki auf der Erde, ergänzt durch bisher unveröffentlichte Essays und Vorträge.

***Das definitive Handbuch – erstmals auf Deutsch!***

Buchauszüge und eBooks auf www.AmraVerlag.de